COUNSELING PSYCHOLOGY 개정판

상담심리학

이수연 김규식 정성란 황재규 공저

양 성 원

머리말

임상 장면과 학교 현장뿐만 아니라 복지시설, 산업체, 군대 등 지역사회 내 다양한 장면에서 상담의 필요성과 가치에 대한 인식이 높아지고 있다. 이러한 사회적 요구에 따라 상담은 단순한 문제해결 차원을 넘어 예방과 성장을 도모하고, 지역사회 구성원들의 심리적 건강과 삶의 질을 증진하는 방향으로 전개되고 있는 추세다. 또한 학문 영역으로서의 상담학은 교육학이나 심리학 분야 이외에도 아동학, 가족학, 사회복지학, 신학, 경영학, 군사학 등 다양한 학문 분야와 접목되고 있다.

상담에 관한 입문서라고 할 수 있는 『상담심리학』 초판이 출간된 지 어언 4년이 지났다. 그동안 1판에 관심을 갖고 애독해 주신 독자들에게 감사드리며, 격려와 조언에 부응하기 위해 개정판 작업을 시작하였다. 책의 전체적인 구성 틀은 유지하되 내용적인 측면에서 수정하고 보완하였다. 특히 3장 상담이론 부분에서 합리정서행동치료이론의 주요 개념을 보완하고, 교류분석이론을 전체적으로 추가하였다. 또한 12장 심리검사 부분에서는 전반적으로 내용을 수정하고 보완하였으며, 심리검사의 양호도 부분을 세부적으로 기술하였다. 그 외에도 각 장별로 새로운 개념과 임상 실제 내용을 부분적으로 추가하였다.

이 책은 상담을 처음 공부하는 학부생과 대학원생, 상담자원봉사자, 전문상담교사 등을 염두에 두고 상담에 관한 기초적인 이해를 갖추는 데 도움이 될 수 있도록 집필되었다. 상담의 기본 하위 영역들을 중심으로 각 장별로 핵심적인 개념과 실제 적용 내용을 담고자 하였다. 책의 구성은 크게 상담에 관한 기초, 주요 상담이론, 대상별 상담 접근, 문제 영역과 장면별 상담 접근, 그 외 상담 실제에 관련된 주제들로 이루어졌다. 각 장별 시작 부분에는 서론과 학습목표를 제시하여 그 장에서 다루게 될 주요 내용을 강조하였다. 그리고 각 장의 마지막 부분에는 연습문제를 제시하여 본문 내용을 토대로 복습과 심화학습을 하는데 활용할 수 있도록 하였다.

1장 상담의 기초, 2장 인간발달과 상담, 8장 위기상담이론 및 실제, 11장 학교상담이론 및 실제는 이수연, 4장 상담과정 및 실제, 9장 정신건강과 상담, 10장 특수아·장애인상담은 김규식, 3장 상담이론, 5장 집단상담이론 및 실제, 6장 가족상담이론 및 실제는 정성란, 7장 진로상담이론 및 실제, 12장 심리검사이론 및 실제, 13장 프로그램 개발이론 및 실제는 황재규가 각각 집필하였다. 같은 지역의 대학에서 상담학을 강의하며 후학을 양성하는 인연으로 함께 뜻을 모으게 된 저자들은 집필 작업을 통해 학문적 동료로서 격려하고 교감하는 경험을 나눌 수 있었다.

끝으로 이 책의 출간을 독려하고 지원해 주신 양성원의 강철원 대표님과 세심한 편집을 통해 매번 책의 완성도를 높여 주신 편집부 직원들의 노고에도 감사의 말씀을 드린다.

2021년 8월

저자 일동

Contents

Chapter 01 상담의 기초

Chapter 02 인간발달과 상담

Chapter 03 상담이론

Chapter 04

상담과정 및 실제

Chapter 05

집단상담이론 및 실제

Chapter 06

가족상담이론 및 실제

Chapter 07

진로상담이론 및 실제

Chapter 08

위기상담이론 및 실제

Chapter 09

정신건강과 상담

Chapter 10

특수아 · 장애인상담

Chapter 11

학교상담이론 및 실제

Chapter 12

심리검사이론 및 실제

01
Chapter

상담의 기초

1. 상담의 의미와 특징
2. 상담자의 자질
3. 상담윤리

Chapter 01

상담의 기초

한 개인의 부적응 문제는 내적 요인과 사회환경적 요인이 복합적으로 작용한 결과라고 할 수 있다. 상담은 이러한 심리적 적응문제해결과 나아가 성장·발달에 초점을 두는 조력적 접근이다. 오늘날 임상장면과 학교현장뿐만 아니라 산업체, 군대, 지역사회 등 다양한 장면에서 상담의 필요성과 가치가 증가하고 있으며, 상담은 이러한 사회적 요구에 부응하여 단순한 문제해결 차원을 넘어 예방과 성장을 지향하는 적극적인 방향으로 전개되고 있다. 구체적으로 상담활동은 내담자가 생애과정 중에 직면하는 생활적응상의 문제를 조력하기 위해 내담자의 긍정적인 행동 변화, 문제해결능력 함양, 합리적인 의사결정능력 증진 등에 초점을 둔다. 본 장은 상담에 대한 개관을 소개하는 장으로 상담의 정의와 유형, 상담자가 갖추어야 할 인간적이고 전문적인 자질, 상담자 윤리 등에 대해 기술하고자 한다.

학습목표

1. 상담의 의미와 특성을 설명할 수 있다.
2. 상담의 다양한 유형을 말할 수 있다.
3. 상담자가 갖추어야 할 자질을 설명할 수 있다.
4. 상담실제에 관련된 윤리적 책무를 설명할 수 있다.

1. 상담의 의미와 특징

1) 상담의 정의

상담(counseling)은 '고려하다', '반성하다', '조언을 구하다' 등과 같은 의미를 지닌 라틴어 consulere에서 유래한다. 한자로 표기되는 상담(相談)에서 상(相)은 두 그루의 나무가 눈을 맞대고 서로 마주한다는 뜻으로 쓰이는 낱말이다. 담(談)은 마치 활활 타오르는 불과 같이 서로 말을 주고받는다는 의미를 갖는다. 따라서 글자 그대로 풀이하면, 상담이란 두 사람이 서로 마주 보고 열심히 대화를 나누는 행위라고 할 수 있다. 두 사람이 서로 마주 앉은 가운데 한 사람은 도움을 받기 위해 또 다른 한 사람은 도움을 주기 위해 대화를 나누는 조력적 면담을 의미한다.

상담에 대한 정의는 다양하다. Rogers(1942)는 상담을 '훈련받은 상담자와 도움을 받고자 하는 내담자의 관계를 토대로 한 상호작용의 과정'으로 정의한다. Williamson과 Foley(1949)에 의하면 상담이란 '면대면 장면에서 두 사람 가운데 한 사람(상담자)은 자신이 받은 훈련과 기술 그리고 다른 한 사람(내담자)은 상담자에 대해 가지고 있는 신뢰를 바탕으로 하여, 상담자가 내담자로 하여금 그가 겪고 있는 자신의 적응문제를 직면하고 파악하여 스스로 해결하고 조정하도록 도와주는 행위'이다. Morrill, Oetting과 Hurst(1974)는 상담의 대상, 목적, 방법 등 여러 차원을 고려하여 상담을 포괄적으로 정의하는데, '개인뿐만 아니라 가족 등 일차적 집단, 형식·비형식 집단, 학교, 교회, 관공서 등의 기관 혹은 지역사회 등을 대상으로 치료, 예방, 발달 및 성장의 목적을 달성하기 위해 직접 봉사, 자문 및 훈련, 매체 등의 방법을 이용하는 제반활동'이라고 한다. 한편, 상담을 문제해결이나 치료의 관점에서 탈피하여 통합적이고 발달적인 측면에서 접근하려는 관점에서는 '개인의 발달과업 성취와 개인의 적응력 신장에 도움이 되는 활동이나 프로그램을 개발하여 실시함으로써 문제 발생의 사전 예방과 동시에 성장과 발달을 촉진하기 위해 도움을 주는 활동'으로 정의한다(이형득, 1993). 박성수(1998) 또한 '내담자와 상담자 간에 수용적이고 구조화된 관계를 형성하고, 이 관계 속에서 내담자가 자기 자신과 환경에 대해 의미 있는 이해를 증진하도록 함으로써, 내담자 스스로가 효율적으로 의사결정을 하고 여러 심리적인 특성을 긍정적인 방향으로 변화시키도록 원조하여 결과적으로 내담자의 성장과 발전을 촉진하는 심리적인 조력의 과정'으로 본다. 상담의 전문성을 강조한 이장호(2005)는 '도움을 필요로 하는 사람이 전문적 훈련을 받은 사람과의 대면관계에서 생활과제의 해결과 사고, 행동 및 감정 측면의 인간적 성장을 위해 노력하는 학습과정'으로 정의한다.

이상의 다양한 정의들을 볼 때, 상담은 소극적인 문제해결 차원을 넘어 보다 적극적인 예방 및 성장 지향적인 방향으로 나아가고 있음을 알 수 있다. 결국 상담이란 도움이 필요한 내담자가 전문적인 훈련을 받은 상담자와의 상호작용 관계 속에서 현재의 당면한 문제를 해결하고 나아가 미래의 삶에 효과적으로 대처할 수 있는 문제해결능력을 길러 궁극적으로 자신의 성장과 발달을 도모하는 과정이다. 이러한 정의에 근거하여 상담의 요건을 구체적으로 정리하면 다음과 같다(한국청소년개발원, 2004).

- 도움을 필요로 하는 내담자와 도움을 주는 상담자가 있어야 한다. 내담자나 상담자 중 어느 한 사람만 있어서는 성립되지 않는다. 상담자와 내담자가 개인 혹은 집단의 형태를 유지하며 양측 모두 존재할 때 상담이 성립될 수 있다.
- 전문적인 교육과 훈련을 받은 상담자에 의해 제공되는 전문적 활동이다. 상담관계는 일상적인 대인관계와는 달리 상담자가 내담자를 긍정적인 방향으로 변화시킬 책임을 갖고 수행하는 전문적 관계이다. 따라서 상담자는 이에 요구되는 전문적 지식과 기술을 갖추어야 한다.
- 상담자와 내담자 간의 상호협력관계에 기초한다. 바람직한 상담관계는 상담자와 내담자가 대등한 위치에서 상담에 임하고, 또한 서로 합의에 의해 상담목표를 설정하고 그것을 구체화한다.
- 의사결정과 문제해결에 관여한다. 상담에서 다루어지는 문제는 다양하지만 결과적으로 내담자의 의사결정과 문제해결에 직·간접적으로 관여한다. 내담자로 하여금 이러한 의사결정과 문제해결기술을 습득하도록 조력한다.

- 내담자로 하여금 새로운 행동을 학습하거나 새로운 태도를 형성하도록 돕는다. 내담자의 행동 변화는 상담의 효과를 측정하는 척도가 될 수 있다.
- 내담자의 문제를 예방하고 성장과 발전을 조력한다.

2) 상담의 범위

상담이 '도움을 필요로 하는 사람'을 대상으로 한다고 했을 때, 도움이 필요한 범위를 통해 상담의 범위를 가늠해 볼 수 있다. 상담의 대상이 되는 문제의 범위와 관련하여 상담(counseling)과 함께 사용되는 용어로 생활지도(guidance)와 심리치료(psychotherapy)를 들 수 있다. 내담자가 도움을 필요로 하는 문제는 단순한 정보 제공에서부터 성격 및 태도상의 문제, 심리적 갈등문제, 심각한 정신질환에 이르기까지 다양하다. 일반적으로 생활지도는 주로 교육장면에서 학생을 대상으로 제공되는 교육활동의 일환으로, 상담은 적응문제를 지닌 개인을 대상으로 구체적인 생활과제해결과 적응을 돕는 활동으로, 심리치료는 신경증이나 정신장애와 같은 심각한 문제를 다루는 활동으로 각각 구분하기도 한다. 한편, 대상을 기준으로 구분하여 정상인을 상대로 이루어지는 활동은 상담으로, 비정상인을 상대로 이루어지는 활동은 심리치료로 각각 구분하기도 한다. 나아가 상담은 내담자가 현실적으로 직면하고 있는 의식적인 수준의 문제를 주로 다루고, 심리치료는 성격적인 문제나 무의식적인 문제를 다루는 것이라는 관점도 있다. 그러나 인간의 문제는 복합적이고 상호 관련성이 높기 때문에 비록 일시적이고 의식적인 문제라 할지라도 무의식적인 갈등이나 성격적 특성과 관련되어 있는 경우가 많기 때문에 이러한 구분은 설득력이 약하다.

예방적이고 성장 지향적인 차원에 근거하여 상담과 심리치료의 영역을 구분하려는 경향도 있다. 즉, 인간의 심리적 문제를 질병으로 파악하는 의학적 심리치료 접근과 달리, 상담은 인간심리의 건강한 측면을 강조하고 철학적·교육적 원리들을 수용한다는 것이다(이장호, 2005). 홍경자(2001)도 이러한 관점에 따라 심리치료의 목적은 정신건강의 회복에 있는 반면, 상담은 개인의 능력배양을 목적으로 환경에의 적응능력과 잠재적 능력의 최대화를 목적으로 한다고 주장한다. 심리치료가 질병의 심층적인 원인 제거에 초점을 두는 것에 비해, 상담은 관계형성과 의사소통을 통해 내담자의 힘을 북돋우는 방법에 초점을 둔다고 본다.

이러한 쟁점에도 불구하고 생활지도, 상담, 심리치료는 각각 별개의 활동이라기보다는 그 특성과 정도가 조금씩 다른 다양한 문제들 내에서 서로 중첩되는 그러나 다소 구별되는 활동으로 보아야 한다는 주장이 설득력을 얻고 있다. 상담과 심리치료를 구분하지 않는 관점은 상담사와 심리치료사가 수행하는 활동이 엄밀하게 구분하기 어렵다는 점에 근거한다. 이 두 영역은 상담이론과 기법에 있어서 차이점보다는 중복되는 점이 더 많다(권석만, 2012; 김계현, 김창대, 권경인, 황매향, 이상민, 최한나, 서영석, 이윤주, 손은령, 김용태, 김봉환, 김인규, 김동민, 임은미, 2011; 한상철, 이수연, 임순선, 류수현, 김우철, 2012).

3) 상담의 유형

사회 변화와 통신매체의 대중화에 따라 상담 형식도 다양해졌다. 상담자와 내담자 간의 일대일 관계에서 진행되는 개인상담뿐만 아니라 한 명 이상의 상담자가 여러 명의 내담자들을 동시에 조력하는 집단상담 그리고 가족체계를 상담 대상으로 하는 가족상담 등이 상담 장면에 활용되고 있다. 대면관계에서 언어적 의사소통을 주된 매개로 하던 형태에서 최근에는 전화, 컴퓨터, 휴대폰 및 다양한 매체를 활용하는 사례가 증가하고 있다. 상담 유형을 몇 가지 기준에 의해 분류하면 다음과 같다(김계현 외, 2011; 김춘경, 이수연, 이윤주, 정종진, 최웅용, 2016; 천성문, 이영순, 박명숙, 이동훈, 함경애, 2015).

(1) 구성인원을 기준으로 한 분류

상담장면에 참여하는 내담자의 인원수와 구성단위에 따라 개인상담, 집단상담, 가족상담 등으로 구분된다.

- 개인상담(individual counseling): 한 명의 상담자와 한 명의 내담자가 일대일 관계

에서 진행되는 상담으로 개별상담이라고도 한다. 한 명의 상담자가 한 명의 내담자를 면담하기 때문에 내담자의 내면세계와 갈등문제를 깊이 이해하고 조력할 수 있다는 장점이 있는 반면, 시간과 노력적인 면에서 경제성이 부족하다는 단점이 있다.

- 집단상담(group counseling): 상담자의 수에 따라 일대다(一對多) 집단상담과 다대다(多對多) 집단상담으로 나누어진다. 일대다 집단상담은 1명의 상담자와 2명 이상의 내담자 사이에 이루어지며, 다대다 집단상담은 2명 이상의 상담자와 2명 이상의 내담자 사이에 이루어지는 형태이다. 내담자의 수를 기준으로 할 때 소집단 상담과 대집단 상담으로 구분된다. 소집단 상담은 보통 1명의 상담자가 구체적인 프로그램을 적용하여 공동의 관심사를 지닌 8~10명 정도의 집단구성원들과 동시에 상호작용을 하는 경우이며, 경우에 따라 2명의 상담자가 함께 집단을 지도할 수도 있다. 대집단상담은 1명 혹은 그 이상의 상담자가 소집단 규모 이상의 구성원들을 대상으로 일종의 심리교육(psycho-education) 형태로 이루어지며, 계획된 프로그램을 활용하여 주로 예방적이고 발달적인 차원에서 교육적인 목적이 강조된다. 한편, 운영방식에 따라 구조화 집단상담과 비구조화 집단상담으로 구분된다. 집단 리더가 사전에 준비된 프로그램 내용에 따라 계획된 대로 이끌어 가는 형태를 구조화(structured) 집단상담이라고 하며, 이와 달리 사전에 계획된 내용이 없이 즉흥적인 집단과정과 역동에 따라 진행되는 형태를 비구조화(unstructured) 집단상담이라 한다.
- 부부상담(couple counseling): 한 명 혹은 그 이상의 상담자가 부부를 하나의 단위로 상담하는 형태이다. 배우자 간의 관계에 초점을 맞추고 원만한 부부관계를 유지하기 위해 현재의 관계를 수정하는 데 초점을 둔다.
- 가족상담(family counseling): 한 명 혹은 그 이상의 상담자가 가족 전체를 하나의 단위로 상담하는 형태이다. 가족성원 간의 관계에 초점을 맞추고 조화로운 관계를 유지하기 위해 현재의 관계를 수정해 나가는 과정이다. 가족체계 내의 심리적 건강을 방해하는 상황을 개선하는 데 목적을 둔다.

(2) 상담목적을 기준으로 한 분류

상담의 궁극적인 목적은 내담자가 바라는 도움을 제공하는 데 있다. 내담자가 청하는 혹은 상담자가 내담자에게 제공하려고 하는 도움이 어떤 목적에 초점을 두는가에 따라 위기적 상담, 치료적 상담, 예방적 상담, 발달적 상담으로 구분된다.

- 위기적 상담(crisis counseling): 자살기도, 폭력 발생, 약물 사용 등 예측하지 못한 상태에서 돌발적으로 발생한 위기 상황에 개입하는 상담이다. 갑작스럽게 당한 문제나 상황을 두고 정서적 균형이 깨어진 내담자로 하여금 혼란한 상황을 효과적으로 극복 혹은 대처할 수 있도록 상담자의 순간적인 판단력과 즉각적인 중재 활동이 요구된다.
- 치료적 상담(remedial counseling): 다양한 심리적, 사회적, 직업적 부적응문제를 호소하는 내담자의 당면한 문제해결을 돕기 위해 주로 교정 혹은 치료를 목적으로 이루어지는 상담이다.
- 예방적 상담(preventive counseling): 문제가 발생하지 않도록 사전에 필요한 적응 방식 및 기술을 훈련시키기 위해 제공되는 상담이다. 자살방지 프로그램이나 약물예방교육 프로그램처럼 일상생활에서 흔히 야기될 수 있는 문제 상황에 노출되지 않도록 교육적인 목적으로 이루어진다.
- 발달적 상담(developmental counseling): 내담자의 잠재력을 개발하여 보다 긍정적인 자기발전과 성장을 도모하기 위해 이루어지는 상담이다. 자기주장훈련 프로그램, 의사소통훈련 프로그램, 부모교육 프로그램 등과 같은 것이 대표적인 예이다.

(3) 상담대상을 기준으로 한 분류

개인은 연령 혹은 발달단계에 따라 욕구, 흥미, 사고, 태도 등이 다르며 그로 인해 적응문제와 자아실현의 내용 및 목적이 다양하게 나타난다. 따라서 상담의 방법과 기술도 내담자의 발달수준에 따라 달라져야 한다.

- 아동상담(child counseling): 초등학교 연령층의 아동을 대상으로 자기 자신과 주변 환경에 보다 잘 적응할 수 있도록 놀이치료, 음악치료, 미술치료 등 발달단계에 적합한 기법을 활용하여 이루어진다.
- 청소년상담(adolescent counseling): 청소년기에 직면하는 신체적 발달, 이성관계, 또래집단 내의 갈등, 학업 및 진로문제, 자아정체감 형성 등의 문제들을 원만히 해결할 수 있도록 조력한다.
- 성인상담(adult counseling): 청년기 이후 중년기 성인을 대상으로 취업, 결혼, 자녀 양육, 일의 의미, 부부관계의 재정립, 인생의 의미 등의 문제에 대처해 나갈 수 있도록 조력한다.
- 노인상담(elderly counseling): 만성질환, 신체적·정신적 쇠약, 경제적 수입의 감소, 생산 활동의 정지, 배우자 사별, 대인관계의 축소 등의 문제를 겪는 노년기 성인을 대상으로 생애 변화를 수용하고 사회 환경에 잘 적응할 수 있도록 돕는다.

(4) 상담매체를 기준으로 한 분류

상담자와 내담자 간의 대면상담이 전통적인 상담방식이라고 할 수 있다. 그러나 오늘날에는 언어적인 대면상담 이외에 다양한 매체를 활용하여 상담이 이루어지고 있다.

- 대면상담(face-to-face counseling): 상담자와 내담자가 같은 물리적 공간에서 마주보고 면담을 위주로 진행하는 상담이다.
- 전화상담(telephone counseling): 직접 상담실을 방문하지 않고서도 전화매체를 활용하여 내담자의 문제해결을 조력한다. 익명성을 지키면서 신속하게 접근할 수 있는 장점이 있다.
- PC상담(personal computer counseling): 컴퓨터와 인터넷을 매개로 이루어지는 상담이다. 이메일을 활용하여 고민거리를 글로 표현하거나, 영상통화를 통해 면대면 상담의 장점을 접목시킬 수도 있다.
- 모바일상담(mobile counseling): 고정된 특정 장소에서만 인터넷을 이용해야 하는

PC기반의 이메일 상담의 한계를 벗어나 스마트폰을 활용하여 시간과 장소에 구애받지 않고 언제 어디서나 상담서비스를 제공받을 수 있다.

- 놀이상담(play counseling): 인형이나 장난감, 그림도구, 모래, 운동기구 등 다양한 물건들을 비치한 놀이치료실에서 이루어진다. 내담자로 하여금 놀이를 통해 자유롭게 자신의 생각과 감정을 표현하도록 하고 문제해결을 촉진한다.
- 예술상담(art counseling): 예술적인 매체를 활용하여 생각과 감정을 표현하고 상담이 이루어지는 형태이다. 미술치료, 음악치료, 드라마치료, 독서치료, 동작치료 등이 해당된다.

2. 상담자의 자질

상담자의 자질은 인간적 자질과 전문적 자질로 구분된다. 인간적 자질이란 상담자로서 갖추어야 할 사람됨의 특징을 의미하며, 전문적 자질이란 상담 활동을 수행하는 데 있어서 요구되는 전문가적인 역량을 갖추었는지의 여부를 의미한다.

1) 인간적 자질

상담자의 인성은 상담효과에 영향을 미치는 요인인데, 인간적 자질이 갖추어지지 않은 상담자는 내담자에게 자칫 부정적인 영향을 미칠 수 있다. Rogers(1961)는 상담자의 인간성이 상담기술보다 더 중요하다고 한다. 유능한 상담자는 과학적 지식 및 기술과 자신의 인간성을 성공적으로 통합할 수 있는 사람이다. Guy(1987)는 상담자가 되고자 하는 역기능적인 동기를 다음과 같이 열거한다.

- 정서적 스트레스: 미해결된 개인적 외상을 가지고 있다.
- 대리적 대처: 자신의 의미로운 삶보다는 다른 사람, 즉 내담자를 통해 대리적인 삶을 영위하고자 한다.

- 외로움과 고독감: 대인관계가 제한적인 경우, 내담자를 통해 인간관계를 보상받고자 한다.
- 힘의 욕구: 자신의 삶에서 두려움과 무력감을 느끼는 경우, 상담을 통해 내담자를 통제하고자 한다.
- 사랑의 욕구: 자기도취적이고 과장되며, 사랑과 친밀감을 표현함으로써 모든 문제가 해결된다고 믿는다.
- 대리적 반항: 미해결된 분노를 가지고 있는 경우, 내담자의 반항적인 행동을 통해 자신의 생각과 감정을 간접적으로 표출한다.

그러나 조력관계에서 필요한 특정한 기능적 요소를 가진 사람은 그것으로 인해 상담전문직을 선택하고 자신의 능력을 잘 발휘하는 경우가 많다. Guy(1987)는 상담자에게 요구되는 인간적 자질을 다음과 같이 제시한다.

- 호기심과 탐구심: 인간에 대한 자연스러운 관심을 가지고 있다.
- 경청능력: 상대의 말을 적극적으로 경청하는 태도를 가지고 있다.
- 대화능력: 언어적 대화를 즐기고 몰입한다.
- 공감과 이해심: 상대의 입장이 되어 그의 처지를 이해하고, 성별이나 문화권이 다른 경우에도 상대를 이해한다.
- 정서적 통찰력: 긍정적 정서뿐만 아니라 부정적 정서까지 다양한 감정을 인식할 수 있다.
- 내성: 내면세계에 대한 통찰능력이 있다.
- 자기 부정: 자신의 개인적 욕구보다 상대의 욕구를 우선적으로 다룬다.
- 친밀감에 대한 인내: 정서적 친밀상태를 유지할 수 있다.
- 힘의 능력: 객관성을 유지하는 가운데 힘을 느낄 수 있다.
- 유머 감각: 삶의 역설적인 면을 볼 수 있으며 유머 감각이 있다.

한편, 천성문 외(2015)는 상담자의 인간적 자질을 다음과 같이 기술한다.

- 인간에 대한 깊은 이해와 존중: 내담자가 처한 현실적 문제와 그로 인해 겪고 있는 갈등과 고민을 파악하는 데에 그치는 것이 아니라 내담자의 내면세계로 들어가 그의 문제를 이해하고 고통과 아픔을 공감적으로 이해한다.
- 상담에 대한 열의: 상담활동을 즐겁고 보람 있는 삶의 한 부분으로 받아들인다. 상담자 자신의 개인적 욕구를 앞세우지 않고, 내담자의 경험에 함께 몰입하고 상담에 대한 순수한 열정을 가지고 상담에 임한다.
- 다양한 경험과 상담관 정립: 상담자의 다양한 경험은 삶을 조망하는 관점을 확대시키고 내담자의 문제를 이해하는 데 도움이 된다. 삶의 축적된 경험과 임상적 경험은 상담자 자신만의 고유한 인간관과 상담관을 확립하는 데 기여한다.
- 자신을 인정하고 돌보기: '되어가는 존재'로서의 자기 자신을 수용하고 인격적 완성을 추구해 간다. 자신이 느끼는 슬픔과 분노 등 부정적인 감정까지도 수용하고 이러한 감정에 흔들리지 않는다. 한 인간으로서 자신을 존중하고 사랑하는 태도를 갖는다.
- 자신의 가치관 인식: 자신이 어떤 가치관을 가지고 있는지 충분히 파악하고 그러한 가치관이 현실 생활 속에서 어떤 갈등을 유발할 수 있는지를 예상한다. 자신의 가치관을 내담자에게 강요해서는 안 되지만, 필요하다면 내담자에게 자신의 가치관을 드러내고 그것이 상담관계에 미칠 수 있는 영향을 내담자와 진솔하게 이야기한다.

2) 전문적 자질

효과적인 상담업무를 수행하기 위해서는 인간적 자질과 더불어 충분한 교육과 훈련을 통해 전문가적인 자질을 갖추어야 한다. 상담자의 전문적 자질은 인간발달에 대한 이해, 상담이론에 대한 지식, 실습경험과 훈련, 문화적 다양성에 대한 이해, 상담윤리에 대한 인식 등이 포함된다(김계현 외, 2011; 김춘경, 이수연, 최웅용, 2006; 천성문 외, 2015). 먼저 상담자는 인간발달의 생물학적 기초, 지각, 인지, 성격, 정서와 동기 등에 관한 포괄적인 지식과 더불어 각 발달단계별 특징을 잘 이해하고 있어야 한다. 몇몇 심각한 정신병리적 질환이나 극단적인 일탈행동을 제외하고는 청소년 내담자가 가지고 있는 일반적인 문제행동은 단순히 정상적인 발달과정상의 변이(deviation)에 해당될 수도 있다. 성인에게 있어서 병리적 행동이라고 진단되는 것들이 아동과 청소년에게 있어서는 정상 범주에 속하는 것일 수도 있다. 한 개인의 문제가 일탈행동인가 혹은 단순한 발달위기상의 행동인가를 잘 판단하기 위해서는 각 연령집단의 발달특성 및 정상행동 범위에 대한 이해가 선행되어야 한다. 발달적 관점에서 보면 특정 시기에 특정 과업을 완수할 것으로 기대되는 것이 일반적이지만 이러한 양상은 개인차가 있다.

또한 상담자는 다양한 상담이론을 익히고, 각 이론에서 전제하고 있는 인간에 대한 관점, 문제의 발생 기제, 상담목표와 과정, 상담기법 등을 숙지해야 한다. 내담자의 특성과 환경에 따라 문제를 해결하는 데 가장 적합한 이론을 선택하고 활용할 수 있는 역량이 필요하다. 인간의 다양한 문제를 해결하는 데 만병통치약 방식으로 적용될 수 있는 완벽한 이론은 존재하지 않기 때문이다. 내담자의 기질적·성격적·사회문화적 배경에 따른 개인차를 고려하여 내담자와 내담자의 문제에 적절한 상담 접근을 활용해야 한다. 이러한 상담이론에 대한 이해뿐만 아니라 상담 실제 훈련과 슈퍼비전 지도를 통해 상담기술을 능숙하게 활용할 수 있는 역량도 갖추어야 한다. 상담의 실제와 기술을 익히기 위해서는 교육 및 훈련과정에 참여하고, 상담사례 모임을 통해 다른 상담자의 사례를 간접적으로 경험하는 등 상담전략을 배우는 기회를 갖는 것도 중요하다.

한편, 사회가 점차 다변화되고 다양화되는 시점에서 상담자는 내담자의 문화적 배경에 대한 이해를 가지고 있어야 한다. 대부분의 상담 관련 학회의 윤리강령에는 학회 회원들로 하여금 다양성을 인정하고 사회적·문화적 맥락 안에서 각자의 가치, 존엄, 잠재성, 고유성을 지지하는 비교문화적 접근을 수용하는 내용이 명시되어 있다(Ivey & D'Andrea, 2015). 국내에서도 다문화가정의 증가와 더불어 상담현장에서도 문화적 차이에 대한 인식을 갖춘 상담자의 중요성이 강조되고 있다. 상담자는 내담자가 속한 민족이나 인종적 배경과 같은 거시적인 문화 차이뿐만 아니라 연령, 성별, 사회경제적 계층, 교육수준, 생활양식 등 미시적인 문화 차이에도 민감성을 가져야 한다. 개인은 다양한 환경 속에서 성장하는 가운데 각자 다른 경험을 통해 현재의 자기를 만들어 왔다. 따라서 내담자의 성장 배경과 맥락에 대한 이해를 토대로 그의 가치관과 행동을 이해할 수 있어야 한다.

이러한 관점에서 Sue, Ivey와 Perdersen(1996)은 상담이 다문화적이고 통합적인 서비스 활동이 되기 위해 몇 가지 고려사항을 제시한다. 첫째, 상담조력의 범위를 포괄적으로 규정한다. 상담은 전통적인 정신의학적 모형뿐만 아니라 교육적 기능이 추가되어야 하며, 각 문화마다 독특한 개인의 내적 자원을 적극 활용해야 한다. 둘째, 문화를 포괄적이고 역동적으로 이해한다. 문화를 포괄적으로 정의하다 보면 서로 근본적으로 다르거나 적대적이라고 볼 수 있는 개인 간에 공유 지점을 마련할 수 있게 된다. 셋째, 확대된 관계체계와 전체적인 관점에서 조력방법을 모색한다. 내담자가 특정행동을 하게 된 맥락의 역동성을 이해하고, 확대가족, 이웃, 지역사회 네트워크 등을 포함하여 내담자가 처한 환경체계 내의 풍부한 자원을 활용해야 한다. 넷째, 상담활동에 함의된 사회정치적 맥락을 이해한다. 주류문화의 정치적 견해가 소수집단의 문화에 대한 편견을 조장하고 이로 인해 정신건강 관련 정책수립과 임상실제에 영향을 미칠 수 있음을 인식해야 한다. 마지막으로, 문화의 복합성을 이해한다. 문화의 다양성이 혼란스러운 것으로 받아들여져서는 안 된다. 단선적이고 선형적인 패러다임에서 벗어나 유기체적 질서의 복합성을 수용할 때 비로소 문화의 복합성을 존중하고 이해할 수 있게 된다. 같은 맥락에서 Cross, Bazron, Dennis와 Isaacs(1989)는 문화적으로 유능한 상담자가 갖추어야 할 기술영역으로 차이에 대한 자각과 수용, 자기인식, 차이의 역동에 대한 대응, 내담자의 문화에 대한 지식, 그리고 상담기술의 문화적 적용을 주장한다.

이론과 기법을 적용하는 상담과정에서 상담자는 내담자를 보호하고 내담자의 이익과 복지를 최우선적인 과제로 생각해야 한다. 상담과정 중에 윤리적인 문제가 발생했을 경우 상담자가 어떤 선택과 결정을 하는가에 따라 내담자의 복지와 상담결과에 영향을 미치게 된다. 따라서 상담 관련 기관이나 학회 차원에서는 상담자 윤리강령을 마련하여 전문가로서의 태도, 내담자에 대한 존중, 상담관계, 비밀보장 등의 내용을 제시하고 있다. 상담자는 자신이 소속된 학회나 기관의 윤리적 가이드라인을 숙지하고 내담자를 상담하는 데 있어서 이를 기준으로 판단하고 행동해야 한다.

이러한 관점에서 Cormier와 Cormier(1985)는 상담자가 갖추어야 할 인간적 자질과 전문적 자질을 통합하여 다음과 같이 제시한다.

- 지적 능력: 다양한 조력이론에 대한 지식을 갖추고 이러한 것들을 배우고자 하는 의욕과 학습능력을 갖추어야 한다. 현실적으로 빠른 이해력을 갖추어야 한다.
- 에너지: 상담은 정서적으로나 신체적으로 많은 에너지가 요구되는 활동이다. 상담자는 적극적인 자세로 상담회기에 임해야 하며, 많은 내담자들을 연속적으로 면접할 수 있는 활동성을 유지해야 한다.
- 융통성: 유능한 상담자는 특정한 반응양식에 집착하지 않는다. 자신의 스타일을 내담자의 요구에 적응시킬 수 있어야 한다.
- 지지: 내담자로 하여금 스스로 결정할 수 있도록 촉진한다. 구원자로서의 역할을 지양하고, 내담자 스스로 희망과 힘을 회복할 수 있도록 조력한다.
- 온정: 내담자의 독립심을 키워주며 내담자의 이익을 추구해야 한다.
- 자기인식: 자신의 태도, 가치관, 감정을 인식하고 어떠한 요인이 이러한 자신의 내적 특성에 영향을 미치는지를 잘 이해해야 한다.
- 문화적 경험에 대한 인식: 다양한 문화적 배경을 지닌 사람에 대한 이해가 요구된다.

3. 상담윤리

1) 상담윤리의 의의와 목적

상담을 비롯한 정신건강 전문 분야에서는 내담자를 보호하고 상담자에게 상담실제 관련 지침을 제공하기 위해 윤리강령을 제정해 두고 있다. 상담자는 자신의 전문영역에 관한 윤리적 기준을 숙지하고 상담과정 중에 적절한 윤리적 결정을 내리고 그 결과에 따른 책임을 감수할 수 있어야 한다. 상담윤리강령 제정은 세 가지 의의를 지니고 있다(Herlihy & Corey, 2006a). 첫째, 상담전문가 집단에게 건전한 윤리적 가치와 태도에 관해 교육할 수 있다. 상담자는 소속된 집단의 윤리강령을 숙지함으로써 자신의 상담활동을 지속적으로 모니터링하게 된다. 둘째, 상담전문가 집단의 책무성에 관한 구조적 틀을 제공한다. 상담자는 자신의 상담행위를 스스로 모니터링할 뿐만 아니라 다른 동료 상담자의 윤리적 행위도 독려하고 지지해야 한다. 내담자의 복지를 보호하고 직무상 과실을 예방하기 위해 윤리적 지침을 잘 이해하고 적용할 수 있어야 한다. 셋째, 상담전문가의 상담활동 개선을 촉진한다. 내담자와의 임상 장면에서 직면하게 되는 실제적인 윤리적 딜레마 상황에서 윤리적 지침을 적절하게 해석하고 적용함으로써 상담업무를 효과적으로 진행할 수 있다. Kitchener(1984)는 윤리적인 상담을 실시하기 위해 상담자가 준수해야 할 다섯 가지 원칙을 다음과 같이 제시한다.

- 자율성 존중(respect for autonomy): 개인의 자유와 존엄성에 대한 존중을 의미한다. 내담자는 자신의 행동을 스스로 결정하고 실행할 수 있는 자율적인 존재이므로 상담자는 내담자가 스스로의 행동에 대해 책임질 것을 기대하고 존중해야 한다.
- 무해성(nonmaleficence): 해를 입히거나 상처를 주지 않아야 한다는 의미이다. 상담자는 내담자에게 피해를 주거나 내담자를 위험에 빠뜨리지 않는 개입방법을 적용해야 한다.
- 선의(beneficence): 선한 행위를 할 책임을 뜻한다. 상담자는 조력전문가임을 인식하고 내담자에게 선행을 베풀겠다는 의도로 상담활동에 임해야 한다. 또한 내담자뿐만 아니라 지역사회에도 도움이 될 수 있는 상담서비스 활동을 제공해야 한다.
- 공정성(justice): 차별하지 않고 공정하게 상담할 책임을 의미한다. 상담자는 모든 사람이 동등하게 서비스를 받을 권리가 있음을 인식하고 인종, 민족, 성별, 문화 등을 이유로 내담자를 차별하지 않도록 한다.

- 충실성(fidelity): 약속과 진실에 충실함을 의미한다. 상담자는 내담자와의 관계에 성실히 임하고 자신의 이익보다 내담자의 이익과 복지를 우선으로 해야 한다. 내담자를 조력하는 상담활동에 열정을 갖고 성실하게 임해야 하며 상담계약을 위반하거나 신뢰관계를 저버리는 행위를 하지 않도록 한다.

상담윤리문제는 제도적 장치를 설정하는 것뿐만 아니라 상담자 자신의 윤리의식이 선행되어야 한다. Seligman(2006)은 상담자가 윤리적 기준을 잘 알고 그것을 지키는 것이 중요한 이유를 다음과 같이 설명한다.

- 윤리적 기준은 정신건강 전문가 집단에 신뢰성과 힘을 부여한다.
- 윤리적 지침은 상담자가 올바른 결정을 하도록 돕는다.
- 상담자가 중요한 윤리적 지침과 관련된 정보를 내담자에게 제공하는 것은 내담자로 하여금 자신의 상담에 대해 충분히 이해한 상태에서 중요한 선택과 결정을 내릴 수 있도록 한다.
- 윤리적 기준에 근거한 상담은 내담자로부터 소송을 당하는 경우와 같이 상담 전문성이 도전을 받을 때 상담자를 보호해준다.
- 윤리적·법적 기준을 잘 숙지하는 것은 상담 자격증 취득에 있어서 필요한 과정이다.

한편, 최원호(2008)는 상담윤리의 필요성을 다음과 같이 제시한다.

- 상담자가 상담과정에서 발생하는 윤리적 딜레마를 이해하고 이에 대처하는 능력을 갖추기 위해서이다.
- 내담자에 대한 상담자의 의무를 명확하게 하고 이해함으로써 내담자를 보호하기 위해서이다.
- 상담과정에서 발생할 수 있는 직무 관련 갈등을 해결하기 위해서이다.
- 상담전문직으로서의 기능과 역할 수행에 따른 목적을 분명히 하기 위해서이다.

• 상담자의 활동이 사회 윤리와 지역사회의 도덕적 기대를 존중할 수 있도록 하기 위해서이다.
• 상담자의 사생활과 인격을 보장받을 수 있는 근거를 제공하기 위해서이다.

2) 상담윤리의 주요 내용

미국상담학회와 한국상담학회 등 상담 관련 학회에서는 윤리강령을 제정하고 있는데, 윤리강령의 궁극적인 목적은 내담자의 복지를 보호하는 데 있다. 내담자의 안녕과 복지를 지키기 위해 상담자는 사전동의, 비밀보장, 다중관계 등에 관한 구체적인 윤리적 지침을 준수해야 한다(강진령, 이종연, 유형근, 손현동, 2009; 나항진, 강갑원, 권회완, 김경미, 박성희, 송선희, 2012; Corey, 2009; Corey, Corey, & Callanan, 2007; Corsini & Wedding, 2005).

(1) 사전동의

사전동의(informed consent)란 내담자가 상담에 대해 설명 들은 것에 근거하여 상담에 참여하기로 동의하는 것을 의미한다. 내담자는 상담을 시작하기 전에 상담에 대해 충분한 설명을 듣고 상담 참여와 지속 여부를 선택하고 동의할 수 있는 절차를 제공받아야 한다. 사전동의를 통해 내담자는 자신의 권리와 상담자의 책임을 알게 되고 자신의 자율성과 힘을 인식하게 된다. 사전동의과정을 경험한 내담자는 그렇지 않은 내담자에 비해 긍정적인 자기개방, 상담성과에 대한 낙관적인 기대, 상담계획에 적극적인 참여, 상담자에 대한 우호적인 신뢰 형성 등의 특징을 나타낸다(하혜숙, 조남정, 2012; Goodyear, Coleman, & Brunson, 1986; Handler, 1990; Sullivan, Martin, & Handelsman, 1993). 대부분의 상담 관련 학회의 윤리강령은 상담자가 내담자에게 상담에 관해 설명할 의무가 있으며, 내담자는 사전에 그 설명을 듣고 동의 여부를 결정할 권리가 있고, 사전동의가 필요한 이유와 동의 절차에 포함되어야 할 내용, 그리고 동의는 일회적이 아니라 지속적인 과정이라는 점을 명시하고 있다. 내담자에게 사전 설명해 주어야 할 내용에는 내담자가 받게 될 상담의 목표와 이론적 관점 및 기법,

상담자의 교육 및 훈련 배경, 비밀보장과 비밀보장의 예외 상황, 상담을 거부하고 종결할 권리, 상담참여에 따른 잠재적 이익과 위험, 상담 외에 적절한 대안적 방법, 심리검사결과 및 상담기록에 대해 알 권리, 상담료와 지불방법, 필요시 상담실 연락 절차 및 방법 등이 포함된다. 사전동의방식으로 구두방식과 서면방식을 병행하는 것이 권장된다.

(2) 비밀보장의 의무

비밀보장(confidentiality)의 의무는 상담자가 내담자의 사생활을 보호하고, 상담관계를 통해 알게 된 내담자에 관한 정보를 내담자의 동의 없이 제3자에게 공개하지 않는 것을 뜻한다. 내담자의 사생활 보호를 위해서는 내담자가 상담을 받고 있다는 사실이 알려지지 않도록 해야 하며, 상담 대기실에서 기다리는 도중에도 누구인지 알려지지 않게 하는 것이 중요하다. 상담 내용에 대한 비밀유지는 상담자와 내담자 간에 래포 형성과 문제해결을 위해 필수적인 요소이다. 상담일지 기록 내용, 상담회기 녹음 및 녹화 내용, 심리검사 결과지, 상담계약서 내용 등을 내담자의 동의 없이 유출하지 않도록 해야 한다. 상담 중에 이야기된 내용을 상담자가 비밀로 유지해 줄 것이라고 확신할 때 내담자는 자신의 고민거리를 숨김없이 드러내고 효과적인 상담이 이루어질 수 있게 된다. 그러나 상담자는 내담자의 복지뿐만 아니라 지역사회의 안전과 복지에 대한 책무성을 동시에 가지고 있기 때문에 때때로 내담자의 상담 내용에 대해 비밀보장의 원칙을 지키는 데 한계가 있다. 내담자가 자기 자신과 사회의 안전을 위협할 우려가 있는 경우, 내담자가 전염성이 있는 치명적인 질병을 가지고 있는 경우, 상담자가 법정으로부터 비밀공개 요구를 받는 경우, 아동학대나 방치 사실을 인지한 경우 등에는 비밀을 유지하기 어렵다는 점을 내담자에게 미리 인지시키고 윤리강령에 따라 적절한 조치를 취해야 한다.

(3) 다중관계

다중관계(multiple relationship)란 관계의 중첩성을 의미하는데, 상담자-내담자 관계 이외에 내담자와 추가적으로 다른 관계를 맺는 것을 뜻한다. 상담자와 내담자 간의 다중관계는 상담이라는 전문적인 관계와 동시에 이루어질 수도 있으며 연속적으로도 성립될 수 있다. 동시적이거나 연속적인 다중관계는 내담자와 맺는 상담 이외의 비전문적인 관계가 상담자의 전문적 판단과 상담효과를 훼손시킬 수 있다는 점에서 경계해야 한다는 주장이 있지만(Sonne, 1994), 한편으로는 윤리기준에 대해 보다 유연하게 대처하며 다중관계가 내담자에게 도움이 될 가능성에 비중을 두고 접근해야 한다는 주장도 있다(Moleski & Kiselica, 2005). 다중관계문제는 일종의 사회적 역할 갈등이라고 볼 수 있다. 역할 간의 상호 영향이 거의 없는 경우는 부정적인 결과를 초래할 가능성이 낮지만, 역할 간의 상충 정도가 클수록 상담결과에 부정적인 영향을 미칠 위험성이 높아진다(Kitchener, 1988). 따라서 다중관계에 대한 상담자의 관점을 결정하는 데 있어서 몇 가지 요소를 고려해야 한다. 첫째, 상담관계 이외의 다른 관계를 맺는 것이 내담자에게 본질적으로 이익이 되는지를 고려해야 한다. 둘째, 상담자로 하여금 절대적으로 다중관계를 피하라고 하는 것은 상담자 개인의 생활과 대인관계에 부정적인 영향을 미칠 수 있다. 셋째, 모든 다중관계를 거부하는 것은 현대사회에서 자유로운 대인관계를 맺을 수 있는 시민의 권리를 침해하는 것이 된다. Herlihy와 Corey(2006b)는 다중관계에서 예상되는 잠재적 부정적 결과를 줄이기 위한 가이드라인을 다음과 같이 제시한다.

- 상담 초기에 서면동의 작성 등을 통해 내담자와의 상담관계에서의 건전한 경계를 설정한다.
- 상담 중에 진행되는 논의에 내담자를 참여시키고 결정 내용을 문서로 작성한다.
- 예기치 않은 상황에서 객관성을 유지하기 위해 동료 상담자들에게 조언을 구한다.
- 다중관계로 인해 잠재적 위험이 예상될 때 슈퍼비전하에 상담을 진행한다.
- 지속적인 자기탐색을 통해 다중관계를 형성할 때의 상담자 자신의 동기를 탐색한다.

연습문제

01_ 상담의 정의에 근거하여 상담이 갖추어야 할 보편적인 요건을 기술하시오.

02_ 상담, 생활지도, 심리치료 간의 공통점과 차이점을 비교 설명하시오.

03_ 상담목적을 기준으로 상담 유형을 분류하고 설명하시오.

04_ 상담자가 갖추어야 할 인간적 자질에 대해 논하시오.

05_ 상담자가 갖추어야 할 전문적 자질에 대해 논하시오.

06_ 상담 윤리강령을 제정하는 의의와 목적을 설명하시오.

07_ 상담자의 윤리적 상담 준수 원칙을 설명하시오.

08_ 상담자의 비밀보장 윤리원칙에 대해 설명하시오.

09_ 내담자의 사전동의 절차에 관련된 윤리적인 문제를 논하시오.

10_ 상담자와 내담자 간의 다중관계에 관련된 윤리적 논쟁을 설명하시오.

02
Chapter

인간발달과 상담

1. 아동기 발달
2. 청소년기 발달
3. 성인기 발달
4. 노년기 발달

Chapter 02

인간발달과 상담

인간발달은 개인이 환경에 적응해 가는 동안 시간의 경과에 따라 나타나는 일련의 변화 양상을 의미한다. 개인이 자기 주변의 여러 대상을 어떻게 지각하고 느끼는지, 어떤 경로로 정보를 받아들이고 인식하는지, 문제해결을 위해 어떤 전략을 사용하는지 등을 이해하는 것은 인간에 대한 이해의 폭을 확장시킨다. 상담자는 내담자의 인지적·정서적·사회적 학습 양상에 대한 지식과 이해를 갖추고 있어야 한다. 내담자의 행동, 발달적 사건, 그리고 이러한 사건의 의미 등을 이해하는 것은 상담자에게 요구되는 중요한 자질이다. 내담자의 성장과 발달을 효과적으로 조력하기 위해서는 개인의 발달적 특성을 이해하고 내담자가 처한 위기적 상황에 적절하게 개입할 수 있어야 한다. 본 장에서는 아동기에서 노년기에 이르는 각 발달단계별로 개인의 적응에 관련된 인지적·정의적·성격 및 사회적 발달특성을 서술하고자 한다.

학습목표

1. 아동기의 신체·인지·성격 발달특징과 적응기제를 설명할 수 있다.
2. 청소년기의 신체·인지·성격 발달특징과 적응기제를 설명할 수 있다.
3. 성인기의 신체·인지·성격 발달특징과 적응기제를 설명할 수 있다.
4. 노년기의 신체·인지·성격 발달특징과 적응기제를 설명할 수 있다.

1. 아동기 발달

1) 신체발달의 특징

영유아기와 청소년기의 급속한 신체발달에 비해 아동기의 신체발달은 비교적 완만한 편이다. 이전 발달단계에 비해 성장 속도가 둔화되기는 하지만 꾸준한 성장이 이루어지고 전체적인 신체체계가 안정되는 시기다. 신체적 성장은 새로운 경험을 가능하게 하며, 환경적 자극에 대해 다양한 반응을 가능하게 할뿐만 아니라 자아개념과 자아존중감에도 영향을 미친다. 아동기 신체발달은 다음과 같은 측면에서 다른 발달영역과 밀접한 관련이 있다(김경중, 유왕효, 류인숙, 박은준, 신화식, 유구종, 정갑순, 조경미, 조희숙, 주리분, 최인숙, 최재숙, 1999).

- 새로운 행동의 형성: 신체발달은 직접적으로 운동능력에 영향을 미치며, 운동능력은 행동 및 사회적 적응과 밀접한 관련이 있다. 아동의 놀이는 대부분 신체 발달에 기초한 활동이므로 운동기능이 향상되면서 활동의 종류와 내용이 변화한다.
- 새로운 경험의 촉진: 신체발달은 다양한 경험을 가능하게 함으로써 인지·정서·사회성발달에 간접적으로 영향을 미친다. 가만히 누워 있거나 기어 다니는 것보다는 걷고 뛰어다니는 경우 환경을 더 많이 탐색하고 경험의 폭을 넓힐 수 있다.
- 타인의 반응에 영향: 타인의 반응은 아동의 신체구조 및 기능과 관련이 있다. 체육 교사는 대근육이 발달된 아동에게 더 호의적일 수 있으며, 어떤 교사는 글씨를 반듯하게 잘 쓰고 그림을 잘 그리는 소근육이 발달된 아동에게 더 호감을 가질 수 있다. 이와 같이 신체적 성장과 발달의 정도는 아동 자신의 요구와 필요, 행동과 적응, 경험뿐만 아니라 대인관계에 있어서 다른 사람의 반응에도 영향을 미친다.
- 자아개념 형성에 영향: 신체 자아상은 자아개념 형성에 중요한 영향을 미치는데, 잘 조화된 신체를 가진 아동은 자신을 긍정적으로 받아들이고 건강한 자아개념

을 형성해 나간다. 이에 반해 신체발달이 조화롭지 못한 아동은 자칫 심리적으로 위축되고 열등감을 가질 수 있다.

아동기의 운동발달은 신체적 발달뿐만 아니라 심리사회적 발달에도 영향을 미친다. 자신의 운동기술과 역량을 다른 아동과 비교하기 때문에 자아존중감 형성에 영향을 미친다. 또한 운동활동에 적극적으로 참여함으로써 적절한 운동기술을 발달시키고 또래집단과의 관계성을 발달시킨다. 특히, 또래 친구들과 함께 하는 단체활동을 통해 아동은 집단목표와 목적을 위해 다른 구성원들과 협동하는 기회를 갖게 되며 이러한 경험을 통해 우정과 사회성을 발달시킨다. 신체운동은 에너지 수준, 정서, 관계성, 문제해결능력, 건강, 만족감, 긴장 정도 등에 있어서 긍정적인 영향을 미친다(정옥분, 2004).

2) 인지발달의 특징

이해하고 사고하는 능력의 변화는 인지발달과 밀접한 관련이 있다. 인지(cognition)란 습득된 감각적 자료를 해석하고 기억해 두었다가 후일 필요할 때 이를 재생시키고 사고, 추리, 문제해결 등에 이용하여 환경과 자신에 대한 인식을 획득해 나가는 과정을 일컫는다. Piaget이론은 아동의 사고와 추론과정을 포함하여 전반적인 인지발달과정을 명확하게 기술하고 있다(강문희, 신현옥, 정옥환, 정정옥, 2005; Piaget, 1983). 아동은 환경 속의 대상들을 탐색하고 관찰해 나가는 가운데 점차 더 많은 정보를 조직화하고 환경에 적응해 나간다.

Piaget는 인지를 기능적인 면과 구조적인 면으로 구분한다. 첫째, 인지의 기능적인 측면은 조직화(organization)와 적응(adaptation)이라는 두 가지 개념을 통해 설명될 수 있다. 조직화란 행동이나 사고가 각각 분리된 채로 있는 것이 아니라 관련된 행동이나 사고체계로 묶이는 것을 의미한다. 조직화를 통해 심리적 구조 혹은 체계를 형성하며 환경을 이해하게 된다. 한편, 적응은 상호 상보적 과정인 동화(assimilation)와 조절(accommodation)로 구성된다. 동화란 기존에 가지고 있는 도식 또는 인지구조 속에 새로운 정보를 받아들이고 통합하는 과정을 뜻한다. 반면, 조절이란 기존의 도식이나 인지구조가 새로운 대상을 동화하는 데 적합하지 않을 때 새로운 대상에 맞게 이미 있는 도식이나 인지구조를 변형시켜 나가는 것을 의미한다. 이처럼 동화와 조절과정은 보다 새로운 상위의 도식이나 인지구조를 생성함으로써 인지발달을 촉진한다. 조직화, 동화, 조절 등의 과정을 거쳐 형성되는 사고의 변화는 평형화(equilibration) 과정을 요구한다. 동화와 조절 간에 균형이 유지될 필요가 있다. 동화만 하고 조절을 못한다면 몇 몇의 큰 도식은 갖게 되지만 사물 간의 차이를 구별하지 못하게 된다. 반대로 조절만 하고 동화를 못한다면 작은 도식들을 많이 갖게 되지만 사물 간의 유사성을 파악하지 못하게 된다.

둘째, 인지의 구조적인 측면은 아동이 환경과의 접촉을 통해 구성하는 지식체계를 의미한다. 이러한 지식체계는 도식(schema)과 조작(operation)의 두 형태를 취한다. 도식은 일련의 조직화된 행동패턴을 뜻하는데, 모든 개인은 특정한 행동패턴이나 습관을 가지고 있다. 조작은 아동이 일련의 문제들을 해결할 때 보여 주는 공통성으로부터 추론될 수 있다. 조작은 지적 표상이며, 사고를 변형시킬 수 있고, 가역 가능한 것이다.

Piaget에 의하면 인지발달은 일련의 단계, 즉 감각운동기, 전조작기, 구체적 조작기, 형식적 조작기를 거치면서 변화된다.

- 감각운동기(sensorimotor stage): 출생에서 약 2세까지 해당된다. 아동은 감각과 신체 움직임을 통해 습득된 정보를 처리한다. 자극이 가해지는 어떤 것에나 즉각적으로 반응하며, 계획을 세우거나 의도적으로 행동하지 않고, 물체에 대한 내적인 표상능력이 없다. 또한 환경을 탐색하면서 대상 영속성(object permanence) 개념을 습득한다.
- 전조작기(preoperational stage): 약 2~7세까지 해당되며 언어를 습득하는 중요한 시기이다. 이 시기에는 상징적 사고가 가능한데, 비언어적인 상징행동을 통해 가상놀이를 하는 것이 그 대표적인 예이다. 또한 아동은 다른 사람의 관점이 존재한다는 사실을 인식하지 못하기 때문에, 모든 사람은 아동 자신이 보는 대로

세상을 보고 있다고 생각하는 자아중심성(ego-centricity)이 나타난다.

- 구체적 조작기(concrete operational stage): 약 7~12세까지이며 전조작기에 비해 체계적인 논리적 사고가 가능해진다. 논리적 사고의 가장 중요한 특징은 가역성(reversibility)인데, 가역적 사고는 보존개념, 분류개념, 서열개념의 조작 형태로 나타난다. 물질의 양, 수, 길이, 면적 등은 그 형태와 위치를 변형시키더라도 동일하다는 것을 이해하게 된다. 또한 대상과 대상 간의 공통점과 차이점 및 관련성을 이해할 수 있게 되어 유목에 근거한 분류조작이 가능해지며, 사물의 길이나 크기 등의 기준에 따라 사물의 순서를 짓는 서열조작도 가능해진다.
- 형식적 조작기(formal operational stage): 인지발달의 마지막 단계로서 약 12세부터 성인기까지 해당된다. 실제적이고 관찰 가능한 대상뿐만 아니라 가설적이고 관념적인 것에 대해서도 체계적인 논리가 가능해진다. 가설적이고 연역적인 사고가 획득되며, 문제해결을 위해 다양한 대안을 논리적으로 궁리하는 가운데 보다 바람직한 해결책에 이르게 된다.

3) 정서발달의 특징

유아기 후반부터 기본적인 정서를 표현할 수 있으며, 아동기를 거치는 동안 분화된 정서표현과 정서통제가 가능해진다. 아동기의 가장 대표적인 정서는 불안이다. 불안은 미래의 위험을 예상할 때 생기는 정서로 아동의 상상력 발달과 관련이 있다. 가상적인 것, 상상된 것, 비현실적이고 초자연적인 것에 대해 두려움을 느끼기 시작하며 이러한 두려움이 공포나 불안을 유발한다. 학령기에 접어들면서 부모와 교사의 기대를 충족시키지 못할 때 따르는 질책이나 처벌, 성적 저하, 운동능력 미발달에 대한 또래친구의 조롱 등으로 불안을 느끼게 된다. 학교에서 불안을 경험하는 사건이 많아지면 학교공포증을 유발할 수도 있다(권중돈, 김동배, 2005).

분노 또한 아동기 정서발달의 대표적인 현상이다. 가정의 울타리를 벗어나 학교나 또래집단으로 사회적 관계 범위가 확대됨에 따라 대인관계를 통해 자신의 욕구가 좌절당하고, 행동에 방해를 받게 되며, 놀림을 당하거나 꾸중을 듣는 경우가 많아지면서 유아기에 비해 더 많은 분노를 느낄 수 있다. 그러나 분노를 느끼는 빈도가 증가하기는 하지만 동시에 자신의 감정을 통제하고 조절하는 능력도 발달되기 때문에 간접적인 방식으로 분노를 표출할 수 있다(권중돈, 김동배, 2005; 이지선, 유안진, 1999).

유아와 달리 아동은 한 가지 이상의 정서를 경험할 수 있다는 사실을 이해하는데, 이때 정서는 동시에 긍정적일 수도 있고 부정적일 수도 있다. 예를 들어, 생일날 선물을 받는 것은 기쁜 일이지만, 자신이 원하는 선물을 받지 못하는 것은 슬픈 일이다. 아동은 점차 정서를 표현하는 규칙을 습득하게 되고 자신의 솔직한 감정을 숨기는 것에 능숙해지기 때문에 상담자는 종종 아동의 내면세계를 탐색하는 것이 어려울 수 있다(정옥분, 2004).

4) 사회성발달의 특징

긍정적이고 건강한 대인관계를 맺는 방법을 배우기 위해서는 사회적으로 수용될 수 있는 상호작용기술을 습득해야 한다. 아동의 사회성발달과 관련된 욕구는 다음과 같다(Worzbyt & O'Rourke, 1989).

- 다른 사람과 잘 지내기: 모든 아동은 또래친구들과 잘 지내고 싶어 한다.
- 소속감 느끼기: 집단에의 소속감은 심리적 안정감을 제공한다. 아동이 종종 사용하는 '우리 반', '우리 그룹', '우리 팀'과 같은 표현은 이러한 소속감에의 욕구를 반영한다.
- 협동하기: 공동과제를 함께 수행하는 가운데 강한 성취감을 느낀다.
- 책임감 공유하기: 집단 내에서 '각자 자기 몫'을 함으로써 스스로 공평한 게임을 했다는 의식을 갖게 된다.
- 집단구성원으로서의 중요성 느끼기: 집단 내에서 자신이 지니는 고유한 특성을 인식할 때 자존감은 향상된다.

Erikson(1963)은 그의 저서 『Childhood and Society』에서 개인의 심리적 발달에 영

향을 미치는 사회적 환경의 중요성을 강조한다. 성격발달의 사회문화적 맥락을 중시하여 인간의 성장을 개인적 욕구 및 능력과 사회적 기대 및 요구 사이의 상호작용의 결과로 본다. 개인은 전 생애 동안 8단계의 심리사회적 발달단계를 거치는데, 각 단계는 해결해야 할 발달과제를 지닌다. Erikson이 제시한 심리사회적 발달단계는 신뢰감 대 불신감, 자율성 대 수치감, 주도성 대 죄의식, 근면성 대 열등감, 정체성 대 역할혼미, 친밀성 대 고립감, 생산성 대 침체감, 그리고 자아통합감 대 절망감의 8단계로 이루어진다. 이 가운데 아동기까지 해당되는 네 단계의 특징을 살펴보면 다음과 같다.

- 신뢰감 대 불신감(trust vs. mistrust; 0~18개월): 기본적 신뢰감이란 자신의 존재 가치감뿐만 아니라 타인에 대한 근본적인 믿음이다. 아동은 세상과 주변 사람들, 특히 부모에 대한 신뢰감을 발달시키는 것이 중요하다. 주된 양육자인 부모로부터 음식이나 애정을 충분히 받으면 세상에 대한 신뢰감을 발달시키지만, 부모로부터 거부당하고 일관성 없이 양육될 경우 세상에 대한 불신감을 발달시키게 된다.
- 자율성 대 수치감(autonomy vs. doubt; 18개월~3세): 이 단계의 발달과제는 독립성을 획득하는 데 있다. 적절한 신체발육에 도달한 아동은 자기통제와 자기확신을 획득하는 데 필요한 자율성을 추구한다. 혼자서 식사하기, 옷 갈아입기, 대소변 가리기 등은 이 시기의 발달과제를 성공적으로 성취한 결과다. 아동의 노력에 대해 부모가 비난하고 무시할 경우 아동은 자기 자신에 대해 수치심과 의심을 갖게 된다.
- 주도성 대 죄의식(initiative vs. guilt; 3~6세): 이 단계의 아동은 신체적·언어적 발달로 인해 보다 왕성한 신체적·사회적 활동에 참여하게 된다. 집단놀이장면에서 이전보다 한층 더 주도성을 표출하면서 성장한 개인으로 활동한다. 이때 부모나 교사가 아동의 사소한 노력에 대해서도 그 가치를 인정하고 격려해 줄 때 아동은 건강한 주도성을 발달시키게 된다. 만약 아동이 주도성을 표출할 때 비난하고 처벌한다면 아동은 죄의식을 느끼게 된다.

- 근면성 대 열등감(industry vs. inferiority; 6~12세): 근면성이란 아동이 스스로 무언가를 만들어 내고 그 결과에 대해 보람을 느끼는 것을 의미한다. 초등학교 입학과 함께 사회적 환경은 가정의 범위를 벗어나 한층 더 확대된다. 부모의 영향력이 상대적으로 감소하고 교사와 또래친구의 영향이 커지게 되면서 아동은 가정과 학교라는 두 환경 간의 조화를 이루고자 한다. 이러한 도전을 성공적으로 해결하면 자신과 자신의 능력에 대한 유능감을 형성하게 된다. 반면, 학교에서 부과되는 과제나 친구와 가족의 요구 기준을 충족시키지 못했다고 느낄 때 열등감, 부적절함, 부정적인 자아상을 형성하게 된다.

한편, 또래친구와의 우정은 아동의 사회성발달에 있어서 매우 중요한 요소이다. 우정을 통해 협동심을 배우고, 다른 사람은 자신과는 다른 생각과 감정과 신념을 가질 수 있다는 사실을 깨닫는다. 또한 또래와의 놀이활동을 통해 Piaget가 설정한 전조작기의 특성인 자아중심성을 극복할 수 있다. Selman과 Selman(1979)은 아동의 우정이 인지발달 양태와 관련하여 순차적으로 또한 계열적으로 발달한다고 보았는데, 우정이 발달하는 5단계는 다음과 같다.

- 단계 0(3~7세): 자기 자신과 물리적으로 더 가까이 있는 친구 그리고 더 좋은 장난감을 가진 친구를 좋은 친구라고 생각한다. 예를 들어, "왜 영희가 네 친구니?"라고 물으면, "걔가 예쁜 인형을 가지고 있기 때문이야."라고 대답한다. 자아중심적 인지특성 때문에 자신의 관점과 다른 사람의 관점을 구별하지 못한다.
- 단계 1(1~9세): 이 시기의 우정은 일방적인 지원(one-way assistance)으로 표현될 수 있는데, 상대방이 원하는 것을 해 주는 사람이 좋은 친구다. 주고받는(give-and-take) 형태의 관계 개념은 아직 형성되지 않는다.
- 단계 2(6~12세): 상호 공평한 협조(two-way-fair-weather cooperation) 관계로 표현되는 이 시기의 우정은 상호성이 그 특징이다. 서로의 관점을 인정하기 시작한다. 비록 서로의 관심사보다는 자신의 관심사가 더 우선되기는 하지만, 우정이 유지되기 위해서는 상호 협력이 필요하다는 것을 깨닫는다.

- 단계 3(9~15세): 이 시기의 우정은 체계적이고 지속적인 특징을 지닌다. 자신의 관심사보다는 공동의 이익과 흥미를 위해 협동하는 친밀하고 공유된 관계(intimate, mutually shared relationship)로 나타난다. 친구는 서로 감정을 공유하고 서로 돕는다.
- 단계 4(12세 이후): 자발적이고 상호의존적인 우정(autonomous interdependent friendship)은 의존적이면서도 동시에 자발적인 특징을 지닌다. 필요할 때 서로 심리적인 지지체계가 되어 주는 것과 동시에 상대방이 다른 사람과의 관계도 발전시킬 수 있도록 허용한다.

2. 청소년기 발달

1) 신체발달의 특징

청소년기는 제2의 신체발육 급증기라고 할 수 있다. 사춘기 신체발육이 시작되는 연령은 개인차가 있지만, 일반적으로 아동기까지는 남아의 신체발육이 여아보다 앞서지만, 사춘기가 시작되면 여아의 신체발육이 남아보다 다소 앞서기 시작한다. 사춘기 중기 이후에는 남아의 급격한 신체발육이 시작되면서 성별 격차는 반대방향으로 점점 커지게 된다. 청소년기 신체발달에 중요한 두 가지 호르몬은 안드로겐(androgen)과 에스트로겐(estrogen)이다. 남성호르몬의 일종인 테스토스테론(testosterone)의 증가는 소년들의 외부 생식기, 신장 증가, 음성 변화 등에 영향을 미치며, 여성호르몬의 일종인 에스트라디올(estradiol)은 소녀들의 가슴과 자궁발달, 뼈대 변화를 일으킨다(강봉규, 1994; 송명자, 2009; 최경숙, 2005).

사춘기 신체적 변화는 여러 가지 심리적 변화를 수반한다. 사춘기 성장이 이루어지는 동안 청소년은 자신의 신체 변화에 관심을 보이며 신체상(body image)을 형성하게 된다. 신체상이란 자신의 신체에 대한 감각·느낌·태도 등을 포함하는 정신적 표상을 의미한다. 신체상에 대한 관심은 청소년 초기에 가장 높으며, 이 시기 긍정적인 신체상은 학업성취도 및 심리적 행복감과 정적 상관을 갖는다. 신체상의 형성에는 여러 요인이 작용하지만, 신체에 대한 부모의 평가 및 사회적 기준이 신체상 형성에 가장 크게 영향을 미치는 것으로 보고되고 있다. 기존의 초기 연구결과에 의하면, 사춘기 성적 성숙이 이루어지면서 자신의 신체 및 성적 발육이 또래집단과 다르거나 바람직하지 않다고 느낄 때 심리적 적응상의 문제가 발생한다. 성숙 속도가 지나치게 빠르거나 늦은 청소년은 심리적 부적응을 경험할 수 있다고 알려져 있지만, 신체·성적 성숙 속도가 심리적 적응에 미치는 영향은 남녀에 따라 차이가 있다. 남성의 경우 조기성숙은 긍정적 신체상을 형성하게 하며 사회적 적응에 바람직한 영향을 미치지만, 남성과는 반대로 조기 성숙하는 여성은 문제행동 경향이 높은 것으로 알려져 있다. 그러나 최근의 연구결과는 다른 관점을 제기한다. 사춘기 성숙이 빠른 남성은 자기통제력이 약하고 음주·흡연·마약 등에 쉽게 몰입하는 경향이 있으며, 조기 성숙한 여성이 보다 자기주도적이며 스트레스에 잘 대처하고 적응한다는 주장이 제기되고 있다(한상철, 이수연, 임순선, 류수현, 김우철, 2012).

2) 인지 및 자아발달의 특징

청소년기의 인지발달은 Piaget가 분류한 인지발달단계 중에서 마지막 단계인 형식적 조작기에 해당한다. 형식적 조작 사고는 가설을 설정하고 이를 전제로 추론하는 명제적 사고, 문제해결과정에서 관련 변인들을 추출하고 분석하며 이를 상호 관련짓고 통합하는 결합적 분석, 그리고 구체적 대상의 존재 여부와 관계없이 형식논리에 의해 사고를 전개하는 추상적 추론을 포함한다.

Kohlberg(1984)의 도덕성발달이론에 의하면, 청소년은 규칙과 질서를 중시하고 인간관계의 신의를 소중히 하는 도덕적 의무감, 특히 친구 간의 우정을 지키려는 의식이 강하다. 이 시기에는 도덕적 상대주의(moral relativism) 경향이 강하게 나타나는데, 모든 사람이 준수해야 할 객관적이며 보편타당한 도덕률의 존재를 부정하고 개인적이며 주관적인 관점에서 사물과 타인의 행동을 판단한다.

한편, Elkind(1967)의 자아중심성 이론에 의하면, 청소년은 급격한 신체적·심리적 변화로 인해 자신의 외모와 행동에 지나치게 몰두해 있으므로 다른 사람들도 자기만큼 자신에게 관심이 있다고 생각하여 자신의 관심사와 타인의 관심사를 구분하지 못한다. 상상적 관중(imaginary audience)을 만들어 내어 자신을 무대의 주인공으로 생각하며 행동하거나, 혹은 자신의 감정과 사고는 너무나 독특한 것이어서 다른 사람들은 도저히 이해할 수 없을 것이라고 믿는 개인적 우화(personal fable)의 개념은 이러한 청소년기의 특징을 잘 나타낸다. 자아중심성은 인지적인 측면에서는 자신의 관심사와 타인의 사고 간의 점차적인 구분에 의해 극복되며, 또 정의적 측면에서는 자신의 감정과 타인의 감정의 점차적인 통합에 의해 극복된다.

청소년기에 획득해야 할 가장 중요한 발달과제는 자아정체감 형성이다. Marcia (1980)는 긍정적 발달과업의 획득을 위해 필요한 위기(crisis)와 관여(commitment)를 근거로 정체감 형성과정을 다음 네 가지 절차로 설명한다.

- 정체감 혼미(identity diffusion): 발달과업의 성취를 위한 위기의식이나 대안이 없으며 개인적 관여가 이루어지지 않는 상태이다. 삶의 목표와 가치를 탐색하려는 시도를 보이지 않으며, 자신의 생애를 계획하고 설계하려는 요구가 부족하며, 관념에 대한 관심도 낮다. 자아존중감이 낮으며 혼돈과 공허감에 빠져 있다.
- 정체감 유실(identity foreclosure): 조기완료 시기로 가치와 진로, 개인적 이념 등에 관여는 하고 있지만 위기의식을 느끼지 못하는 상태이다. 정체성 위기를 경험하지 않은 채 자신의 삶의 목표를 서둘러 확립하고 몰입한다. 부모, 또래친구, 기성세대가 기대하거나 제시한 가치체계를 대안적 가능성을 검토하지 않고 수용한다.
- 정체감 유예(identity moratorium): 지불유예 시기로 관여는 거의 이루어지지 않지만 위기 상황을 의식하고 있는 상태이다. 삶의 목표와 가치에 대해 회의하고 대안을 탐색하지만 여전히 불확실한 상태에 머물러 구체적인 과업에 관여하지 못한다. 외형적인 행동에서는 정체감 혼미상태와 유사하게 방황하고 과격하지만, 자신의 사회적 · 직업적 역할을 열정적으로 탐색하고 가치관 정립을 위해 노력하고 있다는 점에서 차이가 있다.

- 정체감 성취(identity achievement): 자아정체감 형성과정에 있어서 가장 성숙된 단계로 위기와 관여를 모두 경험한 상태이다. 삶의 목표, 가치, 직업, 인간관계 등에서 위기를 경험하고 대안을 탐색했으므로 확고한 정체성을 갖게 된다. 자기 삶의 주체성과 안정감, 내적 신념체계에 대한 믿음과 일관성을 지닌다. 또한 자신의 성 역할에 대한 분명한 인식 및 태도와 소속집단에 대한 내적 일체감을 느낀다.

3) 성격 및 사회성발달의 특징

본능적 욕구충족이 인간행동의 동기라고 보는 정신분석적 접근에서는 청소년기를 심리성욕 발달단계의 성기기(genital stage)로 규정한다. 이 시기는 성호르몬의 분비로 인해 잠복되어 있던 성적 욕구가 급격히 증가하고, 원초아(id)와 초자아(superego) 사이에 균형을 맞추려는 자아(ego)의 기능이 새롭게 조정되는 시기이다. Anna Freud의 청년기 방어이론에 의하면, 청소년은 성적 긴장에 적응하기 위해 두 가지 대표적인 양식, 즉 주지화(intellectualization)와 금욕주의(asceticism)를 나타낸다. 주지화는 지적 활동을 통해 성적 갈등을 해소하려고 하는 자아방어기제의 일종으로, 관념적이거나 추상적인 서적에 몰두하거나 미술이나 음악과 같은 예술에 관심을 기울이는 양상을 보인다. 반면, 금욕주의는 사춘기의 급격한 성욕을 두려워한 나머지 이를 통제하려는 기제로서 신체와 관련된 모든 것을 거부하거나 혐오하는 특성을 나타낸다. 청소년기의 금욕주의는 단순히 성욕의 차원을 넘어서 먹고, 자고, 입는 것과 같은 일상의 모든 신체적 활동에 대한 거부와 혐오로 확대되기도 한다.

청소년은 긍정적인 또래관계를 통해 자아정체감을 확립하고 사회적 기술을 습득해 간다. 친구가 많고 친구관계가 기능적일수록 지지받고 있다는 안정감을 느끼며, 대인관계에서 유능감을 느낀다. 아동기에 비해 친구 간에 더 많은 경험을 공유하고 충성심이나 신뢰감 등에 높은 가치를 부여한다. 원만한 또래관계를 맺지 못하는 청소년은 심한 스트레스를 받으며, 고독감, 소외감, 우울감이 높아지게 된다. 또래집단으로부터 수용된다는 것은 수용도와 사회적 지위라는 두 가지 특성을 포함한다. 인기도는 또래집단 내에서 얼마나 선호되는가를 나타내며, 사회적 지위는 집단목표를 성취하는 데 공헌하도록 부여된 가치의 반영이라고 할 수 있다(Berndt & Perry, 1990; Hartup, 1983).

체계적 관점에 의하면, 유기체는 다양한 위계적 체계에 속해 있으며 개인은 가족체계 내의 다른 가족성원들과 상호작용하며 또한 동시에 가족범위 밖의 지역사회에 속해 있는 하위체계이다. 맥락 중심적 접근은 개인의 심리적 발달을 환경과의 상호작용에 의해 설명하고 있다. Kandel(1986)의 부모－교우관계 모형은 청소년기 또래집단이 형성되는 원리와 부모와 또래가 미치는 상대적 영향을 생태학적 모형의 관점에서 설명한다. 청소년기 또래집단의 형성, 지속 및 해체를 선택과정과 사회화 과정으로 이해한다. 부모-자녀관계의 특성, 또래집단의 본질, 부모-교우관계에 영향을 미치는 상황적 요인을 토대로 부모와 또래집단의 상대적 영향을 통합적으로 고려한다.

맥락 중심적인 관점을 대표하는 Bronfenbrenne(1989)의 생태학적 모형(ecological model)에서는 인간행동을 지속적으로 발달하는 개인과 매 순간 변화하는 물리적·사회적 환경과의 상호작용의 축적된 결과라는 측면에서 이해한다. 생태학적 모형에서는 미시체계, 중간체계, 외체계, 거시체계, 그리고 시간체계의 다섯 가지 환경체계가 상호의존적이고 역동적인 구조를 형성하여 한 개인의 생태적 환경을 구성한다고 본다.

첫째, 미시체계(microsystem)는 개인이 경험하는 친밀하고 직접적인 사회적·물리적 환경을 의미하며, 특정한 면대면 장면에서 경험하는 활동, 역할, 대인관계 패턴을 형성한다. 가정, 학교, 또래집단, 이웃, 운동팀, 수련캠프, 교회 등과 같은 환경은 청소년이 일차적이고 친숙한 대인관계를 형성할 수 있는 미시체계다. 미시체계 내에서 규칙적인 대인상호작용을 통해 다양한 역할과 기능을 습득한다. 또래 미시체계는 청소년의 심리발달에 미치는 영향력이 절대적이다. 또래집단은 지위, 우정, 인기, 소속감 등 사회적 보상을 제공하지만, 절도, 흡연, 음주, 약물 사용, 성적 일탈행동 등을 유도하는 역기능적인 측면을 동시에 지닌다.

둘째, 중간체계(mesosystem)는 다양한 미시체계들의 상호작용으로 구성된다. 가정에서의 경험, 학교에서의 경험, 또래집단에서의 경험 등과 같은 미시체계 간의 관계성 혹은 맥락 간의 연결을 의미한다. 따라서 청소년 심리발달을 보다 잘 이해하기 위해서는 가정, 지역사회, 학교 등 미시체계 간의 맥락 내에서 청소년의 행동을 관찰하는 것이 무엇보다 중요하다. 중간체계 내에 있는 미시체계 간에 상충된 가치가 존재할 때 청소년은 갈등상태에 놓이게 된다. 청소년이 음주, 약물, 성폭력 등의 일탈행동을 지지하는 또래집단에 속해 있으면서 동시에 그러한 비행행동을 저지하는 가족에 속해 있다면 중간체계 내에 긴장이 유발된다.

셋째, 외체계(exosystem)는 정치적·경제적·사회적 의사결정기구와 같이 보다 큰 환경맥락이다. 청소년발달에 영향을 미치는 외체계는 부모의 직장, 부모의 친구집단, 이웃공동체 등이다. 그 외에도 대중매체, 교육위원회, 지방의회, 지방교통체계, 종교단체, 시민단체, 산업체 등이 외체계에 포함될 수 있다. 비록 청소년은 이러한 외체계의 의사결정과정에 직접적으로 참여하지는 않지만, 외체계 내에서 결정된 사항은 중간체계와 미시체계를 통해 간접적으로 청소년의 생활에 영향을 미친다.

넷째, 거시체계(macrosystem)는 문화적·정치적·사회적·법률적·종교적·경제적·교육적 가치와 공공정책의 핵심을 구성하며, 미시체계, 중간체계 및 외체계에 비해 청소년 개인의 생활에 미치는 직접적인 영향력이 약하다. 그러나 거시체계는 보다 광범위한 생태환경으로 청소년의 가치관, 생활양식, 자원 등에 간접적으로 영향을 미친다. 예를 들어, 신체 외모에 대한 사회 전반의 거시체계적 가치는 거식증 혹은 폭식증과 같은 섭식장애를 유발하는 요인으로 작용하기도 한다.

다섯째, 시간체계(chronosystem)는 전 생애에 걸쳐 일어나는 성장·발달적 변화와 물리적·심리적 환경의 변화가 역사성을 지니며 상호작용한다는 것을 의미한다. 동일한 현상이라 할지라도 시간에 따라 그 현상에 대해 개인이 가지는 의미와 해석이 달라지며 그 현상이 개인에게 미치는 영향력 또한 변화한다. 오늘날 청소년들은 성적으로 개방된 시대에 살고 있으며 대중매체를 통해 전달되는 정보로 인해 그들이 이성교제, 혼전 성관계, 결혼, 인공피임 등에 대해 가지는 가치와 행동규범은 아동기 때의 그것들과는 다를 수밖에 없다.

3. 성인기 발달

1) 신체발달의 특징

성인 전기는 신체발달이 완성되고 가장 건강한 시기로 아동기나 노년기에 비해 만성질환이 가장 적다. 그러나 성인 전기 동안의 무절제한 음주, 흡연, 약물 사용은 이후 중년기와 노년기의 건강에 영향을 미칠 수 있는데, 성인 전기의 생활방식은 노년기의 신체건강과 생활만족도를 결정하는 가장 중요한 요인으로 확인된다(Mussen, Honzik, & Eichorn, 1982).

성인 중기는 삶의 결실을 거두고 누리는 충만한 시기이기도 하지만 동시에 신체적 쇠퇴 징후가 나타나기 시작하고 개인적인 삶이 위축되며 다음 세대로의 전수를 고려해야 하는 시기다. 성인 중기에 가장 뚜렷하게 감퇴하는 신체기능은 시각과 청각을 들 수 있다. 노안이 나타나 가까운 사물을 보는 데 어려움을 겪는다. 눈의 혈액공급이 감소되어 시각범위가 좁아지고 사각범위가 넓어지며, 밝기에 대한 망막 민감성도 낮아진다. 또한 고음에 대한 민감성이 감퇴하는데, 남성의 경우 여성이 비해 직업적 소음으로 인한 고음 민감성 감퇴가 더 빨리 나타난다. 피부 탄력이 줄어들고 주름이 생기며, 흰머리가 나기 시작하고, 신진대사 변화로 인해 체중이 늘고 복부비만이 되는 경우가 많다. 성인 중기의 신체 건강상태는 정서적 안정성 및 심리적 특성과 밀접한 관련이 있다. 정서적으로 안정되고, 자기통제가 잘 되며, 책임감이 높을수록 성인 중기에 건강을 잘 유지하는 경향이 있다. 이 시기의 여성은 폐경과 더불어 얼굴의 홍조, 식은땀, 만성적 피로, 심장박동의 증가 등 갱년기 증상이 나타난다. 이러한 신체 증상과 더불어 우울, 초조감, 불안 등의 심리적 증상도 나타난다. 남성 또한 남성호르몬 분비의 감소로 인해 성욕 감퇴와 함께 의욕 상실, 불안, 초조감 등의 갱년기 심리적 증상을 호소한다(송명자, 2009; 정옥분, 2013).

2) 인지발달의 특징

성인기 인지발달은 일상문제를 해결하기 위한 사고의 발달과정과 관련된다. Piaget

는 청소년기와 성인기의 사고를 본질적으로 동일한 것으로 보고 성인기에는 형식적 조작 사고가 더 강화되고 공고화된다고 했다. 성인기에는 보다 다양하고 적합한 가설을 설정하고, 관련 요인들을 체계적으로 탐색하고 분석하며 비교 통합할 수 있게 된다. 문제해결능력이 심화되어 비판적 사고와 다면적 사고가 발달하게 된다.

Schaie(1989)는 Piaget의 인지발달이론을 청년기까지의 지식획득과정에 해당되는 이론으로 규정하고 이에 반해 성인기 인지발달의 특징을 지식 사용능력의 발달로 개념화한다. 성인기는 직장이나 사회를 비롯한 생태적 맥락 내에서 발생하는 복잡한 문제를 해결하고 적응해야 하는 시기이므로 청년기의 형식적 조작사고보다는 더 심화된 양상으로 발달된다. 성인기의 인지발달은 양적 증가나 감소보다는 질적 변화가 더 중요하다고 보는데, 청년기의 논리적이며 가설 중심적인 사고로부터 보다 현실적이고 실용적인 적응방략을 탐색하고 실제적인 문제해결을 추구하는 사고로 변화된다. Schaie는 성인기에서 노년기에 이르는 인지발달을 다음의 세 단계로 구분한다.

- 성취단계(achieving stage): 성인 전기에 해당하며 주로 직업선택과 가정설계 등 생애발달의 중요한 의미를 지닌 실제적 문제를 해결하는 데 지적 기능을 활용한다. 이 시기의 사고는 관련된 맥락을 고려하고 의사결정의 결과를 예상할 수 있어야 한다. 또한 다른 사람에게 의존하지 않고 독립적으로 의사결정을 할 수 있도록 지적 기능을 사용할 수 있어야 한다.
- 책임단계(responsibility stage): 중년기에 해당되며 배우자, 자녀, 동료, 지역사회에 대해 많은 책임감을 느끼고 과업에 관여하며 중요한 의사결정을 해야 한다. 이 시기의 지적 기능은 자신의 사고, 판단, 의사결정에 대해 책임질 수 있도록 작동해야 한다. 자신이 속한 조직이나 공동체 안에서 보다 복잡한 조직적 위계와 책임을 갖는 문제해결에 관여해야 하므로 이 시기를 실행단계(executive stage)라고도 일컫는다.
- 재통합단계(reintegrative stage): 노년기에 해당되며 직업, 결혼 등 일상적 과업과 관련하여 장기적인 목표를 설정할 필요가 없으며 따라서 사회적 책임도 감소하는 시기다. 개인적인 흥미, 가치, 태도를 토대로 자신의 지적 기능을 선택적으로

사용할 필요가 있다. 어떤 노인에게는 추상적인 철학적 문제를 탐색하는 사고가 자아통합에 도움이 되는 반면, 다른 노인에게는 의복, 취미생활 등 일상의 작은 활동이 사고의 내용이 될 수 있다.

Rybash, Roodin 그리고 Hoyer(1995)는 후형식적 조작적 추론을 성인기 인지적 특성으로 본다. 후형식적 사고를 하는 사람의 특징은 첫째, 지식은 정신의 구성물이므로 절대적인 것이 아니고 상황에 따라 상대적이라고 생각한다. 둘째, 모순을 현실세계의 기본 양상으로 수용하고 이러한 모순된 상황을 양자택일이 아닌 보다 포괄적인 전체로 통합한다. 셋째, 현실은 항상 변하고 변인은 상호적인 영향을 미치므로 상황에 적합한 새로운 원리를 적용하여 문제를 해결한다.

Riegel(1973)은 Piaget의 인지발달이론을 확장하여 변증법적 추론(dialectical reasoning)이라는 개념으로 성인기 특유의 인지발달현상을 설명한다. 변증법적 추론은 다양한 상황과 대상에 내재하는 모순을 인식하는 능력이다. Piaget의 이론이 개인과 문제상황 간의 안정된 균형을 지향하는 인지구조의 발달과정을 전제로 한 것이라면, 이에 비해 Riegel의 변증법적 추론이론은 문제 상황과 그 해결양상이 내포하고 있는 불완전성과 모호성을 강조하고 따라서 갈등과 변화를 발달의 핵심으로 삼고 있다. Riegel은 인지적 평형상태를 지향하는 문제해결과정에는 필연적으로 모순과 불일치를 인식하는 과정이 내포되어 있으므로, 자신이 제시한 변증법적 추론은 Piaget의 형식적 조작단계에도 이미 존재하고 있는 사고과정이라고 보았다.

한편, 성인 중기 이후의 지능 감퇴는 생물학적 노화과정의 일부라는 것이 기존의 관점이었다. 그러나 일부 종단연구결과는 성인 중기 지능의 감퇴는 필연적인 것이 아니라고 주장한다(Cunningham & Owens, 1983; Irwin & Simons, 1994). Cattell(1967)과 Horn(1982)은 지능을 유동성 지능(fluid intelligence)과 결정성 지능(crystallized intelligence)으로 구분한다. 유동성 지능은 타고난 지능으로 유전요인에 의해 결정되며, 뇌신경의 생물학적 성숙과 손상에 의해 발달하고 감퇴하는 지능이다. 정보처리 속도, 유연성, 적응력과 관련된다. 성인 중기에는 전반적으로 유동성 지능이 감퇴하여 정보처리 속도가 떨어지고 반응시간이 증가한다. 이에 반해 결정성 지능은 후천적 경험과 학습에 의해 습득되는 지능으로 교육이나 사회적 배경 또는 기억에 의존한다. 언어 이해력, 기계적 지식, 논리적 추론, 판단력과 관련된다. 결정성 지능은 후천적으로 학습된 지적 능력이므로 교육수준이 높은 경우에는 성인기와 노년기에 이르기까지 지속적으로 발달한다. 결정성 지능의 감퇴 여부 및 정도는 교육수준, 직업, 사회문화적 배경에 따라 개인차가 있다.

3) 성격 및 사회성발달의 특징

성인 전기는 신체적·인지적·정서적 발달에 있어서 많은 잠재력을 지니고 왕성한 활동이 전개되는 시기이다. 동시에 원가족으로부터 독립하여 직업인, 배우자, 부모로서의 새로운 역할을 맞이하게 되면서 환경 변화에 따른 스트레스가 높은 시기이며 그로 인한 부적응문제가 발생할 수도 있다. 성인 중기 또한 자녀의 독립, 직업적응, 노화로 인한 생리적·심리적 변화에 적응해야 하는 시기로 흔히 중년의 위기라고 한다. 그러나 성인 중기를 위기가 아닌 전환기로 보는 관점은 경제적 안정, 직업에서의 성취와 열정, 자녀양육으로부터 해방 등을 통해 긍정적인 적응을 유지할 수 있다고 주장한다.

성인기 성격 변화를 맥락적 관점에서 설명하는 이론으로 Neugarten과 Neugarten (1987)의 사건발생시기 모형이 대표적이다. 성인기 성격 변화는 발달상 연령과 관련 있는 것이 아니라 오히려 인생의 주요 사건과 관련이 있다고 본다. 아동기 발달은 연령이 중요한 지표가 될 수 있지만 성인기 발달은 생활사건이 더 중요하다. 즉, 인생의 주요사건이 어떤 시기에 발생하고 또 그에 대해 반응하는가에 따라 성격이 형성된다. 인생사건에는 두 가지 유형이 있는데, 규범적 생활사건은 발달단계에 따라 대부분의 사람에게서 제때에 발생하기 때문에 자신에게도 일어날 것으로 기대되는 사건으로 성인기의 결혼과 출산, 노년기의 은퇴와 사별 등이 이에 해당된다. 반면에 비규범적 생활사건은 제때를 벗어나는 예기치 않은 사건으로 외상적 사고나 뜻밖의 실직 같은 경우이다. 규범적 사건은 비교적 무난히 적응해 나갈 수 있지만 발달단계에서 예상된 순서를 깨뜨리는 비규범적 사건은 개인의 적응에 심각한 문제를 초래할 수도 있다.

규범적 생활사건에 초점을 두는 단계모형에서는 성격 변화는 연령과 관련되며 발달단계별 위기에 따라 지속적으로 일어난다고 본다. 비슷한 연령에서 일정한 순서로 발생하는 발달과업의 공통적인 내용을 기술하는 데 초점을 두는데, 대표적인 이론으로 Erikson과 Levinson의 이론을 들 수 있다. Erikson(1963)의 심리사회적 발달단계 이론에 의하면 성인기는 타인과의 관계를 형성하고, 타인에게 사랑과 보살핌을 제공하며, 타인과의 관계 속에서 자신을 심화시켜 나가는 시기다. 성인기의 주요 발달과제는 친밀성 대 고립감 그리고 생산성 대 침체감이다.

- 친밀성 대 고립감(intimacy vs. isolation): 친밀성은 타인의 한계와 단점을 인정하고 수용하며, 개인 상호 간의 차이와 갈등을 극복하는 과정을 통해 획득된다. 서로의 삶의 다양한 측면을 공유하며 상호조정하고 조화를 이루어 가는 중에 가능해진다. 성인 전기의 친밀성은 주로 배우자와의 관계를 통해 형성되지만, 희생과 양보를 바탕으로 하는 친구관계를 통해서도 획득될 수 있다. 그러나 자의식을 극복하지 못한 경우에는 타인에게 자연스러운 관심과 배려를 나타낼 수 없으며 따라서 다른 사람과의 관계를 단절하고 스스로 고립되게 된다.
- 생산성 대 침체감(generativity vs. stagnation): 생산성은 자녀 세대를 양육함으로써 자신의 존재가치를 확장하는 과정에서 형성되기도 하지만, 그 외에도 삶의 여러 측면에서 발달될 수 있다. 자녀를 출산하고 양육하는 과정을 통해 부모역할 생산성이 발달하며, 자신의 기술과 능력을 발휘하여 과업을 완수하고 후세대에 전수하는 과정을 통해 과업 생산성이 발달된다. 그러나 생산성 확립에 실패하면 침체감을 느끼게 된다. 침체감에 빠지게 되면 부모 역할을 제대로 수행하지 못하며, 자신이 속한 집단의 구성원으로서의 역할이나 지역공동체 내에서 어른의 역할을 원만하게 수행하지 못하게 된다.

Levinson(1986)의 성인기 발달단계이론에서 성인 중기에 해당되는 단계별 특징은 다음과 같다.

- 인생 중기 전환기(mid-life transition): 약 40~45세경에 해당되며 지나온 삶에 대한 의문이 제기되는 시기이다. 불안과 정서적 동요를 경험하며, 자신의 삶의 가치와 의미에 대해 재평가를 시도한다. 이러한 심리적 위기는 개인적 영역을 넘어 다른 사람과의 관계 속에서 자신을 확장시켜 나갈 때 극복될 수 있다.
- 초보인생구조(entry life structure): 약 45~50세경에 해당되며 자신의 삶의 새로운 구조를 형성하는 시기이다. 가정에서는 배우자와 자녀와의 관계를 재정립하고, 직장에서는 과업수행방식을 재조정하게 된다. 초보인생구조를 성공적으로 확립하면 충만한 중년기를 보내게 되고 안정된 노년기를 맞이할 수 있다.
- 전환기(age of transition): 약 50~55세경에 해당되며 성인 중기에 또 다시 위기를 경험하는 시기이다. 인생 중기 전환기 단계에서 충분한 갈등을 경험하고 초보인생구조단계에서 확고한 인생구조를 재정립한 경우에는 이 전환기 단계가 무난하게 진행된다. 그러나 인생 중기 전환기에서 충분한 가치 재정립이 이루어지지 않은 경우에는 이 전환기 단계가 힘들어진다.
- 절정인생구조(culminating life structure): 약 55~60세경에 해당되며 성인기를 마무리하고 노년기로 접어드는 시기이다.

성인 전기는 이성 간의 사랑과 애정이 친밀성의 중심 주제가 된다. Sternberg(1988)는 열정(passion), 친밀성(intimacy), 관여(commitment)를 사랑의 세 요소로 제시한다. 열정은 사랑의 동기유발적 요소로 신체적이고 성적인 욕망을 포함한다. 친밀성은 사랑의 정서적 요소로 온정적이고 정서적인 지원, 상호이해 등을 포함한다. 관여는 사랑의 인지적 요소로 지속적인 관심을 표현하고 관계를 유지하는 책임감을 반영한다. 이러한 세 요소의 유무에 따라 열정적, 온정적, 환상적, 원숙한 사랑의 네 유형으로 구분된다. 열정적 사랑과 환상적 사랑은 사랑의 초기 단계에 나타나는데, 누군가와 사랑에 빠졌다고 느끼는 것에 해당된다. 사랑의 관계가 지속되기 위해서는 온정적 사랑과 원숙한 사랑으로 나아가야 한다. 신체적이고 성적인 매력에 몰입되어 친밀성이 결여되었던 열정적 사랑과 환상적 사랑에 비해, 서로 간에 친밀성이 획득되면 온정적이고 원숙한 사랑으로 발전하게 된다.

성인기는 이성관계뿐만 아니라 전반적인 인간관계가 확장되고 친밀성을 획득해 가는 시기다. White, Speisman, Costos와 Smith(1987)는 인간관계의 성숙과정을 세 단계로 구분하는데, 성인기의 친밀성과 생산성이 개인적 배려수준에 이를 때 가장 원숙한 인간관계를 형성하게 된다.

- 자기중심적 수준: 상대와의 관계가 자신에게 어떤 영향을 미치는가에만 몰두하며 상대의 입장에 대한 배려가 부족하다.
- 역할 중심적 수준: 상대를 인식하고 그의 권리를 인정하기는 하지만, 사회적 역할만을 고려하여 미처 개인적 이해에까지 이르지 못한다.
- 개인적 배려 수준: 가장 성숙한 단계로 상대의 욕구와 동기를 고려하며, 상대방을 배려하고 정서적으로 지지하고 격려한다.

4. 노년기 발달

1) 신체발달의 특징

노년기에는 신체 외부와 내부에서 다양한 노화현상이 나타난다. 척추 디스크의 감퇴로 인해 신장이 줄어들고 등뼈가 굽기도 한다. 팔, 다리, 얼굴 상부의 지방은 감소하고, 얼굴 하부와 몸통의 살은 늘어나 체형이 변한다. 머리카락은 가늘어지고 줄어들며 흰머리가 많아진다. 피부는 건조해지고 주름이 늘어나며 거뭇한 반점이 생긴다. 또한 대뇌피질부 뇌세포 손상으로 인해 뇌 무게가 감소하며, 시냅스 전달기전의 둔화로 인해 정보처리 속도 및 전반적인 뇌기능이 저하된다. 시각 및 청각의 감각기능 손상도 현저하게 나타난다. 눈의 렌즈 조절기능의 약화로 인해 가까이 다가오는 물체에 대한 시각적 예민성이 낮아진다. 불빛에 대한 민감성과 색깔 변별능력도 감소한다. 수면의 양과 질에도 변화가 생기는데, 전체 수면시간이 줄어들고 잠에서 자주 깨어나는 등 불면증을 호소한다.

이러한 노년기 노화현상의 기전을 설명하는 이론은 다양하다. 마모이론(wear-andtear theory)에서는 노화를 인체를 장기간 사용함으로써 구조가 와해되고 기능이 약화되는 현상이라고 본다. 기계를 오래 사용하거나 함부로 다루면 각종 부품에 손상이 오고 결국 폐기해야 하는 것처럼 인체도 오래 사용하다 보면 마모현상이 나타난다는 것이다. 유전적 계획이론(genetic programming theory)은 세포의 생존과 죽음에 의해 노화 과정을 설명한다. 인체의 각 세포는 유전적으로 정해진 수명과 한계를 가지고 있다. 세포는 크기의 증가, 염색체 수의 증가와 감소, 효소의 감소 등 지속적인 변화를 겪는데, 이러한 세포의 변화나 죽음이 곧 인체의 노화를 유발한다. 면역이론(immunological theory)은 노년기의 면역체계의 변화로 인해 외부 위험요인에 의해 신체가 손상당하기 쉽고 그로 인해 노화가 일어난다고 설명한다. 심장이나 근육세포 등은 면역체계 변화에 민감하므로 노년기에 심장병과 암 발생률이 높아진다. 노화시계이론(clocks of aging theory)에서는 뇌하수체에서 분비되는 죽음 호르몬을 가정한다. 시간이 지나면서 축적된 죽음 호르몬이 신진대사에 관여하는 갑상선 호르몬의 활동을 방해하고 이로 인해 결국 죽음에 이르게 된다고 주장한다. 한편, 유전적 변이이론(genetic mutation theory)은 노화를 DNA의 손상수선체계 이상으로 설명한다. 인체세포는 여러 환경적 요인에 의해 손상될 수 있다. 인체는 이러한 손상을 회복시키는 세포효소를 가지고 있는데, 시간이 지남에 따라 세포효소의 수선기능이 비효율적으로 진행되고 이러한 쇠퇴는 노화를 초래한다(송명자, 2009; 정옥분, 2013).

2) 인지발달의 특징

노년기에는 지능, 기억, 언어 등 여러 영역에서 인지능력의 감퇴가 나타나기는 하지만, 최근에는 인지능력이 획일적으로 증가하고 감퇴한다고 보는 관점은 설득력을 잃고 있다. 능력수행구분 모형(competence performance distinction model)은 노년기에 인지과제에서 낮은 수행수준을 보이는 것은 인지능력 자체의 감퇴보다는 인지능력 표현을 방해하는 요인이 작용하기 때문이라고 본다. 건강 악화로 인한 주의력 결핍, 높은 성취에 대한 동기 결핍, 교육경험 부재, 검사경험 부족과 비친숙성, 반응속도의 둔화 등이 노년기에 인지능력이 있음에도 불구하고 낮은 수행점수가 나타나게 만드는 요인으로 작용한다(Reese & Rodeheaver, 1985). 한편, 성인기와는 다른 노년기 고유의 인지적 유능성을 강조하는 이론들이 소개되고 있다. Arlin(1984)의 문제발견모형과 Labouvie-Vief(1985)의 실용적이고 발전된 문제해결 사고의 중요성에 대한 강조는 노년기의 긍정적인 인지능력발달을 설명해 준다. 개인의 내적 삶과 경험에 바탕을 두는 개인적이고 직관적인 노년기 사고는 객관적이고 합리적인 사고를 중심으로 하는 성인기 인지발달모형으로 설명해서는 안 된다는 주장이다.

이 시기에는 유동성 지능이 결정적 지능에 비해 현저하게 감퇴한다. 최종 급강하(terminal drop)현상은 노년기 인지능력의 독특한 변화를 설명하는 개념이다. 노인의 지능을 일정한 간격을 두고 여러 차례 진단하는 과정 중에 큰 폭으로 지적 감퇴를 보인 직후 곧 사망하는 현상을 두고 제시된 개념이다. 즉, 인지능력의 급강하현상은 죽음이 멀지 않았음을 예측해 주는 지표가 될 수 있는데, 지능뿐만 아니라 지각능력과 성격영역 등에서도 관찰된다(Kleemeier, 1962). 기억감퇴 또한 노년기의 두드러진 현상인데, 장기기억에 비해 단기기억이 감퇴되는 정도가 크다. 기억감퇴가 일어나는 원인은 일반적으로 세 가지 요인으로 설명된다. 첫째, 생물학적 가설에서는 중추신경계의 손상 등 생물학적 요인을 들고 있다. 둘째, 정보처리 가설에서는 중요한 정보에 주의를 할당하는 주의능력의 결함과 정보를 처리하는 전반적인 인지역량의 감소를 요인으로 제시한다. 셋째, 맥락적 가설에서는 경험, 동기, 성격, 사회문화적 요인 등이 기억감퇴에 영향을 미친다고 주장한다(Poon, 1985).

3) 성격 및 사회성발달의 특징

자녀양육, 결혼생활, 신체건강, 직업적 성취, 종교적 선택 등이 만족스러울수록 노년기 삶의 행복이 증가한다. 노년기 활동수준의 변화에 따른 적응양태를 설명하는 데에는 다양한 관점이 존재한다. 먼저 분리이론(disengagement theory)에 의하면, 성공적인 노화는 일과 사회적 역할로부터 점차 벗어나 내적 평화와 여유로움을 느끼는 과정을 통해 획득될 수 있다. 노인을 재교육시키는 것보다 젊은 세대로 교체하는 것이 사회적으로 보다 기능적이라는 구조기능주의에 근거한다. 사회적 역할로부터 벗어나는 것이 반드시 단절과 고립을 의미하지는 않는다. 오히려 과도한 업무로 인한 스트레스를 줄여주며 신체적·인지적 기능 감퇴에 서서히 적응할 수 있도록 해 준다(Cumming & Henry, 1961). 활동이론(activity theory)에서는 성공적인 노화를 위해 기존의 사회적 과업과 역할을 대체할 수 있는 또 다른 안정된 활동을 지속하고 유지해야 한다고 강조한다. 활동이론은 개인은 주변사람들의 반영적 평가에 의해 자신을 평가한다는 상징적 상호작용이론에 근거한다. 가족이나 주변 사람들과 비공식적인 활동에 참여하고 취미생활을 통해 적정한 활동수준을 유지하는 것이 노년기 생활만족도를 높이는 데 기여한다(Havighurst, Neugarten, & Tobin, 1968). 한편, 연속이론(continuity theory)에 의하면, 개인은 시간의 흐름에도 불구하고 비교적 일관성 있는 태도를 유지하고자 하며 환경에 적응하기 위해 기존에 수행하던 역할과 유사한 역할을 유지한다. 생활만족도는 이제까지의 생활경험과 지금 현재의 활동이 얼마나 일치하는가에 달려 있다. 그러므로 성인기에 활동적이었던 사람은 노년에 접어들어서도 적절한 활동수준을 유지하고, 또 성인기에 비활동적이었던 사람은 적절하게 분리되어 은퇴생활을 즐기는 것이 적응에 도움이 된다(Atchley, 2000).

Erikson(1963)의 심리사회적 발달단계에 의하면 노년기의 주요 발달과제는 자아통합감 대 절망감(integrity vs. despair)이다. 노년기는 쇠퇴를 경험하며 죽음을 준비하는 시기로 지나간 삶을 되돌아보고 정리한다. 살아온 삶의 과정이 힘들고 후회스러운 부분도 있지만 전체적으로 자신의 삶이 의미 있고 가치롭다고 수용하며 만족할 때 자아통합감을 느끼게 된다. 자신의 삶을 새로운 시각에서 통찰하고, 가치를 재구성하며, 자신의 생애에 새로운 질서를 부여함으로써 절망감에서 벗어날 수 있다.

노년기 성격은 보다 내성적이며, 주의 깊고, 실제적인 성향으로 변화한다. 가치의 중심이 야심, 용기, 능력 등과 같은 도구적 가치로부터 성취, 자유 등과 같은 절대적 가치로 옮겨간다. 동시에 노화와 관련된 스트레스는 심리적 부적응을 유발할 수 있다. Peck(1968)은 성인 중기부터 노년기에 이르는 건강한 성격발달과정을 다음 세 단계로 제시한다.

- 자아분화 대 과업역할몰두(ego differentiation vs. work-role preoccupation): 가정과

직장에서의 주도적이고 적극적인 활동으로부터 자신을 분리시켜 내적인 통합성 탐색에 더 많은 관심을 기울인다.

- 신체초월 대 신체몰두(body transcendence vs. body preoccupation): 노화나 질병에 예속되지 않고 성숙된 인간관계와 대체활동에 참여함으로써 신체적 한계를 극복해 나간다.
- 자아초월 대 자아몰두(ego transcendence vs. ego preoccupation): 자신과 자신의 삶에 대한 관심을 초월하고, 다음 세대로의 전수와 역사적 인식을 통해 죽음을 긍정적으로 수용할 수 있게 된다.

Neugarten(1973)은 종단연구를 통해 노년기 성격 유형을 다음과 같이 구분한다.

- 통합형(integrated): 성숙하고 유연하며 새로운 자극에 대해 개방적이다. 자신의 삶에 만족하며 인지능력과 통제능력 등 활발한 지적 능력을 유지한다.
- 무장방어형(armored-defended): 야심적이며 성취지향적인 유형이다. 신체 노화를 거부하고 노화에 따른 불안에 대해 강한 방어적 태도를 나타낸다.
- 수동의존형(passive-dependent): 수동적이며 성취지향성이 낮은 유형이다. 자신의 욕구를 충족시키고자 다른 사람에게 의존한다.
- 해체형(unintegrated): 노화에 잘 적응하지 못하며 지혜로운 정신기능을 발휘하지 못한다. 사고패턴이 고착되고 퇴행적이며, 정서적 유연성도 부족하다.

노년학자들은 성공적 노화에 필요한 요인들을 다양하게 제시하고 있는데, Vaillant (2002)는 성공적 노화를 예측할 수 있는 공통된 특성을 다음 네 가지 요소로 요약한다.

- 치유적 관계 형성: 오랫동안 지속되고 서로 도움을 주고받을 수 있는 관계의 형성
- 지지적 결혼생활 유지: 배우자와의 지지적이고 애정있는 관계의 형성
- 지속적 인생 참여: 먼저 사망한 친구들을 대신할 수 있는 새로운 친구집단을 형성하고 죽음을 수용할 수 있는 태도의 확립
- 적극적 대처방안 및 성숙한 방어기제 사용: 삶의 위기에 직면할 때 수동적인 수용보다는 적극적으로 대처하고 성숙한 방어기제를 사용

연습문제

01_ Piaget의 인지발달이론에서 각 발달단계의 주요 특성을 기술하시오.

02_ 아동기 신체발달이 성격 및 사회성발달에 미치는 영향을 설명하시오.

03_ Erikson의 심리사회적 발달단계에서 아동기에 해당되는 발달과업을 기술하시오.

04_ Marcia가 제시한 정체감 형성과정의 네 가지 절차를 설명하시오.

05_ 청소년기 또래관계의 일반적인 특징을 설명하시오.

06_ Bronfenbrenne의 생태학적 모형을 토대로 성격 및 사회성발달을 설명하시오.

07_ 성인기의 성격 및 사회성발달의 특징을 기술하시오.

08_ 노년기 활동수준의 변화에 따른 적응양태를 설명하는 다양한 관점을 제시하시오.

09_ 성공적인 노화와 적응적 생활을 예측해 주는 주요 요인들을 설명하시오.

03 Chapter

상담이론

1. Freud의 정신분석적 상담이론
2. Adler의 개인심리학적 상담이론
3. Rogers의 인간중심 상담이론
4. Ellis의 합리정서행동치료이론
5. Berne의 교류분석 상담이론

Chapter 03

상담이론

여기에서는 상담을 공부하는 데 있어서 가장 기초적이면서도 중요하다고 할 수 있는 다섯 가지 이론을 소개하고자 한다. Freud의 정신분석적 상담이론, Adler의 개인심리학적 상담이론, Rogers의 인간중심 상담이론, Ellis의 합리정서행동치료이론, Berne의 교류분석 상담이론이 그것이다. 각 이론은 주요 개념, 부적응의 원인, 상담목표, 상담기법의 순으로 서술하였다. 상담이론을 공부할 때, 주요 개념 및 키워드를 먼저 분명하게 이해할 수 있도록 학습하고, 그 이론에서는 부적응의 원인을 무엇으로 설명하는지, 그래서 좀 더 적응적으로 변화시키기 위한 상담목표는 어떤 것이 있는지의 순으로 연결하여 이해하면 더 효과적으로 상담이론을 학습할 수 있다.

학습목표는 정신분석적 상담이론, 개인심리학적 상담이론, 인간중심 상담이론, 합리정서행동치료 이론, 교류분석 상담이론을 통합하여 제시하였다.

학습목표

1. 정신결정론과 무의식론의 개념을 설명할 수 있다.
2. id, ego, superego 각각의 특성과 주요 원리, 세 가지 성격구조 간의 역동성을 설명할 수 있다.
3. 전이와 역전이, 저항분석에 대해 설명할 수 있다.
4. 열등감과 보상의 개념을 설명할 수 있다.
5. 가치의 조건화 개념을 설명할 수 있다.
6. 실현화경향성의 개념을 설명할 수 있다.
7. 비합리적 사고의 특성을 두 가지 이상 설명할 수 있다.
8. 자아상태의 의미와 기능을 설명할 수 있다.
9. 인생태도의 의미를 설명할 수 있다.
10. 각본의 의미를 설명할 수 있다.

1. Freud의 정신분석적 상담이론

Sigmund Freud

Freud는 정신분석을 '조각그림 맞추기'에 비유했다. 무의식의 욕구나 충동들은 자아의 검열을 피하기 위해서 본체를 조각내거나 변형시켜서 의식으로 나온다. 자유연상을 통해 나온 이 조각들은 처음에는 무의미하게 보이지만, 작은 조각들이 짝을 만나 맞추어지면 차츰 의미를 가진 그림이 나타난다. 이 그림이 완성되면 무의식의 갈등을 볼 수 있게 된다. 정신분석은 인간의 깊은 내면세계를 찾아준다. 무의식(Unconscious)은 암흑 속의 동굴과 같다. 이 어두운 동굴 속 같은 무의식을 밝히는 과정이 정신분석이다. Freud는 자서전에서, 정신분석의 목적을 신경증적 불행(neurotic misery)을 보통 불행(common unhappiness)으로 바꿔주는 것이라고 했다. 그래서 합리적이고 현실적인 자아를 찾아 더 능률적으로 일하고, 더 깊이 사랑하며 살자는 것이다(이무석, 2006).

Freud의 학문적 관심은 다양한 영역에 있었는데, 특히 정신분석적 이론을 구축하는 데 중요한 기여를 한 두 명의 학자는 Charcot와 Breuer이다. 프랑스 파리에서 히스테리 최면술 연구로 유명했던 Charcot와의 만남과 임상경험은 환자들이 가진 히스테리 증상이 뇌의 기질적인 문제가 아닌, 무의식 속에 억압된 충격적인 경험이나 트라우마(정서적 외상)로 인한 것이라는 걸 깨닫게 하는 주요 계기가 되었다. 뿐만 아니라 비엔나에서 만난 Breuer 박사를 통해 환자가 자신의 증상에 관해 이야기하는 것만으로도 히스테리 증상이 치유된다는 정화법(catharsis)의 효과성에 대해 알게 되었고, 그 결과 『히스테리에 관한 연구(Studies in Hysteria)』를 출판하기도 하였다(김춘경, 이수연, 이윤주, 정종진, 최웅용, 2010).

1) 주요 개념

(1) 정신결정론과 무의식론

Freud 이론의 기초가 되는 두 가지 기본가정은 정신결정론과 무의식론이다.

① 정신결정론

Freud의 인간관은 기본적으로 정신(심리)결정론이다. Freud에 따르면 인간의 행동은 생의 초기 6년 동안의 주요한 심리성적 발달단계에 따라 전개되는 생물학적 본능적 충동에 의해 결정된다고 한다. 즉, 비이성적인 힘인 본능적 충동이나 무의식적 동기가 인간의 행동을 결정한다고 본다(노안영, 2005, 조현춘 외, 2010). 정신결정론(psychic determinism)의 원리에서는 근육 긴장과 같은 외적인 것이든 생각과 같은 내적인 것이든 모든 행동은 과거의 정신적 사건에 의해 야기되거나 결정된다고 본다(김은정, 김향구, 황순택, 2002).

사람들의 감정과 행동은 아무런 이유 없이 나타나는 것이 아니라 어떤 원인이 작용했기 때문에 나타난 결과이다. 원인이 존재하는 한 결과는 계속 유지되며, 그 원인이 사라지게 될 때에야 비로소 결과도 사라지게 된다. 이런 의미에서 볼 때, 인간의 겉으로 드러난 감정과 행동 그리고 생각들은 정신 내적인 원인에 의해 미리 결정된 것이다. 정신결정론의 관점에서 보면, 사람들이 겪는 심리적 문제는 사람 내부에 존재하는 어떤 정신적 원인이 작용한 결과다. 그 원인이 멈추지 않는 한 결과, 즉 심리적 문제는 멈추지 않는다. 그리고 그 원인이 멈출 때에야 비로소 사람들은 심리적 건강을 되찾을 수 있다. 인간에 대한 이러한 관점은 우리에게 주어진 어떤 현상을 있는 그대로 이해하는 것에서 한 걸음 더 나아가 이면의 그 무엇을 발견하려는 '분석적 태도'를 유지할 것을 요구한다(이장호, 정남운, 조성호, 2005).

② 무의식론

우리는 '빙산의 일각(一角)에 불과하다'라는 말을 자주 쓴다. 바다에 떠 있는 빙산은 극히 일부분만 겉으로 드러나 있다. 밖에서 보기에 그것이 전부인 것 같지만, 실제로는 빙산의 거의 대부분은 수면 밑에 가라앉아 있다. 우리의 눈에는 밖으로 드러난 것만 보이고 속에 숨겨진 것은-마치 그것이 존재하지도 않는 것처럼-보지도, 알지도 못한다. Freud는 인간의 마음도 그러하다고 생각하였다. 정신분석이론에 따르면 인간은 무의식적인 존재이다. 사람들은 자신에 대하여 극히 일부분만을 깨닫고 있을 따름이며, 깨어 있는 의식은 무의식의 지배를 받는다(이장호, 정남운, 조성호, 2005).

즉, 인간의 행동과 느낌과 사고, 상상, 창의적인 작업 등의 원천은 대개 무의식에 잠재되어 있다는 것이다. Freud는 이 무의식 세계가 인간이해 및 심리치료의 관건이 되는 중요한 정신세계임을 강조하였다(김형태, 2009).

무의식의 대부분을 차지하는 것은 본능이다. 본능은 만족이나 쾌락을 추구한다. 본능은 Freud 이론의 핵심이다. Freud가 초기에는 성적 에너지를 리비도라 불렀지만 후에는 모든 삶의 본능 에너지를 리비도라고 부름으로써 용어의 의미를 확장시켰다. 본능은 개인과 인류의 생존이라는 목적에 기여하며 성장, 발달, 창조성을 추구한다. 따라서 리비도는 성적 에너지 이상의 동기의 원천으로 이해해야 한다. Freud는 즐거움을 추구하는 모든 활동을 삶의 본능이라는 개념에 포함시키고 있다. 인간이 추구하는 목표의 상당 부분이 고통을 피하고 쾌락을 얻는 것이라고 하였으며, 후에는 죽음의 본능(공격적 충동)을 포함하여 인간의 본능을 설명하였다(조현춘 외, 2010).

(2) 성격의 구조

정신분석적 관점에 따르면 성격은 세 가지 요소로 이루어져 있다. Freud는 성격이 세 가지 구조적 구성요소인 원초아(id), 자아(ego), 초자아(superego)에 의해 작동한다고 보았다. 이러한 구성요소는 각각 독특한 속성을 가지면서도 서로 간에 영향을 주면서 상호작용하는 측면이 있다. Freud는 성격은 원초아, 자아, 초자아 간의 에너지 역동성과 상호작용으로 이루어진다고 가정했다(노안영, 강영신, 2003; 김형태, 2009; 한재희, 2009).

인간의 성격은 3개의 분리된 요소로서가 아니라 전체로서 기능한다. 원초아는 생물학적 구성요소, 자아는 심리적 구성요소, 초자아는 사회적 구성요소이다. 전통적 Freud 관점에서는 인간을 에너지 체계로 본다. 성격의 역동은 심리적 에너지가 원초아, 자아, 초자아에 분배되는 방식으로 이루어져 있다. 에너지의 양은 제한되어 있기 때문에, 한 체계가 에너지를 이용하면 다른 두 체계는 그만큼 에너지를 이용할 수 없게 된다(조현춘 외, 2010).

원초아, 자아, 초자아의 기본 작동원리와 특성을 살펴보면 다음과 같다(이장호, 정남운, 조성호, 2005; 노안영, 2005).

① 원초아

원초아는 무의식의 일부분으로 심리적 에너지의 근원이고 본능의 중심이며 성격의 가장 원시적인 부분이다. 이것은 인간 성격의 생물학적 구성요소이다. 그것은 개인으로 하여금 결과에 무관하게 쾌락을 추구하도록 몰아댄다. 따라서 원초아는 본능적 충동에 의해 충동적으로 작동하며 성격의 다른 두 부분인 자아, 초자아에게 욕구충족을 위한 압력을 가한다. 원초아는 직접적인 신체적 욕구만족과 관련되며, 작동하는 주요한 원리는 **쾌락원리**(pleasure principle)이다. 즉, 원초아는 쾌락원리에 의해 작동하기 때문에 현실이나 도덕성에 대한 고려 없이 쾌락을 추구한다. 원초아의 작동은 고통을 최소화하고, 쾌락을 최대화하기 위하여 즉각적으로 반응하는 것이다. 원초아는 심리적 에너지의 최초의 원천이며 본능이 있는 곳이다. 원초아는 조직화가 되어 있지 않으며, 맹목적이고, 요구적이며, 끈덕지고, 비논리적이며, 도덕관념이 없다.

② 자아

자아는 **현실원리**에 입각하여 욕구충족을 위한 적합한 대상이 발견될 때까지 긴장해소를 유보할 수 있다. 자아는 합리적인 특성을 가지고 있고, 현실적 사고과정을 통하여 통제하고, 반응할 환경의 성질을 검토 · 선정하며, 또한 어떤 욕구를 어떤 방법으로 만족시킬 수 있을 것인가를 결정한다(예: 배고픔을 느낀 초등학생이 엄마가 밥을 다 지어서 상을 차릴 때까지 다른 일을 하며 기다린다). 현실을 무시한 채 쾌락의 원리에 입각한 원초아의 욕구와 이상 지향적인 초자아의 압력 사이에서 자아는 통합, 조정하는 중재자의 역할을 맡는다.

이것은 인간 성격의 심리적 구성요소이다. 자아는 성격의 합리적 측면으로 실제적인 면에서 개인이 접하는 현실을 인지하고 조정하면서 현실원리(reality principle)에 따라 작동한다. 자아는 원초아의 요구를 고려하면서 현실 요구에 맞춰 쾌락을 지연시키거나 충족시키는 적절한 방법을 찾는다. 더불어 자아는 초자아가 주도하는 도덕적인 측면을 고려하여 합리적이고 규범적인 행동을 위한 조정역할을 수행한다.

③ 초자아

초자아는 옳고 그른 것의 학습된 원칙으로 구성되고 또한 본능적 만족을 통제하는 역할을 한다. 초자아는 인간 성격의 사회적 구성요소로서 주로 개인의 내적 도덕성인 양심(conscience)과 개인이 추구하고자 하는 자아이상(ego-ideal)에 의해 작동한다. 따라서 초자아가 작동하는 주요한 원리는 **도덕원리**(morality principle)이다. 초자아는 성격의 판사 같은 부분이다. 초자아는 현실이 아니라 이상을 나타내며, 쾌락보다는 완벽을 추구한다. 아이들은 보통 5~6세 정도가 되면 부모의 규칙과 훈계에 의해 성격의 도덕적 측면을 형성하고 콤플렉스를 해결하면서 성격의 사회적 구성요소인 초자아를 발달시키게 된다. 초자아의 주요한 목적은 도덕적 완성을 추구하는 것으로 원초아가 반사적 행동 및 정신의 일차적 과정에 따라 쾌락을 추구하는 것을 억제시키면서 사회적 요구에 부합하는 측면에서 만족을 추구하는 것이다. 초자아의 두 가지 하위요소는 양심(죄책감)과 자아이상이다.

(3) 리비도(심리성적에너지) 발달단계

Freud가 제안한 심리성적 발달단계는 생물학적 발달 측면에서 볼 때 생존의 본능적 쾌락이나 기쁨의 단계라고 말할 수 있다. Freud는 심리성적 발달은 출생 직후부터 시작된다고 하였다. Freud는 '성적 추동의 에너지'를 리비도(libido)라고 불렀으며, 개인의 신체적 에너지에 비유될 수 있는 일종의 정신적 에너지라고 생각하였다. Freud의 성격발달이론에서는 생후 초기 5년 동안의 경험을 매우 중요시한다. 이 기간 동안에 아동들은 쾌락을 가져다주는 혹은 성적인(erogenous) 일련의 신체 부위에 리비도가 집중되는 여러 개의 단계를 거치게 된다. 심리성적 발달단계의 주요한 특징은 정신에너지인 리비도가 신체 부위의 어디에 집중되느냐에 따라 다섯 단계로 구분된다. 이러한 다섯 단계는 구강기, 항문기, 성기기, 잠복기, 생식기이다(김은정, 김향구, 황순택, 2002; 노안영, 2005).

심리성적인 발달단계 동안 아동에게 일어나는 일들이 성인기의 성격 형성에 영향을 미친다. 특정한 단계에서의 심리성적인 갈등이 성공적으로 해결되지 못하거나 심하게 박탈되거나 과도하게 몰두하게 되면 어떤 한 단계 또는 다른 단계로 고착된다.

고착(fixation)이란 어떤 한 단계에서 미해결된 문제를 경험함으로써 야기되는 성격발달의 정지를 말한다. 혹은 자신의 갈등을 성공적으로 해결했다 하더라도 그 후의 생활에서 심한 어려움을 경험하게 되면 퇴행(regression)을 보이게 되는데, 이는 발달 초기의 보다 만족스러웠던 단계에서의 감정이나 행동을 보이는 것을 말한다(김은정, 김향구, 황순택, 2002). 고착이나 퇴행이 일어나는 이유는 심리성적 에너지의 지나친 충족이나 결핍이 있을 때이다.

김정섭 외(2010), 노안영, 강영신(2003), 노안영(2005), 이무석(2006), 한재희(2009), Richard, S. S.(2004)의 자료를 참고로 하여 각 단계의 성격발달 및 부적응행동의 발달특징을 살펴보면 다음과 같다.

① **구강기**(oral stage)

리비도의 집중이 이루어지는 첫 번째 신체부분은 입이다. 유아가 출생하여 1세까지의 심리성적 발달의 첫 단계가 구강기이다. 태어난 유아가 생존하고 기쁨을 느끼기에 필요한 것은 엄마의 젖꼭지나 우유꼭지를 빠는 것이다. 유아는 입을 통해 빨고, 먹고, 깨무는 행위에서 긴장감소와 쾌락을 경험한다. 유아는 리비도의 일차적 대상인 어머니의 젖을 빨면서 어머니에게 전적으로 의존한 상태에서 이 세상에 대한 지각을 배우게 된다. 유아의 구강적 욕구가 만족되지 않는다면 후에 탐욕이나 욕심을 초래할 수 있다. 만약 욕구가 충족되면 심리적 성숙을 향한 성장이 이루어진다. 하지만 엄마의 보살핌이 부족하거나 변덕이 심해서 아동의 욕구가 수용되지 않거나 충족되지 못하면 나중에 효율적이지 못한 방식으로 이러한 욕구를 채우기 위해 '고착'이 될 것이다. 유아로서 구강욕구가 지나치게 만족되면 성인이 되어 세상에 대하여 지나치게 낙관론을 갖거나 의존적인 성격을 갖는 경향성이 있다. 구강 공격적 행동에 고착된 사람은 지나친 비관론, 적대성, 공격성을 보이는 경향이 있다.

'구강성격(oral personality)'이란 구강기에 고착(fixation)이 심하거나, 또는 구강기 욕구의 좌절이 심해 구강기를 지나서도 구강기 욕구충족에 집착하는 성격이다. 구강성격의 특징은 의존적이고 자기중심적이며 매사에 요구가 많다. 생활습관의 특징은 애주나 폭주, 지나친 흡연, 미식 또는 과식, 과욕과 이에 대한 공상이 많다.

② **항문기**(anal stage)

구강기를 지나 나타나는 중요한 시기가 배설하는 단계이다. 운동 근육과 신경이 발달하고 아이의 관심이 구강에서 항문으로 이동한다. 심리성적 발달단계의 두 번째는 생후 18개월부터 3세까지 진행되는 것으로 리비도가 항문에 집중되는 항문기(anal stage)이다. 이 시기의 성격 형성은 본능적 충동인 배설과 외부의 현실인 배변훈련과 관련되어 있다. 배설물을 방출하는 것은 아이에게 쾌락이지만, 배변훈련의 시작과 함께 아이는 이 쾌락을 지연시키는 것을 배우게 된다. 만약 배변훈련이 순조롭게 진행되지 않으면, 아이는 두 가지 방식으로 반응할 수 있다. 한 가지 방식은 부모가 하지 말라고 한 시간과 장소에 배변을 함으로써 부모의 요구를 거절하는 행동을 한다. 아이가 배변훈련의 좌절에 반응할 수 있는 두 번째 방식은 배설을 보유하는 것이다. 보유하면서 만족을 느끼고 부모를 통제하는 아이는 고집이 세고 구두쇠로 특징되는 항문 보유 성격발달을 형성할 수 있다.

대소변을 가리는 훈련과정에서 어머니의 훈련방법과 태도는 성격 형성에 많은 영향을 준다. 어머니가 성급하고 엄하게 훈련시키면 강박성격이 된다. 예를 들어, 스스로 알아서 배설욕구를 조절하는 데 필요한 신경의 성숙, 즉 유수화(myelination)가 완성되기 전에 훈련을 강요하거나, 어린이가 혼자 옷을 입고 벗을 수 있는 능력이 없는데, 대소변을 가리는 훈련을 심하게 시키면 문제가 생긴다. 만약 이런 상태에서 아이가 대소변을 가리지 못했다는 이유로 어머니가 벌을 준다면 아이들의 마음속에 어머니에 대한 분노와 공포가 생긴다. 아이의 성격은 두 방향으로 발달할 수 있다. 아이가 부모에게 심한 두려움을 느끼고 복종의 길을 선택하면 청결, 질서, 정돈, 복종, 정확성 등의 '항문성격(anal personality)'이 된다. 즉, '강박성격(obsessive personality)'을 의미한다. 그러나 반대로 부모에 대한 반항을 선택한 아이는 불결, 고집, 또는 신뢰성의 결여와 같은 반항적인 성격이 된다.

③ **성기기**(phallic phase)

이 시기가 되면 남녀 간의 성적인 차이도 이해하기 시작하여 자신의 성 정체성(sex identification)을 확립하기 위한 기초가 된다. Freud의 심리성적 발달단계 중 성격 형성에 가장 중요한 시기가 4~5세 중에 나타나는 성기기로 7세경까지 계속된다. 이 시기에 아이의 리비도의 초점이 항문에서 성기로 옮겨진다.

성역할 정체감은 이 시기의 발달단계에서 맞이하는 심리적 위기로부터 주로 시작된다. 이 단계에서 아동은 갈등하기 쉽고 다른 성의 부모에게 성적 감정을 느끼기 시작한다. 소년들이 느끼는 이 갈등을 그리스 신화에서 아버지를 죽이고(몰랐지만) 어머니와 결혼한 오이디푸스의 이름을 따서 오이디푸스 콤플렉스라 한다. 남자아이들은 어떤 면에서 어머니를 동경하고 동시에 아버지의 분노를 두려워한다. 이 두려움은 거세불안으로 나타나고, 동성 부모인 아버지와 동일시함으로써 이러한 오이디푸스 콤플렉스를 극복한다. 더불어 사회적 규범, 도덕적 실체라고 할 수 있는 아버지에 대한 동일시를 통해 초자아를 형성하게 된다. 여자아이도 이 시기의 갈등을 어머니와의 동일시를 통해 콤플렉스를 해결하고 초자아를 형성하게 된다. Freud에 의하면, 여자아이의 콤플렉스는 세 가지 방향으로 나타난다. 첫째, 성(sexuality) 자체를 포기하고 성직자처럼 무성(無性)의 인생을 산다. 둘째, 남성성(masculinity)에 매달려 남성다워지려고 하거나 남자처럼 산다. 셋째, 여성 성기를 인정하고 여성성을 받아들여 정상적인 여성이 되는 것이다.

④ **잠복기**(latency phase)

잠복기는 6, 7~12세까지로 초등학교 시절이다. 이 시기의 아이들은 성적 관심이 거의 없는 것처럼 보인다. 정신분석학에서는 이 시기를 정신성적 발달단계의 잠복기라고 한다. 아이들은 이전보다 더욱 동성의 부모를 동일시하여 남성다움이나 여성다움이 분명해진다. 사회적 관습과 태도를 배우는 것도 이 시기이다. 교육을 받기 때문에 자아가 자라는 시기이며, 또한 이상이 형성되는 시기이기도 하다. 이 시기에 성적 본능은 휴면을 취한다. 아이는 부모를 떠나 학교에서 친구들과 어울리면서 인간관계가 다양해지면서 사회화되기 시작한다. 그래서 '사회화 시기'라고도 부른다. 이 시기에 초자아는 더욱 발달한다.

⑤ **생식기**(genital phase)

심리성적 발달의 마지막 단계인 생식기는 사춘기 혹은 청소년기(period of adolescence: 10, 12~20, 22세 무렵까지)에 시작한다. 이 단계 청소년의 발달특징은 급격한 신체적 성장과 더불어 호르몬의 변화이다. 신체적 변화에 따라 오랫동안 휴면에 있었던 리비도가 성기에 집중되면서, 청소년은 이성에 대한 관심이 커진다. 소년과 소녀는 서로 다른 성적 정체감을 인식하면서 성 및 대인관계 욕구를 충족할 방법을 찾는다.

(4) 불안과 방어기제

① 불안의 의미와 유형

Freud는 원인에 대한 명확한 대상이 없이 두려움을 느끼는 것을 불안으로 보았으며 모든 불안의 원형이 출생외상(birth trauma)이라고 생각하였다. 불안은 억압된 무의식적 욕구가 의식 속으로 침투할 때 일어나는 압도적인 불안이나 공황의 위험에 대하여 자아에게 경고하는 신호로 작용한다. 그가 제안했던 세 가지 유형의 불안은 현실 불안(reality anxiety), 신경증 불안(neurotic anxiety), 도덕 불안(moral anxiety)이다. 이러한 불안은 현실 및 세 가지 자아 간의 갈등에 의해 야기된다(노안영, 강영신, 2003; 노안영, 2005).

- 현실 불안: 현실 불안은 자아가 현실을 지각하여 두려움을 느끼는 불안으로 실제적 위험에서 우리를 보호하는 데 기여한다. 실제 외부의 사건으로부터 오는 불안으로 실제 위험에 대한 두려움의 정도와 비례한다. 현실세계로부터 위협에 대한 반응의 예로, 차가 내게 달려드는 것을 볼 때 불안을 느끼는 것이다. 현실적 불안은 기본적으로 공포와 같으며, 위험을 피하기 위해 무엇인가 하는 것이 좋음을 경고한다(ego).
- 신경증 불안: 신경증 불안은 현실을 고려하여 작동하는 자아와 본능에 의해 작동되는 원초아 간의 갈등에서 비롯된 불안이다. 이러한 불안은 막대한 힘을 가

진 원초아에 의해 충동적으로 표출된 행동이 현실로 표현될 때 처벌되지 않을까 하는 무의식적 두려움이다(id ↔ ego).

- 도덕 불안: 도덕 불안은 자아와 초자아 간의 갈등에서 비롯된 불안으로 본질적으로 자신의 양심에 대한 두려움이다. 만약 자신의 도덕적 원칙에 위배되는 본능적 충동을 표현하도록 동기화되면, 초자아는 자신으로 하여금 수치심과 죄의식을 느끼도록 한다(ego ↔ superego). 도덕적 불안이 너무 심하면 신경쇠약상태가 될 수도 있다.

② 방어기제

불안은 자아에게 닥친 위험을 알리는 신호이다. 불안은 세 가지 자아 간의 갈등으로 끊임없이 야기된다. 자아는 충동적으로 쾌락을 추구하는 원초아와 완벽성을 추구하는 초자아와의 갈등을 감소시키려고 노력한다. 인간은 기본적으로 불안을 원하지 않으며 불안으로부터 벗어나기를 원한다. 따라서 인간은 갈등에서 비롯된 불안으로부터 자신을 보호하기 위해 다양한 방어기제(defense mechanism)를 사용한다. 방어기제는 고통에서 우리를 보호한다는 점에서 적응기제로서 유용한 목적에 기여하지만, 그것이 무분별하고 충동적으로 사용될 때는 병리적이 된다. 다양한 방어기제가 작동되는 구체적 내용은 서로 다르지만 공통적인 두 가지 특성을 가진다. 첫째는 현실의 부정 혹은 왜곡이다. 둘째는 무의식적으로 작동된다는 점이다(김은정, 김향구, 황순택, 2002; 노안영, 강영신, 2003; 노안영, 2005; 이무석, 2006; 정남운, 이기련, 2008; 조현춘 외, 2010; David, C., Douglas, R. G., 2007; Samuel, T. G., 2005).

〈표 3-1〉 방어기제의 의미와 예

방어기제	의미	예
억압	가장 중요하면서도 기본적인 방어기제는 억압(repression). Freud는 억압을 정신분석의 초석이라고 불렀다. 위협적이거나 죄책감을 야기시키는 소망, 충동, 정서 등 의식에서 용납하기 힘든 생각, 욕망, 충동들을 무의식 속으로 눌러 넣어 버리는 것	자신을 학대하는 부모에 대한 뿌리 깊은 적대감을 알아차리지 못하는 것

방어기제	의미	예
부정	부정(denial)은 현실에서 일어났던 위협적이거나 외상적인 사건을 받아들이지 않고 거절하는 것. 충격적 상황에서 개인이 생각하거나 느낀 것을 왜곡하는 것	부모가 사랑하는 자녀의 죽음을 계속해서 믿지 않으려고 하는 것
반동 형성	겉으로 나타내는 태도나 언행이 마음속의 욕구와 반대인 경우. 무의식의 밑바닥에 흐르는 생각, 소원, 충동이 너무나 부도덕하고 받아들이기에 두려운 것일 때, 이와 정반대의 것을 선택함으로써 의식으로 떠오르는 것을 막는 과정	위협적인 성적 충동에 사로잡혀 있던 사람이 포르노그라피를 맹렬하게 비판하는 것
투사	나의 용납할 수 없는 욕망이나 충동을 다른 사람의 것으로 뒤집어씌움. 즉, 자신이 가지고 있는 좋지 않은 충동을 다른 사람이 가지고 있다고 원인을 돌리는 것	내가 그를 미워하는 것이 아니라, 그가 나를 미워한다고 표현하는 것
대치	대치 혹은 전위(displacement)는 원래의 대상이나 사람에게 에너지를 풀 수 없는 경우에 손쉬운 대상이나 사람에게 표현하는 것	상사에게 모욕을 당한 온순한 남자는 집으로 와서 아내나 아이들에게 부적절한 적대감을 풀어놓음
합리화	상처받은 자아를 달래기 위해 '좋은' 이유를 만들어 낸다. 즉, 자신의 행동을 그럴듯한 그러나 부정확한 핑계를 사용하여 받아들여질 수 있게끔 행동을 재해석하는 것	자신이 지원한 일자리를 얻지 못하면 실패에 대한 합리적 이유를 생각해내서, '실제로는 내가 거기에 취직하기를 원치 않았다'고 말함. 이솝우화의 신포도 기제
승화	성 에너지 또는 공격 에너지를 사회적으로 받아들여질 수 있는 좋은 방향으로 전환하는 것	타인에 대한 공격성이 격투기 선수가 되어 훌륭한 시합을 하는 것으로 대체되는 것
퇴행	위협적인 현실에 직면하여 덜 불안을 느꼈던 그리고 책임감이 적었던 이전 발달단계의 행동을 하는 것	학교 가기가 두려운 아이가 울기, 오줌 싸기, 손가락 빨기, 숨기 등의 유아적 행동을 함
내사	타인의 가치나 기준을 '삼키는 것'	긍정적 내사는 부모의 가치나 상담자의 속성 및 가치를 받아들이는 것. 포로수용소에서 어떤 수감자들은 공격자에 대한 동일시를 통해서 적의 가치를 수용함으로써 심한 불안에 대처함
보상	한계를 만회하기 위해 약점을 숨기거나 긍정적 특성을 개발하는 것을 말함	외모에 열등감이 있을 때 자기가 자신 있는 공부를 더욱 열심히 하려고 하는 것
주지화	문제를 이성적으로 설명 가능한, 그리고 불안이나 다른 정서적인 내용이 결부되지 않은 흥미로운 일인 것처럼 다루는 것	최근에 남편이 사망한 한 부인이, 자신을 떠나간 남편에 대해 슬퍼하거나 분노하기보다는 한국 장례 절차의 부적절성에 대해 이야기함

(5) 전이와 역전이

전이(transference)와 역전이(countertransference)는 정신분석의 주요한 개념이며 전이와 역전이를 치료적으로 다루고 분석하는 것은 정신분석적 상담의 주요 기법이다.

전이는 내담자가 인생 초기의 의미 있는 대상(주로 부모)과의 관계에서 발생했으나 억압되어 무의식에 묻어두었던 감정, 신념, 욕망을 자기도 모르게 상담자에게 표현하는 현상이다. 파인(Pine, 1998)은 성격에 확고하게 형성된 오래된 관계 패턴이 현재에서 반복되어 나타나는 것을 전이라고 하였다. 전이는 아동기에 정서적으로 의미 있는 대상에 밀접하게 관련된 감정이 상담자에게 이동되어 나타나는 것으로 정의될 수 있다. 전이는 내담자가 접근할 수 없었던 다양한 감정을 재경험할 수 있도록 해주므로 치료적 가치가 있다. 전이의 분석은 정신분석의 중심 기법인데, 왜냐하면 그렇게 함으로써 내담자가 현재 기능에 대한 과거의 영향을 통찰할 수 있기 때문이다. 전이 관계의 해석은 지금 그들을 고착시키고 정서적 발달을 지연시키는 옛 갈등을 훈습할 수 있도록 해준다.

역전이는 상담자가 내담자에게 일으키는 전이현상으로, 치료과정을 방해하는 치료자의 감정을 의미한다. 즉, 상담자가 자신의 갈등으로 파생되는 왜곡된 신념이 내담자로 인하여 발달되는 경우이다. 이것은 내담자를 싫어하는 감정이나 과잉애착 또는 과잉관여, 공감능력의 손실, 무기력감이나 좌절감, 죄책감, 권태나 조급함 등으로 나타난다. 이러한 상담자 자신의 왜곡된 반응은 상담의 진전을 방해하게 된다. 따라서 효과적인 상담을 위해 상담자는 내담자의 분노, 사랑, 아첨, 비판 등의 강력한 감정을 받을 때 발생하는 역전이를 통찰하여 객관적으로 처리할 수 있어야 한다.

(6) 저항분석

저항은 상담의 진행을 방해하는 내담자의 여러 가지 행동을 의미한다. 저항은 내담자가 무의식적 자료를 의식으로 가져오거나 통찰을 하는 것을 저지한다. 저항은 한편으로는 변화를 원하면서도, 한편으로는 변화를 거부하는 모든 생각, 태도, 감정, 행동(의식적, 무의식적)을 말한다. 저항은 무의식에 억압된 자료를 보는 것에 대한 두려움에서 비롯된다. 변화는 용기와 직면, 고통을 필요로 하지만, 변화하지 않는 것은 보다 안전하게 느껴지기 때문에 이런 맥락에서 내담자들은 무의식적으로 저항을 한다. 상담 장면에 와서는 아무런 말도 하지 않는 것, 상담자의 통찰 유도에 대한 무반응, 뚜렷한 연결 고리가 없는 불평불만이나 회의적 태도, 반항 등이 모두 저항에 해당된다. 이러한 저항을 치료적으로 다루고 분석하는 것은 정신분석적 상담에서 매우 중요한 과정이다.

2) 부적응의 원인

Freud 정신분석적 상담이론에서는 다음과 같은 몇 가지를 부적응의 원인으로 본다.

- 자아가 제 기능을 하지 못할 때. 성숙하고 이성적이며 건강한 측면의 자아가 활성화되지 못하고 원초아나 초자아의 지배를 받게 되는 경우
- 무의식에 억압된 자료, 혹은 트라우마(정서적 외상)가 의식적 수준에서 도저히 감당할 수 없을 때
- 무의식에 대한 통찰이 전혀 되지 않을 때
- 특정한 한두 가지의 방어기제에 지나치게 집착하면서 이에 대한 통찰이 되지 않을 때

3) 상담목표

Freud 정신분석적 상담이론의 상담목표는 다음과 같이 서술할 수 있다.

- 자아기능의 강화와 활성화
- 무의식의 의식화, 통찰
- 정신병리적 증상의 제거나 완화
- 깊이 있는 자기 이해와 자기조절능력 강화

2. Adler의 개인심리학적 상담이론

Alfred Adler

열등감과 보상은 Adler가 제안하여 만든 개인심리학의 주요 개념이다. Adler는 인간을 사회적이며, 목적론적인 존재로 보고 이해하려고 하였다. 이런 점에서 Adler는 사회적 관심을 강조하였으며 "인간의 모든 행동은 목적이 있다"고 하였다. Adler는 상담을 통해 개인이 보다 나은 생활양식을 개발하고 잘못된 생활양식을 긍정적인 관점으로 대체하고, 또한 사회적 관심을 발달시킬 것을 강조한다. 그래서 개인심리학적 상담이론은 성장모델이라고 할 수 있다. 개인심리학(Individual Psychology)의 개인은 더 이상 나눌 수 없는(in-divide) 존재로서 전체성을 가진 개인을 의미한다.

1) 주요 개념

김춘경 등(2010), 노안영(2005)을 참고로 하여 Adler의 개인심리학적 상담이론의 주요 개념을 정리하면 다음과 같다.

(1) 열등감과 보상

Adler에 의하면 모든 인간은 부족하고 열등한 상태로 태어나므로, 인간이 열등감을 갖는 것은 자연스러운 일이라고 하면서 열등감에 대해 긍정적으로 인식하였다. 왜냐하면 열등감을 자기성장과 발전을 위해 필요한 부분으로 보았기 때문이다.

인간은 특정 신체기관이 다른 기관에 비해 더 약한 상태로 태어날 수 있는데, 이때 그 신체기관이 질병에 걸리기가 쉽다. 사람들은 이 신체적 열등성을 극복하려고 훈련과 연습을 통한 보상적 노력을 하게 된다. 이렇게 하여 성공한 예는 Adler 자신을 비롯하여 역사적으로 많이 찾아볼 수 있다. 어릴 때 말더듬이였던 Demosthenes가 세계에서 가장 훌륭한 웅변가가 되었고, 신체장애자였던 Ruddph는 올림픽 트랙경기에서 세 개의 금메달을 획득했으며, 허약하고 병약한 아이였던 Roosevelt 대통령은 신체적으로 건강한 성인의 표본이 되었다. Adler의 이론에 있어서 신체적 열등감은 그 자체로서는 어떤 의미나 중요성이 없고 신체의 결함이 주관적인 열등감을 자극할 때 그 중요성이 생긴다. 이 열등감은 완전이나 완성을 향한 힘으로, 즉 개인을 더 높은 수준으로 자기발달을 하도록 동기 유발시킨다. Demosthenes, Roosevelt, Ruddph와 같은 사람들은 특정 기관의 결함을 극복하기 위해 노력함으로써 자신이 가진 열등감을 보상했다. 그러나 그들의 신체적 결함 자체가 아닌 열등감이 그들을 동기 유발시킨 것이다. 열등감 그 자체가 위대함을 나은 게 아니라 이 열등감이 재능, 용기, 그리고 사회적인 관심과 연결되어서 그렇게 된 것이다. Adler는 이와 같은 열등감과 보상의 노력을 선천적인 것으로 보았고 이러한 노력 때문에 인간은 완성을 향하여 끊임없이 발전할 수가 있다고 하였다.

Adler는 인간이 열등감을 갖는 것은 자연스러운 일이라고 했다. 왜냐하면 인간은 누구나 열등한 존재로 태어나기 때문에 인간이 된다는 것은 곧 열등감을 갖는 것이라고 하였다. 열등감은 인간에게 필요하고 나아가 바람직하다고까지 하였다. 열등감이 인간에게 발전적으로 활용될 수 있는 이유는 자신에게 부족하다고 느끼는 부분, 열등하다고 느끼는 상황이나 어떤 조건을 극복하고 보상하여 우월의 상황으로 나아가게 하는 강한 힘을 열등감이 가지고 있기 때문이다. 열등감은 인간이 지닌 가능성과 잠재능력을 발달시키는 자극제나 촉진제로서의 역할을 한다. 그래서 개인심리학적 상담이론은 성장모형이라고 할 수 있다.

Adler는 열등감의 극복을 위한 노력을 선천적인 것으로 보고, 자기완성을 위한 필수요인으로 열등감을 제시하고 이러한 노력 때문에 인간은 끊임없이 발전할 수 있다고 하였다. 그러나 열등감을 극복하는 과정에서 열등감을 올바르게 지배하지 못하여 개인적 우월성 추구에 집착하면 파괴적 생활양식을 갖게 되어 신경증에 빠지게 되며, 열등감이 우리를 지배하면 인간의 삶은 열등감 콤플렉스에 빠지게 된다. 열등감 콤플렉스의 원천은 다음의 세 가지이다.

① 기관열등

개인이 부모에게서 물려받은 자신의 신체에 대해서 어떻게 생각하는 가와 관련된 것. 외모, 건강, 신체적 결함 등이 해당된다.

② **과잉보호**

자녀교육과 관련된 것으로 교육방식이 독립적인가, 의존적인가에 따라 달라진다. 부모의 과잉보호 때문에 아이 스스로 해결할 수 있는 기회를 차단당함으로써 자신감이 부족하게 된다. 그 결과로 인생의 어려운 고비에 부딪쳤을 경우 해결할 능력이 없다고 믿고 열등감에 빠지게 된다.

③ **양육태만**

아이들의 성장과정에서 부모들의 무관심, 애정결여로 인해 아이들은 자신이 필요하지 않다고 느껴 열등감을 극복하기보다는 문제에 대해 회피하거나 도피하고 남으로부터 존경받을 수 있다는 자신감을 잃고 세상을 살아가게 된다.

(2) 우월성 추구

Adler는 우월성(superiority)이란 개념을 자기완성 혹은 자아실현이란 의미로 사용하였다. 우월성의 추구는 삶의 기초적인 사실로 모든 인간이 문제에 직면하였을 때 부족한 것은 보충하며, 낮은 것은 높이고, 미완성의 것은 완성으로, 무능한 것은 유능한 것으로 만드는 경향성이다.

여기서 열등감에 대한 보상의 노력은 결국 우월성의 추구라는 개념으로 연결된다. Adler는 인간이 추구하는 궁극적인 목적을 바로 우월성의 추구라고 보았는데, 이는 단지 열등감을 극복한다는 소극적인 입장에서 한 단계 넘어서서 보다 적극적인 의미에서 향상과 완성으로 나아가는 것이라고 하였다.

(3) 생활양식

생활양식은 생을 영위하는 근거가 되는 기본적 전제와 가정을 의미하는데, “나는 ~~이다, 세상은 ~~다, 그러므로 ~~다” 와 같은 기본전제를 말한다. 우리는 생활양식에 따라 생각하고, 느끼고, 행동한다.

생활양식은 인생에 대한 개인의 기본적 태도를 말하고 각 개인은 열등감을 극복하고 우월성을 추구하는 과정에서 자기 나름의 독특한 태도를 발달시키는데, 기초적인 생활양식의 구조는 4~5세 경에 형성된다고 한다. 우리가 행하는 모든 것은 기본적으로 우리의 독특한 생활양식에 의해 영향을 받는다고 할 수 있다. 생활양식에서 가장 중요한 것은 자신의 경험을 인식하는 방법이다.

Adler는 생활양식을 사회적 관심과 활동수준이라는 2가지 차원을 중심으로 다음과 같은 네 가지 유형으로 구분하였으며 가정에서 어린 시절에 부모의 영향하에서 주로 형성된다고 보았다.

〈표 3-2〉 생활양식 유형

구 분		사회적 관심	
		고	저
활동수준	고	사회적 유용형(성숙한 사람)	지배형(독재형)
	저	기생형(의존형)	회피형(고립형)

① **지배형**(ruling Type)

부모가 지배하고 통제하는 독재형 생활양식으로 자녀를 양육할 때 나타나는 유형이다. 지배형은 독단적이고 공격적이며 활동적이지만 사회적인 인식이나 관심이 거의 없는 사람의 유형이다. 이런 사람은 비사회적인 면에서 활동적이며 타인의 안녕에는 아랑곳하지 않고 행동하는 사람이다.

② **기생형**(getting Type)

부모가 지나치게 자녀를 과잉보호할 때 나타나는 태도로 이런 사람은 기생적인 방법, 즉 자신의 욕구 충족만을 위해 다른 사람들에게 의존한다. 기생형의 생활양식에서 사회적 관심이 높다고 하는 것은 건강하고 성숙한 측면을 의미하는 것이 아니다. 이들의 주된 관심사는 될 수 있는 한 타인으로부터 많은 것을 얻어내는 것이다.

③ **회피형**(avioding Type)

부모가 자녀를 교육할 때 자녀의 기를 꺾어버리는 행동이 회피형의 생활양식을 갖게 할 수 있다. 매사에 소극적이며 부정적인 태도로 사회적 관심이 부족할 뿐 아니라 어떤 형태로든 인생에 참여하려는 활동을 하지 않는 사람의 유형이다. 이들은 실패하는 것을 두려워하므로 이들의 삶은 생활과제로부터 도피하는, 사회적으로 무익한 행동이 주가 된다.

④ **사회적 유용형**(socially useful Type)

Adler 이론에서 심리적으로 건강한 사람의 표본이 되는 유형이다. 사회적 유용형은 성숙한 사람으로 사회적인 관심이 많아서 자신과 타인들의 욕구를 동시에 충족시키는 한편, 인생과업을 완수하기 위해 기꺼이 다른 사람들과 협동할 수 있다.

(4) 허구적 최종목적론(fictional finalism)

허구 또는 이상(理想)이 현실을 보다 더 효과적으로 움직인다는 의미이다. 인간의 행동을 유도하는 상상된 중심목표를 설명하기 위한 용어로서, 인간의 행동이 과거 경험에 의해 좌우되기보다는 미래에 대한 기대에 의해서 더 좌우된다는 것이다. 생활양식은 허구적 목표에 의해 효력을 발생하는 인생에 대한 기본태도이며, 어린 시절에 자기 존재를 고양시키고 보호하기 위해 허구적 상(fictional image)을 발전시킨다.

Adler는 이 때 인간의 행동이 과거의 경험보다는 미래에 대한 기대에 의해 행동하게 된다고 하였다. 현실에서 검증되거나 확인될 수 없는 가상의 목표를 설정하고 그에 따라 인간이 행동한다고 하였다. Adler는 허구적 최종목적론을 통해 인간이 가진 목표 지향적인 측면을 강조하는 한편 최종목표에 대한 개인관점을 통해 인간의 행동을 설명할 수 있다고 보았다.

2) 부적응의 원인

Adler의 개인심리학적 상담이론에서는 부적응의 원인을 다음과 같이 설명한다.

- 열등감을 성장동기와 자기발전을 위한 에너지로 쓰지 못하고, 우월의 추구에 지나치게 집착하여 열등감 콤플렉스에 빠지게 되는 경우
- 사회적 관심이 너무 낮거나 사회적 관심을 발달시키지 못해서 부적응적이거나 신경증적인 생활양식을 가지게 될 때

3) 상담목표

개인심리학적 상담이론에서의 상담목표를 정리하면 다음과 같다(김춘경 등, 2010; 노안영, 2005).

- 격려와 지지를 통한 내담자의 사회적 관심 향상
- 열등감 극복하기, 자신만의 독특한 생활양식 이해하고 긍정적으로 발전시키기, 공동체감 향상시키기 등

3. Rogers의 인간중심 상담이론

Carl Ransom Rogers

Rogers의 인간중심 상담이론은 상담자 중심이 아닌 내담자 중심의 접근이다. '인간중심'이라는 이론 명칭은 처음에 비지시적 접근, 내담자 중심 접근, 경험적 접근에서 맨 마지막에 Rogers가 인간중심 접근이라고 하였다. Rogers는 인간의 기본적 동기로서 실현화 경향성을 가정하였으며, 성격을 변화시키고 향상시킬 능력이 각 개인 내에 있다고 믿었다. Rogers의 성격이론은 개인의 독특하고 주관적인 경험을 강조하였다. 삶 속에서 사건들을 보고 해석하는 방식이 행동에 결정적인 영향을 주기 때문에, 각 개인은 주관적 세계, 즉 주관적 현상적 장에서 살아간다고 하였다. 아울러 유기체의 지혜를 강조하면서, 경험을 통한 가치화 과정을 필수적인 것으로 생각하였다.

1) 주요 개념

김계현 등(2011), 김춘경 등(2010)을 참고로 하여 인간중심 상담이론의 주요 개념을 정리하면 다음과 같다.

(1) 실현화경향성

실현화경향성은 타고난 것으로 개인이 가진 모든 생리적 및 심리적 욕구와 관련되고 경험하는 유기체를 실현하고, 유지하고, 향상시키는 기본적 경향성이다.

실현화경향성은 단지 유기체를 유지하는 그 이상으로 유기체의 성장과 향상, 즉 발달을 촉진하고 지지한다. 실현화란 개념은 유기체가 단순한 실체에서 복잡한 실체로 성장해 나가고 의존성에서 독립성으로, 고정성과 경직성에서 유연성과 융통성으로 변화하고자 하며, 자유롭게 표현하고자 하는 경향성을 나타낸다. 로저스는 이 과정을 마치 아이가 첫 발을 내딛으면서 겪는 것처럼 투쟁과 고통을 수반하는 것으로 묘사하였다.

(2) 가치의 조건화

로저스가 "경험은 나에게 최고의 권위이다"라고 말한 것처럼 우리 각자는 경험을 통해 가치를 형성하는 것이 중요하다. 그런데 연약한 존재인 아동은 그에게 가장 영향력 있는 부모의 양육태도에 따라 가치의 조건화를 형성하게 된다.

아동은 기본적으로 '긍정적 자기존중'을 얻기 위해 노력하므로 이러한 긍정적 자기존중 때문에 가치의 조건화 태도를 형성하게 된다. 이렇게 형성된 가치의 조건화는 유기체가 경험을 통해 실현화경향성을 성취하는 것을 방해하는 주요한 원인이 된다. 왜냐하면 가치의 조건화는 아동이 주관적으로 경험하는 사실을 왜곡하고 부정하게 만들기 때문이다.

아동은 의미 있는 대상(부모)이 원하는 것을 할 때만 긍정적 자기존중을 받게 되고 착한 아이가 된다. 부모가 원하지 않는 것을 하면 나쁜 아이가 된다. 나쁜 아이가 되는 것은 긍정적 자기존중을 얻지 못하게 된다. 그러므로 아동은 나쁜 아이가 되지 않기 위해 자기가 경험하는 사실을 왜곡하고 부정하게 된다.

가치의 조건화는 아동이 하는 주로 눈에 보이는 행동, 즉 외적 준거에 따라 아동을 평가하는 데서 비롯된 것이다. 의미 있는 대상으로부터 긍정적 자기존중을 받기 위해 자기 의지와 관계없이 최선을 다하는 것이다. 따라서 아동은 착한 아이가 되기 위해 내적 경험을 무시하게 된다. 이것은 우리가 모든 경험에 개방적으로 되어 인간성장을 도모하는 것을 방해하게 되고, 개인의 주관적인 경험을 왜곡하며 부정하게 만든다. 즉, 우리가 독특한 존재로서 자기성장을 이루지 못하게 한다. 갈등, 불안, 공포 등의 정서적 문제도 가치의 조건화와 관련된다.

(3) 충분히 기능하는 사람

충분히 기능하는 사람은 다음과 같은 특성을 가진다.

- 경험에의 개방성: 자기 자신의 본성과 자신의 내면에서 일어나고 있는 것을 그대로 경험하고 자유롭게 표현, 개방하고 받아들일 수 있다.
- 실존적 삶: 매 순간순간에 충실한 삶을 영위
- 자신의 유기체에 대한 신뢰
- 자유의식: 선택의 자유와 책임
- 창조성

(4) 상담자의 세 가지 태도

① 무조건적 긍정적 존중

상담자의 가치 조건화를 버리고 조건 없이 있는 그대로의 모습으로 내담자를 수용하는 것을 의미한다. 이것은 비소유적 온정, 돌봄, 칭찬, 수용, 존경 등으로도 표현될 수 있다. 이미 내재화된 가치의 조건화 태도가 인간성장을 방해하며 내담자를 판단하고 평가하기 때문에 그런 태도를 바꾸는 것은 쉽지가 않다. 그렇지만 상담자가 보여 주는 무조건적 긍정적 존중을 통해 내담자는 그동안 자신이 의미 있는 사람(부모, 교사 등)에게 긍정적 존중을 얻기 위해 형성한 가치의 조건화 태도를 서서히 바꾸기 시작한다. 이것은 상담자가 인간 그 자체를 존중하고 신뢰하는 확고한 철학적 신념이 없이는 불가능하다.

② **일치성**(성실성, 진실성)

상담자가 내담자를 대할 때에 가식이나 왜곡, 겉치레가 없는 것을 말한다. 진실성을 유지하기 위해 상담자는 높은 수준의 자각, 자기수용, 자기신뢰를 갖는 게 필요하다. 진솔성을 지닌 상담자는 경험하는 유기체로서 내담자와 인간 대 인간의 만남이 되도록 개방적으로 직면해야 한다. 상담관계에서 일치성을 유지하며 솔선수범하여 일관되게 성실하고 진실되려고 하는 상담자의 자세를 통해 내담자는 상담자를 신뢰하게 된다.

일치성이나 진실성을 상황에 대한 배려가 없는 단순한 솔직함이나 직면과 혼동해서는 안 된다. 상담자의 진실성은 상담자가 경험하는 있는 그대로의 마음을 일치성을 가지고 개방하고 표현하되, 그것이 상담장면에서 내담자에게 도움이 되는 상담적 진실성을 의미한다.

③ **공감적 이해**

공감적 이해는 지금-여기에서 나타나는 내담자의 감정과 경험을 상담자가 민감하고 정확하게 이해하는 것을 말한다. 현재 경험하는 내담자의 내면적 감정을 마치 상담자 자신의 감정인 것처럼 느낀다. 여기에서 상담자는 공감을 한다고 하면서 내담자의 감정에 휩쓸리거나 지나치게 빠져들지 않아야 한다. 나아가 공감한 바를 내담자의 언어로 재표현해주어야 한다. 내담자와는 별개의 존재인 상담자가, 자신의 정체감은 그대로 유지한 채 마치 자신이 내담자인 것처럼 내담자가 경험하는 심정을 이해하고 그 감정을 타당화해주는 것이 공감이다. 공감은 내담자가 경험하는 감정의 수준과 비슷하거나 조금은 더 깊은 수준에서 이루어질 때, 내담자 수준에 맞게 상담자가 표현해 줄 때, 내담자가 감정적 어려움에 처해 있을 때, 그리고 마음의 준비가 되어 있다면 심층적 측면과 성장동기가 반영된 공감을 할 때 가장 효과적이다.

2) 부적응의 원인

가치의 조건화, 조건적 가치화로 인해 진정한 자기 자신으로 살아가지 못하고 타인(부모)이 원하는 삶과 그 기대에 맞추기 위해 노력하고, 그렇게 해야만 결과적으로 원하던 존중과 사랑을 얻게 된다. 이 과정에서 이상적 자기와 현실적 자기의 차이가 지나치게 커지면서, 진정한 자기 자신은 잃어버리게 되고 실현화경향성은 방해를 받게 되어, 결국 부적응적이며 신경증적인 상태가 되어 충분히 기능하는 인간이 되기 어렵다. 인간중심 상담이론에서 설명하는 부적응의 원인은 가치의 조건화 과정이다.

3) 상담목표

- 충분히 기능하는 사람이 되는 것
- 경험에의 개방성과 진정한 자기 자신이 되는 것

4. Ellis의 합리정서행동치료이론

Albert Ellis

합리정서행동치료는 인간이 합리적이고 '올바른' 사고와, 비합리적이고 '올바르지 못한' 사고를 할 수 있는 가능성을 모두 가지고 태어난다는 가정에 기초한다. 인간은 합리적이고 생산적이며 건강하면서 동시에 비합리적이고 비생산적이며 병리적인 특성을 모두 가지고 있다. 인간은 자신이 경험하고 자신이 처한 상황을 중심으로 어떤 일이나 사람, 상황에 대해 주관적이면서 왜곡되게 생각하려는 경향성이 있다.

인간의 생각(인지), 정서, 행동 중에서 생각하는 방식이 인간의 정서와 행동에 가장 결정적인 영향을 미친다는 것이다. Ellis는 인간은 성장이나 실현경향을 가지고 태어났으나, 타고난 올바르지 못한 사고와, 학습해 온 자기패배적 양식 때문에 성장 가능성이 방해받기도 한다고 하였다.

1) 주요 개념

김성회(2009), 김춘경 등(2010)을 참고로 하여 합리정서행동치료이론의 주요 개념을 정리하면 다음과 같다.

(1) 비합리적 사고

비합리적 사고는 우리에게 고통스러운 정서와 현실왜곡, 부적응을 일으킨다. 비합리적 사고는 주로 '반드시 ~해야 한다'와 같은 **당위성**과 관련되는 생각들이다. 혹은 현실을 있는 그대로 직시하기보다는, 훨씬 더 과장하거나 왜곡해서 지각하는 특성도 함께 가지고 있다. 당위성과 관련되는 비합리적 사고들을 다음과 같은 세 가지 측면에서 정리할 수 있다. 그것은 자신에 대한 당위, 타인에 대한 당위, 세상에 대한 당위이다.

① '반드시' 1: 자신에 대한 비현실적인 기대

- 나는 반드시 잘 해내고 인정을 받아야만 한다. 그렇지 않으면 살 필요가 없다.
- 내가 하는 일은 반드시 성공해야만 한다. 그렇지 않으면 끝장이다.
- 나는 내가 만나는 모든 사람들에게 반드시 사랑을 받아야만 한다. 그렇지 않으면 쓸모없는 존재이다.
- 나는 완벽한 능력을 갖추고 성공을 해야만 한다. 그렇지 않으면 실패한 인생이다.

② '반드시' 2: 타인에 대한 비현실적인 기대

- 당신은 반드시 나를 합리적으로 대해 주고 배려해 주어야만 한다. 그렇지 않으면 나쁜 사람이다.
- 부모는 반드시, 마땅히 경제적 능력이 뛰어나야 하고, 자녀를 위해서 희생해야만 한다. 그렇지 않으면 끔찍하다.
- 어떤 사람들은 나쁘고 사악하다. 그런 인간들은 반드시 처벌을 받아야만 마땅하다.

- 남편이라면 반드시 오직 아내만을 사랑해야만 한다. 그렇지 않으면 끔찍한 불행이다.

③ '반드시' 3: 환경이나 상황에 대한 비현실적인 기대

- 인생은 반드시 안락하며 비폭력적이어야만 한다. 그렇지 않으면 끔찍하다.
- 세상은 반드시 공평해야만 한다. 그렇지 않으면 살아갈 가치가 없다.
- 이 세상은 반드시 정의가 승리해야만 한다. 그렇지 않으면 살 가치가 없다.
- 이 세상은 반드시 안전해야만 하고 약자는 보호받아야 마땅하다. 그렇지 않으면 끔찍하다.

(2) 논박, 합리적으로 사고하기

합리정서행동치료이론에서는 내담자가 가진 비합리적 사고를 합리적 사고로 대체하기 위한 논박의 과정을 통해, 내담자가 가진 생각들이 얼마나 자기 자신이나 타인의 가치를 평가절하하고 목표달성을 방해하는지를 자각시킨다. 즉, 내담자가 현재 경험하는 부적응적인 정서나 행동의 원인이 비합리적인 사고에 있다는 것을 깨닫게 해주는 것이다.

비합리적 사고를 합리적 사고로 대체하기 위하여 내담자가 반복적으로 하는 과장되어 있거나 부정적인 자기 말을 '~ 했으면 좋겠다, ~하기를 바란다' 와 같은 자기 말이나 문장으로 고쳐서 사용하도록 할 수 있다. 즉, 유용성, 현실성, 논리성에 근거하여 비합리적 생각을 의문문으로 진술하면서 논박하는 것이다. 예를 들면, 다음과 같이 [유용성, 현실성, 논리성]의 기준에 맞추어 비합리적 신념을 의문문의 형태로 진술하여 질문함으로써 내담자의 사고가 비합리적이라는 것을 밝힌다. 그리고 나서 합리적 문장으로 대체할 수 있다.

① '반드시' 1: 자신에 대한 비현실적인 기대

나는 내가 만나는 모든 사람들에게 반드시 사랑을 받아야만 한다. 그렇지 않으면 쓸모없는 존재이다.

☞ 유용성: 모든 사람들에게 사랑을 받아야만 하고, 그렇지 못하면 쓸모없는 존재라는 생각이 내가 살아가는 데 도움이 되는가?

☞ 현실성: 내가 만나는 모든 사람들에게 사랑을 받는다는 것이 현실적으로 가능한 일인가?

☞ 논리성: 다른 사람들이 나를 사랑해 주고 인정해 주어야만 반드시 나의 존재 가치가 증명이 되는 것일까? 이 생각의 논리적 근거는 어디에 있는가?

☞ 합리적 사고의 문장: 나는 인정과 사랑을 받았으면 좋겠다. 나는 존중받고 사랑받기를 원한다. 그러나 다른 사람이 내 존재 가치를 증명해 주는 것은 아니기 때문에 때로 원하는 사랑을 받지 못한다고 해도 나는 여전히 소중한 존재이다.

② **'반드시' 2: 타인에 대한 비현실적인 기대**

"당신은 반드시 나를 합리적으로 대해 주고 배려해 주어야만 한다. 그렇지 않으면 나쁜 사람이다."

☞ 유용성: 합리적으로 대해 주어야만 하고 그렇지 않으면 나쁜 사람이라는 나의 생각이 그 사람과 나와의 관계에 도움이 되는가?

☞ 현실성: 다른 사람이 나를 항상 합리적으로 대해 주고 배려해 주는 것이 현실적으로 가능한 일인가?

☞ 논리성: 나를 조금이라도 배려해 주거나 합리적으로 대해 주지 않으면 나쁜 사람이라는 생각은 논리적으로 타당한 것인가?

☞ 합리적 사고의 문장: 나는 그 사람(부모, 배우자, 친구 등)이 나를 배려해 주면 좋겠다. 합리적으로 대해 주기를 원한다. 그러나 다른 사람들이 내가 정한 기준대로 움직이는 것은 아니기 때문에, 다른 사람을 내 마음대로 조정할 수는 없다. 잘못하는 일도 자연스러운 인간 본성의 일부이다.

③ **'반드시' 3: 환경이나 상황에 대한 비현실적인 기대**

"이 세상은 반드시 공평해야만 한다. 그렇지 않으면 살아갈 가치가 없다."

☞ 유용성: 세상이 조금이라도 공평하지 않으면 살 가치가 없다는 생각은 내가 인생을 살아가는 데 도움이 되는 생각인가?

☞ 현실성: 세상 일이 항상 공정하고 공평하게만 진행된다는 것이 현실적으로 가능한 일인가?

☞ 논리성: 세상이 조금이라도 공평하지 않으면 살 가치가 없다는 생각의 논리적 근거는 어디에 있는가? 공평하지 않은 일이 일어난다면 다른 모든 일들을 포기할 만큼 최악이라는 생각은 논리적으로 타당한가?

☞ 합리적 사고의 문장: 나는 내가 살아가는 이 세상이 공평했으면 좋겠다. 나는 삶이 공평하고 안락하고 비폭력적이기를 바란다. 때로 세상 일이 그렇지 않다는 것은 실망스러운 일이다. 그러나 나는 좌절을 견딜 수 있으며, 환경이나 상황에 대한 지나친 기대를 가지지 않고도 여전히 내 삶을 즐길 수 있다.

(3) 합리적 사고

합리적 사고는 유용성, 현실성, 논리성이라는 세 가지 요소를 가진다. 즉, 합리적 생각이란

하고자 하는 일에 도움이 되어야 하고 – **유용성**

현실적으로 가능하여야 하며 – **현실성**

논리적 모순이나 비약이 없어야 한다 – **논리성**

주로 '~하기를 원한다', '~하기를 바란다', '~하기를 더 좋아한다'는 생각과 관련된다.

〈표 3-3〉 합리적 사고와 비합리적 사고

구 분	합리적 생각	비합리적 생각
논리성	논리적으로 모순이 없다.	논리적으로 모순이 많다.
현실성	현실과 일치한다.	현실과 일치하지 않는다.
유용성	삶의 목적달성에 도움이 된다.	삶의 목적달성에 방해가 된다.
융통성	융통성이 있고 경직되지 않다.	절대적/극단적이고 굳어 있다.
표현	나는 ~하기를 바란다. 나는 ~을 하고 싶다. 나는 ~을 하지 않았으면 좋겠다.	반드시 ~해야 한다. 마땅히 ~하여야 한다. 무서운, 지독한, 끔찍한 나는 견딜 수 없다. 그는 나쁜 사람이고 나는 가치 없는 존재이다.
파급 효과	적절한 정서와 적응행동이 나타난다.	부적절한 정서와 부적응행동이 나타난다.

(4) ABCDE 원리

합리정서행동치료이론에서는 일어난 사실, 선행사건 때문에 감정이 그 결과로 나타나는 것이 아니라, 일어난 일에 대해 어떻게 생각하느냐, 어떤 의미부여를 했는가에 따라 결과적인 정서와 행동이 달라진다고 한다. 여기에서 B를 가장 중요한 과정으로 본다. 상담자의 논박은 내담자의 비합리적 신념체계 B에 대한 논박이다.

- A: 사실(activating events or experiences) 〈선행사건 혹은 경험〉
- B: 생각(belief systems or thought) 〈A에 대한 생각, 신념〉
- C: 결과(consequences) 〈A에 대한 결과〉
- D: 논박(disputing) 〈비합리적 생각 논박〉
- E: 효과(effects) 〈논박으로 나타난 효과〉

2) 부적응의 원인

합리정서행동치료이론에서는 내담자의 비합리적이고 자기파괴적이며 비생산적인 사고를 부적응의 원인으로 본다. 지나치게 과장되어 있고 당위적이며, 자기 자신이나 타인의 가치를 평가절하시키는 비합리적 생각들은 부적응적인 정서와 행동으로 연결되기 때문에 우울, 불안, 분노 등 여러 가지의 감정적 문제와 행동적인 문제로 연결된다. 뿐만 아니라 하고자 하는 일에 전혀 도움이 되지 않아서 목표달성을 방해하고, 대인관계를 악화시키므로 성장과 적응을 방해한다.

3) 상담목표

- 비합리적 사고를 합리적 사고로 변화시키기
- 자신이 가진 왜곡되고 비합리적이며 부적응적인 인지와 그 결과를 자각하고 상담자의 논박을 통해, 적응적이고 합리적인 사고로 바꾸어 줌으로써 적응적인 정서와 행동이 나타날 수 있도록 하는 것

5. Berne의 교류분석 상담이론

교류분석 상담이론에서 인간은 어린시절 성장과정이나 생활환경, 그리고 부모의 영향으로 결정되고 형성된 자신의 각본과 인생태도를 이해할 수 있으며 그것을 새롭게 선택, 결정할 수도 있는 자율적인 존재이다. 행동양식이나 인생태도, 각본이 부정적이거나 부적절한 경우에는 현재에서 그것을 다시 적절한 것으로 재결단하고 변경할 수도 있다(지요석, 이은희, 홍수현, 2020).

캐나다의 정신과 의사 Eric Berne(1910~1970)이 1957년에 제안한 교류분석(Transactional Analysis: TA) 상담이론은 인간의 성격구조와 교류에 대한 이론이며 활용범위와 분야가 다양하고 넓은 상담 및 심리치료 이론이다. 교류분석 상담이론은 어버이 자아, 어른 자아, 어린이 자아 세 가지 성격구조 간의 상호작용에 따라 다르게 나타나는 개인 내적인 인지·정서·행동, 혹은 대인 간 상호작용과 사회적 교류를 분석하고 설명하는 이론이다. 기본적으로 인간은 어릴 때, 삶에 대한 각본이나 생활 자세가 결정되지만, 어른 자아의 활성화를 통해 혹은 자기결정이나 자각의 확대, 재결단을 통해 얼마든지 변화와 성장, 건강한 교류와 의사소통이 가능하다는 관점을 제시한다. 왜냐하면 인간은 선택할 수 있는 자율적인 존재라고 보기 때문이다.

Eric Berne

출처: 위키피디아

1) 주요 개념

교류분석 상담이론의 주요개념은 자아상태, 인생태도, 스트로크, 각본·게임·라켓의 순으로 제시하였다. 천성문 외(2021), 김형태(2009), 김춘경 외(2010), 이현림(2008)의 자료를 중심으로 주요개념을 정리하면 다음과 같다.

(1) 자아상태

교류분석에서는 성격을 서로 구별되는 세 가지의 자아상태로 설명한다(김장회, 이영호, 2019). 교류분석 상담이론에 따르면 개인의 자아는 부모 자아(P), 어른 자아(A), 어린이 자아(C)의 세 구조로 이루어져 있다. 이러한 자아의 구조는 대인관계에서 다섯 가지 종류의 자아의 기능으로 나타난다. 즉, 비판적 부모(CP), 양육적 부모(NP), 어른(A), 자유로운 어린이(FC), 순응하는 어린이(AC)의 다섯 가지이다. 이들은 개인의 성장경험에 따라 대인관계에서 독특한 상호작용 형태와 교류로 나타난다(김장회, 조정미, 최경희, 2018).

즉 자아상태는 Eric Berne이 제시한 성격이론이다. 모든 사람에게는 어버이 자아, 어른 자아, 어린이 자아와 같은 세 가지 모습의 자아가 있는데, 인지 · 정서 · 행동적 측면을 모두 복합적으로 포함한다. 어떤 자아상태의 심리적 에너지가 더 활성화되는가에 따라 인간의 행동이나 상호작용, 대인관계 교류는 달라진다.

자아상태(ego-state)란 특정 순간에 우리 성격의 일부를 드러내는 방법과 관련된 행동, 사고, 감정을 말한다. 인간의 성격은 세 가지의 특징적인 자아상태, 즉 어버이 자아(Parent Ego State: P), 어른 자아(Adult Ego State: A), 어린이 자아(Child Ego State: C)로 구성되며, 이는 각각 독특한 사고나 행동, 교류의 원천이 된다(천성문 외, 2021).

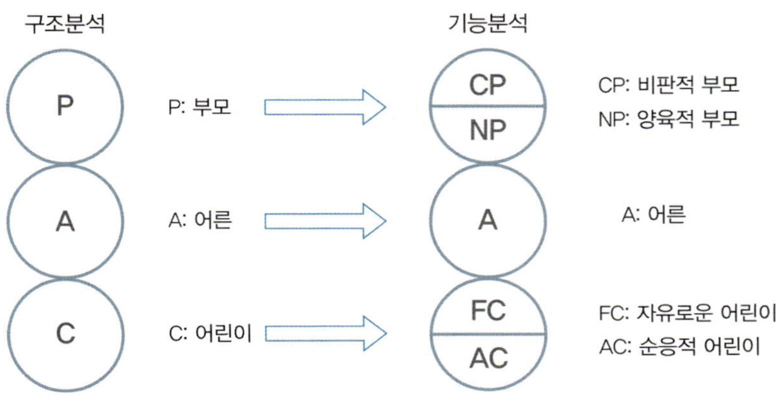

[그림 3-1] 3가지 자아상태와 기능분석(우재현, 1989)

어버이 자아(P)

어버이 자아는 정신분석에서의 초자아(superegp)의 기능처럼 가치체계, 도덕 및 신념을 포함하는 것으로 주로 부모나 형제 혹은 정서적으로 중요한 인물들의 행동이나 태도의 영향을 받아 내면화시킨 자아이다. 즉 부모가 사용했거나 현재 사용하고 있는 말투, 생각, 몸짓을 모방한 부분이다. 어버이 자아는 비판적 어비이 자아(Critical Parent Ego State: CP)와 양육적 어버이 자아(Nurturing Parent Ego Stare: NP)로 세분화될 수 있다(천성문 외, 2021).

비판적 어버이 자아는 양심과 관련된 것으로 주로 생활에 필요한 규칙을 가르치고, 권위적이고 엄격한 동시에 비판적이고 지배적으로 질책하는 경향을 보인다. 자신의 생각이나 가치관은 옳고 바른 것으로 여기고 양보하지 않으며, 상대방이 이에 따르거나 순응하지 않을 때 비난하는 경향이 강하다. 반면 양육적 어버이 자아는 배려, 격려, 공감적, 관용적인 태도로 복돋아 주고 희생하고 보살피는 보호적인 부모의 태도이다. 벌보다는 용서와 칭찬으로 남의 고통도 자신의 것으로 받아들이려는 따뜻한 면을 갖추고 있다. 하지만 지나칠 경우 상대방의 자율성을 무시하거나 과보호, 감정적, 동정적인 태도를 보이기도 한다(천성문 외, 2021).

어른 자아(A)

어른 자아는 18개월 정도부터 발달하기 시작하여 12세 경이면 정상적으로 기능하게 된다. 어른 자아는 사고와 합리적 행동이 그 특성으로, 내적 욕구와 외적 욕구를 중재하는 중재자이다. 이런 특성을 가진 어른 자아가 강한 사람은 정서적으로 성숙하고, 행동이 자율성이 있으며, 개인의 행복과 성취뿐 아니라 사회적 문제에도 관심을 갖고 있다(김춘경 외, 2010).

어른 자아는 객관적 현실을 파악하고자 정보수집, 자료처리를 한다. 현실을 합리적으로 판단하여 의사결정을 한다. 감정에 지배되지 않고 이성적이며 합리적, 조직적, 생산적, 적응적 기능을 한다(천성문 외, 2021).

어린이 자아(C)

어린시절에 실제로 느꼈거나 행동했던 것과 똑같은 감정이나 행동을 나타내는 자아상태이다. 즉, 어린이 자아는 상황에 대한 정서적 반응(예: 행복하거나 유쾌한 감정, 충동적이거나 창조적 또는 호기심 많은 방식으로의 행동)이 특징적인 사고, 감정, 행동을 말한다. 어린이 자아는 자유로운 어린이 자아와 순응적 어린이 자아로 기능을 세분한다(김춘경 외, 2010).

① **자유로운 어린이**(Free Child: FC)

자연스럽고 자유로워서 어떤 것에도 구애받지 않는 자발적인 부분이며 창조성의 원천이라고 할 수 있다. 그러나 제멋대로이며 의존적인 면도 갖고 있다. FC가 높고 속마음과 겉마음이 같은 사람은 자기긍정형(I'm OK)인 경우가 많다. 명랑하고 장난을 좋아하고, 직관적이고 유머가 풍부하지만 때로 자기중심적이어서 타인에 대한 배려가 부족하기도 하다.

② **순응하는 어린이**(Adapted Child: AC)

자신의 진짜 감정을 억압, 억제하고 부모나 다른 사람의 기대에 부응하도록 노력하고 있는 순응적인 자아이다. 싫은 것을 싫다고 말하거나 거절을 잘할 수 없어서 쉽게 타협하는 편이다. 평상시엔 얌전하게 있다가 어떤 상황에서는 크게 반항하거나 수동 공격형의 태도를 보이기도 한다. AC가 높고 속마음과 겉마음이 같은 사람은 자기부정형(I'm not OK)인 경우가 많다.

(2) 인생태도

인생태도는 어린시절 부모 또는 중요한 타인들과의 스트로크를 토대로 형성되는 자기 자신 혹은 타인에 대한 기본 반응 태도 혹은 이에 기인하는 자아상이나 타인상을 말하는 것으로 개인 생활각본을 구성하는 주요 요소이다. 인생태도는 자신과 타인에 대한 기본적인 신뢰감을 의미하기도 한다(천성문 외, 2021). 즉 인생태도란 자기 자신과 타인 그리고 세계에 대해 갖고 있는 개인의 태도를 통칭하는 것으로 초기 경험과 초기 결정에 의해 형성된다(김춘경 외, 2010). 여기에서 긍정 OK의 의미는 자기 자신이나 타인 또는 세계에 대해 긍정적, 안심이 된다, 사랑받을 만하다, 강하다, 성공적이다, 행복하다 등의 느낌이며, 부정 not-OK는 자기 자신이나 타인 또는 세계에 대해 부정적, 사랑받을 만한 가치가 없다, 믿음을 줄 수 없다, 약하다, 잘못된다, 열등하다 등의 느낌이다(김형태, 2009).

네 가지 기본적 인생태도를 정리하면 다음과 같다(천성문 외, 2021; 김춘경 외, 2010; 이현림, 2009).

① **자기긍정-타인긍정**(I'm OK - You're OK)

정신적으로 건강하고 성숙한 사람이 갖는 태도이다. '나도 너도 모두 OK'라는 것으로, 전형적인 OK 이고그램은 NP를 정점으로 하여 AC로 내려가는 산 모양이 된다. NP나 A가 높으므로 남을 위해서 생각하고, 행동하며, 애정적이며, FC가 높으므로 명랑하고 개방적이며 자신을 적절하게 표현할 수 있는 사람이다. 인간관계가 원만하며 타인을 긍정하므로 따뜻한 교류가 이루어진다. 모든 사람이 가질 수 있는 태도는 아니지만 긍정적인 스트로크를 받고, 스스로의 통찰과 노력이 있다면 가질 수 있는 자세이다.

② **자기긍정-타인부정**(I'm OK - You're not OK)

'나는 OK이지만 타인은 OK가 아니다'라는 것으로, 배타적인 인생관을 갖고 살아가는 사람이다. 어린시절 부모로부터 원하는 긍정적인 스트로크를 받지 못하고 오히려 비난과 무시 혹은 학대를 당한 경우에는 믿을만한 사람이 하나도 없다고 생각하게 된다. 타인에게 비판적이면서 자기 자신에 대해서는 적극적으로 주장하려고 하는 것이 특징이다. 남을 위해서 봉사하려는 동기가 약하고, 남에게 맞추지 않고 자기중심적인 행동을 하기가 쉽다. 즉 자신의 문제를 타인에게 투사하고, 불평하고, 남의 탓으로 돌리고, 비평하는 사람들의 자세이다. 이 자세를 가진 사람은 자기 우월감이 있으며 타인에 대한 불신, 비난, 경멸, 증오가 포함되어 있다.

③ **자기부정-타인긍정**(I'm not OK - You're OK)

'나는 OK가 아니지만 타인은 OK다'라는 것으로, 열등감, 무력감을 수반한 인생관을 갖고 살아가는 사람이다. 성장하는 과정에서 양육자의 기대에 부응하기 위해 노력하지만 계속되는 실수나 실패를 경험하면서 열등감, 우울감, 무력감, 대인 기피 등을 경험하면서 점차 자기는 not OK인데 타인은 OK라고 인식하게 된다. 더불어 자신보다 우월해 보이는 타인에 대해 강한 의존성을 가지게 된다. 전형적인 이고그램은 NP와 AC가 높고 CP와 FC가 낮은 N형이다. 자신을 희생하고서라도 타인과의 관계를 잘하려는 특성이 강하고, 자신의 감정을 잘 표현하지 못하고 비주장적이다. 따라서 스트레스를 많이 느끼고 내적 갈등이 많은 편이다.

④ **자기부정-타인부정**(I'm not OK - You're not OK)

'나도 너도 모두 OK가 아니다'라는 것으로, 대인관계가 소극적이며 비생산적인 인생관을 가지고 살아가는 사람이다. 어려서부터 긍정적인 스트로크를 받지 못하고 부정적인 스트로크를 많이 경험할 때 형성되는 인생태도이다. 어린시절 성장하면서 경험하는 여러 가지 어려움에 노출되었을 때, 양육자의 심한 제재 또는 부정적인 스트로크를 경험하면서 자신은 물론이고 타인과 세상에 대해서도 불신을 경험한다. 우울증에 빠지거나 심리적인 문제를 경험하고, 극단적인 경우 모든 것을 포기하기도 한다.

(3) 스트로크(존재인정자극)

스트로크란 생물학적인 기본 욕구로서(김장회, 이영호, 2019), 타인에 대한 존재 인정을 뜻하는 격려, 지지, 칭찬, 미소 등의 행동 단위이다(김미례 외, 2020, 재인용). 즉 스트로크란 사람이 피부접촉(예: 악수, 서로 껴안기 등), 표정, 감정, 태도, 언어, 기타 여러 형태의 행동을 통해서 자신의 상대방에 대한 반응을 알리는 인간 인식(recognition)의 기본 단위를 말하는데, 존재인정자극이라고도 한다. 인간의 만남은 스트로크의 연속되는 교환으로 이루어지는 셈이며, 인간의 성장이나 문제해결을 위한 상담의 내용은 스트로크의 분석으로도 이해될 수 있다. 인간의 기본 동기 중의 하나는 자기 존재를 인정받고 싶어하는 것이며, 그래서 '인간은 스트로크를 먹고 사는 존재'라고 할 수 있다. 스트로크에는 비언어적(신체적) 스트로크와 언어적 스트로크, 긍정적 스트로크와 부정적 스트로크, 조건적 스트로크와 무조건적 스트로크가 있다(김춘경 외, 2010).

(4) 각본, 게임, 라켓

교류분석에서 각본은 기본적으로 인생태도와 관련되어 있다. 각본은 생의 초기에 우리가 행한 초기결단, 금지령, 허용과 같은 부모의 가르침과 양육 과정에서 형성된다(이현림, 2009). 각본(script)은 어릴 때부터 형성하기 시작하는 무의식적인 인생계획으로서 인간이 성장하면서 부모가 주는 메시지에 의해 강화되고 생활하면서 겪게 되는 경험들에 의해 정당화된다. 연극배우가 무대 위에서 각본에 따라 연기하듯, 사람들은 각자 인생 각본에 따라 생각하고 행동한다. 각본분석이란 자신의 자아상태에 대하여 통찰함으로써 자기의 각본을 이해하고 벗어날 수 있도록 하는 것을 말한다(천성문 외, 2021). 인생각본은 자신의 욕구를 충족시키기 위하여 초기에 결정한 인생계획이다. 인생각본에는 부모의 교육, 아동 자신이 내린 초기 결정, 초기 결정을 지속시키기 위한 게임, 결정을 정당화하기 위한 라켓, 각본이 어떻게 전개되고 끝나야 하는지에 대한 자신의 기대 등이 포함된다(김춘경 외, 2010).

게임(game)이란 우리에게 불쾌한 감정을 일으키는 이중적이고 심리적인 게임을 의미한다. 표면적으로는 합리적이고 친밀한 대화로 상보적인 것으로 보여지나, 그 이면에는 정형화된 함정이나 속임수가 내포되어 있는 교류로 보통 상대방에게 패배감이나 무력감을 불러일으키는 역기능적인 의사소통을 의미한다(천성문 외, 2021). 게임은 초기 결정을 강화하기 위해 이루어지며 유쾌한 감정을 가장하고 인생각본을 추진시키기 위한 교류로서 시간을 구조화하는 하나의 방법이다. 게임은 이면적 교류를 하면서 숨겨진 동기를 수반하고 일종의 올가미나 속임수를 내포하고 있으며, 반복적이다. 인생게임의 예를 들면 다음과 같다(김춘경 외, 2010).

- '나 좀 차주세요(Kick Me)'게임: 약단맞기, 학대
- '너 이번에 딱 걸렸어(Now, I've Got You, S.O.B.)'게임: 트집잡기, 흠집 들추기
- '당신 때문이야(See What You Made Me Do)'게임: 책임전가
- '당신만 아니었다면(If It Weren't For You)'게임: 대인공포
- '난 죽도록 노력했어요(Look How Hard I've Tried)'게임: 동정 모으기
- '맞아요, 그런데(Yes, But)'게임: 결말이 나지 않는 논쟁

라켓(racket)은 초기 결정을 확증하기 위하여 다른 사람을 조작하는 과정을 말하며, 이를 위한 수단으로 자신도 모르게 벌이는 일련의 각본에 따른 행동을 의미하는데, 이러한 조직적이고 파괴적인 행동과 연관된 감정을 라켓 감정이라고 한다(김춘경 외, 2010). 라켓은 게임을 통해 습득한 불쾌한 감정으로 억압되었거나 금지된 감정의 대체 감정 또는 타인을 이용하려고 사용하는 감정으로서 스트레스 상황 속에서 경험하게 되며 문제를 해결하는데는 결코 도움이 되지 않는 부정적 감정이다. 어릴 때 부모로부터 받은 금지령과 관련되며 그 때의 결단을 정당화하고 강화하기 위해 축적하는 만성적인 부정적인 감정이다(천성문 외, 2021).

2) 부적응의 원인

교류분석 상담이론에서 인간의 부적응 문제는 아동의 초기 결정에 의해 결정된 인생태도나 각본이 자기긍정-타인부정, 자기부정-타인긍정, 자기부정-타인부정과 같이 부적응적인 패배자의 각본을 형성했을 때, 그리고 이에 대한 자기 각성이나 통찰이 되지 않을 때 부적응 상태에 놓이게 되고 심리적 문제나 정신병리를 나타내게 된다고 본다(천성문 외, 2021).

3) 상담목표

교류분석상담의 목표는 내담자의 비효율적인 삶을 변화시키는 것이다. 즉 교류분

석상담의 목표는 각본의 치유이자 변화이며 이 변화는 계약을 통해 궁극적으로 개인의 자율성을 증진하는 것이며 이를 성취하기 위해 자각, 자발, 친밀성의 능력을 회복하는 것이 필요하다는 것을 강조하였다. 그러므로 개인의 변화라는 큰 틀에서 자각, 자발, 친밀성 능력의 회복을 통한 자율성 증진이 교류분석상담의 목표이자 핵심이다(김장회, 이영호, 2019).

건강한 성격은 모든 자아의 심리적 에너지가 각각 자유롭고 조화롭게 제 기능을 다하여 자율성과 자타긍정(I'm OK-You're OK)의 태도를 갖게 되는 것이라고 하였다(김미례 외, 2020, 재인용). 교류분석 상담이론에서 상담목표는 세 가지로 요약할 수 있다.

- 어른 자아상태 활성화
- 자기 자각 증진과 자율성 성취
- 현재에 초점을 둔 건강하고 생산적인 방향으로의 재결단

연습문제

01_ Freud 정신분석이론의 기초가 되는 두 가지 기본가정은 무엇인가?

02_ 원초아, 자아, 초자아의 기본 작동원리와 특성에 대해 설명하시오.

03_ 신경증적 불안과 도덕적 불안을 구분하여 설명하시오.

04_ 방어기제가 작동되는 공통적인 특성과 방어기제의 예를 두 가지 들어보시오.

05_ Adler의 이론에 근거하여 열등감과 보상의 개념을 설명하시오.

06_ 생활양식의 의미와 유형을 설명하시오.

07_ 허구적 최종목적론의 개념을 설명하시오.

08_ '가치의 조건화' 개념을 설명하시오.

09_ Rogers가 제안하는 상담자의 세 가지 태도는 무엇인가?

10_ 합리정서행동치료이론에서 설명하는 합리적 사고의 특성을 설명하시오.

11_ 비합리적 사고 중에서, 타인에 대한 비현실적 기대의 예시를 적고 [유용성, 현실성, 논리성]의 기준으로 논박하는 의문문을 만든 후, 합리적 사고의 문장으로 대체하시오.

12_ 교류분석 상담이론의 세 가지 자아상태의 구조와 기능을 설명하시오

13_ 교류분석 상담이론의 인생태도의 의미와 종류를 설명하시오

14_ 교류분석 상담이론에서 각본의 의미를 설명하시오.

04
Chapter

상담과정 및 실제

1. 상담과정과 단계별 특징
2. 기초면담기법

Chapter 04

상담과정 및 실제

개인상담의 전체 진행과정은 일반적으로 접수면접－초기단계－중기단계－종결단계로 이루어지며 각 단계별로 과정과 특징이 있다. 접수면접에서는 내담자에 대한 정보를 수집하고 내담자의 문제해결에 가장 도움을 줄 수 있는 상담자와 연결해주는 역할을 하며, 상담 전반에 대한 교육이 이루어져야 한다. 초기단계에서는 상담자와 내담자 간의 친밀관계 형성(rapport)과 상담목표 설정이 이루어져야 하고, 중기단계에서는 탐색과 이해 및 실행이 이루어지게 된다. 종결단계는 상담의 전 과정을 마무리하는 것으로 상담자와 내담자가 설정한 상담목표가 만족스럽게 달성되었을 경우, 상호 동의를 기본전제로 이루어진다. 이 단계에서 상담자는 함께 설정했던 상담목표를 기준으로 내담자의 변화 정도를 함께 점검하고 그동안의 상담진행 상황에 대해 요약하며 내담자를 격려한다. 촉진적 관계 형성을 위해 공감 기술과 수용적 존중기술을 사용할 수 있다. 내담자가 생각하거나 느끼는 것이 말하는 것과 다를 때, 말하는 것이 행동하는 것과 다를 때, 그리고 내담자의 생각이 일반적인 생각과 다를 때 상담자는 문제해결로서 직면기술을 사용할 수 있다.

학습목표

1. 개인상담의 전체 진행과정을 설명할 수 있다.
2. 개인상담단계별 진행과정에서 이루어져야 할 내용을 설명할 수 있다.
3. 공감기술을 예를 들어 설명할 수 있다.
4. 수용적 존중기술을 예를 들어 설명할 수 있다.
5. 전문적 구체성기술을 예를 들어 설명할 수 있다.
6. 직면기술을 예를 들어 설명할 수 있다.

1. 상담과정과 단계별 특징

상담이 진행되는 과정은 정형화되어 있지 않지만 일반적으로 접수면접-초기단계-중기단계-종결단계로 나눌 수 있다. 각 단계별 과정과 특징을 중심으로 살펴보면 다음과 같다.

1) 접수면접

내담자가 상담실을 방문하면 제일 먼저 이루어지는 것이 접수면접이다. 접수면접자에 대한 내담자의 첫 인상이 앞으로 상담에 영향을 미칠 수 있기 때문에 접수면접자의 역할이 중요하다. 소규모의 상담실에서 근무하는 상담자는 접수면접부터 상담 종결까지 전 과정을 함께 하는 경우가 일반적이지만 규모가 있는 대학상담센터, 정신건강 관련 기관 및 상담실에서는 접수면접자가 별도로 있어서 내담자에 대한 정보를 수집하고 내담자의 문제해결에 가장 도움을 줄 수 있는 상담자와 연결해주는 역할을 한다. 이때 접수면접자는 호소문제의 심각성과 긴급성을 고려할 필요가 있으며, 필요한 경우 내담자를 다른 전문기관에 의뢰하는 것도 고려해야 한다. 전문상담기관에서는 상당한 교육과 전문적 훈련을 받은 사람을 접수면접자로 활용하고 있는데, 그 이유는 접수면접자의 태도와 행동 및 말투 등은 상담실을 찾은 내담자의 첫 인상에 영향을 미칠 수 있고, 내담자에게 상담 전반에 대한 교육과 오리엔테이션을 실시할 수 있는 좋은 기회이기 때문이다. 접수면접 시 필요한 내용과 유의사항은 다음과 같다.

(1) 정보의 수집

접수면접자는 내담자에 대한 기초정보를 수집하는 것이 필요하다. 이를 위해 내담자가 작성하는 상담신청서가 유용한 정보원이 될 수 있다. 내담자의 성별, 생년월일, 주소, 연락처, 종교 등의 인적사항, 가족관계, 사회경제적 수준, 이전 상담경험, 주요 호소문제, 상담실에 오게 된 경위, 내담자의 자원 등을 파악할 수 있다. 접수면접자는 내담자가 작성한 상담신청서를 토대로 인터뷰를 통해 내담자의 인상착의, 언어습관, 시선접촉, 현재 및 최근의 주요 기능상태 등을 파악하여 본 상담자가 내담자에게 구체적 도움을 줄 수 있도록 정보를 수집할 필요가 있다.

(2) 상담 전반에 대해 교육하기

상담실을 처음 찾은 내담자는 앞으로 진행될 상담에 어떻게 임해야 하는지 막연한 경우가 대부분이다. 그러므로 접수면접자는 내담자에게 상담이 어떻게 이루어질 것인지에 대해 교육을 실시하는 것이 필요한데, 이것을 '상담의 구조화'라고 한다.

자리 안내와 소개하기 상담자는 내담자가 상담실을 방문하면 내담자가 자리에 앉을 수 있도록 친절하게 안내한다. 그리고 간단하게 인사를 나눈 후 상담자 자신이 먼저 자기소개를 하도록 한다. 상담자가 내담자에게 묻고 싶은 부분에 대해 오히려 상담자가 먼저 자신을 개방하면 내담자는 상담자를 모델링하여 수월하게 자신을 소개할 수 있다. 상담자는 자신의 자격과 훈련배경에 대해서도 소개하여 내담자로 하여금 상담자의 자질에 대해 신뢰할 수 있도록 도울 필요가 있다.

① 비밀보장과 한계

접수면접자는 상담 내용과 관련하여 비밀보장이 가능함을 내담자에게 말해줄 필요가 있다. 내담자는 대개 "내가 상담실에서 말한 내용을 누군가에게 누설하지 않을까?"라는 생각 때문에 상담자의 도움을 원하면서도 자기공개를 주저하는 경우가 있기 때문이다. 학교 또는 기업 부설 상담실에서 제공하는 상담서비스를 받는 내담자들은 자신에게 관련된 정보가 혹시라도 담임교사 또는 직장 상사에게 누설될 수 있다는 염려 때문에 상담에 소극적일 수 있다. 상담자가 상담 중에 드러난 내용에 대한 비밀보장을 약속하면 내담자는 한결 편안한 마음으로 상담에 임할 수 있다. 상담자는 내담자가 상담 중에 밝힌 모든 정보를 보호해줄 책임이 있지만, 내담자와 타인의 생명과 안전에 관련한 내용에 대해서는 예외이다. 예를 들어, 상담자는 중학교 여학생이 지속적으로 가정이나 학교에서 폭력에 노출되어 있음을 상담 중에 알게 된 경우 내담자를 적절한 관련 기관에 연락하여 내담자를 지속적 폭력으로부터 보호하여야 한다(백사인 외 5인, 2013).

② 상담자와 내담자의 역할 안내

상담의 가능성과 매력은 상담자의 '전문적 조력활동'을 통해 내담자가 자기 문제를 스스로 해결할 수 있다는 것이다. 상담자가 내담자의 문제를 해결해주는 것으로 오해하는 내담자들은 상담자에게 의존하기 쉽고 상담에 수동적일 수 있다. 상담자는 내담자가 문제를 스스로 해결할 수 있도록 최선을 다해 조력할 것임을 알린다. 상담의 성과는 상담자의 전문성과 내담자의 상담에 대한 개방성과 적극성여부에 따라 영향을 받는다. 그러므로 상담자는 내담자에게 다음과 같이 안내할 필요가 있다. "이 시간은 당신을 위한 시간입니다. 저는 당신을 돕기 위해 이 자리에 있고, 최선을 다하겠습니다. 제가 잘 조력할 수 있도록 어떤 내용이라도 좋으니 자신에 대해 적극적이고 개방적으로 표현해줄 수 있으면 좋겠습니다." 상담 또는 상담자가 마술적인 힘을 가지고 있어서 상담실에 와서 앉아 있기만 하면 내담자의 문제가 저절로 해결되는 것은 아니기 때문이다.

③ 상담시간과 장소 및 비용 안내

상담 날짜, 시간, 장소 등에 대해 안내하고 유료 상담인 경우 상담비용에 대해서도 설명할 필요가 있다. 상담비용을 명확히 밝히는 것은 나중에 발생할 수 있는 문제의 소지를 제거하고 내담자의 상담에 대한 동기와 책임감을 높이는 효과가 있다. 특히, 약속시간에 늦거나 나타나기 힘든 경우 미리 연락을 취해줄 것에 대해서도 안내할 필요가 있다. 상담자는 상담시간이 예약되면 그 시간은 내담자를 위해 비워놓고 준비하기 때문에 아무 연락도 없이 상담에 나타나지 않으면 그 만큼 상담자는 시간적 손해를 볼 수 있다는 것에 대해 내담자에게 설명하는 것이다.

(3) 상담에 대한 희망을 주기

접수면접은 앞으로의 상담을 위한 준비단계이기 때문에 접수면접자가 내담자의 호소 문제를 본격적으로 다룰 필요는 없다. 오히려 내담자가 진행될 상담에 대해 긍정적인 희망과 기대감을 가질 수 있도록 하는 것이 중요하다. 접수면접자가 내담자가 호소하는 걱정, 염려, 불안 등의 부정적인 것에만 초점을 두고 상담을 마무리하게 되면 내담자는 상담에 대해 부정적인 인상을 가질 수 있기 때문에 상담에 대한 기대, 소망, 변화된 자신의 모습 상상하기 등과 함께 내담자에 대한 칭찬과 지지 및 격려 같은 것으로 접수면접을 마무리하는 것이 바람직하다.

2) 초기단계

접수면접을 통해 담당 상담자를 배정하게 되면 본격적인 상담이 시작된다. 초기단계에서는 상담자와 내담자 간에 친밀관계 형성과 목표설정이 주요한 과제가 된다(김환, 이장호, 2010; 박경애, 2013; 이장호, 2000).

(1) 관계 형성

상담이 효과적으로 진행되기 위해서는 내담자와 상담자 간의 친밀한 관계 형성(rapport)이 필수적이다. 내담자와 관계가 형성되었다는 것은 다른 말로 내담자가 상담에게서 자발적이 되고 동기유발이 되어 자신의 문제를 털어놓을 수 있는 준비가 되었다는 것을 의미하기도 한다. 상담자의 관계 형성기술과 방법은 상담자의 훈련배경, 내담자의 성향, 연령, 성별, 문제 유형 등에 따라 다양할 수 있겠지만 상담자 나름의 전략을 개발할 필요성이 있다.

관계 형성을 보편적으로 사용하는 기술을 공감적 이해, 수용적 존중, 성실성의 세 가지로 볼 수 있다. 공감적 이해는 '내담자가 느끼고 있는 감정을 정확히 파악하여 전달해주는 것'을 의미한다. 수용적 존중은 '내담자가 어떤 생각이나 행동을 하더라도 그를 있는 그대로 받아들이고 그 어떤 판단도 하지 않음'을 말한다. 상담자가 내담자의 의견에 동의하지 않는 것과 내담자를 거부하는 것은 구별되어야 한다. 내담자의 의견에는 동의하지 않을 수 있지만 내담자를 하나의 인격체로 존중할 수는 있는 것이다. 미소와 침착하면서도 부드러운 목소리, 인자한 시선 접촉, 고개 끄덕임, 내담자의 호소 내용에 일치하는 표정과 자세 등 주로 비언어적인 수단을 통해 수용적 존중이 표현될 수 있다. 성실성은 '내담자에게 표현한 것이 진실되고 일관성이 있는 것'을 의미한다. 적어도 거짓말을 하지 않으며 꾸미지 않고 이랬다저랬다 하지 않는 것이다. 사람들은 간혹 남을 배려한다는 마음에서 부정적인 반응을 초래하리라고 예측되는 감정표현을 자제하거나 회피하거나 심지어는 거짓말을 하는 경우가 있는데, 비솔직성이 솔직하게 말하는 것보다 더 나쁜 부정적인 결과를 가져올 수 있다. 상담자는 초기 몇 차례의 상담을 마친 후 촉진적 관계가 얼마나 잘 이루어지고 있는지를 반성하며 평가해볼 필요가 있다. 촉진적 관계에서 중요한 것은 내담자의 태도 자체가 아니라 상담자의 태도에 대한 내담자의 자각이다. 촉진적 관계를 평가할 때는 다음의 기준에 따라 검토하는 것이 바람직하다(이장호, 2000).

- 나는 내담자가 말한 것을 이해했는가?
- 내가 이해했다는 것을 내담자가 알았는가?
- 나는 내담자의 문제를 내담자의 관점에서 보았는가?
- 내담자는 내가 수용적으로 대하고 있었음을 아는가?
- 나는 내담자에게 따뜻하고 관심 있게 대했으며 그것을 행동으로 나타냈는가?
- 내담자는 내가 따뜻한 관심을 나타낸 것을 전달받았는가?
- 내담자가 말하기를 꺼리는 것이 있는가? 있다면 그것이 상담관계에서 무엇을 의미하는가?
- 내담자의 가치관, 신념, 의견 등이 나와 다른가? 그러한 차이 때문에 내가 수용적으로 대하는 것에 지장이 있었는가?
- 상담하는 동안 나 자신에게 솔직했고 내담자를 성실하게 대하였다고 볼 수 있는가?
- 나는 적절한 때에 전문적 태도로 내담자에게 도움을 주었는가? 그리고 자기를 도울 수 있는 전문적인 상담자로서 내담자가 나를 받아들였는가?

(2) 상담목표의 설정

상담목표는 상담 초기에 세우는 것이 바람직하고 상담이 진행되는 동안 변경이 가능하다. 상담목표는 상담자와 내담자가 목표달성과 변화의 정도를 평가할 수 있는 잣대가 되어야 한다. 몸에 난 상처의 치료경과는 눈으로 관찰할 수 있다. 그러나 상담은 주로 내담자의 내면적인 태도, 생각, 가치관 등을 다루고 그 변화과정을 관찰하기가 어렵기 때문에 상담목표는 가능한 측정 가능하고 관찰 가능한 행동적 용어로 진술할 필요가 있으며 상담자와 내담자가 합의한 것이어야 한다. 다음의 내용은 상담목표를 설정하는 것과 관련하여 참고할 수 있는 내용이다(이장호, 2000).

- 목표는 구체적이어야 하고 타당해야 한다. 예를 들어, "나는 몸을 건강하게 만들어야 하겠어요."보다는 "3개월 동안 일주일에 적어도 3번은 퇴근 후에 피트니스 센터에 들러 근력운동을 하겠어요."라고 하는 것이 훨씬 구체적인 목표가 될 수 있다. 실질적인 문제해결에 기여할 수 있는 목표가 타당한 목표이다. 아내와 갈등관계에 있는 남편이 그저 집에 있는 시간을 늘리겠다는 목표는 타당한 목표라고 볼 수 없다. 집에서 아내와 시간을 보내는 방법, 즉 질이 문제가 될 때가 많기 때문이다. 중요한 것은 문제 상황을 명료화하는 것이다. 문제가 명료화되지 않으면 설정한 목표가 적절한지 타당한지 가늠하기 어렵다.
- 관찰 가능한 행동적 용어로 진술할 수 있어야 한다. "저는 상담의 결과로 기분이 좋아지고 자신감이 생겼으면 좋겠습니다." 이것은 상담이 성공적이라는 것을 나타내는 합당한 증거가 되지 못한다. 반면, "저는 아버지와 자신 있게 대화할 수 있으면 좋겠습니다. 아버지가 화를 낼 수 있는 상황에서도 아버지 눈을 바로 쳐다볼 수 있고, 저의 의견을 5분 이상 큰 목소리로 아버지에게 강력하게 주장할 수 있다면 좋겠습니다." 이렇게 말하는 내담자는 상담에서 성취하려는 행동의 변화를 보고했다고 볼 수 있다.
- 내담자의 변화를 목표로 잡아야지 제삼자의 변화를 그 목표로 정해서는 안된다. 내담자가 찾아와서 화를 내는 아버지를 어떻게 변화시킬 수 있는지에 대해 이야기한다고 생각해보자. 이 경우 상담자는 아버지의 분노를 어떻게 관리할 수 있을까에 대해 전략을 세우는 것은 무의미하다. 상담자가 변화시킬 수 있는 대상은 지금 마주 보고 있는 내담자이기 때문이다.

- 목표는 합리적인 시간 내에 성취될 수 있는 것이며 현실적이어야 한다. 내담자가 호소하는 문제 중에서 정해진 회기 안에 목표를 달성할 수 있는 것으로 정하되, 현실적인 목표가 되려면 다음의 몇 가지 조건이 충족되어야 한다. 첫째, 내담자가 목표를 성취시키는 데 필요한 자원을 쉽게 동원할 수 있어야 한다. 둘째, 내담자가 통제할 수 있는 범위 안에 있어야 한다. 셋째, 성취의 대가가 너무 값비싸서는 안 된다. 김철수 씨는 상담의 목표를 상담대학원에 진학하는 것으로 결정했다고 하자. 그러나 만약 철수 씨가 대학원 입학에 필요한 재정이나 실력을 갖추지 못했다면 그것은 비현실적인 목표가 될 수 있는 것이다.

(3) 목표설정의 과정

아버지에게 자기주장을 하는 데 어려움을 겪고 있는 고등학교 2학년 민수와 상담목표를 세우는 과정을 살펴보자. 목표설정의 과정은 의도의 진술, 행동의 방향, 구체적 목표라는 세 단계로 이루어진다(이장호, 금명자, 1992).

① 의도의 진술

내담자가 상담을 통해 얻고자 하는 욕구, 소망, 기대 등을 표현하는 것이다.

상 1: 이 상담을 통해 얻고 싶은 것이 무엇인가요?

내 1: 사람들에게 내 자신을 잘 표현하고 싶어요.

② 행동의 방향

내담자가 자기표현이 잘 되지 않는 대상(또는 상황)에게 구체적으로 표현하는 것이다. 이 사례에서 민수의 행동의 방향은 아버지를 만나서 아버지와 함께 있을 때 자신의 의견을 잘 표현하는 것이 될 수 있을 것이다.

상 2: 민수는 누구에게 어떤 상화에서 자기표현이 잘 안 되나요? 그 상황과 대상을 말씀해보세요.

내 2: 아버지하고 둘이 있을 때는 고개가 숙여지고 눈을 쳐다보지 못합니다. 아버지 말씀에는 무조건 '예'라고 해야 합니다. 아버지에게 내 의견을 말하려고 하면 목소리가 기어들어가고, 떨리고 아버지는 그런 저를 무척 답답하게 생각해요.

상 3: 아버지에게 자신 있게 말하고 싶군요.

③ 구체적 목표

다음 상담자와 내담자의 대화 내용은 행동의 방향을 토대로 구체적인 상담목표를 세워나가는 과정이다. 상 6의 진술은 구체적 목표를 진술하는 대표적인 예이다.

상 4: 아버지 앞에서 했던 자신의 행동 중에 가장 바꾸고 싶은 행동을 말해보세요.

내 3: 반대 의견을 말할 때 당당하고 싶어요.

상 5: 당당하다라는 말을 구체적인 행동으로 표현하면 어떻게 표현할 수 있어요?

내 4: "아버지의 눈을… 일단 눈을 쳐다볼 수 있어야 하겠어요. 그리고 목소리가 떨리지 않아야 하겠지요. 특히, 반대의견을 말할 때도 목소리가 시원하고 커야하겠어요. 그리고 단답형이 아니라 길게 말할 수 있어야 해요.

상 6: 어때요. 아버지의 눈을 자신 있게 쳐다보고, 때로는 아버지의 생각에 반대되는 의견도 떨지 않고 큰 목소리로 길게 말할 수 있다면 우리 상담의 목표가 달성됐다고 볼 수 있나요?

내 5: 그렇게 될 수 있으면 좋겠어요.

3) 중기단계

이 단계는 내담자와 상담자 간에 형성된 친밀관계를 기초로 내담자가 호소하는 문제를 구체적으로 해결해나가는 것이다. 이때 초기단계에서 설정했던 상담목표는 문제해결단계에서 상담의 성과와 방향성 확인에 유용한 나침반의 역할을 해줄 수 있다. 내담자의 문제가 구체화됨에 따라 초기에 세운 상담목표는 수정이 가능할 수 있다. 중기단계는 내담자 문제의 탐색단계, 이해단계, 실행단계로 나눌 수 있다(노안녕, 2009).

(1) 탐색단계

상담자와 내담자 간에 구축된 신뢰관계를 바탕으로 내담자는 자기문제의 본질을 정확히 파악하기 위해 노력하는 단계이다. 상담실을 찾아올 때 내담자가 생각했던 문제의 원인을 보다 더 근본적인 것에서 찾고자 노력하는 단계이다. 이 단계에서 내담자는 상담자가 자신의 문제를 해결해주는 것이 아니라 문제해결을 하는 사람은 자신이라는 것을 깨닫고 자신의 문제를 파악하기 위해 노력한다. 이처럼 내담자가 자기 문제에 대한 자각이 확장되는 것이 탐색 단계의 핵심이다. 상담자는 내담자의 자기탐색이 확장될 수 있도록 촉진시키는 반응이 필요하다. 내담자가 표현하는 내용, 감정, 의미에 대해 적절하게 공감적 반응하기, 내담자의 인간으로서의 인격과 자질에 대한 존중과 경청, 구체성의 기술 등은 내담자의 자기문제에 대한 탐색을 촉진시킬 수 있다. 상담자의 촉진적 관계기술은 내담자로 하여금 상담자는 나의 문제를 정확히 알고 있으며 나를 인격적으로 존중하고 있고 나를 도울 수 있는 전문적 자질을 갖추고 있음을 깨닫게 한다.

(2) 이해단계

내담자는 문제의 원인이 자신과 직접적인 상관이 있음을 점점 깨닫게 된다. 내담자가 새로운 통찰과 관점을 가짐에 따라 자신을 문제로 이끈 생각, 감정, 행동 및 생리적 반응이 자신에게 있고 이것을 변화시킬 수 있는 힘과 책임도 자신에게 있다는 것을 깨닫는 것이다. 이를 위해 내담자는 방어, 가면, 위선, 책임회피, 희생자 역할 등을 벗어버리고 있는 그대로의 자신을 경험할 필요가 있다. 상담자가 마련해놓은 신뢰관계 안에서 내담자는 있는 그대로의 자신의 모습에 대해 공감하고 무비판적으로 수용하는 상담자와의 관계를 통해 자신의 왜곡되고 불일치한 경험을 확인하고 보다 일치된 경험을 하게 된다.

이 단계에서 상담자는 내담자가 정확하게 자신의 문제를 이해할 수 있도록 돕는다. 상담자는 내담자의 이해를 촉진시키기 위해 높은 수준의 공감, 직면, 해석 등의 기법을 사용한다. 특히, 내담자가 경험을 통해 이해할 수 있도록 과거와 미래의 미해결된 일을 현재에서 다루어보도록 하기도 하고, 자신의 힘과 선택은 현재에 있음을 가르치기도 한다. 개인주의적 심리학(Adlerian Psychology)에 근거한 상담자들은 내담자의 아동기 초기기억과 관련하여 내담자가 가진 기본적 오류를 찾아 재해석하는 작업을 하기도 한다. 현실치료자(Reality Therapy)들은 모든 것은 자신의 선택의 결과이므로 그 선택에 대한 책임을 강조하기도 한다(강진령, 2010). 이처럼 상담자들은 자신이 훈련받은 상담이론에 기초하여 내담자의 문제를 조망하고 내담자의 문제해결을 돕게 된다. 그러므로 상담자들은 다양한 상담이론과 관련한 상담기술들의 적절한 사용에 충분히 익숙해질 필요가 있다.

(3) 실행단계

내담자는 자신의 문제에 대한 이해를 바탕으로 문제해결을 시도한다. 결국 상담의 최종목표는 내담자의 변화이기 때문이다. 그리고 그 변화의 방향은 상담자와 내담자가 함께 설정했던 상담목표가 될 것이다. 이를 위해 상담자에게는 전략이 필요하다. 이해단계에서 상담자가 사용하는 상담기술이나 기법들은 내담자의 문제해결을 위한 수단으로 사용되는 것이다. 아내에게 자신이 실직했다는 사실을 말하기 힘들어 하는 내담자를 위해 그의 원가족과의 성장배경을 탐색하고 내담자가 가진 부부 및 관계에 대한 가치를 알아보는 것도 필요하다. 그리고 역할극을 통해 내담자가 배우자에게 하고 싶은 말을 해보게 하는 것도 좋은 방법이 될 수 있을 것이다. 상담자는 내담자의 변화를 확인하기 위해 상담목표라는 잣대를 활용할 필요가 있다. 상담 초기에 몇 회기의 상담이 필요할 것인지에 대해 내담자와 합의할 필요가 있지만 실행단계에서 내담자의 변화수준과 관련하여 상담종결에 대해 논의할 필요가 있을 것이다. 상담은 종결을 목표로 이루어지는 것이기 때문에 상담목표가 달성되면 상담자는 상담의 적절한 종결 시기에 대해 생각할 필요가 있다.

4) 종결단계

종결단계는 상담의 전 과정을 마무리하는 것으로 상담자와 내담자가 설정한 상담목표가 만족스럽게 달성되었을 경우, 상호 동의를 기본전제로 이루어진다. 물론 내담자의 문제가 원만하게 해결되지 않은 상태에서도 내담자의 유학, 타 지역으로의 이주 등으로 내담자가 종결을 희망하는 경우에도 종결은 이루어질 수 있다. 그러나 정상적인 절차에서 종결은 내담자의 문제가 해결되어 상담관계를 마무리하는 것을 말한다. 종결단계에서 내담자는 상담회기들을 통해 자신이 얼마나 성숙했는가를 인식하고 그동안 상담을 통해 배운 것을 가지고 유사한 문제 상황에 잘 대처할 수 있다는 자신감을 갖는다. 이를 위해 상담자는 함께 설정했던 상담목표를 기준으로 내담자의 변화 정도를 함께 점검하고 그동안의 상담진행 상황에 대해 요약하며 내담자를 격려한다.

대부분의 경우 내담자는 상담자와의 이별에 대해 아픔을 경험하지만 동시에 독립적인 삶에 대한 기대와 희망도 갖게 된다. 대부분의 경우 상담이 종결되고 나면 추수상담(follow up)으로 한 달에 한 번, 두 달에 한 번 정도 내담자를 직접 만나거나 전화상담 및 인터넷 상담을 통해 변화의 지속성과 효과를 점검할 필요가 있다.

2. 기초면담기법

대부분의 상담은 상담자 자신의 신체언어와 말을 주요한 수단으로 활용하기 때문에 신체 언어와 말을 상담에 도움이 되는 기법으로 활용할 수 있는 훈련은 매우 중요하다. 여기에서는 내담자와의 촉진적 관계 형성에 도움이 되는 공감하기, 수용적 존중하기, 구체성 기술을, 문제해결기술로는 직면하기에 대해 살펴보고자 한다(이장호, 금명자, 1992).

1) 공감하기

공감하기는 내담자의 진술에 관련된 감정을 정확하게 표현하는 것이다. 공감하기는 상담에서 성공적인 치료적 관계를 만드는 데 필수적이다. 효과적인 공감하기를 위해서는 내담자가 느끼고 있는 감정을 빨리 알아채는 상담자의 민감성이 필요하다.

좋은 공감은 내담자가 말로 표현한 것보다 더 내면적인 감정을 표현해 줌으로써 상대방으로 하여금 이전에는 표현할 수 없었던 감정을 표현하거나 경험하게 한다. 내담자가 표현한 것 외에 좀 더 깊은 감정과 의미를 첨가하여 의사소통하는 수준이 공감하기의 본질이다.

공감기술로 표현하는 방법은 "당신은 ~하기 때문에 ~하게 느끼시는군요."라고 하는 것이다. 그러나 너무 기계적인 반응은 식상할 수 있기 때문에 상담자 자신의 방법으로 내담자의 감정을 반영하는 기술이 필요하다. 다음의 예시에서 내담자에 대한 상담자의 공감반응을 살펴보자.

> 예시: 31세의 기혼여성으로 자기의 결혼생활에 대해 이야기하고 있다.
> 믿을 수가 없어요! 남편이 매일 저녁 식사시간에 맞추어서 퇴근하기로 여기서 약속한 것 아시지요. (네) 어제 그는 제 시간에 집에 왔어요. 이렇게 완벽하게 약속을 이행할 줄은 상상도 못했어요.
>
> 공감반응: 남편이 약속을 정말로 지켰기 때문에 굉장히 기분이 좋으시군요.
> 자유반응: 남편께서 당신이 기대한 이상을 해냈군요. 그래서 한편으로는 놀라면서도 또 기쁨을 느끼셨군요.

내담자가 상담 중에 호소하는 문제와 부정적 감정의 이면에는 의외로 내담자가 인식하지 못하는 성장 동기가 있을 수 있다. 성장 동기가 좌절되어 부정적 감정이 생길 수 있는 것이기 때문에 단순한 감정의 반영보다는 성장 동기와 감정을 연결하여 공감할 필요가 있다. 상담자는 내담자의 성장 동기를 상담을 위한 자원으로 활용할 수 있기 때문에 내담자의 성장 동기를 찾는 것은 매우 중요하고 유용한 기술이라고 볼 수 있다. 예기치 않은 임신을 한 21세 여대생이 상담자에게 다음과 같이 말한다.

내담자: 저는, 여기서 얘기할 수 없다고 생각해요. … (사이) … 선생님은 남자라서 … 나와 내 남자친구, 그리고 나와 나의 가족들 간에 일어난 일은 너무 개인적인 것들이라서요. 그런 일들을 낯선 사람에게 얘기할 수 없잖아요.

상담자: 당신은 이 문제를 해결하려고 상담실을 찾으셨군요. 그런데 제가 낯선 상담자이고 심지어 남자이기도 해서 자신의 상황을 말씀하시기를 꺼리시는군요.

내담자는 예기치 않은 임신을 했지만 상담을 통해 이 문제를 해결하려는 성장 동기를 가지고 있다. 그러므로 상담자가 이 부분에 대해 표현해줌으로써 내담자는 자신의 성장 동기를 인식할 수 있고 상담자가 자신의 마음을 정확히 읽고 있다는 것을 알 수 있을 것이다.

2) 수용적 존중기술

수용적 존중은 내담자에게 깊은 긍정적 존중과 관심을 표현하는 수준을 의미한다. 상담자는 인자한 미소, 적절한 고개 끄덕임, 부드러운 시선접촉 등의 신체적 반응을 통해 내담자를 향한 수용적 존중을 표현할 수 있다. 상담자의 신체언어는 음성언어보다 더 강력하기 때문에 내담자에게 중요한 영향을 미친다. 반면, 안정적인 목소리 톤, 크기, '계속하세요.', '좋습니다.', '잘 하셨어요.', '저런' 등의 상담자의 언어적 반응은 그 자체로 내담자를 수용하고 존중하고 있음을 표현하는 기술이 될 수 있다. 수용적 존중은 비언어적인 것과 언어적인 것으로 나눌 수 있을 것이다. 비언어적인 것으로는 상담자의 인자한 시선접촉, 부드러운 표정, 미소, 부드러운 목소리, 접촉 등이 있을 수 있다. 언어적으로는 상담자가 내담자를 한 인격체로 존중하고 있다는 것이 전달되는 것이다. 중학교 3학년 혜지 양이 부모님의 부부싸움과 관련하여 자신의 마음을 표현하고 있다.

혜지: 우리 어머니와 아버지는 왜 항상 돈 때문에 말다툼을 하시는지 모르겠어요. 서로 고함을 지르고 싸우실 때 나는 정말 괴로워요.

상담자: 혜지가 대단하구나. 부모님이 돈 문제로 다투시는 상황이 자주 발생하면 마음이 무척 힘들었을 텐데 그래도 혜지니까 어려운 가운데 잘 참고 견딘 것 같구나.

상담자는 효과적으로 내담자에게 관심을 기울이는 행동과 내담자의 능력과 가능성 및 노력에 대해서도 격려해줌으로써 내담자에 대한 수용적 존중을 표현할 수 있는 것이다. 상담자가 내담자의 의견에 동의하지 않는 것과 내담자를 거부하는 것은 구별될 필요가 있다. 상담자는 내담자의 의견에는 동의하지 않을 수 있지만 내담자를 하나의 인격체로 존중할 수는 있기 때문이다. 그러므로 상담자가 내담자의 의견에 반대를 표현하는 것과 인격적 거부가 서로 다르다는 점을 내담자에게 깨닫게 하는 것은 그 자체가 내담자의 성장을 촉진하는 것이 될 수 있다. 거부나 이의는 수용적 행동이 아니라는 생각에서 내담자의 말을 덮어놓고 받아들여서는 안 된다. 물론 상담자가 반대의견을 표시하면 내담자가 협박받는 듯하고 불안하게 느낄 수 있어서 내담자는 주저하고 자신을 방어하며 자신의 감정과 생각을 자유롭게 표현하지 않을 것이다. 그러므로 상담자는 이러한 측면을 잘 고려하여 내담자에게 반응할 필요가 있는 것이다.

3) 전문적 구체성기술

내담자가 내어놓는 주제에 대해 상담자가 보다 더 구체적으로 반응함으로써 상담자의 반응이 내담자의 감정과 경험에 보다 일치하게 되며, 내담자로 하여금 특정한 문제에 주의를 기울이도록 격려하게 된다. 이를 위해서는 상담자의 관찰력과 민감한 변별력이 필요하다. 대부분의 사람들은 일련의 사건들을 종합하여 일반적이고 추상적인 개념으로 요약하며 생활한다. 상담 중에도 내담자는 일반적이고 추상적인 용어로 호소하게 되는데, 상담자는 내담자가 이것을 구체적으로 표현하도록 이끌어 주어야 한다. 초등학교 2학년 영희는 상담자에게 학교생활의 어려움을 호소하고 있다.

영희: 사람들이 나를 놀립니다.
상담자: 친구들이 영희를 어떻게 놀린다는 말이지?
영희: 친구들은 나를 뚱뚱하다고 놀립니다. 내 별명은 '뚱보,' '돼지', '드럼통'이고요. 자기들의 모임에 끼워주지도 않아요.

상담자의 구체성의 반응은 영희의 문제를 좀 더 구체화시키는 데 도움을 주고 있다. 그러나 상담자가 지나치게 구체적인 것을 요구하면 내담자는 위협감을 느낄 수 있으므로 주의해야 하며, 구체성을 통해 내담자는 정확한 느낌과 경험의 지각을 토대로 문제해결책을 강구할 수 있기 때문에 구체성은 촉진적인 반응기술이며, 동시에 실행 지향적인 반응이다.

4) 직면하기 기술

상담자는 내담자의 문제에 점점 깊이 개입함에 따라 내담자가 경험한다고 말하는 것과 상담자가 경험하는 것이 다르다는 것을 알게 된다. 이러한 경험의 차이는 불일치, 왜곡, 게임, 연막작전 등에 의해 나타난다. 직면반응은 내담자가 생각하거나 느끼는 것이 말하는 것과 다를 때, 말하는 것이 행동하는 것과 다를 때, 그리고 내담자의 생각이 일반적인 생각과 다를 때 사용할 수 있다. 중학교 2학년 영훈이가 다음과 같이 말한다.

영훈: 저는 성적이 떨어져도 하나도 걱정이 안 돼요.
상담자: 성적이 떨어져도 걱정이 안된다면서 구태여 말하는 모습은 성적을 마음에 걸려하는 것 같구나.

상담의 초기에 상담자와 내담자의 관계가 강력하게 형성되기도 전에 미숙하고도 직접적으로 행한 직면반응은 준비도 되지 않은 내담자를 당황하게 할 수 있다. 적절한 직면을 하기 위해서는 먼저 높은 수준의 공감과 존중이 요구된다. 직면반응은 내담자의 성장을 방해하는 방어에 대한 도전의 한 형태이기 때문에, 적절한 직면기술은 내담자로 하여금 자신의 행동을 검토하여 새 조망을 갖게 하고, 목표를 설정하여 실행에 옮기게 할 수 있다. 직면반응은 단순히 내담자의 부정적 측면에만 초점을 맞추는 것이 아니라 내담자가 미처 깨닫지 못했거나 사용하지 않은 능력과 자원을 지적하는 것도 포함한다. 40대 중반의 김기영 씨는 최근에 다니던 직장을 잃었다. 게다가 그는 최근에 병원에서 당뇨진단을 받았다. 그는 직장상실로 절망했고, 자신이 당뇨환자라는 사실에 완전히 절망했다고 생각한다.

기영: 나는 인생에서 한꺼번에 밀어닥친 일로 도저히 서 있을 수가 없어요. 나는 아무것도 하고 싶지 않아요.

상담자: 다니던 직장을 잃고 게다가 당뇨진단까지 받았으니 얼마나 힘드시겠습니까? 기영씨는 아무 것도 하고 싶지 않다고 하셨지만 상담실까지 찾아오신 걸 보면 이 상황을 극복해보려는 의지가 있는 것 같은데요.

연습문제

01_ 개인상담의 전체 진행과정을 말해 보시오.

02_ 접수면접에서 다루어야 할 내용을 적어보시오.

03_ 다음의 각 사례를 읽고 어떤 의도가 확인(의도의 진술)되어야 하고, 행동의 방향은 무엇이며, 구체적인 목표는 어떻게 세우면 좋을지를 적어보시오. 물론 당신은 내담자가 말하는 구체적인 상황은 모르기 때문에 상상력을 동원할 수 있다. 이 연습을 통해 의도의 애매한 진술로부터 보다 더 구체적이고 명확한 목표를 설정할 수 있는 능력을 개발할 수 있을 것이다.

1) 68세인 김순길 여사는 암으로 죽어가고 있다. 그녀는 신부님에게 자신의 죽음과 관련하여 고민을 말하고 있다. 그녀가 힘들어 하는 부분은 남편이 자신에게 자신의 임박한 죽음을 말하지 않는다는 것이다. 그녀는 죽음에 대해 만감이 교차하여 시시각각으로 두려움, 원한, 분노, 심지어는 평안, 체념과 같은 감정이 생겨난다. 전에는 가져보지도 못했고 누구에게도 이야기해보지 못한 삶과 죽음에 대한 생각들 때문에 혼란스럽다.

1. 의도의 진술:

2. 행동의 방향:

3. 구체적 목표:

2) 45세의 양세창 씨는 요즘 경험하고 있는 스트레스에 대하여 이야기하고 있다. 그는 15년 동안 대기업의 과장으로 일하면서 상당한 보수를 받고 있지만, 자신이 하고 있는 업무에 대해 불만족스럽다. 하는 일이 너무 단순하여 지겹고 승진의 기회도 별로 많지 않기 때문이다. 그런데 다른 부서의 입사동기인 김만족 대리는 자기보다 더 야심적이고 의욕적으로 보인다.

1. 의도의 진술:

2. 행동의 방향:

3. 구체적 목표:

04_ 27세의 김기훈 씨는 어제 고향의 어머니와 전화통화를 했다. 기훈 씨의 감정을 찾아보고 그렇게 생각하는 근거를 적어보시요.

기훈: 일이 왜 그렇게 뒤틀리는지 알 수가 없어요. 어머니는 항상 그렇듯이 안부전화를 자주 하지 않는다고 추궁하듯 말했습니다. 어머니의 말씀을 들으면서 점점 더 화가 났습니다. (그는 눈을 돌려 바닥을 내려다본다) 마침내 나는 어머니에게 소리를 지르며 대꾸했습니다. 제 처지가 되어 보세요. 전화하기가 그렇게 쉬운 줄 아세요. 아! 내가 한 행동을 믿을 수가 없어요. (그는 손으로 얼굴을 가린다. 그리고 머리를 저으며) 무려 10번씩이나 그 말을 하고는 전화를 끊어버렸어요.

- 이 사람은 어떤 감정을 느끼고 있는가?

- 당신은 그것을 어떻게 알 수 있는가?

05_ 40세의 최주혁 씨가 어머니가 불합리하다는 사실을 다음과 같이 말한다. 주혁 씨의 말에 적절한 공감반응을 해보시오.

주혁: 우리 어머니는 아픈 것을 핑계로 나를 꽁꽁 묶어두고 있어요. 몸이 편치 않으신데, 마음 약한 제가 어떻게 어머니의 요구를 들어주지 않을 수가 있겠어요? (의자를 주먹으로 치면서) 완전히 그런 식이지요. 아마도 일평생 그렇게 나를 묶어둘 거예요. 만약에 내가 그 요구를 들어주지 않아서 어머니가 돌아가신다면 그 책임은 나한테 떨어질 것이 분명하거든요.

◉ 공감반응:

06_ 대학교 1학년 영미는 상담자에게 다음과 같이 말하고 있다. 영미의 성장동기를 찾아 공감반응을 해보시오.

영미: 저는 정신집중이 안 돼요. 그래서 학교공부에 지장이 많아요. 한 과목에서는 낙제를 받았어요. 아무리 열심히 책을 읽으려고 해도 머리에 들어오지 않아요.

◉ 성장동기를 포함한 당신의 공감반응은?

07_ 43세의 김과장은 같은 회사에서 먼저 승진한 대학교 입학 동기와의 갈등을 호소하고 있다. 당신의 존중 반응을 적어보시오.

김과장: 그 친구는 대학 같은 과 입학동기입니다. 그런데 이 녀석이 회사에서 저보다 지위가 높습니다. 저보고 이래라 저래라 지시를 하려들지 뭡니까?

◉ 당신의 존중반응은?

08_ 49세의 박기준 씨가 심장수술을 한 뒤에 상담자에게 다음과 같이 말했다. 당신의 구체성 반응을 적어보시오.

기준: 이제 난, 이전처럼 잘 활동할 수 없겠지요. 그러나 인생은 여전히 살 가치가 있다는 것을 알게 되었어요. 난 오랫동안 아주 희미한 가능성이나마 꾸준히 지녀 왔어요. 난 그것을 설명할 수는 없지만 나를 버티게 하는 무엇인가가 있어요.

◉ 당신의 구체성 반응은?

09_ 초등학교 5학년 철수가 상담자에게 다음과 같이 말하고 있다. 철수의 말에 직면반응을 해보시오.

철수: 저는 영길이 하고만 친하게 지내고 싶은데, 우리 사이에 다른 아이가 끼어들려고 해서 얄미워요. 그러나 아무하고나 친하게 지내는 것이 좋아요.

◉ 당신의 직면 반응은?

10_ 활동하기

두 사람씩 짝을 지어 내담자와 상담자의 역할을 해보도록 한다. 내담자가 짧게 표현을 하면 상담자는 공감하기, 수용적 존중하기, 구체성 기술, 직면하기 등의 기술을 적극 사용해보도록 한다. 10분 정도 후 역할을 바꾸어 해보도록 한다.

05 Chapter

집단상담이론 및 실제

Chapter 05

집단상담이론 및 실제

집단상담은 개인상담과 다르다. 개인상담은 상담의 가장 기본적인 형태로 상담을 공부하는 학생이라면 필수적으로 배워야 할 과정이지만, 개인상담을 잘한다고 해서 집단상담도 무조건 잘하게 되는 것은 아니다. 상담의 일반적인 목표와 방향, 즉 인간 성장과 변화를 도모한다는 점은 같지만, 집단상담은 집단에서 일어나는 집단역동에 대한 분명한 이해가 있어야 한다. 집단 규범, 집단발달단계, 집단 치유인자 등 집단상담에 대해 따로 공부해야 할 뿐만 아니라 충분한 집단상담 경험이 선행되어야 효과적인 집단상담을 실시할 수 있다.

이 장에서는 집단상담에 대해 기초적으로 알아야 할 내용(개념 정의, 목적과 목표, 집단의 유형, 집단상담의 강점과 약점, 집단상담 규범)과 집단상담의 발달단계, 집단원과 집단상담자의 역할, 집단역동, 집단상담기법에 대해 제시하고자 한다.

학습목표

1. 집단상담의 개념을 설명할 수 있다.
2. 집단상담의 규범에는 어떤 것들이 있는지 3가지 이상 설명할 수 있다.
3. 집단상담의 발달단계에 대해 설명할 수 있다.
4. 집단역동에 영향을 미치는 요소를 3가지 이상 설명할 수 있다.

1. 집단상담의 기초

1) 집단상담의 정의

상담은 쉽게 바뀌지 않는 인간의 마음이나 행동에 대한 효율적 변화 전략으로서 주목받기 시작했고, 그중에서도 집단상담방식은 오랫동안 여러 가지 방식으로 효과를 검증받아 왔다. 집단상담에 대한 현장의 관심은 다양한 대상에 대한 다양한 주제로 확산되고 있다. 한국에서 집단상담의 활성화는 한국상담의 특성으로 거론되기도 한다. 집단상담(group counseling)은 개인상담과 더불어 중요한 상담의 형태로 자리잡았다. 초기에 집단상담은 개인상담으로부터의 파생물에 지나지 않았지만, 이제 집단상담은 그 자체로 강력한 효과를 가진 상담개입방식으로 인정받고 있다(김계현 등, 2011).

집단상담은 개인상담과 유사하면서도 또 다른 점이 있다. 상담의 기본적인 원리와 기법 측면에서 보면 공통요소도 많지만, 집단상담에서는 집단원 간의 대인관계와 역동적인 상호작용으로 인해 파생되는 여러 가지 특징과 현상들이 있다. 개인상담과 달리 집단상담은 여러 명의 내담자가 참여한다. 상담자가 개인상담을 잘한다고 해서, 무조건 집단상담을 잘하는 것은 아니다. 집단상담자는 집단의 특성과 발달단계, 대인관계 역동 및 집단역학에 대한 전문적 지식과 함께 집단상담에 대한 경험적이고도 전문적인 훈련과정을 거쳐야 한다. 집단상담자 혹은 리더는 보통 1명이지만 보조 리더를 두는 형태를 취하기도 한다. 집단상담에서는 전문적인 훈련을 받은 한 명의 상담자가 동시에 8~12명 내외의 내담자들과 상담관계를 맺게 된다. 집단상담은 내담자들의 병리적 문제보다는 주로 생활과정상의 발달 및 적응문제를 다룬다(정성란 등, 2013).

이형득, 김성회, 설기문, 김창대, 김정희(2006)는 집단상담은 작은 수의 비교적 정상인들이 한 두 사람 전문가의 지도 아래 집단 혹은 상호관계성의 역동을 토대로 하여 신뢰롭고 수용적인 분위기 속에서 개인의 태도와 행동의 변화 혹은 한층 높은 수준의 개인의 성장발달 및 인간관계 발달의 능력을 촉진시키려는 의도에서 이루어지는 하나의 역동적인 대인관계의 과정이라고 하였다.

강진령(2005, 2011)에 의하면 집단(集團, group)이란 상호 의존적인 관계에서 사회적 상호작용을 통해 서로 영향을 주고받는 상호 독립적인 개인들의 집합체를 말한다. 집단이 되기 위한 다섯 가지 조건은, 심리적 유의성(집단이 집단원들에게 심리적으로 의미 있는 특성을 지니는 것), 직접적 의사소통, 유의한 상호작용, 역동적 상호관계, 생산적 상호의존이라고 하였다. 또 강진령(2008)은 『상담학 용어사전』에서 집단상담(集團相談, group counseling)을 비교적 정상적으로 기능하는 개인들을 대상으로 집단기법과 전략들을 적용하여 그들 사이에 발생하는 역동적인 상호교류과정을 통해 문제해결, 의사결정 또는 인간적 성장을 목적으로 구성·운영되는 상담의 유형으로 정의하였다. 대집단으로 이루어지는 집단지도와는 달리 일반적으로 5~8명의 소집단 형태로 이루어지므로, 흔히 소집단 상담(small group counseling)으로 불린다고도 하였다(정성란 등, 2013, 재인용).

집단상담은 하나의 역동적인 대인관계의 과정이다. 집단상담에서 이루어지는 계속적인 상호관계를 통하여 개인은 학습하고 적응을 하게 되는 것이다. 집단상담을 정의해보면, 집단상담은 문제가 심각하지 않은 사람들이 모여 집단을 형성하고, 그들이 전문적인 상담자와 함께 서로를 신뢰하고 허용적인 분위기 속에서 자기 이해와 수용 및 개방을 촉진하는 상호작용을 함으로써 개인의 태도와 행동을 변화시키고, 문제를 해결하며, 나아가 잠재능력 개발을 꾀하는 활동이라고 정의할 수 있다(신효정, 송미경, 오인수, 이은경, 이상민, 천성문, 2016).

이와 같이 집단상담의 개념 정의에는 집단상담자, 집단원, 집단상담의 목표와 같은 요소들이 포함되어 있다. 먼저 집단상담자는 집단상담의 과정, 대인관계 및 집단역학 등에 대한 전문적인 지식과 실제적인 훈련과정을 거친 전문가이다. 집단상담에 참여하는 집단원은 비교적 정상범위의 적응수준에 속하는 건강한 정상인들이다. 그리고 집단상담과정에서 가장 중점을 두는 부분은 지금-여기에서 일어나는 집단원들 간의 역동적 상호작용이다. 따라서 집단상담이란 8~12명 내외의 비교적 건강한 정상인들이 집단상담에 대한 전문적 훈련과정을 거친 집단상담자의 지도하에 집단원들 간의 역동적인 상호작용과정을 통해 자기이해, 자기수용, 자기개방 및 자기주장을 통한 자기성장과 변화를 지향하는 상담경험이라고 정의내릴 수 있겠다(정성란 등, 2013).

2) 집단상담의 목적과 목표

집단상담의 회기별 내용을 구성할 때나 실시할 때는 집단상담자가 집단이 나아가야 할 방향을 분명하게 제시해주는 것이 여러 가지 측면에서 효율적이다. 집단상담의 목표를 분명하게 제시하지 않으면 집단원들은 혼란스럽고, 집단은 방향성을 상실하게 된다.

이형득, 김성회, 설기문, 김창대, 김정희(2006)에 의하면 집단상담의 목적과 목표는 집단상담에서 지향하는 이론적 근거에 따라 다르다고 한다. 집단상담에서 'purpose'가 'goal'이나 'object'로 대체될 때도 있지만 왜(why) 집단상담을 하는지에 대한 답은 목적(purpose)에 가깝고, 집단상담을 통해 무엇(what)을 달성해야 하는지는 목표(goal이나 object)에 더 가깝다고 할 수 있다(정성란 등, 2013, 재인용). 즉, 집단상담이 궁극적으로 지향하는 결과적인 것은 목적이라고 할 수 있고, 그 과정에서 달성해야 할 구체적인 달성과업은 목표라고 정리할 수 있다.

집단상담은 공통적으로 개인의 성장과 변화를 그 목적으로 한다(정성란 등, 2013). 반면, 집단상담의 목표는 다양한 차원으로 설명할 수 있다. 각 이론이 표방하는 목표가 있고 집단과정상의 목표가 있으며 궁극적이고 종합적인 목표가 있다. Corey와 Corey(2007)는 집단상담의 과정적 목표로 자기와 타인에 대한 신뢰형성, 자기이해 및 정체성의 발달, 인간의 문제와 욕구에 대한 보편성과 공통성 인식, 정상적인 발달문제와 갈등해결방식의 발견, 타인의 욕구 및 감정에 대한 민감성 향상 등을 제시하였다(김계현 등, 2011, 재인용).

김계현 등(2011)은 집단상담의 종합적 목표로 ① 자기이해, 자기수용 및 자기관리 능력의 향상을 통한 인격적 성장, ② 개인적 관심사와 생활상의 문제에 대한 객관적 검토와 그 해결을 위한 실천적 행동 습득, ③ 집단생활능력과 대인관계기술 습득의 세 가지를 제시하였다.

집단상담의 목적은 궁극적으로는 개인의 성장과 이를 통한 대인관계능력의 향상 및 생활환경에 보다 잘 적응하는 것이라고 할 수 있다. 이러한 집단상담의 목적을 달성하기 위한 목표는 상황과 이론에 따라 다양하게 제시될 수 있는데, 일반적으로 공통적인 목표는 다음과 같다(신효정, 송미경, 오인수, 이은경, 이상민, 천성문, 2016).

- 자신에 대한 자각을 증진시키고 그 결과로 선택과 결정의 폭을 넓힌다.
- 자신이 가진 가치관을 명료화하고 그것을 수정할지, 수정한다면 어떻게 할지를 결정한다.
- 자신의 대인관계 스타일, 특히 친밀한 관계를 방해하는 요소에 대한 자각을 증진한다.
- 자신과 타인을 신뢰하는 방법을 습득하고, 자신이 선택한 몇몇 사람에게 자신의 마음을 더 열고 진솔해진다.

3) 집단의 유형

집단상담은 프로그램 구성 형태, 실시 형태, 목표와 성격, 집단상담이론 등에 따라 다양한 유형으로 구분할 수 있다. 일반적으로 회기별 내용구성이 체계적으로 계획되어 구성되어 있고, 프로그램의 목표와 방향이 분명하며 활동지가 준비되어 있는 경우 구조화 집단상담이라고 한다. 반면, 회기별 활동주제가 정해져 있지 않고, 지금-여기의 역동적인 상호작용을 주로 다루는 경우 비구조화 집단상담의 형태로 구분한다. 비구조화 집단상담이라고 해서 아무 것도 계획되어 있지 않다는 것을 의미하지는 않고 오히려 집단지도자의 전문성과 집단경험이 더욱 더 요구되는 집단상담의 형태라고 할 수 있다. 구조화이든, 비구조화 집단상담이든 집단상담의 목적이나 목표는 개인적 성장과 변화, 당면과제의 해결이다.

집단상담의 이론에 따라 유형을 구분하면, 집단상담자가 지향하는 이론적 근거에 따라 정신분석적 집단상담, 게슈탈트(형태주의) 집단상담, T-Group, 참만남, 성장집단, 해결중심 집단상담 등 다양한 형태가 있다. 혹은 집단상담에서 중심으로 다루는 해결 주제에 따라 다양한 형태의 집단상담 및 치료 형태가 있다. 예를 들면, 알코올 중독자 자조집단, 도박중독자 치료를 위한 자조집단, 가정폭력 행위자 집단, 진로 집단상담 등이 있다.

집단상담전문가협회(Association for Specialists in Group Work: AGSW)에서는 다양한 집단작업을 과제실행집단, 심리교육집단, 상담집단, 치료집단의 네 가지 영역으로 구분하고 있다(김계현 등, 2011). 강진령(2005, 2011)은 정신건강과 인간성장을 도모하는 집단의 유형에 초점을 맞추어 7가지 유형을 제시하였는데 상담집단, 치료집단, 교육집단, 성장집단, 과업집단, 자조집단, 지지집단이 그것이다(정성란 등, 2013, 재인용).

4) 집단상담의 강점과 약점

집단상담이 가치 있는 이유는 먼저 대부분의 문제가 궁극적으로 대인관계의 문제이기 때문이다. 많은 심리적 문제의 뿌리가 일차적으로는 원가족이나 다른 관계의 문제로부터 유래되기 때문에 여러 문제는 결국 관계의 문제로 간주될 수 있다. 집단상담은 이러한 관계의 문제를 다루는 데 있어 효과적이다. 집단상담은 또한 고립된 삶을 사는 내담자에게 지원체계를 제공한다. 집단원들은 집단에서 타인의 작업을 관찰함으로써 상담에 대한 교육을 받을 수도 있다. 새로운 집단원들은 집단에 장기적으로 참여한 집단원들이 자신의 문제를 극복하는 과정에서 성공 경험을 봄으로써 희망을 갖는다. 어떤 집단원은 자신만이 그 어려움을 가지고 있는 것이 아니라는 것을 알게 됨으로써 자기 방어를 내려놓고 자기 탐색의 기회와 위안을 얻기도 한다. 그 외 집단상담은 피드백이 필요한 경우, 대인 간 자극이 필요하거나 대인 간 문제를 가지고 있는 등의 상황에서도 효과적으로 활용될 수 있다(김계현 등, 2011).

김창대 등(2004)에 의하면 집단상담은 내담자들에게 개인상담과는 다른 종류의 독특한 성장경험을 제공해줄 수 있다는 점에서 유익하다고 한다. 집단상담 경험은 타인과 관계를 맺는 능력이나 집단 및 조직에서 기능하는 능력을 향상시킬 수 있으며 타인에 대해 좀 더 공감할 수 있게 되므로 수용적인 태도를 배울 수 있다. 그 외 부가적 이점들도 있는데, 예를 들면 고립된 삶을 사는 내담자에게 지원체계를 제공할 수 있다는 점, 상담에 대한 교육을 받을 수 있다는 점, 다른 집단원들의 성공경험을 들음으로써 희망을 가질 수 있게 된다는 등의 이점들이 있다고 한다(정성란 등, 2013, 재인용).

노안영(2011)은 집단상담이 가지는 이점으로 '실생활의 축소판, 효율성, 대리적 학습, 풍부한 피드백, 지지와 이해를 통한 격려, 다양한 자원과 관점, 역할 연기를 통한 학습'의 7가지를 제시하였다(정성란 등, 2013, 재인용).

반면, 집단상담이 모든 내담자에게 적합한 것은 아니다. 집단상담은 타인에 대해 지나치게 두려워하거나 신뢰가 결여되어 있는 사람, 집단환경을 견디기에는 부끄러움이 심한 사람에게는 적절하지 않다. 또한 개인상담 장면에서와 같은 수준의 친밀성, 비밀보장, 안전성을 특별히 필요로 하는 사람에게도 적절하지 않다. 특히, 편집증이나 급성 정신병, 심한 말더듬이나 낮은 지능 등의 병리 및 기질적 문제를 가진 경우, 참석의 문제가 걸려 있어서 잦은 결석을 하는 경우, 중도탈락의 가능성이 높은 경우, 개인상담에서 실패했다고 단순하게 집단상담에 의뢰된 경우 등은 적절하지 않다(김계현 등, 2011).

이렇게 집단상담은 개인상담을 비롯한 다른 형태의 상담방법과 비교할 때 많은 장점을 가지고 있지만 그것이 누구에게나 유익한 것은 아니다. 집단상담은 '비밀보장의 한계, 개인에 대한 관심 미약, 역효과의 가능성, 집단 압력의 가능성'이라는 한계를 가진다(강진령, 2005).

5) 집단상담 규범

집단규범(集國規範)이란 그 집단에서 바람직하다고 보이는 역할행동 혹은 표준적이라고 보여지는 태도나 행동양식을 의미한다. 집단규범은 집단상담자가 집단원들과의 논의를 거친 후에 명시화하는 것이 바람직하다. 집단규범은 집단의 목표달성에 중요한 역할을 하는 것이므로, 명시화하여 집단규범을 지킴으로써 집단원들이 좀 더 의미 있고 성장 지향적인 상호작용을 할 수 있도록 해야 한다. 집단규범은 일반적인 행동지침으로 구성되어 있으며, 집단상담자와 집단원 간의 상호협력으로 형성되는 것이다. 특히, 집단의 초기단계에서 집단상담자는 집단원들에게 집단규범을 가르칠 필요가 있다. 어떤 규범은 집단상담자가 정하기도 하지만 대부분의 집단규범은 집단원들이 스스로 자신들의 규범을 확립할 수 있도록 해야 한다. 집단규범은 집단상담 경험이 집단원들에게 의미 있고 가치로운 과정이 될 수 있게 도울 뿐만 아니라 집단의 유지, 발전 및 과업성취에 도움을 주는 태도나 역할행동, 규칙 등으로 구성되는 것이다. 집단원 개인의 성장과 변화뿐만 아니라 집단의 유지와 발전에 도움이 되는 집단상담 규범에는 다음과 같은 것들이 있다(정성란 등, 2013).

- 비밀지키기: 집단에서 알게 된 내용을 집단 밖에서 이야기하지 않도록 한다.
- 시간약속 지키고 출석 잘하기: 아무런 예고 없이 결석, 지각, 조퇴, 이탈을 하지 않도록 한다. 불가피할 경우에는 사전에 동의를 구하도록 한다.
- 적극적으로 참여하기: 개인적이고 의미 있는 내용을 서로 나누고, 경험활동과 평가활동(경험보고서 작성)에 적극 참여하며, 개인적인 행동 변화를 시도하는 등 집단상담 장면에 적극 참여하도록 한다.
- 나와 너의 이야기하기: 집단상담 장면에서 불필요한 제3자 이야기나 사적인 잡담, 혹은 지적인 토론을 하는 것이 아니라 지금-여기, 나・너・우리, 느낌과 행동에 초점을 두고 이야기 하도록 한다. 옆 사람과 속삭이지 않고, 할 말이 있으면 집단 전체와 나눈다.
- 피드백 주고받기: 너의 말이나 행동이 나에게 미친 구체적 영향을 즉시성 있게 피드백을 나누도록 한다.
- 자기이해와 자기개방, 자기성장 지향: 집단상담에 참여하는 주된 목적은 사교적 만남이 아니라 '자기이해와 자기개방, 자기성장'을 지향하기 위한 것이므로 목적을 분명히 한다.
- 지지적 의사소통하기: 집단상담과정에서 다른 집단원에 대한 평가・판단・비판・충고반응을 제한하며, 경청・수용・공감하기를 통한 지지적 의사소통을 더욱 많이 나누도록 한다.
- 술이나 약물, 폭력적 행동 금지: 집단상담에 참여하는 과정 중에 술, 담배, 약물, 파괴적이거나 폭력적인 행동을 금지한다.
- 혼자서 독점하지 않기: 집단상담 장면에서 골고루 참여할 수 있도록 혼자서 독점하지 않도록 한다.

• 휴대폰 사용하지 않기: 집단상담에 참여할 때에는 휴대폰 전원을 끄도록 한다.
• 깨끗한 시설 사용과 정리정돈: 집단상담실을 사용할 때에는 깨끗하게 사용하고, 마친 후에는 모두 함께 정리정돈을 하도록 한다.

2. 집단상담의 발달단계

사람은 누구나 일상생활에서 발달단계를 경험한다. 누군가 처음 만나게 되면, 피상적으로 알게 된다. 그러나 다음에 만나면 그 사람과는 '구면'이 된다. 두 사람은 사소한 주제로 대화를 나누게 되면서, 서로 공통적인 흥밋거리와 관심사가 있는지 알게 된다. 이러한 요소들이 서로의 구미를 당기게 되면, 두 사람은 좀 더 많은 시간을 함께하게 되고, 이전에 비해 보다 심층적인 부분에 대해 깊이 있고 진솔한 대화를 나누게 된다. 이처럼 자연스럽게 진행되는 과정을 변화 혹은 치료적으로 활용하기 위하여 의도성을 가지고 구성하는 것이 바로 집단상담이고, 집단 내에서 발생하는 변화과정이 집단의 발달단계이다(강진령, 2012).

일반적으로 집단은 유연하거나 예측할 수 있는 방식으로만 발달하지 않는다. 실제 집단상담에서는 집단 발달단계들 간의 중복되는 부분이 많을 뿐 아니라 이미 높은 수준의 단계까지 발달한 집단이 그 이후 더 이상 발달하지 않거나 이전의 단계로 회귀하는 현상도 나타날 수 있다. 또한 집단에서 갈등해소와 같은 특정한 목적이 성취되었다고 해서 새로운 갈등이 더 이상 발생하지 않는 것도 아니다. 집단상담은 밀물과 썰물이 반복되듯이 진행되기 때문에 집단원이나 집단상담자가 집단의 방향에 영향을 주는 요인들에 대해 지속적으로 관심을 가지고 주시하고 있어야 한다(김계현 등, 2011). 이형득, 김성회, 설기문, 김창대, 김정희(2006)는 집단의 발달단계를 도입단계, 준비단계, 작업단계, 종결단계로 제시하였다. 강진령(2012)은 집단의 발달단계를 탐색단계, 작업단계, 생산단계, 통합단계 및 추수단계로 제시하였다. 정성란 등(2013)은 시작단계, 갈등단계, 생산단계, 종결단계로 구분하여 집단상담의 발달단계를 제시하였다.

여기에서는 가장 세분화된 단계로서 집단의 과정을 집단준비단계, 초기단계, 과도적 단계, 작업단계, 종결단계, 추수단계의 6단계로 구분하여 제시하고자 한다(김계현 등, 2011).

1) 집단준비단계

집단을 본격적으로 시작하기 전에 준비하는 단계이다. 이 단계에서 집단상담자는 집단원들에게 집단의 목적과 운영방식, 구성과 형식, 필요한 정보 등을 알려 주고, 집단원들은 이 집단을 통해 어떤 경험과 도움을 받을 것인지 미리 생각해야 한다.

2) 초기단계

일종의 오리엔테이션과 탐색이 이루어지는 단계이다. 이 시기에는 침묵이 많고 집단원들이 서로 간에 어색하게 느끼며 혼란스러워 한다. 초기단계에는 집단의 안정성에 대한 탐색과 전체적인 구조화가 함께 이루어진다. 집단원들이 이 시기에 가지게 되는 주제는 '집단에 속할 것인가 혹은 빠질 것인가?', '집단이 얼마나 안전하고 신뢰할만한가?'와 관련된다.

3) 과도적 단계

과도적 단계는 저항이 다루어지는 단계다. 주로 집단원의 불안감이나 방어적 태도가 두드러지며, 집단 내에서 힘과 통제력을 놓고 갈등이 일어난다. 이 단계에서는 집단상담자의 역할과 능력에 도전하는 행동이나 말이 표현되며, 이러한 불안감, 힘의 갈등, 지도자에 대한 도전 등이 어우러져 집단원들의 저항이 다양한 형태로 표출되기도 한다.

4) 작업단계

작업단계는 집단에 대한 응집력이 생기고 생산적인 활동이 이루어지는 단계이다.

작업단계는 과도적 단계의 갈등과 저항을 효과적으로 처리한 집단에서 나타난다. 집단 발달단계에서 작업단계는 핵심적인 단계로서 응집성이 강하게 일어나고 친밀감이 형성된다. 문제해결과 행동 변화 등 생산적인 작업이 이루어지는 단계이다. 주된 특징은 신뢰와 응집력이 높고, 집단 내 의사소통이 개방적이며 집단원이 경험한 것을 정확히 표현한다. 집단원들 모두가 지도력을 가지고 있으며, 그런 점에서 그들은 직접적으로 자유롭게 상호작용한다.

5) 종결단계

종결단계는 지금까지 했던 작업을 다지고 마무리하는 단계이다. 이 단계는 다양한 감정이 공존한다. 집단원들은 슬픔에 빠지기도 하고 혼란과 기쁨을 느끼기도 한다. 여기에서는 주로 종결과 헤어짐에 대한 감정을 다루고, 지금까지 집단이 집단원 각자에게 주었던 영향을 평가하며, 서로에 대한 피드백과 해결되지 않은 주제를 마무리하고, 앞으로 개인의 성장을 위해 어떻게 살 것인가를 전망하는 활동이 전개된다.

6) 추수단계

추수단계는 정규집단이 끝나고 일정 기간이 지난 후에 개인적으로든 집단적으로든 여건이 허락되면 가질 수 있는 회기이다. 추수단계는 지금까지 이루어 온 집단의 효과를 재검토하고 집단에 어떤 부정적인 영향은 없었는지, 집단이 일상생활에 어떤 긍정적 영향을 미치고 있는지, 집단의 효과가 지속되고 있는지 등을 돌아보는 단계이다.

3. 집단원의 역할

집단상담에 참여하는 사람, 즉 집단원(集團員, group member)은 서로 다른 성장 배경, 성격, 능력, 소질과 적성, 흥미와 관심, 신념, 가치관, 태도에 따라 집단을 통해 얻고자 하는 목표가 다르고 그에 따라 집단상담과정에서 보이는 행동이나 표현도 다르다. 일상생활에서 사람들마다 역할이 있듯이 집단원은 위에 언급한 요소들의 영향을 토대로 자신만의 독특한 사고와 행동상의 특성을 나타내고 주어진 상황에 따라 집단상담에서 각자의 역할을 맡게 된다. 집단원의 역할은 집단의 기능을 강화하고 집단을 보다 치료적으로 만드는 촉진적인 기능을 할 수도 있지만, 집단원이 고통에 방어하거나 책임을 회피하는 것과 관련하여 집단을 해치는 문제행동을 보이기도 한다. 이처럼 집단상담은 집단원이 나타내는 역할행동에 따라 다양한 결과를 나타낼 것이다(정성란 등, 2013).

집단에 참여하는 사람들은 은연중에 집단에서 각자 나름대로의 역할을 맡게 된다. 집단에서 어떤 역할을 맡게 되는가는 흔히 과거로부터 해 오던 일, 집단의 구성, 그리고 상황의 독특한 역동성에 기초한다. 이러한 역할은 집단과정의 촉진제 역할을 하는 반면, 목표달성에 장애물로 작용하기도 한다. 집단상담에 참여하는 사람들이 집단원으로서 수행하게 될 주요 과업은 다음과 같다(강진령, 2012).

- 다른 집단원들과 의미 있는 의사소통을 통해 상호 교류한다.
- 여기–지금의 경험에 초점을 맞추어 자기를 드러낸다.
- 다른 집단원들에게 타당한 피드백을 제공한다.
- 자신의 생각, 감정, 행동 그리고 동기에 감추어져 있는 무의식적 욕구를 탐색한다.

집단원은 집단상담자 못지않게 집단상담의 진행에 있어서 매우 중요한 요소이므로 집단상담의 성과를 높이기 위해서는 집단원의 특성에 대해 깊이 있게 이해하고 집단과정에서 집단원이 어떤 역할과 기능을 하는지를 파악해야 할 필요가 있다. 집단상담자는 집단에서 집단원들의 역동성을 최대한 살려 자신의 역할을 다 할 수 있도록 도움으로써 집단상담의 효과를 올릴 수 있다(정성란 등, 2013).

집단상담에서 주어진 과업을 수행하고 변화를 도모하기 위해서 집단원들에게 요구되는 요소는 심리적 소양(psychological mindedness), 자기성찰적(introspective) 태도, 변화의 필요성 인식, 자기탐색을 위한 욕구이다. 이 중에서 심리적 소양은 집단원이 집단작업에 참여하도록 하여 긍정적인 성과를 올리는 데 필수적인 요소이다(강진령, 2012).

4. 집단상담자의 역할

집단에서 집단상담자가 차지하는 역할의 중요성은 아무리 강조해도 지나침이 없다. 얄롬(Yalom, 1995)은 집단상담자의 역할로 집단원들에게 정서적 자극, 보살핌, 칭찬, 보호, 수용, 해석, 설명 등의 제공을 꼽았다. 또한 집단상담자는 자기개방을 통해 모델 역할을 하고, 한 개인으로서 한계를 설정하고 규칙을 강화하며, 시간을 관리하는 역할을 하기도 한다. 이처럼 집단상담자는 집단을 이끌게 되면서 여러 가지 서로 다른 역할과 기능을 수행하게 된다(강진령, 2005, 재인용).

권경인, 김창대(2008)의 한국 집단상담 대가에 관한 연구에 의하면, 집단상담 대가들은 인간에 대한 깊은 신뢰와 높은 수용력, 깊은 공감능력, 깊이 있는 진정성을 가지고 있었고, 집단상담 진행시간이나 횟수, 진행방식 등에 대한 유연함과 융통성을 가지고 있었다. 집단상담 대가들의 인간적 특성은 그들이 개인상담자들보다 자기 개방에 대한 두려움이나 꺼림이 적다는 것이다. 또 다양성에 대한 호감을 가지고 있거나 적어도 다양성을 추구하는 것으로 나타났다. 높은 위험 감수 경향도 발견되었으며 서두르지 않는 '기다림의 명수'들이었다(김계현 등, 2011).

집단을 성공적으로 이끌기 위해서는 집단을 이끌어 본 경험의 많고 적음이 영향을 미칠 수 있지만, 그보다는 집단 경험을 총체적으로 이해하는 것이 더 중요하다. 집단원 개개인의 심리적 역동성뿐만 아니라 집단과정에 영향을 주는 복잡한 역동성의 전이, 집단원의 상호작용 그리고 집단의 역동원리를 파악할 줄 아는 더 깊고 넓은 지식이 필요하다. 그러므로 집단상담자의 기본적인 역할은 집단의 규준을 정하고 구조화하는 것, 집단의 상호작용을 면밀히 관찰하는 것, 집단원들에게 시의적절하게 반응을 보이는 것이다. 그리고 집단과정을 해석하고, 집단원들을 보호·격려하며, 무비판적으로 수용해야 한다. 집단상담자가 집단에서 무엇을 어떻게 말하고 행동하는가 하는 것이 집단원들에게 강력한 학습 경험을 제공한다는 점에서 집단상담자의 행동은 강력한 본보기가 된다(강진령, 2005).

집단상담 대가의 전문적인 특성으로 가장 두드러진 것은 그들이 집단역동을 깊이 이해하고 활용하는 능력을 가지고 있다는 점이다. 그들은 전문성이 성숙해감에 따라 집단역동을 보는 눈이 세밀해지고, 중요하게 다루는 집단역동이 바뀌며, 어려운 집단역동을 수월하게 다루는 것으로 나타났다. 유능한 상담자들은 강한 관계를 형성하는 기술을 가지고 있다는 공통점이 있지만, 집단상담 대가들은 그러한 관계기술 위에 집단원 전체와 관계를 맺는 기술, 집단원 간의 관계를 촉진하는 한 차원 높은 관계기술을 가지고 있는 것으로 나타났다(김계현 등, 2011).

5. 집단역동

모든 집단은 의식하든 그렇지 못하든 복합적인 힘이 작용하게 마련이다. 다시 말해서, 두 사람 혹은 그 이상의 사람이 함께 모여 활동할 때는 필연적으로 여러 가지 형태의 집단역동이 생성된다. 이와 같은 현상은 상담집단에서도 마찬가지다. 집단역동이란 원래 하나의 공통 장면 또는 환경 내에서 일어나는 복합적이고 상호작용적인 힘들을 지칭한다(김계현 등, 2011).

집단역동(group dynamics)이란 집단 내, 집단원들 사이 그리고 집단상담자와 집단원들 사이에서 발생하는 지속적인 상호작용과 상호관계에서 발생되는 힘을 일컫는 말이다. 집단역동은 집단역학 또는 집단역동성이라고도 불린다. 역동이라는 말은 본래 힘, 활력, 원동력, 에너지 등을 나타내는 물리학 용어다. 그런데 Lewin이 집단에서 발생하는 복잡한 사회과정이 구성원들에게 미치는 강력한 과정을 기술하고자 집단역동이라는 용어를 심리학영역에 처음 사용하였다(강진령, 2012).

집단역동에는 세 가지 유형이 있다(Earley, 2000). 첫째는 **심리 내적인 역동**이다. 개인상담에서 상담자들이 보통 탐색하게 되는 심리적 역동으로 동기, 감정, 방어, 어린 시절의 기원 등이 포함된다. 둘째는 **대인 간 역동**이다. 집단 안의 두 사람 혹은 그 이상의 사람들 사이의 관계에서 일어나는 역동으로 정서적 반응, 친밀감, 주장, 경계 등이 포함된다. 셋째는 **전체로서의 집단역동**이다. 하나의 단위로서의 집단역동을 말하며, 발달단계, 집단규범, 집단 역할, 대표적 리더십 유형, 희생양 만들기, 집단 수준의 저항 등이 포함된다(김계현 등, 2011, 재인용).

사람과 사람 사이의 상호작용은 의식적·무의식적 힘과 에너지가 영향을 준다. 이는 집단의 구조, 이론적 접근, 집단구성원들의 성별, 연령, 태도, 성격, 문화, 욕구 등과 같은 복잡한 요인들의 영향을 받는다. 집단의 성격과 방향을 좌우하는 복합적인 힘은 집단상담자의 개입과 중재로 구성원 개개인을 변화시키고 치유시키는 원동력이다. 그러나 이러한 힘을 잘못 사용하게 되는 경우, 집단원들에게 부정적인 영향을 미칠 수 있다. 그러므로 집단상담자는 다음과 같은 사항들을 관심 있게 지켜보아야 한다(강진령, 2012).

집단역동 파악을 위해 관찰이 요구되는 사항

- 집단의 전반적인 분위기는 어떠한가?
- 말이 없는 집단원은 누구인가?
- 집단의 응집력은 높아지고 있는가?
- 논쟁을 일삼는 집단원은 누구인가?
- 집단을 지배하려고 하는 집단원은 누구인가?
- 집단원들의 전반적인 느낌과 행동은 어떠한가?
- 방어적인 태도로 일관하는 집단원은 누구인가?
- 적극적으로 발언하는 집단원은 누구인가?
- 눈에 띄게 다른 집단원들에게 영향을 주고 있는 집단원은 누구인가?
- 기꺼이 개인정보를 공개하고 있는 집단원은 누구인가? 그렇지 않은 집단원은 누구인가?
- 집단참여를 좋아하는 것처럼 보이는 집단원은 누구인가? 그렇지 않은 집단원은 누구인가?

집단상담의 과정에 관심을 가지고 초점을 두는 집단역동과 함께 우리가 이해해야 하고 학습해야 할 부분은 집단의 치료적 요인이다.

상담자와 내담자 간의 일대일 관계가 중심이 되는 개인상담과 달리, 집단상담에서는 집단에 참여하고 있는 집단원들의 상호작용이 주된 관심의 대상이 되어 왔다. 즉, 집단연구자들과 집단상담자들의 관심은 집단에서 일어나는 집단원-집단상담자, 집단원-집단원, 집단원-집단 상호작용과정을 통해 집단원이 어떤 도움을 받느냐 하는 것이다. 집단에서 집단원의 치료적 변화 경험은 다양하고 복잡한 상호작용적 특징에 의해 일어나는데, 이러한 특징을 치료적 요인이라고 한다. Yalom(1995)이 제시한 집단의 치료적 요인들은 이타주의, 집단 응집력, 보편성, 대인관계학습, 모방행동, 정보교환, 정화, 일차 가족집단의 교정적 발달 반복, 사회화 기술 발달, 희망의 주입, 실존적 요인들이다(김계현 등, 2011, 재인용).

6. 집단상담기법

집단상담 장면에서 집단상담 지도자가 가진 이론적 근거나 훈련 배경에 따라, 혹은 집단의 목표에 따라 집단상담의 과정과 기법 적용은 달라지게 된다(정성란 등, 2013).

이형득, 김성회, 설기문, 김창대, 김정희(2006)에 의하면 집단상담자는 집단 지도를 위한 기본적인 기술뿐만 아니라 집단의 각 발달단계와 상황에 적합한 집단상담의 기술을 배우고 익혀서 효과적으로 활용할 수 있어야 한다고 하였다. 이를 위해서 집단상담자는 다양한 집단 경험을 쌓을 뿐만 아니라 전문가로부터 지도 감독을 받을 필요가 있다. 집단상담의 기술로는 관심 기울이기, 공감적 반응하기, 자기노출하기, 피드백 주고받기, 맞닥뜨림하기, 경청하기, 반영하기, 명료화하기, 요약하기, 해석하기, 질문하기, 연결지우기, 심적인 지지를 해주기, 행동을 제한하기, 촉진하기, 강화해주기, 저항의 처리, 전이의 취급, 역전이현상의 취급, 적시성에 유의하기를 제시하였다. 이는 신뢰롭고 수용적인 분위기 속에서 치료적 효과를 이끌어 내기 위한 집단상담자의 즉시성 있고 촉진적인 개입반응들로서 주로 효과적 의사소통기법들을 제시하고 있다(정성란 등, 2013, 재인용).

주은선, 주은지(2009)는 집단상담자가 집단에서 하는 상담반응들은 개인에게 하는 상담반응들과 흡사할지도 모른다고 하였다. 비록 언어, 의도, 집단의 초점이 다를 수 있지만 반응의 종류(예를 들어, 질문하기 또는 공감하기)는 같을 것이라고 하였다. 집단상담 경험을 치료적으로 만드는 중요한 변인은 훈련된 집단상담자라고 하면서 집단상담의 15가지 기술을 제시하였는데, 시작하기 또는 끝내기, 주의집중하기, 공감하기, 재진술하기, 피드백 주기, 질문하기, 명확히 하기, 지시하기, 직감 사용하기, 주제에 주목하기, 불일치에 주목하기, 연계성에 주목하기, 재구조화하기, 침묵을 허용하기, 자기개방하기가 그것이다.

강진령(2011)은 집단상담의 기술로 변화촉진 분위기 조성기술, 과정기술, 내용기술, 비언어기술, 문제 상황의 개입방법을 제시하였다. 변화촉진 분위기 조성기술에는 적극적 경청, 공감적 이해, 초점 맞추기, 모델링, 적극적 참여 유도를 들었다. 과정기술로는 구조화, 진단, 연결, 차단, 피드백, 보편화, 여기-지금 상호작용 촉진, 지지 · 격려, 종결, 평가를 제시하였다. 내용기술에는 명료화, 재진술, 반영, 요약, 질문, 직면, 해석, 정보 제공, 자기표현 등을 제시하였다. 그는 집단상담기술을 향상시키는 일은 지속적인 과정이라고 하면서 집단에서 어떤 기술이 필요한지 필요한 상황들을 구체적으로 명료화하고 세분한 후, 각 장면이나 상황에 적절한 개입기술들을 제시하였는데, 주로 촉진적이고 효과적인 집단상담자의 의사소통기법에 강조점을 두었다고 할 수 있다(정성란 등, 2013, 재인용).

집단상담자가 적절하고 치료적으로 반응하는 가능성을 증가시키기 위해 다음과 같은 세 가지 의도를 가지고 직접적으로 집단, 하위집단, 또는 개인에게 반응할 수 있다(주은선, 주은지, 2009).

- 집단에서 언어적이고 비언어적으로 어떤 것들이 말해졌고 들었는지를 인정하는 것은 많은 상담반응들의 주요 의도이다. 인정하기는 흥미와 존경을 보여 주고, 사람과 사람 사이의 의사소통을 촉진시키는 의사소통요소들의 모델이 된다. 주의집중하기는 내담자를 인정하기 위한 상담자반응이다.

- 명료화하기라는 상담반응을 사용함으로써 집단에서 말해졌던 것을 탐색하는 것은 내담자들이 더 명확하고 정확하게 새로운 정보 또는 통찰을 얻게 하는 것을 돕기 위해서이다.
- 집단에 도전하기를 사용하는 것은 다른 견해를 주거나 또는 집단에 다른 견해를 물어보기 위해서이다. 도전하기의 의도는 집단 또는 집단에서의 개인들의 상황을 재점검하거나 행동 또는 믿음의 변화를 염려하도록 격려하기 때문에 종종 대결하는 것처럼 보인다. 재구조화하기, 지시하기 또는 불일치에 주목하기는 도전하는 상담반응들의 예이다.

다음은 집단상담이론에 근거한 주요 집단기법이다(김계현 등, 2011).

- 정신분석: 해석, 꿈분석, 자유연상, 저항분석, 전이분석 등을 통해 무의식을 의식화하고 통찰을 촉진
- 사이코드라마: 역할 바꾸기, 한 장면 드라마, 시간퇴행, 거울기법, 미래투사, 독백, 면접 등
- T집단: 모호성 혹은 사회적 공백상태 활용, 새로운 행동의 실험, 피드백 주고받기, 지금-여기 중심의 활동 등
- 인간중심: 집단 촉진자의 태도를 강조, 최소한의 기법들을 활용, 능동적 경청, 감정의 반영, 명료화, 지지 등
- 게슈탈트: 빈 의자 기법, 대화놀이, 한 바퀴 돌기, 환상접근, 연습기법, 행동과장하기, 현재에서 자기 또는 중요한 타인과의 대화 등 다양한 기법을 개발하여 활용
- 인지상담: 비합리적 신념의 논박, 숙제, 활동기록, 대안적 해석, 새로운 대처기술 습득, 언어양식이나 사고방식 바꾸기, 역할놀이, 그릇된 신념의 직면 등 다양한 인지적·정서적·행동적 기법의 활용
- 교류분석: 교류분석, 게임분석, 각본분석, 초기 명령, 생활 위치, 역할놀이 등
- 현실치료: 계약, 행동에 대한 구체적 계획, 역할연기, 직면, 모델링 등 다양한 기법 활용

연습문제

01_ 집단상담이란 무엇인가? 개념을 적으시오.

02_ 일반적인 집단상담의 목표에 대해 서술하시오.

03_ 집단상담의 강점을 설명하시오.

04_ 집단상담의 대상으로서 부적합한 경우를 설명하시오.

05_ 집단상담의 규범이 무엇인지 그 의미를 설명하고, 규범의 예를 세 가지 들어보시오.

06_ 집단의 발달단계를 설명하시오.

07_ 집단상담자의 역할 중에서 가장 중요하다고 생각되는 부분을 두 가지 이상 설명하시오.

08_ 집단역동이란 무엇인지 설명하시오.

09_ 집단역동을 파악하기 위하여 집단상담자가 주의 깊게 봐야 하는 부분은 어떤 것들이 있는가? 세 가지 이상 설명하시오.

10_ 집단상담의 대표적 기법을 세 가지 설명하시오.

06
Chapter

가족상담이론 및 실제

1. 가족상담의 기초
2. 가족상담이론

Chapter 06

가족상담이론 및 실제

가족상담은 개인상담이나 집단상담과 다르다. 개인상담을 하다가 가족의 주제나 문제를 다루었다고 해서 가족상담을 실시했다고 말할 수는 없다. 또 집단상담을 잘한다고 해서 가족상담을 무조건 잘하게 되는 것도 아니다. 개인상담이든 집단상담이든 가족상담이든, 상담에서 일반적으로 지향하는 목표와 목적, 즉 인간성장과 변화를 도모한다는 점에서는 맥락이 같지만, 엄밀히 따진다면 모두 다른 영역이다. 개인상담도 집단상담도 각 전문영역과 세분화된 주제와 강조점이 다르기 때문이다. 이런 관점에서 볼 때, 가족상담은 가족의 역동적 상호작용이나 가족체제에 대한 분명한 이해가 있어야 한다. 순환적 인과관계, 피드백 고리, 가족 역기능의 원인, 주요 가족상담이론 등 가족상담에 대해 따로 공부해야 할 뿐만 아니라 가족상담 수련 경험이 함께 갖추어져야 효과적인 가족상담을 실시할 수 있다.

이 장에서는 가족상담의 기초(가족상담의 의미, 주요 개념과 용어)와 가족상담 이론(정신분석적 대상관계 가족상담, 구조적 가족상담, 사티어의 경험적 가족상담, 보웬의 다세대 가족상담)에 대해 제시하고자 한다. 각 가족상담이론은 주요 개념, 가족역기능의 원인, 상담목표의 순으로 서술하였다.

학습목표는 가족상담의 기초와 각 가족상담이론(정신분석적 대상관계 가족상담, 구조적 가족상담, 사티어의 경험적 가족상담, 보웬의 다세대 가족상담)을 통합하여 제시하였다.

학습목표

1. 가족상담에 대한 개념 정의를 할 수 있다.
2. 순환적 인과관계의 개념을 설명할 수 있다.
3. 정신분석적 대상관계 가족상담의 기본전제를 설명할 수 있다.
4. 경계선의 종류와 역기능적인 관계를 연결하여 설명할 수 있다.
5. 자기가치 및 자존감의 개념과 가족 역기능을 관련지어 설명할 수 있다.
6. 감정반사와 미분화된 가족자아덩어리의 개념을 설명할 수 있다.

1. 가족상담의 기초

1) 가족상담의 의미

인간이 어떤 존재인지를 규명할 때 무엇보다도 관계적 존재라는 사실은 그 누구도 부인하지 못할 것이다. 인간은 관계적 틀 속에서 형성되고 그 틀을 통해 새로운 관계를 만들어간다. 이러한 대인관계 가운데 특히 가족관계는 인간에게 가장 큰 영향을 주는 관계다. 인간은 가족이라는 소집단을 통하여 신체적·심리적 욕구를 충족해 나갈 뿐 아니라 세상 속에서 살아가는 생존방식과 인격의 틀을 형성하게 된다. 우리나라에서 가족상담은 1970년대부터 도입되어 오늘날 상담의 가장 넓은 패러다임 중 하나로 자리매김하고 있다. 모든 상담이론과 마찬가지로 가족상담 역시 인간과 관계를 보는 철학적 배경에 따라 상담적 접근의 차이를 보이게 된다(한재희 외, 2013). 모든 가족은 독특하며, 이러한 독특성은 가족 안에서 발견되는 상호작용 패턴에 나타나 있다는 가정을 바탕으로 한다(정문자, 정현숙, 정혜정, 전영주, 정유진, 2016).

강진령(2008)에 의하면 가족상담 및 치료는 가족을 하나의 체제(system)로 보고 체제적 관점에서 가족을 이해하려는 입장을 취하며, 문제를 지닌 가족구성원(IP:

Identified Patient)이 다른 가족구성원(들)과의 관계를 형성 · 유지하는 방식에 초점을 맞추고, 상호교류 양상에 개입하여 증상 완화나 행동 변화를 통해 가족구성원 전체의 변화를 가져오게 하는 조력방법이라고 한다(정성란, 2011, 재인용).

가족상담 및 치료는 가족문제를 해결하기 위한 전문적이고 체제적인 개입이다. 개입의 목표는 가족구성원 개인의 심리 · 행동적 부적응, 대인관계의 문제, 가족구성원 간의 갈등 등 개인과 가족 전체의 역기능적인 부분들을 개선하는 데 있다. 가족상담과 가족치료는 내용상 부분적으로 다른 부분이 있지만 동의어(同義語)로 사용되기도 한다(김혜숙, 박주현, 이영주, 임상묵, 2012).

다시 말해, 가족상담은 가족체제에 대한 이해와 지식을 가지고 있고 가족상담 실제에 대한 전문적인 훈련을 받은 가족상담 및 치료자(한 사람, 혹은 몇 사람이 될 수도 있음)가 가족 전체 혹은 가족구성원 중의 한 사람을 대상으로 가족이라는 영역을 중심으로 가족관계의 변화나 가족의 문제해결을 조력하는 과정이라고 할 수 있다. 가족상담 및 치료는 사람과 사람이 가지고 있는 관계세계를 학문의 대상으로 한다. 개인이 개인으로 존재할 수 있는 까닭은 개인이 다른 사람과의 연관성으로 존재할 수 있다는 철학적 가정을 가지고 있다. 개인과 개인이 만나면 시간이 지날수록 일정한 관계형태들이 생겨나고, 이러한 관계 형태(예: 대화라는 관계영역, 구조라는 관계영역)들은 개인의 행동을 촉진하거나 억제하는 역할을 한다. 사람들과의 관계를 다루는 데 있어 가족은 가장 강력한 장이다(정성란, 2011).

그러나 가족상담을 통해 가족구성원 중의 한 사람이 변화가 되고 나면, 또 다른 가족구성원이 문제를 나타내거나 더 악화되거나 하면서 가족 전체의 문제가 쉽게 없어지지 않는 경향이 있다. 이것은 가족 전체를 하나의 시스템과 관계적 맥락에서 이해할 때 가능하다. 즉, 문제를 드러낸, 혹은 갈등의 중심이 된 가족 한 사람만을 원인으로 보지 않고, 가족 전체의 상호작용과 역동을 중심으로 체제(system)적 관점에서 가족을 이해할 때 가능하다.

2) 주요 개념과 용어

(1) 순환적 인과관계

살아 있는 체제의 요소들은 유기적으로 연결되어 있어서, A와 B는 서로 영향을 미치며 A의 행동은 B의 행동에 대한 논리적인 보완이다. 순환적 인과관계의 개념은 체계에서 일어나는 행동은 순환적으로 서로 영향을 미쳐 순환적인 결과를 일으키므로 원인과 결과를 정확하게 찾거나 구분지을 수 없음을 나타낸다. 따라서 증상이나 문제는 특정 원인에 의해서 일어나는 것이 아니라 행동과 반응의 연속선상에 존재한다는 것이다(정문자, 정혜정, 이선혜, 전영주, 2012). 이와 같이 순환적 인과관계란 상호관계성 혹은 상호결정론을 의미한다. 즉, 가족체제 내에서 가족들의 행동은 서로가 서로에게 영향을 주고받기 때문에, 원인이 결과가 되기도 하고 결과가 원인이 되기도 한다는 것이다(정성란, 2011).

가족체제의 구성원은 서로 연결되어 있고 상호 영향을 미친다. 우리 속담에 시어머니 이야기를 들으면 시어머니 이야기가 맞고, 며느리 이야기를 들으면 며느리 이야기가 맞다는 말이 있다. 이처럼 가족 내의 과정은 직선적 인과관계가 아니라 순환적 인과관계인 경우가 많다. 직선적 인과관계란 어떤 반응결과(ⓑ)는 어떤 행동(ⓐ) 때문에 일어난다고 생각하는 것(ⓐ → ⓑ)을 뜻한다. 이는 어떤 현상을 기본적인 하나의 원리나 요인으로 설명하려는 환원주의(還元主義)사고에 입각한 것이다. 그러므로 어떤 현상을 이해하려고 할 때, '왜'라는 의문이 중요하며 원인을 찾아가는 방향으로 문제에 접근하게 된다(김혜숙, 박주현, 이영주, 임상묵, 2012).

그러나 가족상담이 기본적으로 관계적인 관점을 채택하는 것은 주의를 내용(직선적 인과관계의 언어)으로부터 과정(순환적 인과관계의 언어)으로 옮기는 데 있다. 이때 내용을 의미하는 직선적 인과관계의 언어란 하나의 사건이 단일방향의 자극-반응 양식으로 다음을 야기한다는 것이다. 직선적 관점은 A는 B의 원인이 되고, 그것은 C에 작용하고 D의 원인이 된다는 관점이다. 그러나 대인적인 사건에서 A는 B의 원인이 아니고, B도 A의 원인이 아니며 둘 다 서로에게 원인이 있다고 말할 수 있다. 과정을 의미하는 순환적 인과관계의 강조점은 앞의 것에 기인된 단순한 하나의 사건이 아니라 동시에 다양한 방향으로 움직이고 있는 힘에 있다. 즉, 가족 내에서 한 구성원의 변화는 전체로서의 가족과 다른 모든 구성원에게 영향을 미친다는 것이다. 그렇게 확산되는 효과는 차례로 순환적인 고리나 굴레의 계속적인 연속물로서 영향을 미친다. 문제는 과거 상황이 아니라 진행 중인 가족의 과정이 원인이 된다. 이와 같이 가족은 모든 다른 구성원에게 영향을 받을 수 있고 동시에 영향을 미칠 수 있다. 이러한 상호관계성 혹은 상호결정론은 모든 관계의 근원적인 원리이다. 역기능적인 가족의 특징은 문제가 악순환적인 연쇄 고리로 나타난다. 치료자의 개입은 이런 악순환적인 고리를 기능적인 고리로 변화되도록 하는 데에 있다(정성란, 2011).

(2) 가족체제

최근에 가족의 복잡성과 다양성을 고려하면서도 가족의 공통된 특징을 논의하려는 노력으로서 가족학자들은 가족을 체제로 보게 되었다. 체제로 간주할 때, 가족은 상호의존하는 개인들의 집단으로 구성된 복합적인 구조로 정의될 수 있다. 가족구성원은 역사를 공유하고, 어느 정도의 정서적 유대를 경험하며, 개별 가족구성원과 전체로서의 가족집단의 욕구를 충족하기 위한 전략을 고안한다. 가족을 정의하기 위해 '체제'라는 은유의 사용이 시사하는 바는 가족이 구조적으로 복잡하고, 다양한 하위체제로 구성되며, 성취해야 할 공통의 목표와 과업이 있고, 이러한 과업수행을 위한 전략을 고안하는 것을 전제로 한다는 점이다(정문자, 정현숙, 정혜정, 전영주, 정유진, 2016).

체제는 요소와 요소들의 상호작용을 합한 개념이다. 가족체제에서 보면 요소는 가족구성원들을 말한다. 상호작용은 가족구성원들의 상호작용을 말한다. 가족체제는 가족구성원과 가족구성원의 상호작용으로 나누어진다. 가족구성원의 상호작용은 가족의 체제를 유지하는 역할을 한다. 가족구성원들의 상호작용 형태나 방식은 곧 가족체제의 모양을 결정한다. 가족구성원 안에서만 상호작용을 하면 가족체제는 닫힌 체제일 가능성이 높아진다. 반면, 가족구성원이 가족 이외의 사람들과 활발하게 상호작용을 하면 가족은 열린 체제가 된다. 가족구성원들끼리 상호작용이 줄어들고 개인적 활동이 많아지면 가족체제는 경직된 상태가 된다. 일단 가족이 일정한 형태의 체제를 형성하면 가족구성원들은 그 형태에 맞는 상호작용을 하려고 한다(한재희 외, 2013).

체제로 간주할 때, 가족은 구조와 과업이라는 두 가지 중심 차원으로 정의된다. 구조(structure)는 가족의 구성요소와 조직을 모두 포함한다. 구성요소란 가족의 멤버십, 간단히 말하면 가족을 이루는 구성원을 말한다. 가족의 구조적 조직은 확대가족체제의 상호작용 패턴을 지배하는 일련의 독특한 규칙을 말한다. 과업은 가족의 '일', 즉 가족의 공통적이며 필수적인 책임을 말한다. 모든 가족은 사회와 가족구성원들을 위해 성취해야 하는 과업을 갖는다(정문자, 정현숙, 정혜정, 전영주, 정유진, 2016).

(3) 피드백

피드백은 체제(system)가 안정상태를 유지하거나 미리 설정된 목표를 향해 나아가기 위해 자기-수정을 하는 데 필요한 정보를 획득하는 과정을 말한다. 피드백은 체제 내의 부분들 간의 관계뿐만 아니라 외부환경과의 관계를 수행하는 것에 관한 정보도 포함한다. 넓은 의미에서 피드백은 기계나 유기체의 활동에 관한 정보가 실체에 되돌아오는 과정이다. 피드백 고리는 정적이기도 하며 부적일 수도 있다. 정적인 것과 부적인 것을 구분하는 것은 체제 내의 항상성 상태를 벗어나게 하는 영향력을 언급한 것이지, 체제에 이익을 주거나 해를 준다는 개념은 아니다. **부적 피드백**은 체제 내 변화를 감소시키는 것을 의미하며, **정적 피드백**은 변화를 확대시키는 것을 뜻한다. 다시 말해 부적 피드백은 체제가 이전의 항상성 상태로 되돌아간다는 정보이고, 정해진 범위 안에서 원래 하던 방식대로 하는 것을 의미한다. 반면에 정적 피드백은 가족체제를 수정할 필요가 있다는 신호로서 항상성의 상태로부터 멀리 가도록 하는 것이다(정성란, 2011).

가족체제가 기능적이기 위해서는 안정을 유지하면서도 변화해야 하기 때문에 부적 피드백과 정적 피드백이 모두 필요하다. 자녀가 성장함에 따라 가족체제는 변화할 필요성도 있지만 가족생활주기의 어느 시점에서는 안정을 유지하는 것이 더 바람직하기도 하다. 예를 들어, 자녀가 사춘기에 접어드는 시기에 가족체제는 자녀의 성장을 격려하기 위하여 변화가 필요하다. 그러나 자녀의 모험적이고 독립적인 행동을 원래 가족체제에서 이탈한 것으로 보고 순종적이고 의존적인 원래의 행동을 하도록 피드백이 이루어진다면(부적 피드백), 가족체제의 원상태는 유지할 수 있어도 자녀의 성장은 방해받을 수 있다(정문자, 정현숙, 정혜정, 전영주, 정유진, 2016).

(4) 가족생활주기

가족생활주기 혹은 가족발달단계의 개념은 시간에 걸쳐 일어나는 발달적 변화 간의 관계를 다루는 발달적 관점이다. 이 관점은 가족생활주기단계 및 가족이 각 발달단계에서 실행해야 하는 과업과 전환기가 가족 상호작용 패턴과 기능에 미치는 영향에 초점을 둔다. 가족체제는 시간에 따라 달라지기 때문에 상호작용 패턴은 발달적 스트레스의 영향을 받으며 형태가 만들어진다. 모든 가족체제는 발달적 스트레스에 직면한다. 발달적 스트레스는 두 개의 기본적인 원천에서 오는데, 하나는 각 가족구성원이 성숙하면서 개개인의 욕구와 능력이 변화하는 것이고, 다른 하나는 가족체제가 시간에 걸쳐 수정되고 개정되면서 가족체제 전체가 변화하는 것이다(정문자, 정현숙, 정혜정, 전영주, 정유진, 2016). 가족상담자는 아동과 가족 그리고 그들이 대처해야 할 문제를 다양한 맥락에서 고찰하는 것이 필요하다. 한 가지 중요한 맥락은 아동 및 청소년의 문제를 치료하고 평가할 때 가족의 발달단계를 이해하고, 어떻게 그것이 가족 내 문제와 연결되는지를 이해할 필요가 있다(김유숙, 박정희, 천희선, 2011).

가족발달단계의 개념은 가족에 관한 발달적 조망으로서 한 개인이 태어나서부터 죽을 때까지 발달단계와 각 단계에서 맞이하게 되는 위기와 발달과업이 있듯이, 가족도 금방 형성된 가족에서부터 아동기 · 청소년기 자녀를 둔 가족, 자녀를 모두 출가시키고 노부부만 남은 가족까지 다양하다는 것이다. 그래서 가족이 지금 처해진 발달단계를 고려한 시간적 개념을 인식해야 하고, 거기에 근거해서 가족의 여러 가지 갈등과 특성들을 이해할 필요가 있다는 것이다. 다시 말해, 가족들이 안고 있는 문제는 어떤 발달단계에서 다음의 발달단계로 이행할 때 생기는 어려움과 관련된 경우가 많다. 따라서 상담자는 가족생활주기에 관한 이해와 지식을 가지는 것이 바람직하다(정성란, 2011).

가족체제 관점에서 보면 생애에 걸친 개인의 욕구와 능력의 변화는 가족과의 상호작용 패턴에 영향을 미친다. 개인은 자라고 성숙하면서 신체적 · 사회적 · 정서적 · 심리적 · 인지적 요구와 능력이 변화한다. 각 가족구성원의 발달은 가족이 개인의 기본 과업을 얼만큼 또 어떻게 수행할 것인가에 영향을 미친다. 개별 가족구성원의 요구와 능력에 따라 가족의 신체관리, 경계선, 정서적 환경 그리고 정체성 과업이 다를 것이다. 예를 들면, 유아의 사회적 · 정서적 요구는 학령기 아동의 요구와 매우 다르다. 가족은 각 구성원의 성장과 발달을 촉진하는 중요한 목적을 계속 충족하려면 이러한 변화에 대응하여 상호작용 전략을 변경할 수 있어야 한다(정문자, 정현숙, 정혜정, 전영주, 정유진, 2016).

(5) 가족기능

정성란(2005)에 의하면 가족기능이란 가족구성원들의 성장을 촉진하거나 저해하는 방향으로 작용할 수 있는 가족구조 · 가족의사소통 · 가족애정성의 3개 하위요소로 구성된 것으로서, 가족구성원 각 개인과 그들 사이의 관계 및 상호작용에 직 · 간접적인 영향을 미치는 인지 · 정서 · 행동적 요소가 포함된 복합적인 개념이라고 하였다. 박연환, 현혜진(2002)에 의하면 가족기능이란 가족의 역할과 행위로서 가족행동을 의미하며 그 행동의 결과가 사회의 존속, 유지 및 가족구성원의 욕구충족에 어떠한 영향을 주는가 라는 문제와 관련된 개념이라고 하였다. 정순복, 김수진(2001)은 가족기능이란 가족체제의 성장, 연속, 생존을 유지하는 데 필요한 활동으로 가족구조의 결과이며 가족 개인구성원의 요구를 충족시켜주는 것이라고 하였다(정성란, 2011, 재인용).

가족기능, 즉 기능적인 가족이란 가족체제가 가족구성원을 위하여 잘 운영되는 것을 의미하는 것으로, 정상적이고 건강한 가족이란 의미를 포함하고 있다. 가족 모두의 물리적인 필요나 욕구에 대응하는 일과 가족의 정서적인 요구에 대응하는 일 모두에 있어서 가족의 기능과 안정성이 유지되는 가족을 기능적인 가족이라고 볼 수 있다. 기능적인 가족구성원은 다른 가족에 의해 통제되지 않고 있음을 알고, 독립된 반응을 할 수 있다는 것도 알고 있다. 기능적인 가족인가 아닌가를 파악하려면 체제로서의 가족이 가족구성원의 요구에 얼마나 적절하게 반응하는지를 알아보면 된다(김혜숙, 박주현, 이영주, 임상묵, 2012).

그러나 어떤 가족이 더 건강하고 기능적인가에 대한 학자들마다의 이론은 서로 연관성을 갖고 겹쳐지는 부분도 있지만 무엇을 더 강조하고 중요하게 보는가에 따라 모두 차이가 있다. 기능적인 가족이 갖는 특성은 어떤 측면에서는 서로 연관성을 갖지만 가족상담 및 치료의 각 학자마다 제시하는 이론적 근거가 다르다고 할 수 있다. 즉, 가족기능의 의미나 하위요소는 이론적 근거, 가치기준, 문화적 배경 등의 여러 가지 변인에 따라 그 의미와 기준이 달라질 수밖에 없는 주관적인 성격을 가지고 있다(정성란, 2011).

2. 가족상담이론

각 가족상담이론은 주요 개념, 가족 역기능의 원인, 상담목표의 순으로 서술하였다.

1) 정신분석적 대상관계 가족상담

(1) 주요 개념

인간에게는 다른 사람과의 관계를 추구하고 형성하고자 하는 본능적 욕구가 있다. 대상관계이론에서는 타인과의 관계 형성 및 외부대상과의 교류를 인간의 근본적인 욕구로 가정하였다(정성란, 2011). 정신분석적 대상관계이론가들은 정신 내적인 역동성과 인간관계 사이의 상호작용을 이해하려고 한다. 이 이론의 핵심은 유아의 기본 욕구가 초기 양육자인 어머니와의 애착 욕구이며, 유아가 어머니와의 관계 경험에서 형성된 대상관계가 현재의 인간관계에 강력하게 영향을 미친다는 것이다. 이와 같은 대상관계이론의 관계적 시각이 가족치료에 접목된 것이 대상관계 가족치료이다. 정신분석적 대상관계 가족치료이론은 학자들에 따라 강조점의 차이는 있으나 공통으로 다음의 전제를 가진다(김혜숙, 박주현, 이영주, 임상묵, 2012).

- 생애 초기의 부모와의 관계는 성인기의 친밀한 관계에서 기능하는 자율, 애착, 책임감 등 개인의 능력에 큰 영향을 미친다.
- 모든 사람은 부모와의 원가족 경험에서 미해결된 욕구나 갈등을 배우자나 자녀와의 관계에서 투사적 동일시를 통하여 행동화하는 경향이 있다.
- 대인관계에 어려움이 있고 자신에 대한 감정문제를 가진 사람은 자신과 다른 사람을 항상 전적으로 악하거나(거절하고 처벌하는), 전적으로 선한(보살펴주고 베푸는) 것 중의 하나로 경직되게 보는 아동기의 경향성을 반영한다.

① 대상

김진숙, 김창대, 이지연(2007)에 의하면 대상(object)이란 사랑이나 미움을 받는 사람이나 장소, 사물, 환상을 의미한다고 한다. 사람들은 집과 자동차, 고양이, 개, 산과 나무, 책, 그림 등을 사랑할 수도 있고 반대로 미워할 수도 있다. 최초의 애정대상은 어머니이지만, 덜 인격적인 용어인 대상, 즉 사랑과 미움의 정신적 에너지가 투여된 어떤 것을 뜻하는 이 용어는 여전히 유용하다. 타자(others)라는 단어를 종종 대상이라는 용어와 바꾸어 사용할 수도 있다(정성란, 2011, 재인용).

② 자기표상과 대상표상

표상(representation)이란 어떤 것에 대한 인식, 이미지, 생각, 느낌 등이 포함된 이해의 틀을 의미한다. 자기 자신에 대한 이미지와 생각, 정서 등의 전체적인 인식을 자기표상이라고 하고, 다른 사람들에 대한 이미지와 생각, 정서 등의 전체적인 인식을 대상표상이라고 한다. 자기표상은 자아개념, 자아존중감, 자아정체감 등의 용어로도 설명이 가능하다. 자기표상과 대상표상은 생애 초기 주요 타자들(주 양육자)과의 관계 경험과 상호작용과정에서 형성되는 것이다. 자기표상과 대상표상은 서로 상호작용을 하고, 이 과정에서 형성되는 것을 대상관계라고 한다. 자기표상과 대상표상의 상호작용을 통해 형성된 것으로, 대인관계를 시작하거나 끝내는 어떤 특성과 패턴, 즉 주변의 다른 사람들과 관계를 맺는 방식에 대한 반복적이고 일관된 형태가 대상관계이다.

③ 대상관계

대상은 유아를 양육하는 사람으로, 유아의 삶과 발달에 결정적 영향을 미치는 인격적 존재를 의미한다. 대상관계란 생애 초기 주요 다른 사람과의 관계에서 경험한 것이 어떤 정신적 표상과 상호작용의 틀로 내면화된 것을 의미한다(김혜숙, 박주현, 이영주, 임상묵, 2012).

대상관계의 사전적 의미는 자신과 다른 사람 사이의 정서적 유대이다. 대상관계는 객관적이거나 실재적인 관계와는 구별되는 개념으로서, 주관적으로 형성되는 특성을 가진 관계이다. 대상관계란, 어린 시절 부모-자녀 간의 상호작용을 기초로 형성되는 자기와 타인에 대한 내면적인 이미지들로 이것이 타인과 관계를 맺는 양상을 결정한다는 것이다. 아이는 성장하는 과정에서 부모와의 대상관계와 상호작용 경험을 통해 자기 자신에 대한 상(像) 혹은 내면화된 이미지인 자기표상을 형성하고, 태어나서 가장 처음 만나게 되는 주요 타자인 부모들을 통해 세상 사람들은 어떠하다고 하는 대상표상을 형성하게 된다(정성란, 2011).

김진숙, 김창대, 이지연(2007)에 의하면 대상관계는 자기와 내적 혹은 외적 대상과의 상호작용이라고 한다. 자기표상과 대상은 독립적으로 존재하는 것이 아니라, 대상관계 구성단위라고 불리는 관계 안에서 존재한다. 이런 구성단위는 자기표상과 내적 대상표상으로 이루어지며, 이 둘은 욕동이나, 사랑이나 미움과 같은 정서 등에 의해 연결된다(정성란, 2011, 재인용).

(2) 가족역기능의 원인

정신분석적 대상관계 가족상담이론에서 설명하는 가족역기능의 원인은 생애 초기에 형성된 자기표상과 대상표상, 그리고 그 상호작용 패턴인 대상관계를 현재의 관계에서 별다른 논리적 연결성이 없음에도 불구하고 반복 재연하려고 하는 데 있다고 본다.

정신분석적 대상관계 가족상담이론에서는 한 개인이 건강하고 기능적으로 되기 위해서 어린 시절 성장과정에서 어머니가 '이 정도면 충분한 엄마노릇'을 제공해야 한다고 한다. 아이와 상호작용을 활발하게 할 뿐만 아니라 아이의 요구와 필요에 민감하게 반응하는 돌봄의 질이 훌륭한 '이 정도면 충분한 엄마노릇'은 아이의 분리개별화를 가능하게 한다. 나아가 자신과 타인 속의 좋은 모습과 나쁜 모습을 모두 통합할 수 있게 하므로 정체감을 확립하고 진짜 자기를 발달시키게 한다. 정신분석적 대상관계 가족상담이론에서 보는 가족 역기능의 원인은 잘못된 부모노릇을 통한 가짜 자신의 형성이다. 가짜 자신의 형성은 분열현상을 초래하기 때문에 역기능의 성격장애를 갖게 한다. 결국 주요 환경 및 주요 대상인 부모가 잘못된 부모노릇(완벽하거나 거부하는 부모노릇)을 함으로써, 아이는 가짜 자기를 발달시키게 되고, 분리개별화가 어려워지며, 대상에 대한 통합을 달성하지 못해 성격장애를 발달시키게 된다(정성란, 2011). 예를 들어, 현재 배우자에게 어린 시절에 상처를 주었던 어머니에게서 느꼈던 이미지와 상호작용을 결합시킴으로써, 아내와 어머니는 별개의 다른 존재라는 것을 자각하지 못하고, 오직 좋거나 오직 나쁜 대상으로만 지각하는 분열이나 투사적 동일시를 일으키게 하는 것이 가족 역기능이다.

① 투사적 동일시

자기에게 있는 부정적 감정을 좋음과 나쁨의 분열을 통하여 외부로 내보내는 현상이 투사인데, 이 과정에서 일어나는 투사적 동일시(projective identification)는 자기의 부정적 감정이 다른 사람에게 실제로 있다고 믿고 사람에게 그러한 사실을 확인시키며 행동하도록 만드는 현상이다. 예를 들면, 유아는 자기 안에 있는 짜증을 수용하지 못하기 때문에 투사하여 대상인 어머니에게 내보내어 어머니를 짜증나게 만든다. 투사가 자기의 부정적 감정을 상대방에게 쏘는 현상이라면 투사적 동일시는 상대방이 자기의 부정적 감정을 실제로 가지도록 만드는 현상이다(한재희 외, 2013).

투사적 동일시는 상호작용에 의한 무의식적 과정이다. 자신의 나쁜 부분, 즉 자신이 수용하기 어려운 어떤 내적인 상태나 특성을 다른 사람에게 투사하여 그들로 하여금 투사된 상태나 특성처럼 느끼게 하거나 행동하도록 유도하는 무의식적 방어기제이다. 투사적 동일시는 대부분 생의 초기에 발생했던 왜곡된 대상관계의 결과이고 깊은 무의식적인 수준의 단계이기 때문에 정확한 특성을 알아내기 어렵다(김혜숙, 박주현, 이영주, 임상묵, 2012).

② 분열

분열이란 자신 속에서나 타인 속에서 좋은 모습과 나쁜 모습이 동시에 함께 있을 수 있음을 이해하지 못하고, 오직 좋거나(all-good) 혹은 오직 나쁜 것(all-bad)만 있다고 생각하는 것이다. 자기 자신이나 타인에게 좋은 모습과 나쁜 모습이 동시에 있다고 받아들이지 못하기 때문에 성격은 매우 불안정한 상태가 된다. 이와 같이 한 대상 안에 좋은 것과 나쁜 것이 동시에 있을 수 있다는 것을 통합하여 인식하지 못하고, 오직 좋거나 오직 나쁜 것만 있다고 구분하여 받아들이는 현상을 분열(splitting)이라고 한다. 어머니가 아이를 양육하는 과정에는 긍정적인 측면과 부정적인 측면이 함께 있을 수밖에 없다. 하지만 유아는 자아기능이 취약한 미성숙한 상태이기 때문에 유아가 지각하는 어머니의 좋은 측면과 나쁜 측면을 동시에 받아들이지 못한다. 유아는 대상이나 자신의 갈등적인 혹은 서로 다른 정서가 부여된 측면들을 양분한다. 그래서 한 번에 어느 한 측면만을 의식적인 차원에서 경험하고 다른 측면은 의식에서 배제하고자 하는데, 이를 분열이라 한다. 어른들이 이 단계에 고착되면 경계선 성격장애나 자기도취적 성격장애를 갖게 된다(정성란, 2011).

(3) 상담목표

정신분석적 대상관계 가족치료 이론에서는 발달과정에서 이룩했어야 할 분리개별화와 통합을 통해 정체감이 발달하고 진짜 자기를 발달시키는 것을 상담목표로 본다. 상담자는 가족구성원들을 무의식적인 제약에서 해방시켜 줌으로써, 과거의 무의식적인 상이 아니라 지금의 현실에 바탕을 둔 전인적이고 건강한 사람으로 상대방과 대상관계를 형성하고 상호작용을 할 수 있게 한다. 결국 내담자와 그 가족이 가진 역기능적인 개인 내적 역동에 대한 통찰을 얻고, 현재에 바탕을 둔 건강한 대상관계를 형성할 수 있도록 자아기능을 강화하여 자신과 다른 사람들에 대해 좀 더 현실적이고 수용적인 태도를 갖게 하는 데 상담목표가 있다(정성란, 2011).

2) 구조적 가족상담

(1) 주요 개념

① 경계

경계는 다른 사람들과 접촉하는 수준을 결정하는 눈에 보이지 않는 심리적·정서적 장벽을 의미한다. 즉, 다른 사람과 나 자신이 어느 정도 가까워도 되는지, 어느 정도 서로의 일을 알고 있어야 하는지 등, 두 사람 간의 정서 공유를 결정하는 정도를 의미한다(정성란, 2011). 가족은 경계선에 의해서 환경 또는 다른 체제들과 구분된다. 경계선은 환경과 가족체제를 구분하는 선으로 여러 가지 모양이 있다. 눈에 보이는 경계선은 물리적 경계선이고 눈에 보이지 않으면 심리적·사회적 경계선이다. 심리적 경계선이란 사람과 사람 사이에 발생되는 일정한 거리를 말하며, 주로 감정이나 애정 등과 같은 정서적 형태로 표현된다(한재희 외, 2013).

가족 경계선은 두 가지 형태, 즉 외적 경계선과 내적 경계선이 있다. 외적 경계선은 가족체제와 다른 체제를 구분해준다. 외적 경계선은 누가 가족 안에 있고 누가 가족 밖에 있는가를 설명함으로써 가족의 멤버십을 알려 준다. 또한 외적 경계선은 가족과 사회체제 간 정보의 흐름을 조절한다. 내적 경계선은 가족의 하위체제 간 그리고 하위체제 내 정보의 흐름을 조절하며, 가족 내 허용되는 자율성과 개별성의 정도에 영향을 미친다(정문자, 정현숙, 정혜정, 전영주, 정유진, 2016).

② 위계질서

구조적 가족상담이론에 의하면, 가족이 효율적으로 기능하기 위해서는 위계적으로 조직화가 되어 있어야 한다고 한다. 위계(hierarchy)란 잘 조직화된 체제는 체제의 수준 사이에 뚜렷한 구분이 있어야 한다는 개념이다(정문자, 정현숙, 정혜정, 전영주, 정유진, 2016).

위계질서는 의사결정 권한과 힘을 누가 많이 가지고 있는가를 결정하는 가족 내 서열을 의미한다. 위계질서는 가족구성원 개인들의 서열을 의미하기도 하지만, 특히 가족 내 하위체제들 간의 서열을 의미한다. 구조적 가족상담이론에서는 하위체제들 간의 위계질서를 중요시하는데, 특히 부부체제가 가족 안에서 가장 중요한 체제로서 그 어떤 하위체제보다 상위에 있어야 한다고 설명한다. 가족 내에서 가장 의사결정 권한을 많이 가져야 하는 사람은 남편과 아내라는 것이다. 물론 이때 남편과 아내는 서로 존중하는 관계를 바탕으로 협조적으로 의사결정 권한을 행사하는 것이 중요하다. 그 다음으로 중요한 것은 부모체제이다(정성란, 2011).

③ 하위체제

가족 조직은 세 가지 독립적인 특성, 즉 가족 하위체제가 조직되는 방법, 가족 하위체제 간 위계적 관계, 하위체제 간 그리고 하위체제 내 경계선의 명확성에 의해 결정된다. 가족은 세대, 성별, 흥미와 기능에 따라 형성된 하위체제(subsystem)를 통해 기능을 나누어 실행한다. 가족을 구성하는 주요 하위체제, 즉 부모 하위체제, 부부 하위체제, 형제자매 하위체제는 각자 고유한 과업이 있다. 부부 하위체제 과업은 존중하는 의사소통방법 확립, 친밀감과 개인성 사이의 균형 협상, 상호 만족하는 성관계 형성을 포함한다. 부모 하위체제는 자녀를 지도하고, 교육하고, 사회화하고, 통제하는 필수 과업을 수행한다. 또한 부모는 자녀가 성장하고 성숙해짐에 따른 변화에 협상하고 수용해야 할 필요가 있다(정문자, 정현숙, 정혜정, 전영주, 정유진, 2016).

(2) 가족역기능의 원인

구조적 가족상담이론에서는 경계와 위계질서를 중심으로 가족의 상호작용과 기능성을 이해하기 때문에, 경계가 분명하지 않거나 위계질서가 바로 잡혀 있지 않을 때 가족역기능이 나타난다고 본다. 기능적인 가족은 상황에 따라 융통성은 있되 분명한 경계선을 가지고 있는 가족이다. 부부끼리, 부모자녀 사이에서도, 형제자매 서열 안에서도 융통성을 가지고 있되 각자의 고유한 개별성과 자율성을 보장하는 분명한 경계선을 가진 가족이 건강하고 기능적인 가족이다. 반면, 경계선을 너무 엄격하게 설정해도, 너무 느슨하게 산만하게 설정해도 역기능적인 가족관계와 연결된다.

① **엄격한 경계선**(rigid boundary)**과 격리된 관계**

가족임에도 불구하고 지나치게 엄격하고 경직되어 융통성이 없는 엄격한 경계선을 의미한다. 엄격한 경계선을 가지고 있는 경우에는 가족들이 서로에게 거의 관심이 없으며 정서적으로도 냉랭한 편이다. 이런 가족들은 서로에 대해서 무관심하거나 다른 사람의 일에 관여를 하지 않는 격리된 관계를 만들어 낸다. 격리된 관계(disengaged relationship)는 가족들의 정서적·심리적 거리가 멀기 때문에 물리적으로 한 공간에 있을 뿐, 사실상 가족으로서의 정서적 친밀감은 찾아보기 힘들다. 그래서 가족들 간에 상호작용이 거의 없는 편이다. 가족들은 서로 대화를 하기 힘들고 생각이나 감정을 공유하기 어렵다(정성란, 2011). 가족이라는 이름으로 묶여 있을 뿐 거의 남남이나 다름없다.

② **산만한 경계선**(diffused boundary)**과 밀착된 관계**

산만한 경계선이란 가족원들 간에 경계가 분명하게 설정되어 있지 않아서 지나치게 느슨하거나 혹은 혼란스러운 경계를 말한다. 경계선이 불분명하여 산만한 경계선을 가지고 있는 가족은 가족들 간에 밀착된 관계(enmeshed relationship)를 만들어 낸다. 경계선이 분명하지 않은 경우 비록 가족이라고 하더라도 지나치게 너와 나의 구분 없이 서로의 일에 지나치게 간섭하고 개입하기 때문에 각자의 독립된 정체성을 유지하기가 힘이 든다. 서로 적절한 거리를 유지하기 힘들기 때문에 서로 기능적으로 관계를 하지 못하게 된다. 밀착된 관계(enmeshed relationship)를 가진 가족들은 서로에 대해서 지나치게 예민하고 민감하기 때문에, 성숙하거나 독립된 삶을 살아가기 힘든 가족관계이다(정성란, 2011).

③ **위계질서가 무너진 가족**

위계질서가 무너진 가족이란 부부 하위체제가 가족의 중심이 되지 못하는 가족을 의미한다. 구조적 가족치료이론에서는 부부체제-부모체제-자녀체제의 순으로 위계질서가 바로잡힌 가족을 건강하고 기능적인 가족으로 본다. 역기능의 위계질서는 하위체제들 간의 질서가 무너져 부부의 의사결정 권한이 무너진 가족을 말한다. 즉, 가족 전체에서 가장 중요한 하위체제는 부부체제인데, 부부가 가족의 중심이 되지 못하고 여러 가지 상황에서 아무런 권한이나 영향력을 발휘하지 못하는 것이다(정성란, 2011). 부부가 중심이 되지 못하는 역기능의 위계질서를 가진 가족은 원가족의 부모가 부부의 일에 지나치게 관여하거나, 여러 가지 갈등을 유발하고 가족의 경계를 침범하는 역기능과 연결된다.

④ 연합

명확하지 않은 경계는 지나치게 경직되거나 모호하다. 지나치게 경직된 경계는 분리, 지나치게 모호한 경계는 밀착 또는 과잉간섭(overinvolvement)의 결과를 낳는다. 가족 하위체제 간의 경계가 명확하지 않을 때, 위계는 무질서해 질 수 있고 가족기능에서 문제가 발생할 가능성이 있다. 이러한 문제가 있음을 알 수 있는 주요한 지표는 경직되고 계속 발생하는 연합(coalition)의 존재이다. 연합은 가족 구성원 한 명이 제삼자에 대응하여 다른 사람 편을 드는 것을 의미한다. 이런 패턴은 권력이라는 개념과 밀접하게 연관된다. 구조적 모델에서는 세대 간 연합(cross-generational coalition)이 가족의 기능을 특히 방해한다고 본다(정문자, 정현숙, 정혜정, 전영주, 정유진, 2016).

부부갈등이 심각할 경우, 힘이 약한 한 배우자가 자녀와 강하게 연합해서 힘이 강한 배우자에게 대항하기 위해서 자녀와 연합하는 것을 강력연합(stable coalition) 이라고 한다. 부모 중 한 사람이 지나치게 강한 세력을 가지면, 다른 한 쪽 부모는 그 세력에 대항하기 위해 자녀와 연합하게 되는 경향이 있다. 이 때 힘이 약한 배우자가 시도하는 지배와 통제는 직접적으로 드러나는 형태라기보다는 수동공격형의 성격을 띤다. 부모 중의 한 사람이 자녀와 연합하는 것은 가족병리의 한 특징이다. 혹은 부부갈등으로 인한 슬픔과 분노, 욕구좌절과 외로움 등을 직접 그 배우자에게 풀거나 위로받지 못하고, 자녀를 통해 마음속의 갈등을 해소하거나 위로를 얻으려는 것은 우회연합(detouring coalition)이라고 한다(정성란, 2011).

(3) 상담목표

기본적으로 구조적 모델에서는 가족의 구조적 특성 중 상호의존성과 스트레스에 대한 가족의 취약성, 스트레스에 대응하는 전략과 규칙 및 변화하는 가족의 유연성을 강조한다. 명확하게 규정된 하위체제, 위계, 경계가 있고, 적절한 자원이 있어 덜 취약하며, 필요한 경우 그 구조를 유연하게 조정할 수 있는 가족은 기본적 과업을 더 효율적으로 수행할 수 있다(정문자, 정현숙, 정혜정, 전영주, 정유진, 2016).

구조적 가족상담이론에서의 상담목표는 경계와 위계질서를 바로잡는 일이다. 부부체제－부모체제－자녀체제의 위계질서가 무너진 가족에게 부모체제나 자녀체제가 중심이 됨으로써 나타나는 역기능을 이해시키고, 부부관계를 회복시켜줌으로써 부부가 그 가족의 중심이 될 수 있도록 위계질서를 바로잡아 주는 것이 구조적 가족상담이론의 상담목표이다(정성란, 2011).

3) Satir의 경험적 가족상담

(1) 주요 개념

① 자기가치와 자존감

Satir는 가족원 개인의 자기가치감과 자존감을 가장 중요시하였다. Satir는 건강하고 기능적인 가족은 가족원들의 자존감과 자기가치가 높을 뿐만 아니라 일치적인 의사소통을 한다고 하였다. 자아존중감(self-esteem)과 자기가치(self-worth)가 긍정적이고 높을 때 사람들은 자기 자신을 가치롭게 여기고 존중할 뿐만 아니라 다른 사람들도 존중하고 가치롭게 여길 수 있다. 자존감과 자기가치감이 긍정적일 때 사람들은 솔직하고 진솔한 일치적 의사소통을 하게 된다. 자존감이 낮거나 자기가치감이 부정적일 때 사람들은 자기 모습에 대한 확신이 부족하고 두려움과 불안을 가지고 살아가기 때문에 정직하지 못한 이중적이고 불일치적인 의사소통을 하게 된다고 한다(정성란, 2011).

자기가치감이 낮은 사람은 자율성과 개별성을 보이지 못하는 경향이 있어서, 타인이 자기를 어떻게 보는지에 지나치게 초점을 둔다. 자기가치감이 낮은 사람은 자기 스스로에게 부여하지 못하는 가치감을 타인이 제공해주기를 기대하는 경향이 있다. 높은 자존감은 개인적 차이와 고유성이 가치 있게 여겨지는 가족 안에서 발달한다.

이런 가족은 대개 규칙이 융통적이고, 의사소통이 명확하며, 구성원들은 자신의 행동에 대한 책임을 져서 자기 자신, 자기의 강점과 단점, 타인의 강점과 단점을 수용할 수 있다. 이런 사람은 자기 힘으로 설 수 있고, 자기의 삶과 자신의 고유성을 발달시키는 과정에 대한 책임을 질 수 있다(정혜정, 2016).

② 불일치적 의사소통 유형

사람들은 자신의 자존감 수준을 고유한 방식으로 의사소통한다. 마찬가지로 의사소통은 개인이 자기, 타인, 상황이라는 세 가지 렌즈를 통해 보일 수 있는 자기가치감을 유지하도록 돕는다(정혜정, 2016). 어떤 사람들은 의사소통의 비언어적 요소에 더 민감한데, 그들은 계속해서 타인들이 자신을 어떻게 생각하는지 결정하는 정보에 주의를 기울인다. 자아존중감(self-esteem) 또는 개인이 자신에 대해 얼마나 긍정적으로 느끼는가 하는지는 개인이 메시지를 어떻게 받아들이고 프레임하는지를 결정하는 데 중요한 역할을 한다. 개인의 자아존중감이 높을수록, 타인의 언어적 표현과 비언어적 표현에 개방적이며 타인과의 의사소통을 정확히 해석할 가능성이 높다고 한다(정문자, 정현숙, 정혜정, 전영주, 정유진, 2016).

낮은 자존감을 숨기기 위한 대화 유형 및 행동양식은 다음과 같다(정성란, 2011; 김혜숙, 박주현, 이영주, 임상묵, 2012).

- 회유형(위로자): 자기 욕구는 숨기고 다른 사람들만을 즐겁게 하려는 사람이다. 다른 사람들을 기쁘게 하고 즐겁게 하는 데에서 자신의 위로를 구하는 특성이 있다. 회유형은 자신의 가치나 감정을 무시한 채 다른 사람에게 자신의 힘을 넘겨주고 모두가 동의하는 말만 한다. 다른 사람과 상호작용하는 상황은 존중하지만, 자신의 진정한 감정은 존중하지 않는다.
- 비난형(비난자): 다른 사람을 비난하면서 상대방을 통제하려고 하는 사람으로 다른 사람들이 잘못된 사람이라는 점이 부각되어야 편안함을 느낀다. 비난형은 약해져서는 안 된다는 의지를 가지고, 자신을 보호하고 다른 사람이나 환경을 괴롭히거나 나무란다. 비난하기 위해 다른 사람의 가치를 격하시키면서 자신과 상

황에만 가치를 둔다. 다른 사람에게 자신을 힘이 있고 강한 사람으로 인식시키려고 노력하는 특성이 강하다.

- 초이성형(계산자): 정서적으로 다른 사람들과 연결되지 않으려고 하는 사람으로, 다른 사람과 거리를 둠으로써 상처받는 데 대한 자신의 두려움을 숨기고 스스로를 보호하는 특성을 가진다. 초이성형은 지나치게 상황만 중시하며, 기능적인 것에 대해 합리적으로 언급하고 자료와 논리를 중요시한다. 말은 감정에 초점을 주는 것에서 상황에 초점을 두는 것으로 바꾼다. 심리적 증상으로는 우울증, 사회적 철회, 공감력 부족 등이 있다.
- 산만형(혼란자): 자신의 외로움이나 공허함을 숨기고 직면하지 않으려고 다른 사람들을 혼란스럽게 만드는 사람이다. 산만형은 즐거워하거나 익살스럽지만, 심리적으로 혼란되어 있다. 위협에 직면하면 그것을 무시하고 마치 위협이 존재하지 않는 것처럼 행동하므로 주의를 교란한다. 말에 초점이 없어서 의미나 내용이 없고, 혼자 바쁘고 산만하다.

(2) 가족역기능의 원인

경험적 가족상담이론에서 보는 가족역기능의 원인은 가족원들의 자존감과 자기가치감이 낮은 것, 그래서 그것을 숨기기 위한 불일치적 의사소통을 하는 것이다.

사람들은 자기가치감이 부정적이거나 자존감이 낮을 때 그것을 숨기고 싶어 한다. 그래서 겉으로는 아주 강하거나 대범한 사람처럼 보이려고 노력한다. 열등감이 깊고 자존감이 낮을수록 오히려 다른 사람들을 더 무시하고 비난하는 경향이 강하다. 누군가가 자신을 조금만 무시하려고 해도 참지 못하고 화를 내거나 공격을 한다. 이것은 자존감 위협에 대한 두려움을 숨기기 위한 방어기제이다. 이와 같이 낮은 자존감을 가진 사람은 있는 그대로의 자기 자신으로서 다른 사람들과 의사소통하거나 관계하는 데 대한 불안과 두려움을 가진다. 항상 다른 사람들의 눈치를 보거나 다른 사람들의 반응을 지나치게 살피기 때문에 자기 감정이나 생각에 대해 진솔한 의사소통을 하지 못하고 이중적이고도 불일치적 의사소통을 하게 된다고 한다. 가족원들의 자존감과 자기가치가 낮은 것은 이중적이고 정직하지 못한 불일치적 의사소통과 연결되며, 가족 전체의 역기능과 연결된다(정성란, 2011).

(3) 상담목표

경험적 가족상담이론의 상담목표는 가족원 개인의 자존감과 자기가치감을 향상시킴으로써 가족들이 상호 간에 일치적 의사소통을 하는 것이다.

Satir의 가족상담 모델에서는 가족에게 새로운 희망과 꿈을 갖도록 하며, 자기 가치나 자아존중감을 향상시키는 것이 상담목표이다. 즉, 개인의 표출된 행동과 내면의 경험이 일치하는 경험의 통합, 선택에 대한 자유, 그리고 더욱 독립적인 태도를 갖게 하는 것이다. 즉, 가족구성원 간에 존재하는 욕구와 감정에 좀 더 관심을 가지게 하며, 가족 내에서 그들의 감정을 공유하게 하는 것이다. Satir는 기능적인 일치적 의사소통과 자아존중에 초점을 두며 증상을 극복하는 과정과 성장과정을 강조하기 때문에 가족의 억압된 감정에 많은 관심을 두었다(김혜숙, 박주현, 이영주, 임상묵, 2012).

4) Bowen의 다세대 가족상담

(1) 주요개념

Bowen은 메닝거 클리닉(The Menninger Clinic)에서 일하면서 정신치료에 환자의 어머니를 참여시키기 시작했다. "어머니와 아이의 공생관계에서는 어머니의 불완전한 자아가 아기와 자신을 분화하는 것이 불가능할 수 있다."는 연구가설을 내세웠기 때문이다. 실제로 조현병(調絃病, 정신분열증) 환자의 어머니는 자녀에게 지나친 애정과 결속으로 불안정한 애착을 보인다는 것을 발견할 수 있었다(김혜숙, 박주현, 이영주, 임상묵, 2012).

① 자기분화

다세대 가족상담이론에서 가장 중요한 개념은 자기분화이다. 자기분화란 정서적인 부담이나 스트레스를 주는 문제가 발생했을 때에도 불안에 의해 자동적으로 반응하지 않고, 온전히 내가 되어 유연하고 현명하게 사고하고 반영(reflection)할 수 있는 능력이다. 자기분화란 자신의 반응성(reactivity)을 조절할 수 있는 능력이기도 하다. 그러나 자기분화는 어떤 측면에서는 상당히 이상적인 개념으로 '완전한' 자기분화를 이루는 것이 불가능한 일이기도 하다(한재희 외, 2013).

자기분화(differentiation of self)는 Bowen 이론의 핵심개념으로, 개인이 타인이 아닌 자신만의 방식에 따라 기능하는 것을 배우는 과정이라 할 수 있다. 자기분화는 정신 내적인 개념인 동시에 대인관계적 개념으로, 정신 내적으로는 사고와 감정을 분리할 수 있는 능력을 의미하며 대인관계적으로는 자신과 타인 사이의 분화를 의미한다(정문자, 정혜정, 이선혜, 전영주, 2012).

Bowen은 자기분화라는 개념을 두 가지로 설명한다. 하나는 다른 사람으로부터 자기의 분리이다. 다른 하나는 감정과 정서를 지적 체제인 사고에 의해서 적절하게 잘 통제하고 분별하는 능력의 정도를 말한다. 감정체제가 충동적이면서 감정반사 행동을 한다면, 지적 체제는 감정충동에 의한 행동을 좀 더 효과적이고 합리적으로 변화시켜준다. 또 이성적으로 생각할 수 있게 하며 목표지향적인 활동을 가능하게 한다. 자기분화 수준이 높은 사람은 자기 스스로 의사결정을 하면서도 가족에게 민감하게 반응할 수 있으며, 자신의 감정과 느낌에 따라 행동할 수 있으면서도 동시에 가족구성원으로 머물 수 있다(김혜숙, 박주현, 이영주, 임상묵, 2012).

② 감정반사

감정반사(emotional reaction)란 대인관계 장면에서 이성적이고 합리적인 반응을 하기보다는 주로 감정적으로 반응하는 것을 의미한다. 감정반사를 하는 사람은 대인관계 경험을 통해 분화와 독립을 이루고, 성장을 하기보다는 관계에 강하게 의존되어 있어서 타인과 구별되는 자신만의 독특한 정체감 형성이나 자기성장을 이루는 것이 어렵게된다. 항상 관계(특히, 가족관계)에 강하게 얽매여서 감정적으로 반응하기 때문에 자율적이거나 독립적인 삶을 사는 것이 힘이 든다. 정서적으로 안정되어 있기보다는 오히려 불안하거나 화가 나거나 두려운 감정을 더 많이 경험하게 된다(정성란, 2011).

외부의 자극에 쉽게 반응하거나 화가 났다고 큰소리치며 물건을 부수는 행위는 감정반사행동을 쉽게 하는 사람들이다. 이런 감정반사행동을 하고 지적 사고에 의해 통제하지 못하는 사람들을 Bowen은 분화가 낮은 사람이라고 한다. 이런 사람은 감정체제와 지적 체제의 구별이 어려워 가족체제의 정서에 쉽게 융합한다. 이런 개인은 감정과 사고의 구별이 어려우며 객관적인 사고를 하기 어렵다. 자신의 자아정체감이 약하고 의존감이 강하며 개별성이 아주 약하다(김혜숙, 박주현, 이영주, 임상묵, 2012).

자기분화수준이 낮은 사람은 자신을 보호하기 위해 과도하게 방어적이거나 과도하게 맹목적이 된다. 과도하게 방어하는 사람은 자신이 원가족으로부터 정서적으로 단절되어 어떤 상황에서도 흔들림이 없다고 생각하지만, 자세히 들여다보면 흔들리는 것이 두려워 피하는 것이다. 과도하게 맹목적인 사람은 원가족과 융합(fused)되어 자신의 고유한 생각이나 감정을 주장하지 못한다. 융합이란 낮은 자아분화 수준을 가진 사람이 보일 수 있는 다른 사람에 대한 의존 정도이다(한재희 외, 2013).

(2) 가족역기능의 원인

Bowen의 다세대 가족상담이론에서는 가족역기능의 원인을 삼각관계, 가족투사과정, 미분화된 가족자아 덩어리 등으로 설명한다.

① 삼각관계

Bowen 이론의 또 다른 핵심개념인 삼각관계(triangles)는 가족 내 불안과 긴장을 해소하기 위해 만들어지는 3인 체제의 정서적 역동을 의미하는 것으로, 삼각관계에 가장 중요한 영향을 미치는 것은 불안이다. 만일 2인 관계가 평온하면 오랫동안 안정적 상태를 유지할 수 있지만, 2인 관계가 불안정해지면서 불안이 증가하며 긴장을 해소하는 방법으로 삼각관계가 이루어진다. 스트레스는 불안을 야기하고 불안은 전염성이 있기 때문에 삼각관계가 더욱 활발해진다(정문자, 정혜정, 이선혜, 전영주, 2012).

가족구성원의 증상이나 문제는 융합된 삼각관계에 의한 경우가 많다. 융합관계에서는 독립성보다는 구속력이 더 강하기 때문에 지적 체제에 의한 행동보다는 감정에 의존하는 감정반사행동을 하게 된다. 즉, 두 사람 사이에 불안이나 스트레스 상황에서 긴장이 높아지면 불편한 사람은 제 삼자를 끌어들이든지, 술이나 일, 여가로 삼각관계를 형성하기도 한다. Bowen은 삼각관계를 가족 안에서 가장 불안정한 관계체제로 보았다. 실제로 삼각관계가 일시적으로 불안이나 긴장, 위기 상황에서 어느 정도 도움을 줄 수는 있다. 하지만 오히려 가족의 갈등문제를 더욱 무감각하게 하고 가족의 감정을 더욱 혼란스럽게 한다. 일반적으로 가족관계에서는 부모의 관계가 불안정하고 갈등관계일 때, 자녀 중 하나가 쉽게 삼각관계를 형성한다. 자녀는 부모에게 의존한 상태이고 부모를 필요로 하기 때문에 부모가 자신의 불안을 자녀에게 투사하면, 자녀는 부모를 위로하고 도와주려고 노력한다(김혜숙, 박주현, 이영주, 임상묵, 2012).

② 가족투사과정

가족투사과정(family projection process)은 가족 내에서 불안이 투사되는 과정을 말한다. 불안의 수준은 자아분화수준과 밀접히 관련되므로 다르게 표현하자면 부모의 자아분화수준이 다음 세대로 전수되는 것이라고도 할 수 있다. 특히, 여러 명의 자녀 중 한 사람에게 더 많은 불안이 투사될 경우 그 자녀의 자아분화수준은 더 낮아질 수밖에 없다(한재희 외, 2013).

가족의 투사과정은 가정에서 심한 스트레스나 위기의 상황, 갈등과 싸움의 관계에서 바람직하게 해결하지 못하고 부모의 문제나 갈등을 자녀에게 전가하는 것이다. 가족의 투사 정도는 부모의 자아분화수준과 상관관계가 있으며, 위기 상황에서의 불안감, 결혼과 자녀에 대한 태도, 기대와도 관련이 있다. 가족의 투사과정에서 자란 사람은 결국 대인관계나 사회생활에 적응하지 못하며 자아분화수준도 낮다는 연구결과를 얻었다(김혜숙, 박주현, 이영주, 임상묵, 2012).

③ 미분화된 가족자아 덩어리

대부분의 사람이 부모 곁을 떠나 독립적으로는 살지만, 부모와의 미해결된 정서적·감정적 반응은 자신들의 핵가족 안에서 또다시 반복하는 패턴으로 일어나고 있다. Bowen 이론의 주요 개념은 환경과의 관계에서 긴장과 불안감을 가져오는 강한 결속(togetherness)과 융합(fusion)의 경향이 존재한다면, 다른 한쪽은 자율성과 개별성을 지향하는 '분화(differentiation)'가 있다는 것이다. 이것은 그의 첫 가설인 '어머니와 아이의 공생관계'에서 긴장과 불안 상태에서 나타나는 '미분화된 자아집합체(undifferentiation family ego mass)'란 개념에서 더욱 발전시킨 것이다(김혜숙, 박주현, 이영주, 임상묵, 2012).

Bowen이 제시한 이 개념은 온 가족이 감정적으로 한 덩어리가 되어 정서적으로 함께 고착되어 있는 상태를 의미한다. 이러한 가족은 '지나친 가까움(over-closeness)' 때문에 상대에 대한 정서적 반응성이 높고 상대방을 불편하게 만듦으로써 결과적으로 상호거부를 초래한다(정문자, 정혜정, 이선혜, 전영주, 2012).

김용태(2008)에 의하면 Bowen의 이론에서 핵심개념은 미분화된 가족자아 덩어리이다. 살아 있는 체제로서 가족은 하나로 뭉쳐진 덩어리와 같다. Bowen은 한 개인이 성장을 통해서 자아의 덩어리로 뭉쳐 있는 가족으로부터 분화해나갈 때 가족구성원들이 건강해진다고 보고 있다. 자아의 덩어리는 주로 감정반사에 의해서 이루어진다(정성란, 2011, 재인용). 감정반사를 주로 하는 가족들은 가족 전체가 미분화되어 있는 상태로 덩어리처럼 뭉쳐져 있기 때문에, 가족들의 상호작용은 지나치게 개입하는 형태이거나 감정적으로 혼동되어 있고 미성숙하므로 가족기능수준은 현저히 떨어진다.

(3) 상담목표

Bowen 다세대 가족상담이론의 핵심은 여러 세대를 통해 반복되고 있는 가족과정과 구조를 파악하여 원가족에 대한 자기분화를 높여 가족체제를 변화시키는 것이다(정문자, 정혜정, 이선혜, 전영주, 2012). 즉, 다세대 가족상담이론에서의 상담목표는 각 가족구성원의 자아분화수준을 높이는 것이다. 다세대 가족상담은 가족상담이론 중에서 가족의 체제적 특성을 가장 강조하는 이론이지만, 역설적으로 그 체제를 변화시키기 위해 초점을 두는 것은 바로 개인 구성원의 자아분화수준이다. 원가족 전체를 변화시키는 것보다는 각 구성원이 원가족의 영향력으로부터 자유로울 수 있도록 돕는 것이 훨씬 더 효과적이라고 보는 것이다. 자아분화수준을 높이는 것은 내담자가 자신의 사고와 감정을 구분할 줄 아는 능력을 갖는다는 것을 의미한다. 그 외에 추가적인 상담목표는 가족관계의 변화이다. 대표적인 역기능적 가족관계는 삼각관계이므로 삼각관계를 해체하고 본래 갈등이 있었던 2자 간의 관계를 개선시키는 것이 중요하다고 할 수 있다(한재희 외, 2013).

연습문제

01_ 순환적 인과관계의 개념을 설명하시오.

02_ 부적 피드백과 정적 피드백의 개념을 설명하시오.

03_ 가족생활주기 혹은 가족발달단계의 개념을 설명하시오.

04_ 대상관계의 개념을 포함하여 정신분석적 대상관계 가족상담의 기본전제를 설명하시오.

05_ 분열의 개념을 설명하시오.

06_ 경계와 위계질서의 개념을 설명하시오.

07_ 자기가치 및 자존감의 개념과 가족역기능을 관련지어 설명하시오.

08_ 불일치적 의사소통의 유형 두 가지를 설명하시오.

09_ 감정반사와 미분화된 가족자아덩어리의 개념을 설명하시오.

10_ Bowen의 다세대 가족상담이론에서 삼각관계의 개념을 설명하시오.

07
Chapter

진로상담이론 및 실제

1. 진로 및 진로상담의 정의
2. 진로상담의 필요성
3. 진로상담의 목표
4. 진로상담의 기본과정 및 진로상담자의 자질
5. 진로상담의 주요 이론
6. 진로상담 프로그램의 교육적 실제

Chapter 07

진로상담이론 및 실제

최근 들어서 진로교육, 진로지도, 진로상담 등에 관한 관심이 더욱 증대되고 있다. 개인의 진로선택과 적응 및 발달에 초점을 둔 진로교육은 진로지도와 진로상담을 아우르는 포괄적 개념이며, 개인이 자기 자신과 직업의 세계를 인식하고 탐색하여 자신에게 적합한 일을 선택하고 적응하도록 개인을 둘러싸고 있는 환경에서 전반적으로 도와주는 활동이다. 그러나 진로교육에도 불구하고 상담을 요청하는 대학생 내담자들 중에는 자신의 진로문제로 인한 상담의 요구가 가장 많은 것이 사실이며, 대학 차원의 진로지도 비중도 점점 커지고 있다. 진로문제는 일생을 살면서 누구나 고민하게 되는 매우 중요한 문제이며, 특히 진로상담은 진로라는 주제를 중심으로 수행하는 전문적인 상담서비스이다. 인간의 변화와 성장을 목적으로 하는 특별한 활동인 상담과정에서 올바르고 효과적인 진로상담활동을 수행하기 위해서는 진로상담의 이론적 토대가 필요하다.

진로상담이론은 현상을 체계적이고 논리적으로 이해하는 데 도움이 되며, 이론은 내담자가 당면한 진로문제를 상담자가 적절하게 개입하도록 하는 설계도를 제공한다. 만약 어떤 이론이 내담자의 핵심적인 진로문제를 설명하는 데 적합했다면, 그 이론은 이를 근거로 하여 핵심문제에 효과적으로 대처하기 위한 개입전략을 내 놓을 수 있다. 진로상담의 과정은 내담자가 자신에 관한 정확한 이해와 직업세계에 대한 이해, 합리적인 의사결정능력의 증진, 정보탐색 활용능력의 함양 및 진로계획, 일과 직업에 대한 올바른 가치관 및 태도 형성, 구직기술 등을 가능하게 한다.

학습목표

1. 진로지도와 진로교육, 진로상담의 정의를 말할 수 있다.
2. 진로상담의 필요성을 말할 수 있다.
3. 진로상담의 목표를 말할 수 있다.
4. 진로상담의 기본적인 과정을 설명할 수 있다.
5. Holland의 직업성격 유형 6가지를 말할 수 있다.

1. 진로 및 진로상담의 정의

진로(career)란 일반적으로 개인의 생애전반(life-span)에 걸쳐 추구하는 일의 총체로서 입학, 졸업, 진학, 취업, 직업전환, 결혼, 여가활동 등 연속성으로 진행되는 인생전반의 모든 활동을 포함하는 개념으로 정의되고 있다. 즉, 한 개인이 생애 동안 일과 관련해서 경험하고 거쳐 가는 모든 체험들을 의미한다(김봉환, 정철영, 김병석, 2011; 이지연, 2001).

진로에 대한 다양한 개념화 과정에서 공통적으로 살펴볼 수 있는 것은 '진로'를 생애단절적인 개념으로서 어떤 특정시기에 결정되는 것이 아니라 생애 전반에 걸쳐서 일과 관련된 활동과 경험의 모든 것으로 개인의 과거와 현재, 그리고 앞으로의 미래를 포괄하며 발달하는 개념으로 보고 있다는 것으로 진로라는 개념의 범위가 횡적으로 뿐만 아니라 종적으로 확장시켜 살펴볼 수 있는 것임을 보여 준다. 즉, 진로는 일생 동안 개인이 갖는 경험 또는 지위의 총체로서 직업을 갖기 이전의 경험과 은퇴한 후의 활동을 포함하며, 직업만이 아니라 여가, 사회활동, 가정에서의 일 모두를 포함하는 것이라 할 수 있다(노경란, 고재성, 김선호, 김한준, 정명진, 정시원, 최동선, 2008).

진로와 관련된 유사용어를 살펴보면 다음과 같다.

• 진로지도: 사람들이 활동하는 생애 동안 그들의 진로발달을 자극하고 촉진하기 위해서 전문 상담자나 교사 등과 같은 전문인이 다양한 장면에서 수행하는 활동들로서 진로계획, 의사결정, 적응문제 등을 조력하는 의미를 포함한다.
• 진로교육: 개인의 진로선택, 적응, 발달에 초점을 둔 교육으로 각 개인이 자기 자신과 일의 세계를 인식하고 탐색하여 자기 자신에게 적합한 일을 선택하여 잘 수행할 수 있도록 취학 전부터 시작하여 평생 동안 학교, 가정, 사회에서 가르치고, 지도하고, 도와주는 활동을 총칭하는 용어이다.
• 진로상담: 개인의 진로발달을 촉진시키거나 진로계획, 진로나 직업의 선택과 결정, 실천, 직업적응, 진로변경 등의 과정을 돕기 위한 조력활동을 의미한다.

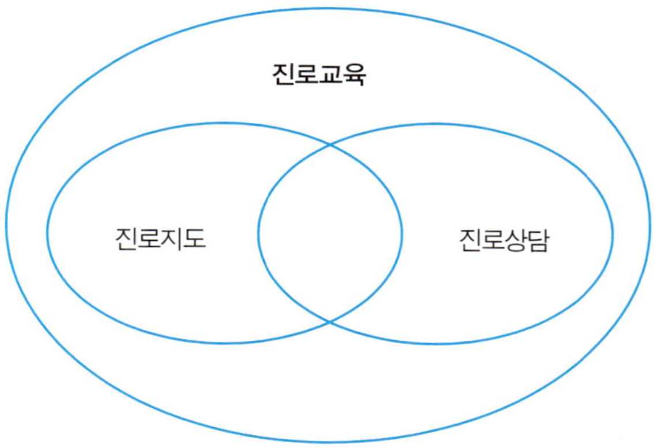

[그림 7-1] 진로교육 · 진로지도 · 진로상담의 관계

진로(Career)라는 개념이 특정 시점에서의 선택의 문제가 아니라 인생 전반에 걸쳐 나타나는 지속적이며 발달적인 개념이라고 할 때, 진로상담은 개인의 소질이나 적성을 개발하고 활용하는 데에 있어 매우 중요한 역할을 차지한다고 볼 수 있다. 특히, 개인의 진로 전반에 지속적인 영향을 미친다는 측면에서 진로상담이 가지고 있는 중요성은 매우 크다고 할 수 있다. 또한 여러 사회 및 경제적인 변화, 기술의 발달에 따른 직업의 생성과 소멸, 이직 · 전직의 보편화 등 직업세계 및 노동구조의 급격한 변화로 인하여 진로상담은 개인에게 있어 한두 번으로 끝나는 것이 아니라 일생 동안 계속적으로 일어나는 것이 되었으며(김봉환, 김병석, 정철영, 2005), 합리적인 진로 결정 및 진로준비는 자아실현이라는 개인적인 측면뿐만 아니라 다양한 분야에서 창의적인 능력과 소질을 발휘하는 인재 양성과 적절한 인력 배치라는 국가적인 측면(OECD, 2004; 이지연, 2002)에서도 더욱 중요한 의미를 갖는다(고재성, 김선호, 노경란, 변정현, 김은영, 2008).

이상을 종합해보면 진로는 일생 동안 개인이 갖는 경험하고 거쳐 가는 모든 체험이다. 직업을 갖기 이전의 경험과 은퇴한 후의 활동을 포함하며, 직업만이 아니라 여가, 사회활동, 가정에서의 일 모두를 포함하는 포괄적인 과정이며, 진로상담은 한 개인의 생애 전반에 걸쳐 진로발달을 촉진하거나 진로계획, 진로나 직업의 선택과 결정, 실천, 직업적응, 진로변경 등의 과정을 돕기 위한 조력활동을 의미한다.

2. 진로상담의 필요성

진로상담이 왜 필요하고 중요하게 다루어져야 하는지에 대한 문제는 사회·환경적인 측면과 개인적인 측면을 통해 살펴볼 수 있다. 사회·환경적인 측면에서 보면 첫째는 노동시장 환경의 급속한 변화와 직업세계 변화의 가속화를 들 수 있다. 현대사회는 여러 방면에서 상상하기조차 힘들 정도로 빠른 변화를 거듭하고 있으며, 급변하는 사회환경과 함께 직업세계는 인재에 대한 기준 및 관점 또한 급변하고 있다는 사실이다. 둘째는 노동시장에서 요구하는 인재와 학교 교육기관을 통해 배출하는 인재와의 불일치의 문제이다. 즉, 교과목 중심의 학습, 진학 중심의 학습, 입시 위주의 학습 등에 익숙해진 개인이 실제 직업세계에서 요구하는 인재상으로 이어지지 못하는 제도적 문제 또한 존재한다.

개인적인 측면에서는 첫째 자신의 진로 및 미래설계에 대한 개인심리적 요인의 문제(자기주도성, 진로정체감 등)이다. 이는 진학 및 입시 위주의 학습과 교육에 익숙해져 있는 개인적 특성들로 인해 개인의 진로정체감이 부족함은 물론 스스로 자기 자신의 진로 및 미래를 설계하는 주도성 또한 부족하다. 둘째는 자신이 무엇을 잘하는지, 무엇을 할 때 즐겁게 할 수 있는지, 자신이 추구하는 중요한 가치가 무엇인지 등 자신이 누구이며 장차 어떤 분야에 어떤 역할을 수행할 수 있는지 등을 알아보는 자기 자신에 대한 이해 부족이 있다. 셋째는 다양한 직업세계에 대한 이해 부족으로 자신이 어떤 분야에서 자신의 역량을 발휘할 수 있을지에 대해 정보 부족뿐만 아니라 어떻게 준비해야 하는지에 대한 계획 및 전략 수립의 부족으로까지 이어지는 문제가 있다.

이상과 같이 사회환경적 측면과 개인적 측면에서의 문제들로 인해 자신의 생애 전반에 걸쳐 나타나는 진로 및 미래설계를 좀 더 건강하고 체계적으로 할 수 있도록 돕는 진로상담의 필요성과 중요성이 더욱 부각되고 있다.

3. 진로상담의 목표

국내외 학자들의 진로상담의 목표를 살펴보면, Krumboltz(1979)가 제시한 진로상담의 목표는 내담자가 끊임없이 변화하는 직업세계 속에서 만족스러운 생활을 창조하기 위해 기술, 흥미, 신념, 가치, 일, 습관, 개인적 자질을 학습하는 것을 촉진하는 데 있다. 이는 자신의 정확한 이해라는 측면에서 진로상담의 목표를 충족시키는 것이라 할 수 있다. 김충기(1995)는 진로상담의 목표를 개인의 객관적인 자기이해의 과정과 각종 진로정보활동과정을 거쳐 이루어진 토대 위에 전문적이고 뚜렷한 목적을 가진 상담을 통하여 자기를 확인하고 사회에 대응하여 합리적인 진로선택과 의사결정이 이루어져 직업생활에서 잘 적응하고 보람을 찾아 만족하며 행복한 삶을 누릴 수 있도록 종합적인 판단능력을 길러주는 데 중요한 목적이 있다고 보았다. 이정근(1998)은 진로상담의 목적은 자신의 진로를 객관적이고 합리적인 경로를 통하여 정확하게 인식하도록 도와주는 데 있다고 보았다.

학자들의 공통된 목표는 진로상담과 지도를 통하여 개인이 자신을 정확히 이해하고 주위 여건을 충분히 고려하여, 자신에게 적합한 진로를 계획하고 선택하여 이를 개척해 나감으로써 자기 자신 및 사회의 구성원으로서 공헌할 수 있는 기틀을 마련해 주는 데 있는 것이다. 진로상담의 구체적 목표를 살펴보면 다음과 같다.

- 자기 자신에 대한 정확한 이해: 진로상담의 기본이 되는 목표 중 하나가 자기 자신에 대한 정확한 이해, 객관적인 이해와 함께 올바른 자기인식능력을 길러주는 데 있다. 한 개인으로 하여금 자신의 능력, 특성, 적성, 흥미, 대인관계, 외모 등에 대하여 정확하게 이해할 수 있도록 도와줄 필요가 있다.
- 직업세계에 대한 이해: 급변하는 사회환경과 함께 직업의 전문화, 고도화가 급속하게 진행되는 만큼 일과 직업, 세계에 대한 객관적인 정보와 이에 대한 체계적인 탐구가 절실하다. 이를 간과하여 진로 혹은 직업을 선택한다는 것은 무모한 일이다. 따라서 일의 종류, 직업, 세계의 구조, 직업세계의 특성, 변화하는 직업의 요구조건과 필요한 기술, 고용기회 및 경향, 피고용자와 고용자와의 관계 등에 관한 이해를 도울 필요가 있다.
- 합리적인 의사결정능력의 함양: 개인은 자기 자신에 대한 정확한 이해와 직업세계에 대한 이해 및 정보를 바탕으로 진로를 선택하게 되는 의사결정을 해야 한다. 따라서 의사결정을 합리적으로 잘하느냐 그렇지 않느냐에 따라 자신에게 적합한 진로를 선택할 수도 있고 그렇지 못할 수도 있다.
  따라서 진로를 결정하는 일은 개인의 일생을 통해서 성취해야 할 가장 중요한 과업 중 하나다. 자신의 진로를 계획하고 이를 추진하기 위해서는 상황을 정확히 판단하고 최선의 것을 선택할 수 있는 수준 높은 의사결정능력이 요구된다. 이러한 능력을 함양시키기 위해 의사결정 시 고려하여야 할 요소, 우선순위, 필요한 정보 등을 수집하고, 합리적으로 결정하는 연습을 할 수 있도록 도울 필요가 있다.
- 정보탐색 및 활용능력의 함양: 지식 및 정보화 시대라고 말하는 현대사회에서 넘쳐나는 다양한 지식과 정보는 그만큼 중요한 역할을 한다. 이에 자신에게 유용한 정보를 신속·정확하게 수집, 분석, 가공하여 적절하게 활용할 수 있는 능력을 갖추어야 한다. 특히, 진로상담 및 진로지도에서는 '정보 제공'이 가지는 비중

이 매우 크기 때문에, 상담자는 내담자가 필요로 하는 정보를 제공해야 할 뿐만 이 아니라 내담자 스스로 필요한 정보를 탐색하고 활용하는 능력을 갖출 수 있도록 안내하는 역할도 무척 중요하다.

- 일과 직업에 대한 올바른 태도 형성: 현대사회에서 일 또는 직업이란 생계의 수단으로서 뿐만 아니라 개인적으로는 자아실현, 더 나아가서는 사회구성원으로서 역할분담 및 사회봉사의 수단으로서 그 중요성이 더욱 증대되고 있다. 따라서 직업에 대한 가치관, 직업의식 등 일과 직업에 대한 올바른 가치관 또는 태도를 형성할 수 있도록 도와주어야 한다.

4. 진로상담의 기본과정 및 진로상담자의 자질

진로상담과정의 시작은 진로상담자와 내담자 간의 신뢰 형성(Rapport) 관계 속에서 이루어져야 한다. 즉, 진로상담과정의 초기단계는 상담협력관계를 형성하기 시작한다는 점에서 매우 중요하다. 그런 다음, 진로상담의 범위를 구축하면서 정보수집과정이 진행된다. 여기에는 가설을 세우기 위해 질적·양적 과정과 도구를 사용하여 내담자와 그 문제에 대해 파악하는 것도 포함된다. 다음으로 내담자가 자신들의 목표를 달성하거나 문제를 해결할 수 있도록, 가설에 기초하여 개입하는 절차가 뒤따른다. 내담자의 목표가 달성되거나 문제가 해결되면 진로상담과정과 관계가 종결된다. 이러한 진로상담과정이 진행됨에 따라 내담자와 상담자 간의 효과적인 상담협력관계(Meara & Patton, 1994)가 더욱 발달되고 강화된다. 이는 상담자와 내담자를 묶어주어, 상호 간의 신뢰와 존중의 유대감을 개발하는 기초가 된다(김봉환, 2010).

상담자와 내담자가 함께 겪어야 하는 진로상담과정의 단계와 효과적인 상담협력관계의 중요성에 비추어볼 때, 상담자가 갖추어야 할 자질은 다음과 같다.

- 인간에 대한 관심과 사랑: 인간의 본성에 대한 긍정적 관심과 다른 사람의 안녕과 행복을 위한 관심은 효과적인 상담을 위한 필수적 요건이다. 상담자는 사람

을 존경하고 신뢰하며, 그 나름으로의 가치를 인정해 줄 수 있어야 한다.

- 진로상담자 자신에 대한 각성: 상담자는 자기 자신의 목표, 정체, 동기, 요구, 가치관, 느낌, 장점과 단점 등에 대하여 객관적으로 지각하고 있어야 한다. 또한 항상 새로운 삶의 경험과 여러 가지 삶의 방식에 대하여 개방적인 태도를 가짐으로써 자신에 대한 각성을 촉진시켜야 한다.
- 인간의 발달에 대한 기본적인 지식 및 사회환경에 대한 지식: 진로상담자는 인간의 발달, 이상성격의 특성, 인성과 사회·문화적 요인과의 관계 등에 대한 지식은 물론 변화하는 사회환경과 직업세계에 대한 이해가 있어야 한다.
- 전문적인 지식과 기술: 상담은 조력전문직으로, 상담에 관한 정규교육을 받은 후 전문가로서의 능력과 연구는 물론 관련 자격을 갖추어야 한다. 기본적인 상담의 원리, 상담방법의 절차, 상담사례연구 등에 대한 충분한 이해와 능력을 갖추어야 함은 물론 상담실습을 통해 상담기법을 터득하여 부단한 실습과 이에 대한 피드백(슈퍼비전)을 통해 끊임없는 연구와 실습의 과정을 밟아야 한다.
- 개인의 객관적인 특성 이해를 위한 심리검사에 대한 능력: 개인의 심리적 특성, 정의적 평가, 개인차의 이해, 각종 표준화 심리검사의 실시·해석 및 적용능력 등을 갖추어야 한다. 이를 통한 내담자 개인에 대한 좀 더 체계적이고 심층적인 이해를 할 수 있는 능력을 갖추어야 한다.

5. 진로상담의 주요 이론

진로이론은 진로발달의 과정에 초점을 맞춘 이론과 진로선택에 초점을 맞춘 이론으로 나눌 수 있다. 진로발달이론은 진로발달의 과정에 초점을 맞춘 이론으로서 전 생애에 걸쳐서 어떻게 한 사람에 의미가 있는 진로목표를 형성하고 실현해 가게 되는가 하는 과정에 초점을 두는 이론으로, 여기에서는 대표적으로 Ginzberg의 발달이론, Super의 진로발달이론을 중심으로 살펴보고자 한다. 진로선택이론은 직업선택에 초점을 맞춘 이론으로 개인이 무엇을 좋아하고 잘하는가의 관심에서 출발하여 '이 사람은 이런 사람이다'에 초점을 두고 어떻게 선택하는가, 왜 선택하는가에 초점을 두는 이론이다. 여기에서는 대표적으로 Parsons의 특성-요인이론, Holland의 성격이론을 중심으로 살펴보고자 한다.

먼저 진로발달의 과정에 초점을 둔 진로발달이론을 중심으로 살펴보고자 한다.

1) Ginzberg의 직업선택 발달이론

(1) 이론의 배경

Ginzberg, Ginsberg, Axelrad, Hermar 등은 경제학자, 정신의학자, 사회학자, 심리학자 등으로서 직업선택의 과정에 발달적 접근방법을 도입하였다. 즉, 전공이 다른 사람들이 모여서 진로선택의 발달에 대하여 여러 가지 학문을 통합하는 연구를 하였다. 이들은 직업선택은 하나의 발달과정으로서 단 한 번의 결정이 아니라 장기간에 걸쳐 지속적인 결정으로 이루어지는 일련의 결정이라고 보았다. 직업선택은 4가지 요인인 가치관, 정서적 요인, 교육의 양과 질, 실제 상황적 여건의 상호작용으로 이루어진다. 4가지 요인 간의 상호작용으로 태도가 형성되고, 태도는 직업선택을 결정하게 된다. 이러한 직업선택과정은 비가역적인 것으로 나중에 이루어지는 결정은 이전의 결정의 영향을 받게 된다고 보았다. 특히, 직업선택의 과정은 바람(wishes)과 가능성(possibility) 간의 타협(compromise)으로 볼 수 있으며, 이와 같은 타협 때문에 직업선택과정은 비가역적이라는 것이다. Ginzberg의 직업선택단계와 과업을 살펴보면 직업선택과정을 환상적 직업선택단계, 시험적 직업선택단계, 현실적 직업선택의 3단계로 구분하고 있다.

① **1단계: 환상기**(환상적 직업선택단계 / fantasy period, 만 6~10세)

현실여건이나 자신의 능력, 가능성 등과는 무관하게 독단적으로 직업을 선택하여 그 직업에서 하는 일을 놀이 활동을 통해서 표출하려고 한다. 이 연령층의 아이들은 현실적인 인식을 잘 하지 못하기 때문에 원하는 것은 무엇이든지 다 할 수 있다고 믿는 단계이다.

② **2단계: 잠정기**(시험적 직업선택단계 / tentative period, 만 11~17세)

이 단계에서는 개인의 흥미, 능력, 가치가 고려된다. 그러나 이 시기에는 현실적인 요인들이 고려되지 않기 때문에 시험적 단계 또는 잠정적 단계라고 불린다. 시험적 선택단계는 다시 4가지 하위단계로 세분화된다. 흥미단계(interest stage, 대략 11~12세)는 자신의 흥미에 입각해서 직업을 선택하려는 경향이 있다. 능력단계(capacity stage, 대략 13~14세)는 자신이 흥미를 느끼는 분야에서 성공을 거둘 수 있는 능력을 지니고 있나 시험해 보기 시작한다. 그리고 직업의 다양성, 그에 따른 보수, 필요로 하는 교육과 훈련이 다르다는 사실을 처음으로 인식하게 된다. 가치단계(value stage, 15~16세)는 직업을 선택할 때에 고려해야 하는 다양한 요인들을 인정하게 된다. 따라서 선호하는 직업과 관련되는 다양한 요인들에 대해 알아보고, 그러한 직업을 자신의 가치관 및 생애목표와 관련하여 평가해본다. 전환단계(transition stage, 17~18세 전후)부터는 점차 주관적인 부분에서 현실적인 외적인 부분들로 관심을 돌리게 된다.

③ **3단계: 현실기**(현실적 직업선택단계 / realistic period, 만 18~22세)

이 단계에서는 개인의 흥미, 능력, 가치, 기회뿐만 아니라 직업의 요구조건, 교육기회, 개인적 요인 등과 같은 현실요인을 고려하고 타협해서 비로소 현실적인 선택을 하게 된다. 현실적 직업선택단계는 다음의 3가지 하위단계로 구분된다. 탐색단계(exploration stage)에서는 직업선택을 위해 필요하다고 생각되는 교육이나 경험을 쌓으려고 노력하는 단계이다. 구체화 단계(crystallization stage)는 직업목표를 정하고, 자신의 결정에 관련된 내적·외적 요소를 종합할 수 있는 단계이다. 특수화 단계(specification stage)는 자신이 한 결정을 더욱 구체화시키고, 더욱 세밀한 계획을 세우는 단계이다.

〈표 7-1〉 Ginzberg의 진로발달이론에 따른 발달과업 및 특징

생애단계	연령	특징
환상기 (fantasy period)	아동기 (6~11세)	• 초기단계에서 놀이 중심 • 이 단계의 후기에 놀이가 일 지향이 됨

생애단계	연령	특징
잠정기 (tentative period)	청소년 초기 (11~17세)	작업요구 수준, 즉 관심, 능력, 작업보상, 가치관 그리고 시간전망에 대한 점진적 인식으로 특징되는 과도기적 과정
현실기 (realistic period) 현실기 (realistic period)	청소년 중기 (17세~성인 초기)	• 능력과 관심의 통합 • 가치관의 발달 • 직업선택의 명료화 • 직업 유형의 정형화

(2) 이론의 평가적 측면

Ginzberg의 직업선택발달이론에서 직업선택은 점점 현실지향적이 된다고 보았다. 즉, 초기에는 개인의 흥미, 능력, 가치관이 직업선택에 결정적인 영향을 미치나 점차 외적인 조건과의 타협에 의해서 직업선택이 이루어진다는 점이다. 즉, Ginzberg의 직업선택발달이론은 직업선택과정에서 단계별 문제의 발전과 지도에 도움을 줄 수 있다는 장점을 지닌 반면, 직업선택이 20대 초반에 절정에 달하는 과정으로 봄으로써 진로발달을 아동기부터 20대 초반까지의 국한적인 과정으로 보았다는 한계점을 가진다.

2) Super의 진로발달이론

(1) 이론적 배경

Super는 진로발달을 아동기부터 성인 초기까지의 국한된 과정이라고 한 Ginzberg의 초기 이론에 이의를 제기하고 진로발달은 인간의 전 생애에 걸쳐서 이루어지고 변화되는 것이라고 하였다. 또한 직업선택을 타협의 과정으로 본 Ginzberg의 이론을 보완하여 타협과 선택이 상호작용하는 일련의 적응과정으로 보고, 발달을 개인과 환경과의 상호작용에 따른 결과와 같이 개인과 환경과의 상호작용에 의한 적응과정이라고 하였다.

Super 이론의 기저를 이루는 핵심 개념은 자아개념(self concept)이다. 이는 인간은 자아개념(자아이미지)과 일치하는 직업을 선택하고자 한다는 것이다. 즉, '나는 이런 사람이다'라고 느끼고 생각하던 바를 살릴 수 있는 직업을 선택한다는 것이다. 따라서 진로상담을 할 때 내담자가 어떤 자아개념을 가지고 있는지를 파악하여 접근하는 것이 필요하다. 또한 성격, 흥미, 능력 등과 같은 심리적 요인과 사회경제적 요인이 자아개념의 발달에 함께 영향을 미친다. Super의 직업발달단계와 과업을 살펴보면 중요한 개념 중의 하나는 직업발달단계이다. 직업발달단계(vocational development stage)를 구체적으로 살펴보면 다음과 같다.

① **성장기**(growth stage, 0~14세)

이 단계에는 가정과 학교에서의 주요 인물과 동일시함으로써 자아개념을 발달시킨다. 이 시기는 욕구와 환상이 지배적이나 사회참여와 현실검증이 증가함에 따라 흥미와 능력을 중요시하게 된다. 이 단계는 3가지의 하위단계로 구분된다.

1단계는 환상기(fantsy substage, 4~10세)로서 욕구가 지배적이며 환상적인 역할수행이 중요시된다. 2단계는 흥미기(interest substage, 11~12세)이며, 개인의 선호가 곧 활동의 목표 및 내용을 결정하는 요인이 된다. 3단계는 능력기(capacity substage, 13~14세)이며, 능력을 더욱 중요시하고 직업의 요구조건을 고려하게 된다.

② **탐색기**(exploration stage, 15~24세)

학교생활, 여가활동, 시간제 일을 통해서 자아검증, 역할시행, 직업적 탐색을 한다. 이 단계는 다시 3가지 하위단계로 구분된다. 1단계는 잠정기(tentative substage, 15~17세)이며, 욕구, 흥미, 능력, 가치, 직업적 기회 등을 고려하기 시작하고, 잠정적인 진로를 선택하며 그것을 다양한 경험을 통해서 시행해 보는 단계이다. 2단계는 전환기(transition substage, 18~21세)이며 취업에 필요한 교육이나 훈련을 받으며 자아개념을 실천하려고 함에 따라 현실적 요인을 중요시한다. 3단계는 시행기(trial substage, 22~24세)이며 자신에게 적합한 직업을 선택해서 최초로 직업을 가지게 된다.

③ 확립기(establishment stage, 25~44세)

자신에게 적합한 분야를 발견하고 안정적인 자리를 확보하기 위한 노력을 한다. 이 단계는 2가지의 하위단계로 구분된다. 시행기(trial substage, 25~30세)는 자신에게 적합한 분야를 발견할 때까지 몇 차례의 시행착오를 경험하게 된다. 안정기(stabilization substage, 31~44세)는 진로가 분명해지고 안정되면 이 직업세계에서 안정된 위치를 갖기 위한 노력을 한다.

④ **유지기**(maintenance stage, 45~65세)

이 시기에는 이미 정해진 직업에 정착하고 이를 유지하기 위해 노력한다.

⑤ **쇠퇴기 혹은 이탈기**(decline or disengagement stage, 66세~)

유지기의 오랜 기간을 거쳐 오면서 사람들은 일에 쏟은 에너지와 흥미의 감퇴를 경험한다. 따라서 일의 속도를 늦추고, 퇴직과 퇴직 후의 삶을 계획하고 준비하게 되며, 직업 전선에서 물러나 다른 활동을 찾게 된다.

〈표 7-2〉 Super의 진로발달이론에 따른 발달과업 및 특징

진로발달단계		특징
성장기 (Growth Stage)	환상기 (fantasy substage, 4~10세)	• 욕구가 지배적 • 역할수행 중시
	흥미기 (interest substage, 11~12세)	진로목표와 내용 결정에 있어 흥미 중시
	능력기 (capacity substage, 13~14세)	• 진로선택에 있어 능력 중시 • 직업에서의 훈련조건 중시
탐색기 (Exploration Stage)	잠정기 (tentative substage, 15~17세)	개인의 욕구, 흥미, 능력, 가치와 취업기회 등을 고려하며 잠정적 진로선택
	전환기 (transition substage, 18~21세)	• 미래 직업세계에 필요한 교육 및 훈련 • 현실적 요인 고려한 직업선택의 명료화
	시행기 (trial substage, 22~24세)	• 직업선택의 성취기 • 직업선택과 구직을 위한 완성기(성취기)
확립기 (establishment stage)	시행기 (trial substage, 25~30세)	• 선택한 진로의 비교·검토 • 선택한 진로 확립
	안정기 (stabilization substage, 31~44세)	• 개인의 진로 유형이 안정되는 시기 • 직업세계에서의 안정과 만족감, 소속감, 지위 획득

진로발달단계		특징
유지기 (maintence stage)	45~66세	안정된 속에서 비교적 만족스런 삶
은퇴기 (decline stage)	65세 이후	은퇴. 다른 새로운 역할과 활동 탐색

(2) 이론의 평가적 측면

진로발달이론 가운데 직업적 성숙과정을 가장 체계적으로 기술하고 있으며, 다량의 실증적 자료를 확보한 이론이다. Ginzberg의 초기 직업선택발달이론에 이의를 제기하고 진로발달은 인간의 전 생애에 걸쳐서 이루어지고 변화되는 것이라고 하였다. 또한 직업선택을 타협의 과정으로 본 Ginzberg의 이론을 보완하여 타협과 선택이 상호작용하는 일련의 적응과정으로 보고, 발달을 개인과 환경과의 상호작용에 따른 결과와 같이 개인과 환경과의 상호작용에 의한 적응과정이라고 하였다. 그러나 너무 광범위하고 자아개념을 지나치게 강조하고 있다는 제한점도 있다.

3) Parsons의 특성-요인이론

(1) 이론의 배경

진로선택에 초점을 맞춘 이론으로서 Parsons는 직업지도운동의 선두주자로 알려져 있는데, 다른 인본주의자들과 마찬가지로 산업 독점가들에 의한 노동자 착취에 관심을 가졌다. 그래서 노동착취를 방지할 산업개혁과 노동자들이 능력과 흥미에 맞는 직업을 선택할 수 있도록 교육과 사회제도를 개혁할 것은 제안하였다. Parsons와 그의 동료들은 청소년들에게도 관심이 많았다. 이러한 관심의 일환으로 워싱턴과 보스턴의 중도탈락 학생들에 대한 연구를 수행하였고, 보스턴 사회복지관을 대신하는 '직업국'을 신설하기도 했다.

Parsons는 개인분석, 직업분석, 과학적 조언을 통한 매칭(matching)을 주장하였다. 이는 자신의 강점과 약점을 포함한 개인적 성향을 충분히 이해하고, 주어진 직업에서의 성공조건 및 보상과 승진에 관한 정보를 알아야 하며, 입수한 정보를 바탕으로

선택과정에서 '진실한 추론'을 해나가야 한다는 것이다.
많은 상담자, 교육자, 심리학자들은 Parsons가 세상을 떠난 후에도 그의 개념을 옹호하고 확장시켰다. 특히, Patterson은 진로상담자들이 사용할 수 있는 여러 가지 심리검사도구를 개발하였고, Williamson은 특성-요인이론의 대변자로 떠올랐다.

특성-요인이론은 개인의 특성과 직업 또는 직무를 구성하는 요인에 관심을 두고 있다. 특성-요인이론의 선구자로 지칭되는 Parsons는 개인의 이해, 직업세계의 이해 그리고 이들 정보에 기초한 합리적인 선택 등 세 가지 요소로 구성된 직업지도모형을 제시하였다. 특성-요인이론의 기본적인 가설은 다음과 같이 요약할 수 있다(Klein & Weiner, 1977).

요약

- 개인에게는 타당하게 측정될 수 있는 독특한 특성이 있다.
- 직업(직무)에서 필요로 하는 구체적인 특성 또한 존재한다.
- 이러한 개인의 특성과 직업(직무)의 특성을 연결하는 것이 직접적인 인지과정인 직업선택이다.
- 개인의 특성과 직업(직무)의 특성이 서로 밀접하게 관련을 맺을수록 직업적 성공의 가능성은 커진다.

특성-요인이론에서는 개인의 특성에 대한 객관적인 자료와 직업의 특성에 관한 자료를 중시하고 있다. 즉, 개인의 적성, 지능, 사회경제적 지위, 흥미, 가치관, 성격 등에 관한 과학적인 자료를 개인에게 제시해 주고 직업의 특성에 관한 자료를 제시해 주어 가장 합리적이고 현명한 선택과 결정을 하도록 조력하는 것을 중시하고 있다. 진로상담에의 과정 및 적용을 살펴보면 특성-요인 접근법에서 진로상담의 과정은 합리적이라고 할 수 있다. Williamson(1939)은 6단계로 기술하는데, 1단계(분석)는 여러 자료로부터 흥미, 적성, 가치, 능력 등에 대한 자료들을 주관적·객관적 방법으로 수집한다. 2단계(종합)는 내담자의 독특성이나 개별성을 강조하기 위해 자료를 수집하고 요약한다. 3단계(진단)는 내담자의 문제와 특성들을 바탕으로 문제의 원인을 탐색한다. 4단계(예측)는 내담자가 고려해야 할 문제를 위한 대안적 조치와 중점사항을 예측한다. 5단계(상담)는 미래 혹은 현재에 바람직하게 적응하기 위하여 내담자와 함께 협력적인 상담관 계속에서 작업한다. 6단계(추수지도)는 새로운 문제가 야기되었을 때 위의 단계를 반복하고, 내담자가 바람직한 행동을 실행할 수 있도록 지속적으로 돕는다.

이 과정의 대부분은 상담자의 주도하에 내담자에 대한 자료를 수집하고 분석하고 평가하는 데 있기 때문에 상담자의 전문성이 요구된다. 또한 상담자는 내담자로 하여금 축적된 자료들로부터의 교육, 설득, 추론의 과정이 합리적임은 확신할 수 있도록 주로 교육자의 역할을 수행하여야 한다.

(2) 이론에 대한 평가적 측면

Parsons의 특성-요인이론은 개인의 특성의 발달과 변화를 다루지 않고 특성을 파악하는 데 초점을 두는 정적인(static) 이론이다. 그러므로 왜 이런 흥미 등을 가지게 되었는지에 대한 발달, 변화의 측면을 규명해주지 못하는 경향이 있다. 오히려 이 시점에서 이 사람의 특성은 이러하다에 초점을 두고 있다. 이 이론에서는 검사가 강조되는데, 검사를 활용하지만 검사결과가 직업선택을 최종적으로 결정하는 요인은 아님을 명심해야 한다. 즉, 검사의 결과는 여러 참고자료 중 하나일 뿐이다. 그러나 많은 내담자들은 빠른 해결책을 찾기 때문에 검사결과에 의존하여 스스로 숙고하고 의사결정을 해야 하는 책임감을 회피하려 한다.

4) Holland의 직업성격유형이론

Holland 이론 또는 RIASEC 이론이라고 부르는 직업성격유형이론은 J. L. Holland (1919~2008)에 의해 주창된 이론으로서, 지금까지 직업심리학과 진로상담 분야에 가장 큰 영향을 미친 이론으로 평가된다.

(1) 이론의 배경

Holland는 1940년대 제2차 세계대전 때 심리학자로서 모집되어 모병면접자로 군대에서 3년 5개월을 복무하면서 군인들의 직업특성을 몇 개의 유형으로 설명할 수 있다는 생각을 하였다. 전쟁이 끝난 후 그는 연구를 통해서 분류체계를 개발하였고, 미네소타 대학교에서 서로 다른 흥미(different interests)를 가진 대학생들은 서로 다른 성격적 특성(different personalities)을 갖는다는 확신을 하게 되었다. 그 이후 오랜 기간 연구를 통하여 사람들을 실제적, 탐구적, 예술적, 사회적, 기업가적, 관습적의 6가지로 분류될 수 있다고 보고 일치성 정도를 측정하기 위해서 유형을 육각형 모형에 배열하는 작업을 하였다. 이는 사람과 환경의 유형론이 이루어졌고, 성격 유형과 환경 유형 간의 유사한 정도를 구체화하기 위해서 육각형모형을 사용하였다.

(2) 이론의 주요 가정 및 6가지 유형의 특징

Holland에 의하면 개인의 직업성격 유형은 그 사람의 직업선택 및 진로발달에 중요한 영향을 주는데, 특정 직업에 종사하는 구성원들은 서로 유사한 성격 및 발달사를 가지고 있으며 다양한 상황에서도 유사한 방식으로 반응할 것으로 가정한다. 따라서 개인의 직업성격과 직무환경 간의 불일치는 곧 직무 불만족, 직업적 갈등, 진로 탄력성 저하, 낮은 직무수행을 의미한다. 이론의 주요 4가지 가정은 첫째, 대부분의 사람은 6가지 성격유형(실제적, 탐구적, 예술적, 사회적, 기업가적, 관습적 유형) 중의 하나로 분류될 수 있다는 것이다. 둘째, 환경에도 6가지 직업환경 유형(실제적, 탐구적, 예술적, 사회적, 기업가적, 관습적 유형)이 있다. 셋째, 사람들은 자신의 능력과 기술 발휘, 태도와 가치표현, 자신에게 맞는 역할 수행이 가능한 환경을 찾는다. 넷째, 개인의 행동은 이러한 성격과 환경의 상호작용에 의해 결정된다.

이와 함께 Holland의 여섯 가지 직업성격 유형에 대해 설명하면 다음과 같다.

먼저 실제적 유형(R)은 기계, 도구, 동물, 사물에 관한 체계적인 조작활동을 좋아한다. 이 유형의 사람은 사회적 기술이 부족하다. 이 유형에 속하는 전형적인 직업은 기술자다. 탐구적 유형(I)은 분석적이고 호기심이 많으며 조직적이고 정확하다. 그러나 이들은 리더십 기술이 부족하다. 대표적인 직업은 과학자다. 예술적 유형(A)은 표현이 풍부하고 독창적이며 비순응적이다. 이들은 규범적인 기술이 부족하다. 음악가와 미술가는 예술적인 유형의 대표 유형이다. 사회적 유형(S)은 다른 사람과 함께 일하거나 다른 사람을 돕는 것을 즐기지만 도구와 기계를 포함하는 질서정연하고 조직적인 활동을 싫어한다. 사회적인 유형은 기계적이고 과학적인 능력이 부족하다. 사회복지가, 교육자, 상담가, 성직자 등이 사회적인 유형의 대표 유형이다. 기업가적 유형(E)은 조직목표나 경제적 목표를 달성하기 위해 타인을 이끌고 관리·감독하는 활동을 즐긴다. 그러나 상징적이고 체계적인 활동을 싫어하고 과학적 능력이 부족하다. 기업경영인, 정치가 등은 설득적 유형에 해당한다. 관습적 유형(C)은 체계적으로 자료를 잘 처리하고 기록을 정리하거나 자료를 재생산하는 것을 좋아한다. 그 대신 심미적 활동을 피한다. 경리사원, 사서 등이 이 유형에 속한다. 이 6가지 유형을 구체적으로 살펴보면 〈표 7-3〉과 같다.

〈표 7-3〉 RIASEC 직업성격 유형의 개요

유형	성격특징	직업활동 선호	적성
R (현실형)	• 솔직담백함 • 적은 말수 • 검소함 • 남성적임	• 분명하고 질서정연한 활동 • 체계적인 조작 및 기술활동 • 사교적 활동 비선호	• 기계능력 우수 • 대인관계능력 부족
I (탐구형)	• 많은 지적 호기심 • 비판적, 분석적 • 신중함	현상 탐구하는 활동에 흥미	• 학구적 능력 우수 • 설득력 부족
A (예술형)	상상력, 개성 풍부	• 변화와 다양성 선호 • 체계적이고 구조화된 활동 비선호	• 창의적 능력 우수 • 사무능력 부족
S (사회형)	사람을 좋아함	타인의 문제를 듣고 이해하는 활동에 흥미 있음	• 사회적·교육적 지도력과 대인관계능력 우수 • 기계적 능력 부족
E (진취형)	• 지배적, 통솔력 • 외향적, 열성적	조직의 목적과 이익을 위해 타인을 이끌고 통제하는 일 선호 타인으로 하여금 인정받는 활동 선호	적극적, 사회적, 언어능력 우수하나 과학적이고 체계적인 능력 부족
C (관습형)	• 빈틈없고 정확함 • 신중하고 세밀함	정해진 원칙과 계획에 따라 자료를 정리, 조직하는 일 선호 창의적이고 자율적인 활동 비선호	• 사무능력 우수 • 독창적 능력 부족

Holland 직업성격유형이론에 있는 구성요인들 간의 관계는 [그림 7-2]와 같이 나타낸다. 이웃하는 요인일수록 상관이 높고, 반대편에 위치하는 요인일수록 상관이 낮은 것으로 각 유형 간의 심리적인 유사성을 살펴볼 수 있다.

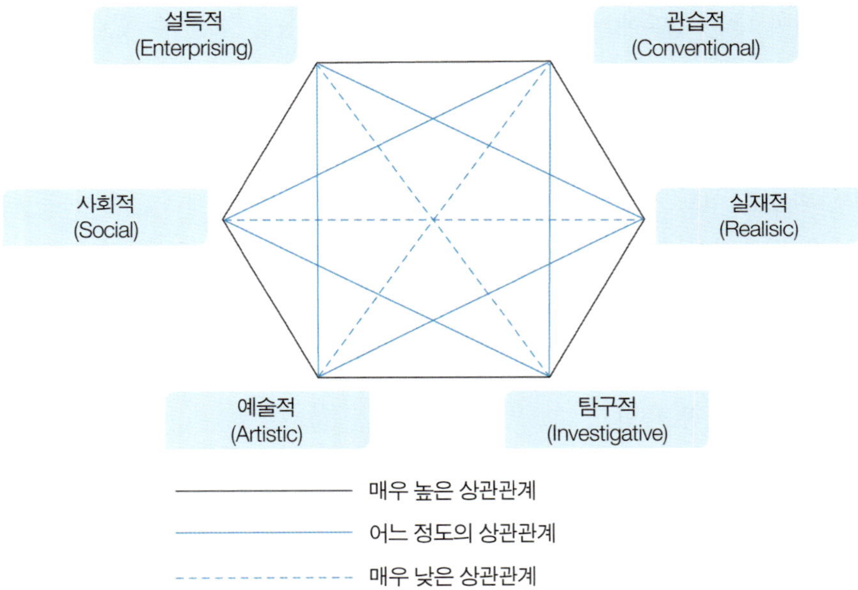

[그림 7-2] Holland 이론에 따른 구성요인들 간의 관계

그 외 Holland 이론의 주요 개념을 살펴보면 다음과 같다.

① **일관성**(consistency)

성격 유형과 환경모형을 연결지을 때, 어떤 쌍은 다른 쌍보다 더 가깝게 관련될 수 있다. 즉, 일관성이란 성격 유형과 환경 유형 간의 관련 정도를 의미하는 것으로 정육각형모형상의 두 유형 간 근접성에 따라 설명된다. 또한 이 개념은 흥미 유형에서뿐만 아니라 환경 유형에서도 적용된다. 높은 일관성수준은 긍정적 특징이며, 경력이나 진로결정의 방향 면에서 안정성을 가진다.

② **차별성 또는 변별성**(differentiation)

차별성 또는 변별성은 사람이나 환경이 얼마나 잘 구별되는지를 의미한다. 즉, 직업적 흥미특성이 얼마나 뚜렷하게 나타나는가를 살펴볼 수 있다. 변별성이 높은 경우에는 개인이 무엇을 좋아하고, 무엇을 싫어하는지를 분명하게 살펴볼 수 있는 반면, 차별성이 낮은 경우에는 개인의 진로결정에 어려움을 겪을 수 있다.

③ **일치성**(congruence)

일치성은 개인과 직업환경 간의 적합성 정도에 대한 것으로서 사람의 직업적 흥미가 직업 환경과 어느 정도 맞는지를 의미한다. 예를 들어, 실제적인 성격 유형을 가진 사람은 실제적인 환경에서 활발하게 활동한다. 즉, 환경은 그 환경에 맞는 흥미 유형을 가진 사람들에게 더 많은 기회와 보상을 주기 때문에 서로 다른 흥미 유형의 사람들은 각기 다른 환경을 필요로 한다.

④ **이론의 평가적 측면**

Holland 직업성격유형이론은 진로상담에서 가장 많이 활용하는 이론이다. 내담자의 직업흥미검사에 영향을 미쳐온 강력한 이론이라는 업적이 있는 반면 제한점으로는 첫째, 성격만이 편파적으로 강조되어 다른 중요한 개인적·환경적 요인이 도외시되었다는 점이다. 둘째, 진로상담에 적용할 수 있는 구체적인 절차를 제공해 주지 못한다. 셋째, 성격요인을 중요시하고 있으면서도 그 발달과정에 대한 설명이 결여되어 있다. 넷째, 자신의 환경 및 자기 자신이 변화하는 가능성이 있음에도 불구하고 이러한 점을 고려하지 않았다.

6. 진로상담 프로그램의 교육적 실제

효과적인 진로상담 프로그램은 진로교육의 목표를 수립하고 그에 따라 선정되며 조직된 내용이 절차에 따라 체계적으로 운영되고 평가되어야 한다. 최근 전국적으로 각 시·도 교육연구원 진로교육부에서는 학생들에게 진로교육을 체계적으로 지도할 수 있는 지도자료를 많이 개발하였다. 〈표 7-4〉는 초 · 중 · 고등학교의 학교 급별 목표 및 내용체계를 정리한 것이다.

〈표 7-4〉 초 · 중 · 고등학교의 학교 급별 진로 프로그램 목표 및 내용체계

영역	초등학교	중학교	고등학교
자아이해	• 자아의 주요 특성의 인식과 계발 • 사람들과의 상호작용 기능의 필요성 인식 • 자신의 성격, 적성과 흥미 확인	• 자아특성의 장단점 탐색 • 주변 사람들과의 효과적인 상호작용기능 탐색 • 자신의 성격, 적성, 흥미의 탐색과 계발	• 긍정적인 자아개념의 형성 • 사회생활에서 타인과의 적극적 상호작용기능 계발 • 직업과 관련된 적성과 흥미, 가치관의 적극적 계발
일과 직업세계	• 다양한 일과 직업세계에 대한 기초적인 경험 • 일의 세계가 개인, 사회와 맺고 있는 관련성 인식 • 일상생활에 관련된 다양한 진로정보원의 인식	• 직업의 종류와 특성 이해 • 사회의 변화에 따른 직업세계의 변화 이해 • 진로정보의 탐색 및 활용 기능 탐색	• 다양한 직업의 종류와 여러 가지 직업 분류체계 이해 • 미래 사회 변화에 따른 직업세계의 변화 이해 • 진로정보의 탐색, 평가, 해석능력 계발 • 직장을 구하거나 유지 및 변경하는 데 필요한 기능 습득
일과 직업에 대한 태도와 습관 형성	• 일과 직업에 대한 다양한 가치관의 이해 • 일과 직업에 대한 바른 습관의 중요성 인식 • 성 역할의 변화에 대한 초보적 인식	• 일과 직업에 대한 생산적 가치관 및 태도의 탐색 • 실천과 실습을 통한 일의 습관 탐색 • 변화하는 성 역할에 대한 체계적인 탐색	• 일과 직업에 대한 적극적 가치관의 경험과 태도 형성 • 미래사회가 요구하는 바람직한 일의 습관 형성 • 변화하는 성 역할에 따른 직업세계의 변화 예측
일과 학습	• 학업성취가 직업생활에 주는 이점 인식 • 모든 직업에 공통적인 기초기능의 경험과 이해 • 다양한 일과 직업세계가 요구하는 다양한 자질특성의 이해	• 직업세계와 관련한 학교학습의 중요성 이해 • 지역사회활동을 통한 직업기초기능의 경험과 응용 • 자신의 자질 특성과 직업세계와의 관계 탐색	• 진학과 취업을 위한 학교학습의 선택과 활용 • 미래의 직업선택과 관련하여 요구되는 직업능력의 학습 • 적성과 자질에 기초한 관련 자격증에 대한 탐색과 준비
진로계획	• 진로목표 설정의 중요성 인식 • 합리적 의사결정기능의 중요성 이해 • 초보적인 진로계획의 수립과 실천	• 자아특성에 기초한 진로목표의 탐색 • 합리적 의사결정기능의 탐색과 계발 • 적성과 능력에 기초한 진로계획의 탐색과 실천	• 일과 직업에 관련된 진로목표의 설정과 준비 • 합리적 의사결정모형의 이해와 응용 • 진학과 취업을 위한 장, 단기 진로계획의 수립과 실천

출처: 장석민 (2001). 진로교육 목표 및 내용 체계화 연구.

진로 프로그램은 전문상담자나 교사 등과 같이 훈련받은 전문가에 의해 사람이 활동하는 생애 동안 진로발달을 자극하고 촉진하기 위해서 여러 다양한 장면에 걸친 진로계획, 의사결정, 적응문제 등의 진로활동들을 조력하는 것이다. 특히, 집단 진로지도 프로그램은 집단을 대상으로 이루어지는 진로교육이며 진로지도, 진로상담이 포함된다. 진로상담은 개인상담방식으로 진행할 수도 있고, 집단상담방식으로 진행할 수도 있다. 학교장면에서는 가능하다면 집단상담방식을 채택하는 것이 여러 가지 측면에서 유리하다. 그 이유는 교사가 학급전체를 지도해야 하기 때문에 개인상담을 채택할 경우 너무 많은 시간과 노력을 투입하여야 하기 때문이다. 하지만 특별한 지도가 필요한 학생이나 심리적인 문제를 동시에 가지고 있는 학생의 경우에는 개인상담을 병행하는 것도 효과적이다.

진로문제와 관련된 내담자들에게 동일한 프로그램을 적용하기보다는 대상자 각각의 특성과 상황에 맞는 적합한 개입 전략을 선택하여 도움을 제공하는 것이 중요하다.

연습문제

01_ 진로지도 · 진로교육 · 진로상담의 정의를 설명하시오.

02_ 진로상담의 필요성을 사회환경적 측면과 개인적 측면으로 구분하여 설명하시오.

03_ Ginzberg의 직업선택발달이론을 평가하시오.

04_ Super의 진로발달이론을 평가하시오.

05_ Parsons의 특성-요인이론을 평가하시오.

06_ Holland의 직업성격유형이론을 평가하시오.

07_ 일반적인 진로상담의 과정을 제시하시오.

08 Chapter

위기상담이론 및 실제

1. 위기의 정의
2. 위기에 대한 반응
3. 위기상담 모델과 전략
4. 위기문제별 상담

Chapter 08

위기상담이론 및 실제

사회가 복잡하고 다원화되면서 개인적으로, 가정적으로, 사회적으로 위기적인 상황에 직면하는 경우가 많아지게 되었다. 다양한 위기와 재난을 경험하게 되면서 상담 분야 내에서도 재난심리와 위기상담에 대한 관심이 증가하고 있다. 학교폭력, 항공기 사고, 폭탄테러, 부모의 이혼, 학대, 재난사건 등을 직접 경험한 개인은 두려움과 공포, 무기력감, 상실감, 슬픔, 충격 등을 호소한다. 이러한 위기 상황을 간접적으로 경험한 개인 또한 재난의 당사자들처럼 자신의 안전에 대해 민감해지게 된다. 위기나 재난 상황에서의 심리적 개입은 일반적인 임상장면에서의 상담 개입과는 달리 심리적 응급처치가 강조된다. 본 장에서는 위기의 개념, 위기이론, 위기에 대한 반응, 위기상담과정, 위기문제별 상담 전략 등을 중심으로 위기상담을 서술하고자 한다.

학습목표

1. 위기의 의미와 특징을 설명할 수 있다.
2. 위기 진행 및 대응과정을 설명할 수 있다.
3. 위기에 대한 반응특징을 설명할 수 있다.
4. 다양한 위기개입 모델을 설명할 수 있다.
5. 위기문제별 상담개입 전략을 설명할 수 있다.

1. 위기의 정의

1) 위기의 의미와 특징

위기란 일반적인 문제해결방식으로는 해결되지 않는 사건이 유발되어 개인의 사고와 대처능력에 부정적인 영향을 미치는 심각한 스트레스 상황을 의미한다. 심리적 위기는 외상 사건 및 재난에 대한 급성반응을 뜻하며, 이러한 위기상태에서는 심리적 평형상태가 붕괴되어 개인의 평상시 대처기제가 작동하지 않고 심각한 고통, 손상, 역기능의 징후가 나타난다(Caplan, 1964). 또한 위기는 개인을 무기력하게 만들고 자신의 삶을 의식적으로 통제하는 것을 어렵게 만드는 개인적인 어려움이나 상황을 일컫는다(Belkin, 1984).

한편, Myer와 James(2005)는 위기와 유사한 개념으로 심리적 응급, 외상, 재난 등의 개념을 제시하는데, 심리적 응급(emergency)은 개인이 정상적인 방식으로 기능하지 못하여, 개인적 책임을 수행할 수 없는 무능한 상태를 뜻한다. 심리적 응급상태에 놓인 개인은 자기 자신과 다른 사람에게 신체적이거나 심리적인 손상을 입힐 수 있다. 즉시적이고 확고한 개입이 제공되어야 하며, 개인과 다른 사람의 안전과 보호를 위해 자발적이거나 비자발적인 입원 조치가 필요할 수 있다. 위기(crisis)란 개인이 어떤 문제에 직면하여 평소 방식대로 대처해서 문제가 해결되지 않거나 그 문제에 압도당해 불균형상태에 놓이게 된 것을 의미한다. 심리적 응급상태와는 달리 즉각적으로 자기 자신과 다른 사람을 해칠 만큼 취약한 상태는 아니다. 대개 몇 주 후에는 평형상태로 되돌아오지만, 경우에 따라서는 전문적인 도움이나 주변 사람들의 도움을 받지 못해 만성적인 심리행동적 징후를 나타내는 경우도 있다. 외상(trauma)이란 개인이 평상시에는 잘 경험하지 않는 극심한 스트레스를 유발하는 사건을 뜻한다. 심한 고통과 무력감을 느끼게 하고 이후 발달과정에서도 부정적인 영향을 미친다. 재난(disaster)은 예기치 않게 발생한 끔찍한 사건으로 인해 많은 사람들의 생명과 재산을 위협하게 되는 상황을 총칭하는 개념이다. 태풍이나 지진 등과 같은 자연재해와 화재나 교통사고 등과 같은 인간재해로 구분할 수 있는데, 인간재해의 경우 심리적

후유증이 더 심각하고 만성적인 경향이 있다.

France(2007)는 위기를 특징짓는 다섯 가지 요소를 다음과 같이 제시한다.

- 위기는 개인의 일상적인 문제해결능력을 넘어서는 구체적으로 확인 가능한 사건에 의해 유발된다. 위기는 일련의 스트레스가 축적되어 상황에 대처하는 무능력이 일반화된 결과로 혹은 압도적인 단일 사건의 결과로 나타날 수 있다.
- 대부분의 개인은 일생의 어느 시점에 사건을 경험하게 되는데, 그러한 상황에 대처하는 기술이 부족하다고 느낄 때 위기상태에 처하게 된다.
- 개인은 생활사건에 대해 저마다 다르게 반응한다. 어떤 개인에게는 스트레스인 것이 다른 개인에게는 스트레스가 아닐 수 있으므로, 위기는 매우 개인적이고 주관적인 경험이다. 위기는 상황에 대한 개인의 인식, 개인이 느끼는 불안수준, 그리고 대처기술에 의해 좌우된다.
- 위기는 대부분 단기간에 지속된다. 개인은 지나친 스트레스를 오랜 기간에 걸쳐 견딜 수 없으며, 문제가 해결되지 않더라도 일정 시간이 지나면 위기로 인한 긴장은 결국 약화되거나 사라지기 때문이다.
- 위기 해결방식에는 두 가지 유형이 있는데, 위기 상황에 직면하여 새로운 문제 대처기술을 배우는 적응적 해결방식과 반대로 더 비조직적이거나 방어적이 되는 부적응적 해결방식이 있다.

2) 위기의 유형

Brammer(1985)의 위기이론에서는 개인이 경험하는 위기를 세 가지 영역으로 구분한다. 먼저, 발달적 위기는 개인이 성장하고 발달해 가는 과정에서 발생하는 극적인 변화나 전환으로 인해 비정상적인 반응이 유발되는 상태이다. 예를 들어, 자녀 출산, 직업 변화, 은퇴, 노화 등과 같은 사건에 적절하게 대처하고 발달과업을 완수하지 못할 때 발달적 위기가 나타난다. 발달적 위기 자체는 생애발달에 있어서 보편적이고 정상적인 것이지만, 발달적 위기의 구체적인 내용은 개인마다 다르며 그에 대한 개인의 대처방식 또한 독특하고 개별적이다. 둘째, 상황적 위기는 개인이 예견하거나 통제할 수 없는 극히 이례적인 사건이 발생할 때 나타난다. 예를 들어, 재난사고, 유괴, 갑작스러운 실직, 급성질환과 죽음 등과 같은 사건으로 인해 발생하므로 충격적이고 비극적일 수 있다. 셋째, 실존적 위기는 삶의 목표나 책임감, 독립성, 자유, 의미 등과 같은 실존적 주제와 관련하여 내적 갈등이나 불안을 경험하는 상태이다. 중년기 빈둥지 증후나 노년기 삶의 공허감을 호소하는 것은 이러한 경우에 해당된다. James와 Gilliland(2013)는 이러한 세 가지 위기영역에 덧붙여 환경적 위기를 추가한다. 환경적 위기는 자연이나 인간이 야기한 재해가 어떤 부적절한 행위를 취하지 않은 개인이나 집단원에게 갑작스럽게 발생하는 것으로 같은 환경에 속한 모든 사람들에게 부정적 영향을 미친다. 태풍, 홍수, 지진, 산불, 건물붕괴, 전염병, 전쟁 등과 같은 사건으로 인해 유발되는 위기이다.

2. 위기에 대한 반응

1) 위기 진행 및 대응과정

위기상담자는 위기의 주관적인 측면, 즉 내담자가 주관적으로 느끼는 위기의식과 객관적인 측면, 즉 상담자가 객관적으로 파악하는 위기 상황을 동시에 고려해야 한다. Marino(1995)는 개인이 외상적 사건을 경험할 때 다음의 4단계를 거쳐 위기 상황이 진행된다고 한다.

- 일상적인 대처기제로 처리할 수 있는지 결정해야 하는 위험한 상황이 발생하는 단계
- 개인의 대처능력의 한계를 넘어 긴장과 혼란이 증폭되는 단계
- 상황을 해결하기 위해 특별한 자원과 지원이 필요한 단계
- 혼란을 해결하기 위해 의뢰가 필요한 단계

이러한 위기적인 상황이 진행되는 동안 위기에 처한 개인들의 구체적인 반응행동 양식은 다양하다. 그러나 France(2007)에 의하면, 위기에 대응해 나가는 전체적인 과정은 일반적으로 다음 세 단계를 거치게 된다. 개인에 따라 충격단계와 대처단계만을 경험하는 경우도 있으며, 혹은 철회단계까지 경험하는 경우도 있다.

- 충격단계: 첫째 단계는 충격단계(impact phases)로서 개인이 처한 상황이 위기라는 것을 처음 인식하는 단계이다. 유발된 불행한 사건을 해결하는 데 기존의 일상적인 대처 전략들이 더 이상 유용하지 못하다는 것을 깨닫게 되면서 무력감, 불안, 좌절, 분노, 두려움, 우울, 통제력 상실 등을 느낀다. 이 단계는 위기 사건 후에 즉각적으로 이어지기 때문에 대체적으로 짧은 기간 동안 지속된다. 충격적인 사건 발생 직후나 혹은 사건의 충격이 아직 생생한 이 단계에서 적절한 상담적 개입이 이루어지지 않을 경우 개인의 외상은 그 이후의 발달과정에서 오랫동안 부정적인 영향을 미치게 된다.
- 대처단계: 둘째 단계는 대처단계(coping phases)이다. 자신이 처한 상황을 변화시키거나 혹은 불행한 사건에 대한 자신의 반응을 변화시키고자 시도하는 단계이다. 대체로 불안, 절망감, 절박감 등을 호소한다. 그러나 이러한 심리적 어려움에도 불구하고 어떤 개인은 문제에 대한 새로운 해결책을 찾고자 노력하며, 주변 사람들로부터 더 많은 도움과 조언을 얻고자 개방된 태도를 갖기도 한다. 상황을 인정하는 적응적 대처 전략을 사용함으로써 불행한 사건에 의해 야기된 스트레스를 경감시킬 수 있다. 반면, 역기능적인 대처 전략을 사용하는 이들은 위기적인 상황 자체를 부인하며, 부정적인 감정에 압도당하고, 약물이나 알코올에 의존하여 고통을 잊으려고 한다.
- 철회단계: 대처단계에서 사용하던 전략들 중 그 어느 것도 도움이 되지 않는다고 느낄 때에는 철회단계(withdrawal phases)로 이동한다. 개인은 자신이 시도했던 어떤 것도 고통을 완화시키는 데 도움이 되지 않는다고 생각한다. 대표적인 철회의 형태는 자살이다. 계속된 위기 상황에 내재되어 있는 고통을 피하기 위해 생을 끝내고자 하는 행위가 자살이다. 일반적으로 어느 정도의 시간이 지나도 위기가 종료되지 않을 때 철회단계로 이동한다.

2) 위기에 대한 반응특징

위기에 처한 사람들은 일반적으로 수면곤란, 과민성과 분노, 좌절, 주의력 감소, 의사결정 곤란, 우울과 불안, 활동수준의 증가 또는 감소, 알코올이나 기타 약물 복용, 신체적 반응 등의 다양한 스트레스 반응을 나타낸다. 경우에 따라서는 체념, 사회적 철회와 고립, 외상에 대한 집착 또는 강박적인 재경험, 불필요한 위험행위 등과 같은 극심한 스트레스 반응을 표출하기도 한다. 이들은 공통적으로 어려움을 경험하지만 위기 상황에 대한 구체적인 반응은 연령과 사건의 내용에 따라 다양하다. 특히, 아동의 경우에는 각별한 주의가 요구된다. 부모가 재난 위기에 대처하는 데 집중하다 보면 어린 자녀가 느끼는 고통에 대해서는 미처 관심을 기울일 여유가 없게 된다. 아동은 부모가 자신에게 무관심하다고 생각하며 자신이 느끼는 감정을 전혀 이해하지 못한다고 여긴다. 어떤 아동은 자신의 고통을 표현하지 못하고 내면에 억압시키기도 한다. 위기를 경험한 아동은 사소한 자극에도 쉽게 흥분하며, 침울하고, 분노를 느끼며, 집중력이 떨어지고, 불면증을 호소하는 경우가 많다. 일반적으로 가정과 이웃에 확산된 위기에 대한 공포, 학교에 대한 흥미 상실, 퇴행적 행동, 수면장애와 악몽, 비행기나 비명 소리 등 위기 상황과 관련된 것들에 대한 공포반응을 나타낸다(Greenstone & Leviton, 2002; Thompson & Rudolph, 1992).

취학 전 아동이 위기적 스트레스를 느낄 때에는 손가락 빨기, 수면 중 오줌싸기, 어두움과 동물에 대한 공포, 부모에게 매달리기, 악몽, 배변통제능력 상실과 변비, 언어장애, 식욕상실, 혼자 있는 것에 대한 공포, 활동성 저하 등의 전형적인 반응을 나타낸다. 어린 아동은 기존의 안전한 환경이 침해받는 것에 대해 특히 취약하다. 갑작스러운 환경 변화로 인한 스트레스에 효과적으로 대처하기 위한 언어적·개념적 기술이 발달되어 있지 않기 때문에 아동은 부모나 가족에게 전적으로 의존해야 하는 상태이다. 따라서 아동은 부모나 가족의 반응에 크게 영향을 받는다. 이 연령대의 아동은 '혼자 내버려지는 것'을 가장 두려워한다. 위기와 관련이 있든 혹은 그렇지 않든 가족, 인형, 애완동물 등 자신의 주변에 있었던 중요한 타인을 상실한 아동에게는 위기상담 차원에서 관심을 가져야 한다. 위기를 경험한 아동의 안정감과 자신감을 회복시켜 주기 위해서는 다음과 같은 지원이 필요하다.

- 놀이를 통해 생각과 감정표현을 촉진하기
- 언어적 지지와 신체적 안정감을 제공하기
- 지속적인 관심 기울이기
- 상실에 대한 감정과 걱정을 표현하도록 격려하기
- 숙면을 취할 수 있도록 배려하기
- 일정한 기간 동안 부모와 같은 방에서 자는 것을 허용하기

초등학교 연령의 아동은 위기를 경험할 때 사소한 자극에도 쉽게 흥분하기, 떼쓰기, 가정과 학교에서의 공격적 행동, 부모의 관심을 더 많이 받기 위해 동생과 경쟁하기, 어두움에 대한 공포와 악몽, 학교에 대한 흥미 상실, 혼란, 버려지는 것에 대한 두려움, 일반적인 불안 등과 같은 전형적인 반응행동을 나타낸다. 이들 아동에게 상담자가 제공할 수 있는 조력은 다음과 같다.

- 아동의 행동에 대해 인내하고 다가가기
- 정서적 반응을 표현하도록 어른이나 또래와 함께 놀이활동에 참여시키기
- 두려움과 불안을 유발하는 사건을 이야기하고 스트레스에 대처하는 적절한 행동을 탐색하기
- 일정한 기간 동안 가정과 학교에서 아동을 관대하게 대하기
- 가벼운 가사일에 참여시키기
- 일상적인 것들을 유지하도록 하기

3. 위기상담 모델과 전략

1) 위기개입 7단계 모델

James와 Gilliland(2013)는 위기개입을 위한 7단계 모델을 제시한다. 개입 전략은 크게 경청(listen)영역과 활동(acting)영역으로 구분되고, 각 영역은 세부적인 단계들로 구성된다. 전반부의 세 단계는 접촉하기, 문제 탐색하기, 지지하기에 초점을 두며 상담자는 경청하기 기술을 적극 활용한다. 후반부 네 단계는 대안 탐색하기, 계획 수립하기, 참여 유도하기, 추수지도로 구성되며 상담자의 행동적 활동이 주로 이루어진다.

(1) 경청하기

① 단계 1: 접촉하기

- 내담자에게 위기 상황이 처음 발생할 때 무엇이 문제인지 발견한다.
- 공감, 진실성, 수용, 긍정적 존중 등의 경청기술을 활용한다.
- 내담자를 조력하기 위한 개입 절차를 설정한다.
- 내담자의 기대를 확인하고, 위기진행과정을 예측한다.
- 내담자와 사건에 관련된 개인들의 신체적 · 심리적 안전을 확보한다.

② 단계 2: 문제 탐색하기

- 내담자의 인지적 · 정서적 · 신체적 문제를 확인한다.
- 개인 내 · 개인 간 · 환경적 차원에서 체계적 영향을 탐색한다.

③ 단계 3: 지지하기

- 내담자를 무조건적이고 긍정적으로 수용한다.
- 내담자에게 과거 효과적이었던 지지체계와 현재 가능한 지지체계를 확인한다.
- 내담자에게 추가로 필요한 것을 탐색한다.
- 위기 동안 상담자에게 추가적으로 필요한 지원을 확인한다.
- 지원이 가능한 방안을 모색한다.

(2) 활동하기

① 단계 4: 대안 탐색하기

- 상황의 위험성을 경감시키고 해소할 수 있는 즉각적이고 단기적인 대안을 고려한다.
- 내담자가 현재 선택할 수 있는 실제적이고 시기적절한 대안을 탐색한다.
- 상황적 지지를 발견하고, 대처능력을 탐색한다.
- 내담자가 보다 긍정적이고 해결 지향적인 사고를 할 수 있도록 조력한다.
- 성취 가능한 단기목표를 설정한다.

② 단계 5: 계획 수립하기

- 즉각적인 지원을 받을 수 있는 추가적인 대상, 집단, 의뢰 자원 등을 확인한다.
- 내담자가 지금 당장 그리고 가까운 미래에 취할 수 있는 구체적이고 긍정적인 행동대처 기제방안을 제공한다.
- 내담자와 협의된 계획을 수립하여 내담자가 자신의 능력, 자기존중, 독립성을 느끼고 위기 상황에 참여할 수 있도록 한다.

③ 단계 6: 참여 유도하기

- 내담자의 참여를 유도하기 위해 수립된 계획을 요약해서 말하도록 요구한다.
- 위기로부터 벗어나기 위해 내담자로 하여금 보다 구체적이고 긍정적인 행동을 수행하도록 격려하는 데 목표를 둔다.
- 내담자의 의지가 확인될 경우, 구두 혹은 서면으로 참여동의서를 작성하도록 요구한다.

④ 단계 7: 추수지도

- 내담자의 안전과 지지를 확인하기 위해 단기적이고 즉각적인 추수지도를 제공한다.
- 계획대로 진행되고 있는지 여부와 혹시 계획 조정이 필요한지를 확인한다.

- 내담자로 하여금 이후의 과정에서도 주체적으로 문제에 대처할 수 있도록 조력한다.

2) 트라우마 체계 치료 모델

트라우마 체계 치료(Trauma Systems Therapy: TST)는 가정폭력, 사회폭력, 경제적 빈곤, 정신질환, 약물남용 등 일상에서 겪는 외상적 사건으로 인해 스트레스와 심리적 부적응을 경험한 개인과 가족을 위해 고안된 접근이다(Saxe, Ellis, & Kaplow, 2011). 트라우마 체계란 두 가지 특성을 갖는데, 첫째, 자신의 정서와 행동을 조절할 수 없을 만큼 내적 체계가 붕괴되어 심각한 심리적 트라우마를 겪고 있는 개인, 둘째, 트라우마를 경험하고 있는 개인의 정서와 행동조절을 충분히 지원할 수 없는 사회환경과 조력지원체계이다. 즉, 성장·발달 중인 개인과 그의 주변 환경 사이에서 체계적 균형을 유지하지 못하는 상태를 뜻한다.

TST는 개입 전략을 고려하는 데 있어서 다음 네 가지 요소를 전제로 한다.

- 치료는 내담자에 관한 발달적 정보를 반영해야 한다.
- 치료는 사회생태학적 접근을 직접적으로 포함해야 한다.
- 치료는 확장된 서비스지원체계와 연계되어야 한다.
- 치료는 서비스지원 수혜자의 재정과 현실적 여건을 고려해야 한다.

TST는 열 가지 치료원리를 따른다(Sax, Ellis, & Kaplow, 2011).

- 붕괴된 체계를 조정하고 회복하기: 명확하고 통합적이며 조직적인 방법으로 내담자의 트라우마 체계를 조정하는 데 초점을 둔다. 내담자의 정서상태조절과 사회지원환경 간의 상호작용을 탐색하고 이를 향상시킨다.
- 내담자의 안전을 확보하기: 내담자가 처해 있는 상황에서 발생될 수 있는 위험을 예측하고 평가하며, 평가결과에 근거하여 치료과정을 재구조화해 나간다. 안전에 관한 문제가 다루어지지 않은 상태에서는 치료계획이 진행될 수 없다.

- 사실에 근거하여 명확하고 초점화된 계획을 수립하기: 치료계획을 수립할 때 어떤 특정목적에 더 집중해야 하는지 결정해야 한다. 그러나 계획은 새로운 정보나 새로운 환경에 따라 융통성 있게 조정될 수 있다.
- 준비되지 않은 상태에서는 시작하지 않기: 치료계획을 수립하는 단계부터 내담자나 그 가족원과의 치료동맹을 확립하는 것이 무엇보다 중요하다. 준비되지 않은 치료는 긍정적인 치료효과를 가져올 수 없다.
- 최소한의 자원으로 작업하기: 내담자에게 제공되는 정신건강 관련 자원이 제한적일 수 있다는 현실적 여건을 고려한다. 활용 가능한 희소자원을 어떻게 전략적이고 효과적으로 사용할 것인지를 결정한다.
- 책임을 강조하기: 상담자의 치료행위 자체뿐만 아니라, 내담자를 포함하여 치료계획을 실행하는 데 관련된 모든 개인이 치료과정에 적극적으로 참여할 책임이 있다는 점을 강조한다.
- 현실에 맞추기: 내담자가 처해 있는 실질적인 현실을 반영하여 치료계획을 수립하고 진행한다. 내담자와 그 가족원이 그들의 상황적 현실을 고려하도록 돕고 현실에 기반한 의사결정능력을 발달시킬 수 있도록 조력한다.
- 상담자 자신과 팀을 돌보기: 내담자의 트라우마적인 상황을 목격하고 이야기를 듣는 과정에서 상담자는 철회, 피로감, 스트레스 등 간접적인 트라우마를 경험할 수 있다. 이러한 소진(burnout)으로부터 상담자 자신과 상담팀 동료들을 케어할 수 있는 지원이 필요하다.
- 강점으로 시작하기: 내담자가 완전히 붕괴되지 않고 자기를 유지해 올 수 있었던 생존기제를 적극 활용한다. 내담자가 지닌 강점 및 긍정적인 문제해결방식은 정서를 조절하는 유용한 수단이 될 수 있으므로 치료과정에 포함시킨다. 개인의 강점뿐만 아니라 지역사회 내 강점까지도 활용한다.
- 더 좋은 체계를 만들어 남겨두기: 내담자가 적절한 정서조절기술 습득, 인지처리기술 습득, 트라우마 사건에 대한 새로운 관점과 의미 부여 등에 도달하면 치료를 종결한다. 치료가 종료된 후에도 가족과 지역사회의 지원체계 안에서 내담자가 지속적으로 보호받고 도움을 받을 수 있도록 한다.

3) 심리적 응급처치 모델

심리적 응급처치 모델은 미국 National Child Traumatic Stress Network와 National Center for PTSD의 개입 모델에 근거하며 주로 재난현장에 적용될 수 있는 위기개입 모델이다. 심리적 응급처치는 갑작스러운 외상을 경험한 대부분의 개인이 정상적으로 회복될 것을 예상하면서, 각 개인에 대한 주의 깊은 평가에 기초하고, 사건 후 경과 단계에 따라 융통성 있게 진행된다. 구체적으로 첫 접촉과 라포르 형성, 안전에 대한 확인, 심리적 안정화, 정보 수집, 문제해결에 대한 안내, 그리고 회복을 위한 준비가 핵심적인 개입활동이다(권정혜, 안현의, 최윤경, 주혜선, 2014).

(1) 첫 접촉과 라포르 형성

상담자는 내담자에게 접근할 때 먼저 말을 걸어도 되는지 물어보고, 자신을 소개한다. 자신의 이름과 소속을 밝히고 재난현장에서 심리적 전문가로 활동할 수 있는 공인된 자격을 갖추었음을 내담자에게 인식시킨다. 내담자가 미성년자인 경우에는 부모나 친지에게 상담자 자신을 소개하고 내담자와 이야기를 나누어도 되는지 허락을 한 후 대화 내용은 비밀이 보장된다는 것을 확인시킨다. 자기소개가 끝나면, 일차적으로 지금 당장 내담자나 그 가족이 필요로 하는 것이 무엇인지를 확인한다. 특히, 의료적 처치는 최우선적으로 고려되어야 한다.

(2) 안전에 대한 확인

내담자와 그 가족이 물리적으로 안전하도록 돕고, 심리적 쇼크반응이 있는지 확인하며, 신체건강상의 처치가 필요한 경우 즉시 의료진에게 의뢰한다. 자해나 타인에 대한 폭력적 행위 가능성을 탐색하고 이에 적절한 조치를 취한다. 또한 내담자를 위해 이루어지고 있는 외부 지원이나 구호 노력에 대해 수시로 정확한 정보를 전달함으로써 내담자가 지지받고 있으며 안전하다는 것을 느끼도록 돕는다. 외상 사건을 떠올리게 하는 냄새, 소리 등이 없는 공간으로 내담자를 이동시키고, 주변을 맴도는 구경꾼들로부터 내담자를 보호한다.

(3) 심리적 안정화

내담자가 눈빛이 멍하고 초점이 없으며, 질문에 대한 답변이 없거나 느리고, 무의미하거나 목적성 없는 행동을 반복하고, 강렬한 신체심리적 반응을 나타내며, 위험한 행동을 시도하는 등 쇼크 반응이 나타나는지를 관찰한다. 외상 후에 일반적으로 나타날 수 있는 신체적·정서적 반응에 대해 심리교육 등을 통해 알려주는 것은 정서적으로 압도당한 내담자의 행동 판단을 돕고 지지적 환경을 조성하는 데 도움이 된다.

(4) 정보 수집

내담자에 대한 충분한 정보를 수집할 때 가장 적절한 개입을 제공할 수 있다. 내담자와의 첫 접촉이 이루어지고 내담자가 안정을 찾은 후 정보를 수집하는 것이 바람직하다. 특히, 재난현장에서의 제한된 시간 안에 효율적으로 정보를 수집하기 위해서는 재난과 외상 사건의 특성과 심각한 정도, 사랑하는 사람이나 가족의 죽음 여부, 사건 직후의 상황이나 후속적인 위협에 대한 걱정 여부, 가까운 가족의 안전에 대한 걱정 여부, 신체적 질병이나 정신적 문제의 존재 여부 혹은 약물치료의 필요성, 중요한 자산의 손실 여부, 극도의 죄책감이나 수치심의 존재 여부, 다른 사람에게 해를 가할 위험이 있는지 여부, 사회적 지지자원이 있는지 여부, 사건 전 알코올이나 약물 복용 여부, 과거의 외상 경험과 사랑하는 사람의 죽음 여부 등에 초점을 맞추어 정보를 수집한다.

(5) 문제해결 안내

스트레스가 높은 상태에 놓인 내담자는 논리적이고 문제해결적인 사고를 하기 어렵다. 내담자가 스스로 무엇을 필요로 하는지 생각하고 표현하도록 조력한다. 내담자로 하여금 자신에게 지금 당장 필요한 것이 무엇인지 표현하게 하고, 그중에서 가장 중요한 것부터 우선순위와 목표를 설정하고, 목표를 달성할 수 있는 구체적인 절차와 방법을 고안한 후 실행하도록 돕는다.

(6) 회복을 위한 준비

내담자가 어느 정도 안정되고 시급한 문제가 해결된 이후에는, 내담자가 스스로를 위해 앞으로 무엇을 하는 것이 중요한지 그리고 어떤 후속적인 지원을 받는 것이 회복에 도움이 되는지를 설명해 준다. 사회적 지지체계를 활용하는 방법, 대처방법에 대한 정보, 추가적으로 필요한 지원서비스의 연계 등을 도와준다.

4) 집단용 위기상담 모델

Thompson과 Rudolph(1992)는 허리케인이나 항공기사고 등의 외상을 경험한 아동들을 대상으로 실시할 수 있는 집단용 위기상담 모델을 제시한다. 구체적인 상담단계는 다음과 같다.

(1) 도입 단계

- 집단원들로 하여금 자기소개를 하게 한 후 이 집단에 참가하게 된 계기를 나누도록 한다.
- 집단원들로 하여금 집단을 통해 도움을 받고자 하는 개인목표를 설정하도록 한다.
- 집단 내에서 서로 나눈 내용은 집단원만의 비밀로 한다는 것을 인식시킨다.
- 기본 규칙을 다음의 예와 같이 토의한다.
  - 집단이 시작된 이후에는 임의로 상담실을 떠날 수 없기 때문에 미리 화장실을 다녀온다.
  - 활동시간은 아동의 연령을 고려하여 융통성 있게 조정한다.
  - 상담활동이 진행되는 동안 집단원이나 외부인이 임의로 상담실을 드나들지 못하도록 한다.
  - 특정 집단원이 다른 집단원을 무시하거나 지배력을 확보하려고 해서는 안 되며 모든 집단원이 동등한 자격으로 집단에 참여하도로 촉진한다.

(2) 사실단계

- 일어난 사건에 대해 사실적인 내용을 이야기한다.
- 집단원의 참여를 격려한다.

(3) 감정단계

- 사건이 일어난 후, 어떤 변화가 있었는지를 탐색한다.
- 지금 경험하고 있는 것들을 탐색한다.

(4) 증상 파악단계

- 사건이 집단원 각자에게 어떤 영향을 미치고 있는지를 질문한다. 수면이나 학업에 집중하는 데 어려움을 겪고 있는지, 혹은 그 일에 대해 지나치게 걱정하고 있는지 등을 질문한다.
- 사건이 학업, 성적, 건강 등에 어떤 영향을 미치고 있는지를 질문한다.

(5) 지도 단계

- 사건에 대한 사람들의 일반적인 반응을 탐색한다.
- 사건에 대해 사람들이 보여 준 반응 양식을 브레인스토밍한다.
- 그러한 반응이 사람들에게 도움이 되는 부분과 그렇지 못한 부분을 토의한다.

(6) 요약단계

- 질의 응답하기
- 집단경험을 통해 배운 것과 나눈 것을 요약한다.
- 필요한 경우, 개인 및 집단행동계획을 수립한다.
- 집단원의 신체적·정서적 안전을 돕기 위해 집단 지지체계를 제공한다. 보호가 필요한 집단원에게 도움을 줄 수 있는 구체적인 행동계획을 수립한다.
- 집단이 종료된 후 3~5일이 지나 추수 모임을 갖고 집단원의 대처과정을 점검한다.
- 보다 각별한 도움이 필요한 집단원을 위해 별도의 개인상담을 제공한다.

4. 위기문제별 상담

1) 이혼가정 아동

한국사회의 구조적 변화는 가족 형태에도 커다란 영향을 미치고 있다. 가족 형태의 변화 가운데 가장 두드러진 현상은 이혼율의 증가이다. 가족은 결혼과 혈연관계로 맺어진 사회집단으로 생식과 양육의 기능을 지닌 생활공동체라고 보았을 때, 가정은 가족원들의 욕구가 충족되고 자기실현과 성장을 도모할 수 있는 안정된 물리적·심리적 환경을 제공해야 한다. 그러나 가정의 구조적 붕괴, 특히 이혼은 그 과정에 관여된 부부 당사자뿐만 아니라 성장기 자녀의 발달과 적응행동에 영향을 미칠 수 있다. 이혼가정의 자녀들은 개인 내적인 발달과업 이외에도 가정환경의 변화에 새롭게 적응해야 하는 과제에 직면하게 된다. 부모의 이혼은 자녀에게 주요 스트레스원으로 작용한다(Conger & Chao, 1996; Mahon, Yarcheski, & Yarcheski, 2003). 이러한 위기감은 부모의 이혼에 따른 정서적 충격이나 생활상의 변화에 기인할 수 있다. 부모이혼에 대한 적응력이 낮을 경우 이혼가정의 자녀들은 일반가정의 자녀들에 비해 더 공격적이고, 교사와의 관계에 있어서 갈등이 심하며, 학업성취도가 낮고, 약물남용 가능성이 높으며, 개인생활에 있어서도 적응력이 낮은 것으로 나타난다. 우울, 불안, 소극성, 소외감, 자신감 결여 등과 같은 심리적인 증상들이 발견되어 심리치료기관에 의뢰되는 경우가 많으며, 동성친구, 형제자매, 이성친구, 이웃들과의 대인관계에서도 단절되고 불안정한 모습을 보여 준다(유은희, 2004; Holden, 1997; Jeynes, 2001). 부모이혼이 성장기 자녀에게 미치는 부정적인 영향은 부모의 이혼 직후뿐만 아니라 자녀가 성인이 된 후에도 지속적으로 나타나는 것으로 확인되었다(Wallerstein, Lewis, & Blakeslee, 2000).

부모이혼에 따른 가정해체현상이 두드러짐에 따라 이혼가정 아동들의 수가 증가하고 있으며, 따라서 이들의 적응을 돕기 위한 상담 전략과 프로그램이 개발 활용되고 있다. 이혼가정 아동상담의 중요한 목표는 가정의 위기 상황을 극복하고 변화된 가정환경에 재적응할 수 있도록 돕는 데 있다. 이혼가정 아동을 위한 집단상담 프로그램은 다음 목표에 초점을 둔다(Omizo & Omizo, 1987).

- 부모의 이혼에 대한 아동의 감정을 규명한다.
- 다른 아동들도 유사한 상황에 처해 있으며 비슷한 감정을 경험하고 있다는 것을 인식하게 한다.
- 아동 자신이 처해 있는 상황에 대해 실제적인 측면을 파악할 수 있도록 조력한다.
- 자신의 감정에 대처할 수 있는 방법을 모색하도록 조력한다.
- 아동의 자기개념을 향상시키도록 돕는다.

이혼가정 아동을 위해 스트레스 대처교육을 실시하고 대안적 지지체계를 마련해 주는 것도 필요하다. 스트레스 극복을 위한 개입 전략은 다음과 같다(이재규, 2005).

- 부모이혼의 원인에 대해 보다 합리적으로 추론하도록 하여 극심한 죄책감을 갖지 않도록 돕는다. 아동은 부모의 이혼이 자기 자신 때문이라고 생각하는 경향이 있다. 따라서 부모의 이혼은 부모 자신들의 문제로 인해 일어난 것임을 이해시킨다.
- 이혼한 부모의 입장을 객관적으로 이해하여 극심한 분노나 적대감을 감소시키도록 돕는다. 아동은 이혼한 부모가 책임감이 없는 사람이라고 생각할 수도 있다. 그러나 부부에게 심각한 문제가 있을 경우에는 문제의 악화를 방지하고 배우자 각자의 보다 나은 삶을 위해 현실적인 결단을 내려야만 할 때가 있음을 이해시킨다.
- 이혼의 파급효과에 대해서도 객관적이고 현실적으로 인식하도록 돕는다. 흔히 아동은 이혼가정은 잘못된 가정, 비정상적인 가정으로 인식하는 경향이 있다. 그러나 부모이혼은 이혼한 부모와 자녀가 적응해야 하는 과제, 극복해야 할 스트레스가 좀 더 가중된 상황으로 받아들일 필요가 있다. 부모이혼으로 생겨난 변화에 보다 능동적으로 대처할 수 있도록 조력한다.
- 상실감, 외로움, 분노 등과 같은 부정적 감정에 대처하는 방법을 가르친다. 감정

은 일정한 단계에 따라 진행되며 그것이 해소되기 위해서는 일정한 기간이 요구된다. 따라서 부정적인 감정의 해소과정에 대한 지식을 제공하여 자신의 감정을 보다 건강한 방식으로 수용할 수 있도록 돕는다.

- 이혼 후에 수반되는 경제적인 문제, 학습지원체계의 감소 등에 대해서도 적절하게 대처할 수 있도록 돕는다. 가정경제가 악화되었을 때 혹은 방과 후 학업과정에서 도움이 필요할 때 지원받을 수 있는 지역사회 내 복지제도에 대한 정보를 제공한다.

2) 알코올중독가정 아동

알코올중독 부모를 둔 아동의 행동적응 양상은 다음과 같이 다양하다.

- 부모의 음주에 대해 자신이 직접적으로 혹은 간접적으로 책임이 있다고 느낀다.
- 부모가 술을 마시는 것은 자신을 사랑하지 않기 때문이라고 생각한다.
- 술을 마시지 않는 부나 모를 대상으로 상황을 변화시키지 못하고 자신에게 안전한 환경을 제공하지 않는 것에 대해 분노한다.
- 알코올중독 부모에게 나타날 음주의 부정적 결과를 두려워한다.
- 부모가 음주할 때와 그렇지 않을 때의 행동이 서로 다르기 때문에 혼란스럽다.
- 가정에서 어떤 일이 일어날지 예측할 수 없기 때문에 친구들을 집으로 초대하지 못한다.
- 부모의 행동에 대해 창피하고 당황스럽다.

따라서 상담자는 알코올중독 가정의 아동에게 충분한 공감과 지지를 제공하고 가정의 위기 상황을 적절하게 다룰 수 있는 능력을 촉진시키기 위해 대처기술을 가르쳐야 한다. 알코올중독 가정의 아동을 상담할 때 활용할 수 있는 상담 전략은 다음과 같다(Edwards & Zander, 1985).

- 상담시간을 지킨다거나 약속을 지키는 등 아동에게 일관된 관심과 애정표현함으로써 신뢰로운 관계를 형성한다. 부모가 보여 준 것과 같은 부정적인 태도와 행동패턴을 반복하지 않도록 주의한다.
- 부모의 알코올중독 사실을 인정하지 않는 태도를 극복할 수 있도록 돕는다. 알코올중독자와 그 가족은 모두 나름대로 무엇인가를 거부하거나 부정하는 경향이 있다는 것을 인식시킨다. 아동은 '아빠가 내 생일을 잊어버려도 괜찮아. 그건 별로 중요한 일이 아니야.' 하는 식으로 자신에게 일어나는 일들을 거부 혹은 부정하는 것에 익숙해져 있다.
- 알코올중독에 대해 설명하고 함께 토의한다. 알코올중독은 일종의 질병으로서 알코올중독자는 성격이 변하고, 약속을 지키지 않게 되며, 무능해지고, 치료 후에도 재발할 가능성이 높다는 점을 이해시킨다.
- 자신의 다양한 감정을 탐색하고 이러한 감정을 건강한 방식으로 표현할 수 있도록 돕는다. 아동이 부모의 알코올중독에 대해 가지고 있는 생각과 느낌을 스스로 이해하고 주변 사람들과 나눌 수 있도록 격려한다.
- 다른 사람들과 긍정적인 관계를 형성할 수 있도록 돕는다. 친구 사귀는 기술을 가르치거나 지역사회의 다양한 활동에 참가하여 대인관계를 형성하도록 지원한다. 집단상담 프로그램을 활용하여 친구에게 먼저 다가가기, 정보를 요청하거나 제공하기, 초대하기 등의 구체적인 사회적 기술을 가르친다.
- 아동과 활동 프로그램을 진행할 때 성공적인 요소들을 적극 활용한다. 과제를 아동의 수준에 맞추어 적절한 단위로 세분화시키고, 아동의 성취결과를 인정해준다. 또한 실패한 경우에는 대처 전략을 개발할 수 있도록 지원한다.
- 칭찬받는 아동이 스스로 자신의 가치를 인정하도록 격려한다. 단순히 '넌 멋진 아이야.'라고 하는 식의 일반적인 칭찬보다는 구체적인 행동에 근거해 칭찬한다.
- 가족의 문제 상황에 직면했을 때 통제력을 잃지 않도록 돕는다. 아동이 원하는 것이 무엇인지에 대해 진솔하게 이야기하고 토론하며, 대안적인 대처방안을 함께 모색하고, 상담장면에서 실제 역할놀이를 해봄으로써 위기 상황에 잘 대처할 수 있도록 준비시킨다.

- 알코올중독과 가정해체를 예방하기 위해 알코올중독 질병에 관련된 내용을 교육시킨다. 이를 통해 부모의 알코올중독에 대해 느끼는 과도한 죄책감과 책임감에서 벗어나고 보다 현실적인 희망을 갖게 된다.

3) 학대받는 아동

아동학대는 성장기 아동에게 있어서 치명적인 외상이다. 아동학대와 방임은 아동의 신체적, 신경학적, 인지적, 정서적 발달에 부정적인 영향을 미친다. 아동학대의 개념을 명확하게 정의하는 것은 곤란하지만 일반적으로 학대는 신체적, 성적, 정서적 학대를 포함한다. 포괄적인 의미에서 아동학대는 부모와 성인들에 의해 아동이 잘못 취급당하는 것을 뜻한다. 현재 시점뿐만 아니라 오랜 기간에 걸쳐 아동에게 신체적으로나 심리적으로 해를 입히는 행위이다. 학대받은 아동은 흔히 자신이 학대받을 만하기 때문에 학대받는다고 생각하며 자기 자신을 스스로 비난한다. 이때 자기비난의 정도는 학대의 유형과 지속기간에 따라 다르다. 신체적으로 학대받은 아동과 달리 성적으로나 심리적으로 학대받은 아동은 학대로 인한 부정적인 영향이 더 심각하다. 가정폭력의 가장 큰 심각성은 바로 재생산 경향성에 있다. 학대받은 아동은 후일 성장하여 자신이 부모가 되었을 때 자신의 자녀들을 역시 학대하는 것으로 나타났다 (Augoustinos, 1987; Gerler, 1988; Polansky, Chalmers, Buttenweiser, & Williams, 1981).

특히, 아동을 대상으로 하는 상담자는 아동의 몸에서 멍든 자국이 자주 목격된다거나 아동이 평소와 달리 극도의 불안행동을 보인다거나 할 때에는 아동학대를 의심해야 한다. 아동은 자신의 주변 사람들을 두려워하면서 또한 그들을 보호하려고 하기 때문에 솔직하게 말하지 않는다(Gibson, Mitchell, & Basile, 1993). 학대를 추정해 볼 수 있는 단서들은 다음과 같다.

- 신체의 지속적인 피멍과 타박상
- 화상을 입은 흔적
- 열상, 찰과상

- 아동이 말하는 내용과 일치되지 않는 상처
- 강간, 성교, 비정상적인 성행위 등을 포함하는 성적 학대
- 부모의 가출 및 이혼, 정신질환 부모 등 가정 내의 역기능으로 인해 초래된 정서적 혼란

한편, 아동학대의 범주에 속하는 것으로 방임은 보다 소극적인 형태의 아동학대라고 할 수 있다. 방임은 아동이 필요로 하는 음식, 보호, 의복, 의료적 개입 등을 제공하지 않는 행위이다. 방임의 구체적인 형태는 다음과 같다.

- 결핍된 영양섭취, 불결한 위생, 부적절한 주거공간, 부적절한 건강관리
- 무관심, 관리지도 소홀
- 필수적인 의료적 관심 결여
- 부정기적이고 불법적인 학교 무단결석
- 정서적 · 심리적 지지 부족
- 유기

학교장면에서 상담자가 일반 교사들과 학교행정가들을 대상으로 아동학대에 대한 인식을 높이기 위한 교육 프로그램을 실시할 때에는 다음의 내용이 강조되어야 한다(Allsopp & Prosen, 1988).

- 가해자, 피해자, 가족에 관련된 정보
- 아동학대 관련 법률조항
- 아동학대 보고체계와 관련된 학교 규정 및 절차
- 피해자를 지원할 수 있는 지역사회자원에 관한 정보

미국학교상담학회(American School Counselor Association)는 아동학대 사례를 다루는 학교상담자에게 다음과 같은 지침을 권고한다.

- 학교행정가, 교사, 상담자, 보건교사, 사회사업가 및 아동이 참여하는 생활지도팀을 구성한다.
- 학교에서의 아동행동에 관련된 통지문을 가정에 보낸 후 그 결과로 아동이 가정에서 학대를 받게 되었을 때에는 상담자는 교사나 다른 교직원을 지원하는 역할을 수행한다.
- 아동과 사회사업가를 연계시킨다. 이때 비밀보장문제는 아동과 상담자 간의 신뢰관계에 영향을 미칠 수 있으므로 주의한다.
- 위기 상황이 종결된 이후에도 아동과 가족을 위해 지속적인 상담서비스를 직접 제공하거나 지역사회 내 다른 적절한 기관에 의뢰한다.
- 아동학대를 예방할 수 있는 프로그램을 제공한다. 아동의 자존감을 높이고, 부모의 스트레스를 인지할 수 있는 아동의 능력을 개발하며, 또한 아동 자신의 행동에 따른 위기유발 상황을 예견할 수 있는 민감성을 향상시키는 등 다양한 대처기술을 가르침으로써 학대 상황을 예방할 수 있다.
- 교사와 학교행정가를 대상으로 학대의 역동성과 학대부모에 관한 이해를 도모하고 이들이 학대부모에 대해 비판단적인 태도를 갖게 함으로써 위기 상황에 적절하게 반응할 수 있도록 돕는다.
- 워크숍이나 지지그룹 등을 활용하여 학대부모가 보다 적절한 자녀훈육방법을 사용하고, 자신의 분노와 좌절을 통제하며, 자녀양육기술을 향상시킬 수 있도록 교육한다.

연습문제

01_ 위기의 주요 특징을 설명하시오.

02_ 위기의 유형을 사건영역에 따라 비교 기술하시오.

03_ 위기 진행에 따른 개인의 대응과정을 설명하시오.

04_ James와 Gilliland가 제시한 위기개입 7단계 모델의 구체적인 내용을 설명하시오.

05_ 심리적 응급처치 모델의 개입단계별 주요 내용을 설명하시오.

06_ 이혼가정 아동의 위기상담 전략을 기술하시오.

07_ 알코올중독 가정의 아동을 위한 위기상담 전략을 기술하시오.

08_ 가정폭력피해아동을 위한 위기상담 전략을 기술하시오.

09 Chapter

정신건강과 상담

1. 정신건강의 이해
2. 이상심리의 이해
3. 상담과 진단
4. 주요 심리장애의 이해와 개입 전략

Chapter 09

정신건강과 상담

정신건강을 이야기할 때 정신장애의 유무만을 생각하기 쉬운데, 이 관점은 정신장애라는 병리적인 개념을 기본으로 정신장애의 치료 및 재활에 초점을 두는 의학적 모델에 기초하고 있기 때문이다. 그러나 정신건강은 단순히 정신장애가 없음을 의미하지 않고, 자신의 잠재력을 인식하고 삶에서 접하는 일상 스트레스에 적절하게 대처하며 생산적으로 일을 할 수 있고 지역사회에 기여할 수 있는 안녕(welling being)의 상태에 있음을 의미한다. 이 개념에는 개인의 주관적 안녕, 지각된 자기효능감, 자율성, 역량감, 세대 간 의존성, 지적·정서적 잠재력의 자아실현 등이 포함된다. 이 장에서는 정신건강의 개념과 상담자의 역할을 알아볼 것이다. 그리고 이상심리와 상담에서 진단이 필요한 이유에 대해서도 공부하게 될 것이다. 상담현장에서 만날 수 있는 대표적인 장애로 조현병, 공황장애, 우울장애의 주요 특징과 대처 전략에 대해서도 학습하게 될 것이다.

학습목표

1. 정신건강의 개념을 이해하여 상담자의 역할을 설명할 수 있다.
2. 상담에서 DSM-5의 사용이 필요한 이유를 설명할 수 있다.
3. 조현병의 주요 특징과 그 개입 전략을 설명할 수 있다.
4. 공황장애의 주요 특징과 그 개입 전략을 설명할 수 있다.
5. 우울장애의 주요 특징과 그 개입 전략을 설명할 수 있다.

1. 정신건강의 이해

1) 정신건강의 개념

현대인들은 과거에 비해 물질의 풍요로움과 편리함을 누리고 있지만 정신적 빈곤감과 정서적 혼란은 어느 시대보다도 심각하다. 우리 사회는 가족제도의 붕괴, 스트레스, 자살, 불안, 폭력, 중독, 우울증, 범죄, 테러 등의 부작용을 발생시키면서 개인의 정신건강을 위협하고 있다. 개인의 정신건강은 지역사회와 국가 및 지구촌의 안전과 복지에 직접적인 영향을 미치기 때문에 개인과 지역사회의 정신건강 증진을 위해 노력할 필요가 있고 상담에서도 정신건강 분야에 관심을 가지고 접근할 필요가 있다.

정신건강을 논할 때 정신질환의 유무만을 생각하기 쉬운데, 이 관점은 정신장애라는 병리적인 개념을 기본으로 두고 정신장애의 치료 및 재활과 일반인들을 대상으로 하는 장신장애의 예방에 초점을 두고 있는 것으로 소극적인 의미의 정신건강이다. 세계보건기구(World Health Organization, 2014)에 의하면, 정신건강은 단순히 정신질환이 없음을 의미하지 않는다. 정신질환이 없을 뿐 아니라 자신의 잠재력을 인식하고 삶에서 접하는 일상 스트레스에 적절하게 대처하며 생산적으로 일을 할 수 있고 지역사회에 기여할 수 있는 안녕(welling being)의 상태에 있음을 의미한다. 이 개념에는 개인의 주관적 안녕, 지각된 자기효능감, 자율성, 역량감, 세대 간 의존성, 지적·정서적 잠재력의 자아실현 등이 포함된다.

세계보건기구의 주장처럼 정신건강이 개인의 심리적 안녕이나 자아실현과 매우 밀접한 개념이라면 정신질환을 제거하는 것이 정신건강 증진의 필요조건은 될 수 있겠지만 필요충분조건은 될 수 없다. 오히려 정신질환의 제거가 정신건강의 영역에서 매우 적은 부분을 차지한다고 보는 것이 정확하다. 이처럼 정신질환이나 장애가 없는 상태가 정신적으로 건강한 상태가 아니라는 것이 확실한데도 많은 학자들은 아직까지도 병이 없는 상태를 건강의 상태로 보려는 경향이 많으며 심지어 상담 분야의 많은 학자들도 정신건강에 대한 내용을 다룬다고 하면서 실제로는 정신질환에 초점을 맞추어 이야기하고 있다. 이러한 현상은 의학적 관점의 산물로 정신질환상태에서 빠져나오면 곧 바로 정신건강의 상태로 진입함을 전제하고 있다. 그러나 이러한 이원론적인 사고방식은 현상을 쉽게 설명하는 데 기여할 수는 있을지 모르지만 인간의 정신건강에 대한 정확한 설명은 될 수 없다(박재황, 2015).

개인의 정신건강은 건강한 공동체 구성원으로 살아가는 데 중요한 영향을 미치기 때문에 우리가 신체건강을 위해 운동을 하고 건강한 음식을 섭취하듯 관심을 가지고 돌보아야 할 필요가 있다. Jahoda(1958)는 심리학적 배경을 가지고 문화인류학, 정신의학 분야의 정신건강개념 연구들을 다음과 같이 체계적으로 분류하였는데, 그의 목적은 긍정적인 정신건강 기준에 대한 현대적 사고 틀을 제시하는 것이었다(김동배, 안인경, 2004).

① 자신에 대한 긍정적인 태도와 성장

- 자아의식에 대한 접근성
- 자아개념에 대한 정확성
- 자아개념에 대한 감정
- 정체성

② 성장·발전·자아실현

- 동기화 과정
- 삶에 대한 투자

③ 통합력

- 심리적 힘의 균형
- 삶의 통일된 전망
- 스트레스에 대한 저항

④ 자율성

- 내부의 행동규제

- 독립적 행동

⑤ 현실지각

- 욕구왜곡에 대한 지각의 자유
- 공감이나 사회적 민감성

⑥ 환경의 지배력

- 사랑할 수 있는 능력
- 사랑하고, 일하고, 여가를 즐기는 적절성
- 대인관계의 적합성
- 상황적 요구 수용
- 적응과 순응
- 문제해결

이처럼 Jahoda는 정신건강의 개념을 세계보건기구의 관점처럼 단순히 정신장애가 없는 상태를 넘어서서 광범위하게 확장시키고 있다.

2) 상담자의 역할

대부분 상담자들의 업무 중에는 이미 정신건강과 관련되는 것들이 겹쳐 있기 때문에 정신건강 분야의 전문 상담자의 역할과 그렇지 않은 상담자의 역할을 자로 재듯이 구분하기란 쉽지 않은 일이다. 그러나 정신건강 분야의 상담자들이 하는 일들을 살펴봄으로써 정신건강 분야 상담자들의 정체성을 좀 더 구체적으로 이해할 수 있을 것이다.

먼저 정신건강 분야에서 활동하는 상담자들은 소극적인 의미에서 정신질환의 예방을 위해 일하고 있다. 그들은 먼저 정신질환의 일차적 예방을 목적으로 일하고 있다. 대부분의 상담자는 상담실을 찾아오는 내담자를 만나서 그들이 호소하는 문제를 중심으로 상담활동을 하게 된다. 그러나 정신건강 분야 상담자들은 종교단체와 학교 및 다양한 시설과 기관들을 방문하여 정신건강과 관련된 주제에 대해 개인보다는 집단을 대상으로 예방교육과 강의를 할 수 있다. 인터넷 중독의 심각성을 알리기 위해 중학교를 방문하여 학생들과 교직원들에게 관련 비디오 상영 및 홍보교육을 할 수도 있고, 학교폭력을 예방하기 위해 학생들에게 교육을 실시할 수도 있는 것이다. 둘째, 정신건강 상담자들은 이차적 예방교육을 위해 활동하고 있다. 이차적 예방이란 이미 정신질환의 문제를 겪고 있지만 더 이상 문제가 심각해지지 않도록 관리하는 것을 의미한다. 이것은 내담자의 치료와 재활을 위해 가족과의 정기적인 만남은 물론이고 다양한 분야의 전문가와 협력하는 것을 의미한다. 예를 들면, 상담자가 조현병 환자와 그 가족을 정기적으로 만나 정서적 지지와 인지재활을 돕는 것은 물론이고 환자에게 적절한 약물을 찾기 위해 정신건강 전문의에게 자문활동을 할 수 있으며, 의사가 처방한 약물을 환자가 복용할 수 있도록 격려하고 지지하며, 복용하는 약물의 부작용을 확인하는 것 등이 이차적 예방활동이라고 볼 수 있을 것이다.

보다 적극적인 측면에서 정신건강 상담자들은 일반인들의 정신건강 증진을 위한 활동을 하고 있다. 이것은 정신질환을 예방하고 치료하는 차원보다는 정신적으로 건강한 사람이 더욱 건강하게 살아갈 수 있도록 돕는 활동들을 의미한다. 정신건강 상담자들은 중·고등학교, 대학교, 종교시설, 지역사회건강센터, 공공 또는 사실기관 등과 연계하여 개인과 집단을 대상으로 정신건강 관련 주제의 프로그램을 진행할 수 있다. 부모교육, 자존감 향상 프로그램, 자기 성장 프로그램, 부부대화 훈련, MBTI를 활용한 자기 찾기 등의 다양한 프로그램들이 그 예가 될 수 있을 것이다.

이처럼 정신건강 상담자의 활동들을 살펴볼 때 최근의 정신건강활동들은 정신질환자를 수용하고 입원시켜 사회로부터 격리시키는 치료보다는 지역사회 중심의 예방과 건강을 증진시키는 서비스를 강조하는 경향성을 보이고 있다. 이것은 과거의 정신건강모형이 정신장애의 원인을 개인 내적인 것에서 찾았던 것에 비해 지역사회 전체의 공동 책임이라는 맥락에서 정신장애를 조망하는 것이다. 지역사회 공동체는 정신건강의 문제와 관련하여 일차적 예방과 이차적 예방의 차원에서 실천을 강조하고 있으며, 병원 내의 의료인력 중심의 치료와 동시에 지역사회의 자원을 활용하는 것에도 관심을 기울이고 있다. 직접적인 서비스보다는 자문과 같이 간접적인 서비스를 강조하며 단기치료와 위기개입과 같은 신속하고 효과적이며 효율성이 높은 임상전략을 강조하고 있다.

2. 이상심리의 이해

1) 정상과 이상

정신건강에서 정상(normality)과 이상(abnormality)을 구분하는 방법에는 몇 가지가 있다. 첫째, 통계적 규준으로부터의 이탈을 이상행동으로 보는 것이다. 이것은 통계적 빈도가 낮은 행동, 즉 95%의 범위를 벗어난 행동을 이상행동으로 보는 것이다. 두 번째, 사회적 규범으로부터의 일탈을 이상행동으로 보는 것이다. 그러나 규범은 문화와 시대에 따라 바뀔 수 있기 때문에 사회적 규범을 그 잣대로 삼기에는 무리가 있을 수 있다. 세 번째는 부적응행동을 이상행동으로 보는 것이다. 이것은 개인의 행동이 소속집단의 가치에 위배되는 행동을 했을 때 이상행동으로 보는 것인데, 집단의 가치라는 것 역시 절대적인 선이나 진리가 될 수 없는 상대적인 것이기 때문에 정상과 이상의 기준으로는 적합하지 않을 수 있다. 마지막으로 개인이 겪는 고통(personal distress)을 이상행동으로 보는 것으로 불면, 공포, 우울감 등이 그 예가 될 수 있을 것이다. 이처럼 일탈(사회적으로 수용되지 않는 행동), 부적응행동(사회적 또는 직업적 기능을 방해) 그리고 개인적 고통 등이 이상행동의 규준으로 사용되기도 하지만 정신장애 진단에서 정상 또는 이상행동의 판단기준으로는 여전히 문제가 있을 수 있다(홍대식, 1983). 사실 정상과 이상은 연속선상의 문제이며 정도의 문제이지 양자택일의 문제가 아님에도 불구하고 정신병에 대한 판단은 과학적 지식, 보급된 문화적 가치, 사회적 경향 및 정치적 힘을 반영하고 있는 것이 현실이다.

한편, 현실판단력의 유무로 구분하여 신경증(neurosis)과 정신증(psychosis)을 구분하기도 한다. 신경증의 경우 독일어로는 노이로제라고 하기도 하는데, 이는 판단력에 문제가 없지만 생활적응에 여러 가지 주관적인 불편함을 나타내는 심리적 장애를 일컬으며, 불안장애나 우울증 등이 대표적인 것이다. 신경증의 경우 문제가 있음을 스스로 자각(insight)할 수 있기 때문에 스스로 치료를 위해 상담기관을 찾을 수 있으며, 정도가 미약하기 때문에 직업이나 학업을 지속할 수 있다. 반면, 정신증의 경우 부적응의 정도가 매우 심각한 심리적 장애, 환각이나 망상과 같은 현실왜곡 증상을 보이는데, 대표적인 것이 조현병이다. 이 경우는 자신이 비정상적이라는 점에 대한 자각이 없기 때문에 스스로 치료기관을 찾기보다는 보호자나 주변사람들에 의해 강제로 치료기관을 찾는 경우가 있다. 정신증은 일정기간 동안 병원이나 치료기관에 입원하여 집중적인 치료를 받게 된다. 주로 상담적 중재로 도움을 받을 수 있는 경우는 신경증에 해당되며 정신증의 경우에는 전문기관에 의뢰하여 일단 치료부터 받도록 하는 것이 상담자의 중요한 역할이 될 수 있다.

2) 이상심리에 대한 접근

동양의학에서는 인간 정신의 문제는 음과 양의 조화가 깨어져서 발생하는 것으로 보았던 반면, 서양의학, 특히 의학의 아버지라고 불렸던 히포크라테스는 신체 안에 들어 있는 체액의 불균형이 성격의 차이와 심지어 조증, 우울, 정신분열증을 초래할 수 있다고 하였다. 동양과 서양에서는 공히 초자연적인 힘(악령, 귀신, 마귀 등)의 존재가 인간의 이상행동을 초래한다고 믿었기 때문에 동양에서는 굿이나 무당의 주술행위로 이상행동에 대처했던 반면 16~17세기 유럽에서는 무자비한 마녀사냥으로 귀신들린 것으로 여겨지는 사람들을 화형에 처하거나 돌로 쳐서 죽이는 등의 극단적인 행동을 하기도 하였다. 정신장애에 자연적·초자연적 힘이 작용한다고 믿었던 시절에는 동정어린 처우보다는 '그들을 멀리 치워버리는 것'이 사회공익에 도움이 되는 것으로 생각하였고, 그 결과 19세기 초까지 정신질환자를 격리하는 차원의 병원들이 세워지기 시작하였다. 런던의 베들레헴 병원에서는 소정의 동전을 지불하기만 하면 병원에 수감된 환자들을 동물원에 갇힌 동물구경하듯 구경할 수 있었다. 기록에 의하면 1814년도에는 병원 방문자 숫자가 9만 6,000회라고 한다(홍대식, 1983).

프랑스 혁명이 절정에 달한 1793년에 프랑스 파리의 병원 담당 책임자였던 내과의사 Pinel은 수용자들의 족쇄와 멍에를 제거하기를 원했으며 프랑스 정부는 이를 억지로 수용하게 되었다. 그는 정신질환자들은 그 죄악 때문에 체벌 받아야 하는 것이 아니라, 치료와 보호가 필요한 사람들로 규정하였으며 그들에게 가해지는 가학행위를 법으로 금지시켰다. 그 후 19세기 중엽에 Kraepelin은 심한 정신장애를 정신분열증과 조울증이라는 두 가지 정신범주로 구분하여 기술하기 시작하면서 정신장애를 당뇨병과 같은 질병의 차원에서 보고 이런 정신장애를 치료해야 한다는 주장을 펴기 시작하였다. 그 후 Freud는 정신분석학이라는 새로운 정신치료기법(정신분석)을 제시하기도 하였고 오늘날에 이르게 되었다(홍대식, 1983).

이상행동에 대한 접근방식으로 먼저 의학적 모델을 들 수 있다. 의학적 모델에서는 이상행동이나 정신장애를 질환으로 간주하고 그 원인을 뇌, 신진대사, 내분비 기능의 장애 등에서 찾으며 약물치료를 대표적 치료방법으로 활용한다. 이러한 의학적 모델은 이상행동을 병으로 생각하는 것이 유용하여 정신병, 정신장애 및 정신병리학 등 이상행동을 설명하기 위한 용어들의 기초를 이루었다. 이러한 관점은 진단(한 가지 질병과 다른 질병을 구별하는 것), 병인학(질병에 대한 분명한 원인과 발달사), 예후(어떤 질병에서 가능한 경과에 대한 예상), 그리고 이상행동의 논의에 대한 효과적인 의사소통을 가능하게 하였다. 그러나 의학적 모델은 정신건강을 정신장애의 예방과 치료라는 병리학적인 관점에서 바라보기 때문에 인간에 대한 접근방식이 부정적이라는 비판이 있을 수 있다.

그러나 정신건강연구의 중요한 역할을 한 초기 학자들은 정신건강의 개념을 비교적 적극적 개념으로 접근하였다. Fromm(1963)에 의하면 정신이 건강한 사람은 생산적이며 관용적인 인격을 가지고 자신과 세상을 사랑스럽게 관계시키며, 객관적인 실체를 파악하려는 이성을 가지고, 자기 자신을 독특한 개인적 실체로 경험하며 동시에 동료들과 일치의식을 느낀다고 하였다. 또한 비합리적인 권위에 예속되지 않으며 양심과 이성의 합리적 관위를 잘 받아들이고 주어진 인생을 최대한 값진 기회로 생각한다고 하였다. Maslow(1968)는 자아실현을 할 수 있는 사람만이 건전한 정신을 가진 것으로 보았다. 그는 정신이 건강한 사람의 특성을 다음의 7가지로 정의하였다.

첫째, 적절한 현실 자각력을 갖고 사물을 있는 그대로 받아들인다. 둘째, 자발적이고 문제 중심적이다. 셋째, 고도로 자율성을 보이며 문화와 환경으로부터 독립적이다. 넷째, 사물에 대한 인식이 늘 새롭고 자연과 인생의 본질에 대해 관심을 가진다. 다섯째, 사회적 공감성을 갖고 사람들과 밀접한 관계를 맺는다. 여섯째, 인간에 대한 존경심을 갖고 도덕성과 윤리성이 강하다. 일곱째, 적개심이 없고 유머감각이 있으며 독창적이고 창조적이다(김동배, 안인경, 2004, 재인용).

오늘날 정신건강 상담활동은 의학적 모델도 참고하고 있지만 Fromm과 Maslow 등의 정신건강에 대한 확장된 관점을 가지고 접근하는 상담이론들을 주로 채택하여 건강한 인간이 더욱 건강하게 의미 있는 타인과 관계를 맺으며 협력하고 삶의 의미를 찾으며 자아를 실현해나가는 것에 그 초점을 두고 있다.

3. 상담과 진단

상담현장에서 만나는 내담자들의 호소문제는 다양하다. 건강한 대인관계를 맺고 있지만 더 풍부한 대인관계를 맺는 방법을 배우기 위해 상담실을 찾는 내담자가 있는 반면, 환청이나 환시 등의 조현병 양성 증상으로 상담실을 찾아오는 내담자도 있다. 후자의 경우 대화상담보다는 병원으로 의뢰하여 입원치료와 약물치료가 병행될 필요가 있다. 정신장애의 정확한 진단과 치료에 도움을 줄 수 있도록 정보를 조합하고 기능적이고 실제적인 지침을 제공하는 도구가 미국정신의학회(American Psychiatric Association)가 출판한 『DSM-5(Diagnostic and Statistical Manual of Mental Disorders-5)』라는 정신장애 진단 통계 편람이다. 2000년도에 『DSM-Ⅳ-TR』이 출간된 후 13년의 개정작업 끝에 2013년 5월 『DSM-5』가 출간되었다. 『DSM-5』는 정신건강 분야의 인상 진단, 치료계획, 약물 선택, 연구계획에 중요한 지침서로서 임상적 유용성을 향상시키는 것을 목적으로 하고 있기 때문에 상담 분야의 전문가들도 그 사용에 익숙해질 필요가 있다.

DSM-5에는 20개의 진단범주가 있으며 이는 증거에 기반(evidence-based)하도록 구성되었으며, 각 장애범주는 각 환자의 증상의 심각도를 평정하는 차원적 평가가 함께 이루어지도록 구성되어, 증상의 유무만을 가리는 것보다 3점 또는 그 이상의 척도로 증상의 심각도를 명시하게 된다. 이것은 정신장애의 연속적 특성을 인정하고 병의 심각도를 수량화할 수 있는 방법을 찾으려 한 시도라고 볼 수 있다(고진경, 2013). 그리고 진단범주의 배열순서는 신경발달적 전 생애 접근법(neurodevelomental life span approach)을 적용하여 아동기에 주로 진단되는 장애부터 청소년기, 성인기, 노년기의 순으로 배열하였다.

DSM-5의 진단적 범주와 진단에는 신경과학, 분자생물유전학, 뇌영상 과학의 최근 연구결과와 진단군 간의 유전적 연관성에 대한 정보를 포함하며, 또는 다양한 검사를 통해 나온 객관적 측정치들을 포함하도록 되어 있다. 예를 들어, 수면장애 진단을 내리기에 앞서 수면다원검사결과가 있어야 한다(Gever, 2012; 고진경, 2013, 재인용). DSM-5의 주목할 만한 변화 중 하나는 1980년 『DSM-Ⅲ』에서 처음 채택된 이후 『DSM-Ⅳ-TR』까지 사용했던 다축체계를 삭제했다는 것이다. DSM-5 개발자들은 축 구분에 과학적인 근거가 없다는 점을 강조하였으며, 정신장애가 신체적·생물학적 요인 및 과정과 별개의 것도 아니고, 일반적인 의학적 상태가 행동적·심리사회적 요인과 연관이 있다는 점을 고려할 때 축 구분은 무의미하다고 보았다.

상담자는 내담자의 진단명과 관련하여 정신건강 전문의, 의료진, 심리학자, 정부기관에 속한 전문가들과 소통할 수 있는 능력이 있어야 한다. 그러므로 정확한 진단을 위해서는 광범위한 훈련과 슈퍼비전이 필요하다. 이제 진단과 처치계획은 상담실무의 표준화된 구성요소이다. 정확한 진단을 하기 위해 상담자는 내담자 증상의 증거를 관찰하고, 호소 내용에 경청하며, 기능적인 장애를 살펴보아야 한다. 그리고 내담자가 증상과 관련하여 복용하고 있는 약물과 그 약물의 효과 및 부작용에 대해서도 충분한 지식을 갖추어야 한다. 그렇게 함으로써 상담자는 내담자의 생활에서 문화적·발달적·사회경제적·영적인 면과 스트레스에 대한 대처기제와 스트레스 요인들 그리고 학습된 행동들을 설명할 수 있는 것이다(김규식 외, 2013). 상담자의 진단은 전문적인 조력을 위한 처치계획을 세우는 데 가이드가 될 수 있기 때문에 다음의 원칙하에 사용할 때 적절할 수 있다(김규식 등, 2013).

- 진단은 한 개인의 기능을 묘사할 수 있어야 한다.
- 상담자가 내담자와 논의할 수 있도록 보편적인 언어를 사용하여야 한다.
- 진단의 결과는 지속적이고 일관성 있는 보살핌을 이끌어 내야 한다.
- 진단은 내담자에게 가장 적절한 처치계획을 세우는 데 도움을 줄 수 있어야 한다.

4. 주요 심리장애의 이해와 개입 전략

여기서는 심리장애 중에서 상담현장에서 자주 접할 수 있는 조현병, 공황장애, 우울증의 특징에 대해 살펴보고 그러한 장애를 가진 내담자들에게 어떻게 개입하여 도움을 줄 수 있는지 개입 전략을 알아보도록 한다.

1) 조현병

(1) 조현병의 특징

'조현병'이란 용어는 2011년에 정신분열증이라는 병명에서 바뀐 것이다. 정신분열증이란 병명이 사회적인 이질감과 거부감을 불러일으킨다는 이유로, 편견을 없애기 위하여 개명되었으며, '조현'이란 사전적인 의미로 '현악기의 줄을 고르다'는 뜻으로 조현병 환자의 모습이 마치 현악기가 정상적으로 조율되지 못했을 때의 모습처럼 혼란스러운 상태를 보이는 것과 같다는 데서 비롯되었다. 정신분열증의 영어단어인 Schizophrenia는 'Schizo(분열, 갈라짐)'와 'Phrenia(마음, 정신)'의 합성어로 '마음이 통합되어 있지 않다'는 뜻을 지니고 있다. 조현병은 뇌의 활동이 지장을 받아 현실을 판단하는 능력이 방해받아서 올바른 의사결정에 어려움을 겪게 되고, 사회생활 및 대인관계가 유지되기 어려워지는 질환이다. 그래서 조현병은 인지, 지각, 정동, 행동, 사회활동 등 다양한 정신기능에 이상을 초래하는 대표적 정신병이며 병의 임상경과와 예후 등이 매우 다양하고, 치료는 빠를수록 예후가 좋으며 약물치료가 중요하다. 조현병의 발생률과 유병률은 지역, 인종, 문화적 특성에 관계없이 거의 비슷하며, 전

세계적으로 평생 유병률은 인구의 약 1%를 차지하는 흔한 정신병의 하나이다. 우리나라의 평생 유병률은 0.4~0.7%이며, 젊은 층에서 발생률이 높다. 또한 발생률은 남자와 여자가 비슷하지만 발병 연령과 경과에서 차이를 보이며, 정신병적 삽화를 처음 보이는 평균 남자의 나이는 21세, 여자의 나이는 27세이다. 일반적으로 치료반응과 예후는 남성보다 여성에서 좋다(원호택, 이훈진, 2000).

조현병의 증상은 양성(+)과 음성(-)으로 나누는데, 양성은 망상(delusion)과 환각(hallucination) 등의 정상인에게는 없는데 조현병 환자에게는 나타나는 증상이다. 망상이란 현실과는 다른 잘못된 믿음을 의미하며 망상의 종류에는 다음과 같은 것들이 있다.

- 피해망상: 지나가는 사람들은 모두 나를 감시하고 있고 내 이야기를 하고 나를 감시하기 위해 하늘에 떠 있다.
- 과대망상: 나는 이 세상을 구원할 재림 예수이다.
- 신체망상: 나는 불치병에 걸렸다.
- 애정망상: 텔레비전을 보면서 내가 자리를 옮겨 각도를 바꾸어도 텔레비전 속의 저 여자는 나만 쳐다본다. 저 TV 속의 영화배우는 나를 사랑하는 까닭이다.

환각은 실제와는 달리 헛것을 지각하는 경우를 말하며 아무런 감각기관의 자극이 없음에도 마치 어떠한 사물이 있는 것처럼 지각하는 환시, 환청, 환촉, 환미, 환후 등의 증상이 있다. 반면, 음성 증상은 정상인에게는 있는데, 조현병 환자에게서는 잘 나타나지 않는 정서적 둔마(flat)를 의미하며 언어적 표현 및 타인과의 상호작용이 저하되어 있는 것을 말한다.

조현병의 초기 증상은 다음과 같은 특징을 가지고 나타날 수 있기 때문에 가족과 주변사람들은 관심을 가지고 살펴볼 필요가 있다(원호택, 이훈진, 2000).

- 위생관리가 엉망이고 옷을 이상하게 입는다.
- 깊은 대화를 나누는 것 같지만 논리나 일관성이 없다.

• 노려보거나 멍하게 있다.
• 부적절한 웃음을 웃는다.
• 사회관계를 피하고 고립되어 지내거나 은둔한다.
• 소리나 빛 등 자극에 지나치게 예민하다.
• 쉽게 흥분한다.
• 영적인 것이나 종교적인 것에 지나치게 몰두한다.
• 의미 없는 글을 쓴다.
• 이상한 자세와 행동을 한다.
• 잘 잊어버린다.
• 정서표현을 잘하지 못한다.
• 중요한 일조차 무관심하게 대한다.
• 집을 떠나 떠돌아다니는 경우가 있다.

(2) 개입 전략

조현병의 치료는 일반적으로 입원치료와 약물치료 및 인지재활치료로 구분하여 생각해볼 수 있다.

① 입원치료

• 정신분열 증상을 처음 보였을 때
• 정확한 진단 및 치료를 위하여
• 자해, 자살 또는 타인에게 해를 입힐 위험이 있을 때
• 심한 망상이나 환시를 보여 행동조절이 어려울 때
• 약을 복용하지 않아 재발의 위험이 있을 때

② 약물치료

• 뇌의 신경전달물질인 도파민의 증가 등과 같은 생화학적인 변화로 증상이 발생할 수 있으므로 이를 교정하는 약물을 투여하고 그 증상이 가라앉은 후에도 계속 복용하여야 한다.

- 약물이 그 효과를 나타내려면 최소 1주일 이상 2~8주 정도의 시간이 필요할 수 있다.
- 가장 효과적인 약물의 종류와 용량은 환자마다 개인차가 있을 수 있다.

③ 상담자의 역할

- 정서적 지지: 공감, 경청, 무조건적 수용, 격려와 정서적 지지 등을 통해 내담자의 약해진 자아기능과 자존감을 회복시키는 데 초점을 둔 상담을 진행할 필요가 있다.
- 인지재활훈련: 망상이나 환시 등의 양성 증상을 경험한 내담자들이 어느 정도 사회생활에 적응할 수 있도록 현실에 대한 판단능력과 대인관계기술(적절한 시선접촉, 상황에 적절한 표정 등)을 향상시킬 수 있는 인지재활훈련을 한다.
- 병원과의 유기적 협력: 병원에서 퇴원 후에도 지속적인 약물의 복용, 약물의 부작용, 내담자의 경과 등을 관찰하여 내담자의 증상이 악화되지 않도록 담당의와 유기적인 협조관계를 맺도록 한다.
- 가족상담: 내담자가 가족과의 관계가 원만하지 못하여 스트레스를 받게 되면 재발할 수 있기 때문에 기족상담을 진행할 필요가 있으며, 가족들이 내담자의 적절한 지원시스템이 될 수 있도록 가족상담을 진행할 필요가 있다.
- 집단상담: 조현병 환자와 가족들을 위한 집단상담을 진행하여 조현병에 대한 정보를 상호 간에 공유하고, 친교 및 정서적 지지를 구축할 수 있도록 한다.

2) 공황장애

(1) 공황장애의 특징

사람은 누구나 일반적이지 않은 사건이 일어났을 때 극심한 공포를 느끼게 되는데, 이것을 '공황(panic)'이라고 하며 이것은 정상적인 뇌의 반응이다. 그러나 예기치 않게 아무런 유발요인 없이 느닷없이 발생하거나 일상생활에서의 사소한 유발 상황 등 일상생활에 지장을 줄 정도로 심한 불안 증상과 발작이 일어나는 것을 '공황발작

(panic attack)'이라고 한다. 대부분의 공황장애 환자는 최초 공황발작 때 심장박동이 매우 가쁘게 뛰고, 호흡이 곤란해지는데, 이는 공황발작에 동반되는 과호흡 증후군의 한 증상이며, 이 경우 놀라서 대부분 응급실을 찾게 되지만 공황발작 증상은 일정시간이 지나면 정상으로 돌아오게 된다. 사람들은 반복된 공황발작을 경험하면 또 그런 증상이 발생할까봐 예기 불안을 경험하게 된다. 공황발작은 다른 신체적인 질환이 없을 때 다음과 같은 증상 중 4가지가 10분 이내에 나타나는 것으로 본다(박현순, 2000).

- 가슴이 떨리거나, 심장박동 수의 증가
- 땀이 많이 남
- 손, 발 혹은 몸이 떨리거나 흔들림
- 숨이 가빠지거나 혹은 질식
- 질식할 것 같은 느낌
- 가슴이 아프거나 압박감
- 메스껍거나 뱃속이 불편함
- 어지럽거나, 불편하며, 어지러우면서 현기증이 날 때
- 죽을 것 같은 느낌
- 지각 이상(마비되거나 혹은 따끔따끔한 느낌)
- 몸에서 열이 오르거나 오한이 남
- 비현실감 혹은 이인증(자기 자신에서 분리된 것 같은 느낌)
- 자신을 제어하지 못해 미쳐버릴 것 같은 두려움

공황장애는 불안장애의 한 유형이며 정상적인 불안과는 다르다. 공황장애가 무서운 점은, 공황발작도 견디기 힘든데, 예기불안이 환자들을 힘들게 만들기 때문이다. 공황장애는 광장공포증(agoraphobia)을 동반하는데, 광장공포증이란 공황발작과 관련한 증상이 일어날 것으로 예상되는 상황이나 공간을 회피하고, 공황이 발생했을 때 도움을 받기 힘든 상황을 회피하는 것이다. 실제로 고속도로에서 운전 중에, 쇼핑몰

에서 쇼핑 중에, 강의실에서 강의를 듣는 중에, 수면 중에, 비행기나 기차를 타고 장거리를 여행하는 등과 같이 공황발작은 불특정 상황에서 예기치 않게 발생할 수 있고, 언제 또 발작이 올지 모르는 불안감을 떨쳐버릴 수가 없기 때문에 어떤 식으로든지 개인의 행동에 부정적 변화가 오게 되는 것이다. 그래서 공황장애는 우울증 또는 알코올 중독을 동반할 수 있고, 공황발작이 일어나는 것을 무서워하다 보니 공황장애가 더 심해져 타인에게 의존적으로 변하거나 공황발작이 일어나는 상황을 지나치게 회피하게 되기도 한다. 이처럼 공황장애는 직장생활, 대인관계, 불안한 정서상태 등으로 개인의 기능을 방해할 수 있다.

(2) 개입 전략

공황장애의 치료는 일반적으로 약물치료와 인지행동치료를 병행하는 경우가 대부분이다. 공황장애로 진단받게 되면 일단 항우울제, 항불안제 등 약물을 복용하여 대부분 호전되지만 약물치료만으로 100% 완치되는 경우는 흔하지 않으며 인지행동치료를 병행하는 것이 가장 일반적이다. 공황장애를 극복하기 위한 인지행동치료의 구성요소는 다음과 같다(최영희, 2006).

① 교육

공황과 불안의 본질에 대한 교육을 하는데, 교육의 첫째 목적은 불안/공포의 3반응 체계 모델(인지적·행동적·생리적 요소들)을 사용하여 내담자들의 불안이 고조되거나 공황을 경험할 때에 객관적인 관찰자로서 자신이 '무엇을 생각하고,' '무엇을 느끼며', '무엇을 하는지'를 찾아보도록 교육시키고, 이 세 가지가 상호작용하고 있음을 가르치는 것이다. 교육의 둘째 목적은 정보의 제공을 통하여 내담자들이 공황과 불안을 위협적으로 받아들이지 않도록 대인적인 틀을 제공해주는 것이다. 즉, 공황 중에 경험하는 모든 신체감각들은 우리 몸을 보호하기 위하여 일하는 교감신경계의 활동에 의해 중계되며, 이러한 교감신경계 활동 증가로 인해 생긴 어지러움이나 사지의 차가운 감각, 시야장애, 질식감 등을 오히려 내담자들은 '증상' 또는 '부작용'으로 경험하는 것이다.

② 인지적 접근

인지치료는 불안반응으로 생긴 신체감각을 위험으로 왜곡 해석하는 것을 교정하는 데 초점을 맞춘다. 예를 들면, 공황장애를 가진 내담자들은 일어날 확률이 낮은 사건을 두려워하는 가능성의 과대평가와 어떤 사건을 실제로는 그렇지 않음에도 불구하고 '위험스럽고,' '참을 수 없고,' '큰 재앙을 일으킬 것 같은' 사건으로 해석함으로써 불필요한 불안과 공포를 불러일으키는 결과의 재앙화로 나눌 수 있다. 상담자는 위와 같은 사고의 왜곡에 대한 이해를 할 수 있도록 교육을 시키고, 내담자 스스로 독특한 생각의 왜곡을 발견하고, 그것을 범주화하도록 연습시킨다. 내담자들이 지닌 부정적인 믿음과 일치하지 않는 과거 경험의 중요성을 내담자에게 일깨워주는 것이 가장 흔히 쓰이는 인지치료 기법 중의 하나이다. 부정적 사고와 마찬가지로 두려운 결과의 심상 역시 교정해주어야 한다.

③ 호흡 재훈련

이 훈련의 목적은 공황 중에 때때로 발생하는 급성 과호흡 증상을 감소시키고, 과호흡의 취약성을 감소시키며, 자기조절기법을 개발하는 것이다.

④ 이완

이 훈련은 불안에 대한 대처방법으로 이완의 중요성을 이해시킨 후에 점진적 근육이완훈련방법을 가르치는 것으로 시작한다. 이완훈련이 충분히 이루어진 경우 불안이나 공황이 나타나기 시작하는 순간에 바로 이완법을 적용시켜 증상을 빨리 가라앉히고 공황발작으로 진행되는 것을 방지할 수 있다.

⑤ 자극감응 노출

공황의 신체감각을 일으킬 수 있는 여러 가지 운동들(빨대로 숨쉬기, 과호흡, 제자리 뛰기, 회전의자 앉아서 돌리기 등)을 내담자에게 시킨다. 이 훈련의 목적은 내담자에게 공황과 불안을 유발할 수 있는 유사운동을 시킨 후에 자신이 느끼는 신체감각을 가능한 충분히 경험하고 점차 불안의 수준이 떨어질 때까지 잘 견디어 내도록 격려해

주는 것이다. 예를 들어, 현기증이나 손과 발의 감각이상을 느낄 때까지 과호흡을 시키고 나서, 멈추지 말고 30초 정도를 더 과호흡하게 한다. 이런 과정을 통하여 회피하려는 욕구와 신체감각을 피하거나 두려워하는 경향이 깨어지는 것이다.

⑥ **실제상황 노출**

이 훈련의 대상은 광장공포증 상황이다. 보통의 경우 노출치료는 일주일에 5일씩 하루에 3~5시간 정도 행해진다. 이 훈련의 목적은 회피하는 상황이나 대상에 반복적으로 접근하거나 직면하여 결국은 공포반응을 둔감하게 만드는 것에 있다.

3) 우울증

(1) 우울증의 특징

마음의 감기라고 불리는 우울증은 과거 DSM-4에서 조증과 함께 기분장애로 분류되었으나, DSM-5에 와서는 우울장애(Depressive Disorder)라고 정식 명되었다. 그리고 우리가 보통 우울증이라고 표현하는 것은 우울장애의 한 유형인 주요우울장애(Major Depressive Disorder)다. 우울장애의 주요 증상은 우울한 기분 또는 흥미나 즐거움의 감소다. 하지만 실제로 우울장애를 겪게 되면 우울하거나 슬픈 기분을 느끼는 것보다 공허감, 허무감, 무기력함 등의 증상을 호소하는 경우가 많다. 이 밖에도 몸무게 감소, 성욕 감퇴, 불면증, 피로, 절망, 주의집중 저하, 죽음에 대한 생각 등 다양한 증상을 나타내기 때문에 증후군이라고 할 수 있다. 증후군으로서 우울장애는 다양한 영역에서 개인의 기능을 손상시켜 가족, 학교, 회사 등에서 적응수준을 떨어뜨린다.

우울장애는 모든 인간이 살아가는 동안에 경험하게 되는 정상적인 '낙담'과는 다르다. 낙담은 일시적이며, 스스로 또는 가족과 친구의 도움으로 극복할 수 있다. 반면에 우울장애는 심각한 고통과 사회적 고립을 초래할 수 있어, 가능한 빠르게 정신건강 관련 전문가들의 도움을 받아야 한다. 우울장애는 아동, 청소년, 주부, 직장인, 노인에 이르기 광범위하게 영향을 미칠 수 있다. 우울장애는 적절한 치료가 필요한 질병이고 자살 시도로 인한 치사율도 매우 높은 위험한 질병이다. 출산을 마친 산모들도 우울증에 걸리기 쉽다. 이 경우 산후 우울증이라고 따로 분류된다. 산후 우울증은 일반적인 우울증과 다르다. 이는 아이를 낳고 며칠간 산모가 슬프고 민감한 시기를 겪는 것이다. 일시적 우울상태가 48~72시간 안에 사라지는 것이 산후 우울기이며, 이 증상이 길어져 몇 주간 지속되는 것이 산후 우울증이다(권석만, 2000).

(2) 개입 전략

우울장애는 약물치료와 인지행동치료를 병행하는 것이 일반적이다. 약물요법은 정신건강 전문의의 처방에 의해 이루어지며, 인지행동치료는 상담전문가에 의해 이루어지고 있다. 우울증의 인지행동치료는 그 치료효과가 경험적으로 확증된 치료로서 전 세계적으로 널리 사용되고 있다. 인지행동치료에서는 우울증이 역기능적인 사고에 의해 매개되고 유지된다고 가정한다. 따라서 치료의 주 목표는 우울증과 관련이 있는 역기능적 사고를 발견하여 수정하는 것이다. 인지행동치료에서는 우울증과 관련 있는 역기능적 사고를 두 가지 수준으로 나누어 접근한다. 첫 번째 수준은 특정한 상황과 관련하여 일어나는 사고로서 이를 자동적 사고(automatic thoughts)라고 부른다. 자동적 사고는 표면에 나타나는 사고로서 약간의 주의를 기울이면 쉽게 의식화될 수 있다. 두 번째 수준은 핵심신념(core belief), 역기능적 가정, 쉐마라고 부르는 사고로서, 자동적 사고보다 더 일반적이고 추상화되어 있으며, 일상생활의 경험을 조직화한다. 인지행동치료에서는 우울한 기분과 연결되어 있는 자동적 사고를 변화시킴으로써 우울한 기분을 변화시킬 뿐만 아니라, 우울증의 취약성으로 작용하는 핵심신념을 변화시켜 우울증의 재발을 막는 데 효과가 있으며 구체적인 개입 전략을 살펴보면 다음과 같다(권정혜, 이재우, 2001).

① 우울증 내담자의 평가

이 평가단계에서는 내담자 우울증의 특성이나 심도, 자살의 위험도(과거 자살시도, 현재 자살에 대한 생각, 절망감, 계획 등), 생활상의 문제(개인 내 문제, 대인관계 문제)/가정환경, 일반적인 건강상태, 내담자의 장점 및 사회적 자원의 유무 등을 평가하도록 한다.

② 친밀관계 형성

우울증 내담자들은 자기 자신이나 미래를 부정적으로 보고, 에너지 수준이 낮아 상담에 참여하기를 꺼리는 경향을 보일 수 있다. 결국 내담자에 대한 따뜻하고도 진정한 관심을 보여 줌과 동시에 전문성을 보여 주어 라포르를 형성하는 것이 앞으로의 상담에서 중요하다. 그리고 상담자가 오랜 경험에 근거한 자신감을 보여 주는 것도 중요하다. 내담자에게 신뢰감을 심어줄 수 있는 방법이 될 수 있다.

③ 인지치료의 교육

내담자에게 인지 모델과 인지행동치료의 치료과정에 대해 설명해주고, 내담자에게 치료에서 앞으로 어떤 작업을 같이 하는지 설명해주는 것이 도움이 될 수 있다.

④ 행동기법

내담자의 우울증 증상이 심할수록 또 일상생활의 기능이 많이 저하되어 있을수록 인지기법에 앞서 행동기법을 적용하는 것이 도움이 된다. 즐거움을 주는 행동을 증가시키기, 주간활동계획표 사용하기, 점진적 과제부여법 등을 사용하면 상담 초기에 내담자의 생활을 변화시킬 수 있어 무망감을 극복하고, 자기효능감을 고취시키는 데 효과가 있다.

⑤ 인지기법

내담자에게 자동적 사고에 대해 설명하고, 자동적 사고 기록지를 사용하여 우울감을 느꼈을 때 드는 생각을 기록해오도록 하고, 자동적 사고와 감정 및 떠오르는 이미지와의 상관관계도 찾아볼 수 있도록 한다. 자동적 사고의 인지적 오류를 찾아볼 수 있도록 한다.

⑥ 역기능적 가정이나 핵심신념을 발견하기

인지행동치료에서 초반작업의 목표가 자동적 사고를 파악하고 검토하는 작업을 통해 내담자가 자신의 경직되고 고정된 사고 틀에서부터 벗어나게 하는 것이라면 치료

중반과 후반작업의 목표는 내담자의 역기능적 가정이나 핵심신념을 새로운 형태로 바꾸는 것이다. 자동적 사고가 파생되어 나오는 핵심신념이나 가정을 재구성함으로써 이후에 우울증이 재발할 가능성을 차단하는 중반 이후의 작업이 인지행동치료에서 아주 중요하다고 볼 수 있다.

연습문제

01_ 정신건강 전문 분야 상담자의 역할을 설명해 보시오.

02_ 신경증과 정신증을 구분하는 기준은 무엇인지 설명하시오.

03_ 정신건강에서 의학적 모델과 매슬로 모델의 차이점은 무엇인지 설명하시오.

04_ 상담자가 DSM-5의 사용에 익숙해야 하는 이유는 무엇인지 설명하시오.

05_ 조별 활동

조현병의 양성 증상을 호소하는 23세 여성 내담자가 당신이 근무하는 상담실에 도움을 얻기 위해 찾아온 경우를 상상하여 봅시다. 당신은 상담자로서 어떤 조치를 취할 것인지를 생각해 보고 조별로 토론해봅시다.

06_ 다음 용어들의 의미를 구분하여 정의를 내려 보시오.

- 공황(panic):
- 공황발작(panic attack):
- 공황장애(panic disorder):
- 예기불안(expectation anxiety):
- 광장공포증(agoraphobia):

07_ 우울장애의 주요 특징들을 적어보고 우울증의 개선에 도움을 줄 수 있는 방안에 대해 옆 사람과 함께 이야기 나누어 보시오.

10
Chapter

특수아 · 장애인상담

Chapter 10

특수아·장애인상담

특수아상담은 신체, 인지, 정서, 사회, 행동상의 어려움을 가진 내담자와 전문적인 훈련을 받은 상담자 간의 관계에서, 상담자가 내담자의 문제를 이해하고 내담자와 함께 교육, 적응, 진로 및 의사결정, 문제해결, 치료교육, 자기발전을 위한 노력을 기울이도록 전문적으로 도와주는 과정이다. 특수아상담의 대상이 특별한 요구를 가지고 있기 때문에 상담자는 이들의 일반적 특성이나 증상뿐 아니라 제한점과 잠재 가능성, 장애로 인해 특별한 요구 등을 알아야 한다. 특수아상담에는 모래놀이치료, 미술치료, 음악치료 등의 매체치료가 효과적이다. 과거에는 장애와 같은 외상이 개인의 부적응적 반응을 유발하고 이러한 부적응적 반응이 더 심각한 문제를 야기한다는 병리적 관점에 근거한 상담이 중점적으로 수행되었지만, 최근에는 외상 경험이 반드시 부정적인 반응을 야기하는 것만은 아니며 외상 경험에 대하여 새로운 대처기술과 기대로 맞서 긍정적인 변화를 이루거나, 심각한 손상으로 인한 장애 발생 이후에도 삶에 대해 보다 더 긍정적으로 바라보고 의미 있는 사회적 관계와 삶에 대한 감사를 경험하며 적극적인 삶의 의지를 나타내는 것과 같은 변화를 보인다는 외상 후 성장이라는 긍정적인 관점이 등장하고 있다.

학습목표

1. 특수아상담의 목적을 설명할 수 있다.
2. 정서적 장애를 가진 특수아동에게 모래놀이치료가 효과적인 이유를 설명할 수 있다.
3. 언어적 의사소통이 원활하지 않은 아동에게 미술치료가 효과적인 이유를 설명할 수 있다.
4. 음악치료를 특수아를 대상으로 실시할 때 얻을 수 있는 유익을 설명할 수 있다.
5. 외상 후 성장의 관점에서 장애인상담을 설명할 수 있다.

1. 특수아와 상담

1) 특수아상담의 이해

아동의 장애는 본인은 물론이고 가족의 정서에 부정적인 영향을 미칠 수 있다. 특히, 적응과정에서 좌절, 불안, 거부, 차별 등의 경험을 통해 아동과 가족은 자아존중감이 저하되는 경험을 할 수 있다. 조성재(2007)는 장애아동과 청소년들은 차별과 낙인의 문제를 가지고 있으며, 잠재적으로 우울증, 중독과 진로문제 등에 더욱 취약할 수 있다고 주장한다. 특수아상담은 신체, 인지, 정서, 사회, 행동상의 어려움을 가진 내담자와 전문적인 훈련을 받은 상담자 간의 관계에서, 상담자가 내담자의 문제를 이해하고 내담자와 함께 교육, 적응, 진로 및 의사결정, 문제해결, 치료교육, 자기발전을 위한 노력을 기울이도록 전문적으로 도와주는 과정이다(김영숙, 윤여홍, 2014). 특수아상담의 대상이 특별한 요구를 가지고 있기 때문에 상담자는 이들의 일반적 특성이나 증상뿐 아니라 제한점과 잠재 가능성, 장애로 인한 특별한 요구 등을 알아야 한다(송미경, 최윤희, 2007).

특수아상담은 특수교육 관련 서비스의 한 부분이며, 「장애인 등에 대한 특수교육법」 제2조 제2호에서는 특수교육 관련 서비스를 특수교육 대상자의 교육을 효율적으로 실시하기 위하여 필요한 인적·물적 자원을 제공하는 서비스로서 상담, 가족, 치료, 보조인력, 보조공학, 학습보조기기, 통학, 정보접근 등의 지원으로 명시하고 있다. 「장애인 등에 대한 특수교육법」 제28조 특수교육 관련 서비스 영역에 따르면, 특수교육 대상자가 필요로 하는 경우에는 물리치료, 작업치료 등 치료지원을 제공하도록 규정되어 있지만 실제 치료지원의 영역은 언급된 것보다 다양하고 세분화되어 있다. 치료지원은 특수교육 대상아동의 장애의 교정, 경감 및 2차 장애 예방, 효율적인 특수교육 실시에 목적을 두고 있다. 지역교육청 특수교육지원센터에서는 치료지원의 영역을 국가면허 또는 국가공인 민간자격으로 정하고 있으나 인프라가 구축될 때까지 한시적으로 물리치료, 작업치료, 언어·청능, 미술·음악, 행동·놀이·심리·감각·운동치료 등의 범위를 정하여 허용하고 있다. 발달재활서비스와 더불어 치료지원의 영역은 점차 확장되고 있다. 또한 국내 특수교육 관련 법률에서 장애아동을 위한 특수아상담이 규정되어 있고 치료지원을 제공받는 수요자들이 증가함에 따라 특수아상담을 위한 전문 인력 확보는 매우 중요하다(최하영, 서유진, 2012; 2013).

상담자는 상담기술뿐 아니라 장애아동과 특수아상담에 대한 이해와 긍정적 태도를 갖는 것이 무엇보다 중요하다. 심리치료사의 특수아상담 의사에 대한 인식을 연구한 결과(안소이, 김은경, 2016), 장차 특수아상담 의사가 있다고 응답한 심리치료사가 197명(76.7%)이었고, 상담 의사가 없다고 응답한 치료사가 60명(23.3%)으로 나타났다. 특수아상담 의사가 없다고 답한 경우 그 이유를 살펴보면, '특수아상담 분야의 전문적 지식이 부족해서'에 응답한 사람이 28명(46.7%)으로 가장 많았고, 그 다음으로 '특수아상담 분야에 대한 경험이 부족해서'(11명, 18.3%), '특수아상담이 신체적 소진이 심할 것 같아서'(11명, 18.3%), '특수아동에 대한 관심이 없어서'(6명, 10.0%), '특수아상담 분야에서 일할 기회가 없을 것 같아서'(2명, 3.3%), '특수아상담 분야는 경제적 이득이 없을 것 같아서'(1명, 1.7%) 순으로 나타났다. 이 결과에서 특수아상담 의사가 없다고 답한 비율이 23.3%로 결코 낮은 수치라고 할 수 없다. 특수아상담에 대한 의사가 없는 이유로 전문적 지식이 부족한 것, 관련 경험 부족 등이 나타났는데, 이는 장애아동에 대한 경험과 지식 및 의사소통능력의 부족에 근거한다고 볼 수 있다.

통합교육의 대상자가 되는 장애아동들은 평등한 교육기회라는 당위성 앞에서 학교의 담임교사나 일반아동이 가지고 있는 장애와 특수성에 대한 편견, 수업 참여에 대한 어려움, 친구관계 형성의 어려움, 반복되는 좌절 경험을 한다. 이에 동기와 자아존중감이 약화되고, 외로움, 무력감 등을 경험할 수 있다. 장애아동들도 일반아동과 마찬가지로 자신이 속한 집단에서 차별이 없는 평등한 구성원으로서 포함되어야 하며, 일반적 환경에서 적절한 지원을 받을 수 있어야 하고, 사회의 구성원으로서 사회에서 이루어지는 모든 활동에 참여할 수 있는 기회가 제공되어야 한다(안소이, 김은경, 2016). 연구결과(안소이, 김은경, 2016)에 의하면, 특수아상담 관련 교과목을 이수한 치료사와 특수아상담을 실시하는 기관에서 활동 경험이 있는 치료사가 특수아상담에 보다 더 긍정적인 태도를 보였다. 특수아상담의 질적 재고를 위해서는 치료사들의 특수아상담에 대한 긍정적인 태도가 무엇보다 중요하기 때문에 상담자 양성 및 자격

취득과정에서 특수아 상담 경험 및 실습의 기회를 가질 수 있도록 교육 및 제도가 마련될 필요가 있다.

장애아동들은 발달영역에서의 개별적 제한으로 인해 학교 및 일상생활 적응에 어려움을 경험하게 되고 이러한 경험이 심리 정서적으로 부정적 영향을 미쳐 적절한 지원을 받지 못하면 심각한 외현 또는 내재의 정서 및 행동상의 문제로 이어질 수 있다. 그렇기에 심리·행동적인 문제를 실제적으로 다룰 수 있는 특수아상담을 통하여 체계적으로 특수아동의 어려움을 도와야 하며 이들이 가정, 학교 및 지역사회에서 잘 적응할 수 있도록 적극적인 지원이 필요하다. 특수아상담은 심리·행동 적응상의 문제로 인한 대인관계의 어려움과 이에 따른 자아상실감 등의 문제를 대처하기 위하여 예방적인 사전훈련, 부적응행동의 교정 등을 도와야 한다(박순길, 박현옥, 조정연, 2014). 이는 환경 적응력을 강화시킴으로써 자아실현을 가능하게 하고, 원만한 사회생활을 영위할 수 있도록 돕는 것이다.

김영숙과 윤여홍(2014)은 심리치료사가 치료과정 안에서 장애아동을 대하는 자세는 신뢰, 수용 및 존중의 태도가 기본이 된다고 하였으며, 장애아동에게 좋은 환경을 제공해 준다면 충분히 자신의 문제를 극복하거나 새롭게 변화할 수 있다는 긍정적인 견해가 바탕이 되어야 한다고 강조한다. 또한 특수아상담은 심리치료사 스스로 자신이 장애아동을 도와주려는 태도와 특수아로서 한 아이의 인생에 대한 책임감, 더불어 살아가는 자세, 장애아동으로부터 도움을 받을 수 있다는 시각을 갖고 심리치료에 임해야 한다.

2) 특수아를 위한 치료기법

특수아동들에게 효율적인 상담을 제공하기 위해서는 여러 가지 방법과 종합적인 노력이 요구되는데, 특히 매체를 활용한 놀이치료, 미술치료, 음악치료 등이 특수아상담에서 매우 유용하게 사용될 수 있는 치료기법이다.

(1) 모래놀이치료

모래는 감각적으로 부드럽고 유동적이기 때문에 아동의 마음을 사로잡기에 충분하며 치료적 효과를 가져줄 수 있는 효과적 매개물이 될 수 있다. 아동은 모래놀이를 통해 환상을 만들어다낼 수 있고, 모래는 감추고 싶은 욕구들을 가려주며, 덮어주는 역할을 하기 때문에 만지는 사람에게 편안함을 줄 수 있다. 아동은 어른들과 달리 사상, 감정, 감각, 관념, 기억이 상호 엉켜져 있어서 이것들을 충분히 표현하기 위해서는 시각뿐만 아니라 촉각과 같은 감각의 요소가 필요하다. 김수연(2010)에 의하면 모래상자는 모래를 자유롭게 만지고, 파고, 옮기는 감각적 활동에 더하여 피규어를 통해 자신의 내면에서 일어나고 사라지는 파장들을 직접적이지 않은 간접적인 방법으로 꺼내놓을 수 있는 안전한 장소이다. 또한 모래는 던지기, 만들기, 덧바르기, 파기, 다지기 등 여러 활동을 함으로써 깊은 감정을 표현해낼 수 있는 수단이 되고 그러한 태도들의 기저에는 구체적인 상징들이 있기 때문에 아동에게 모래상자는 자신을 표현할 수 있는 안전한 매개 장소가 되며 피규어들은 상징이라는 기호를 통해 은유적인 방법으로 전달되는 언어이자 단어가 될 수 있다. 놀이치료가 놀이실이라는 자유로운 공간에서 놀이과정의 파악을 중시하는 데 비해, 모래상자는 모래상자 안이라는 한정된 공간에서 이루어지기 때문에 아동의 내면세계를 집약적으로 표현할 수 있다.

모래놀이치료는 1937년 Lowenfeld가 국제학회에서 처음으로 "The World Technique"이란 기법을 소개하면서 시작되어 Kalff가 발전시킨 것으로 내담자가 모래상자에 모래, 물, 소품을 이용해 무언가를 표현하고 놀면서 자아를 강화하고 참 자기를 발견할 수 있도록 하는 것이다. 모래놀이치료는 자신의 생각을 정확하게 표현하는 데 어려움이 있는 아동의 경우에는 유용한 치료법이 될 수 있다. 모래놀이는 언어 사용을 강요하지 않으면서도 아동이 만든 모래 그림은 다양한 차원으로 표현되어 무의식적인 문제가 모래상자에 드러나게 되고 미처 실현하지 못한 본능적 충동을 형상화시키는 장이 되기도 하며 아동을 외부 환경에 재적응하도록 도와줄 수 있기 때문이다(한미현, 2011). 모래놀이를 하며 아동은 초기 어린 시절에 대한 기억과 지나온 경험을 표현함으로써 자신의 상처 입은 정서를 치유하고 건강한 자아로 발달한다.

모래놀이치료는 아동에게 첫째, 안전감을 제공하여 불안을 감소시키고, 둘째, 상징적인 놀이를 통해 무의식적으로 억압되는 과도한 정서적 에너지를 다른 곳으로 돌리고, 셋째, 내면에 안정성을 얻을 수 있도록 아동 스스로 투쟁하고 있는 것을 강화해주며, 자신이 가지고 있는 공격적인 충동이 비현실적인 것이라는 것을 재확신시킴으로써 상담의 효과를 촉진시킨다(김보애, 2003).

모래놀이에서 자기(Self)가 배열될 때 내적인 조화의 느낌이 일어나고 신성한 특성을 일으키는 에너지의 변형이 일어나서 부정적인 에너지가 보다 통합된 창의적이고 긍정적인 에너지로 변화해서 사용할 수 있게 되면서 곧바로 행동 변화가 일어난다. 이렇게 새롭고 강화된 자아가 출현한 후에는 보다 언어적이 되고 내적인 중심성이 증가할 뿐만 아니라, 외적인 현실에서도 좀 더 유능해지고 독립적이 될 수 있다. 그러므로 모래놀이치료의 목표는 전이를 통해 자유롭고 쉴 수 있는 공간을 창조하는 것이며, 그 공간 안에서 어린이가 어머니와의 기본적인 관계를 재경험하며, 성공적으로 장을 새롭게 형성하는 것이다. 그리고 이때 상징들인 구조, 중심화, 원 등이 어린이의 모래상자에 나타나고, 이런 발전은 계속해서 자아발전의 국면으로 전진하는 것이다(오승민, 2011).

Neumann(1973)은 『The Child』에서 모래놀이치료과정을 통해 아동은 초기 발달과정을 심리적으로 되짚어 보는 것이 가능하다고 하였다. 놀이치료의 발달과정은 혼돈단계 → 동물/식물단계 → 투쟁단계 → 해결단계로 이루어지는데, 이러한 놀이치료를 통한 아동기의 재경험은 심리 내적 상처나 고착되어 있던 문제들이 치유될 수 있고 의식적 자각의 새로운 확장의 발달이 일어나는 과정을 경험하게 한다. 따라서 모래놀이는 아동기에 행동문제를 보이는 부적응아동에게 생의 초기에 경험하지 못한 충분히 좋은 환경과 대상과의 회복의 장을 마련해 줄 수 있다. 이러한 초기 관계 경험을 Kalff(1980)는 모－아 단일체로 불렀으며 이때의 관계는 아기가 타인 및 다른 대상들과 맺게 되는 관계의 기초가 되고 정서적 관계성의 토대를 마련해주는 안전감을 제공해준다(Turner, 2005).

치료자는 엄마가 아기를 안아주듯이 정서적으로 공감하고 이해해주는 '안전하고 보호해주는 공간'을 제공해주어야 한다. 아동들은 모래놀이치료의 공간에서 치료자와 건강한 모-아 단일체의 경험을 함으로써 결핍이나 상처를 견디는 심리 내적 발달을 이룰 수 있으며 치료자는 공격적인 형태로 나타나는 아동의 거짓자기를 수용해주고 견디어주어 참 자기가 인격구조 안으로 통합되도록 도와 긍정적인 자기개념이 형성되도록 돕는 역할을 하여야 한다(김보애, 2003). 모래놀이에서 아동이 치료자와 함께 상징적인 장을 공유할 때 모래상자는 아동이 언어 이전의 방식으로 안전하게 자신의 이야기를 풀어낼 수 있는 공간이 되며 치료자에 의한 충분히 좋은 적응(good enough adaptation)은 아동이 기능하는 주된 곳에서 거짓자기로부터 참 자기로의 이동을 낳는다(Turner, 2005). 이와 같은 모래놀이치료의 효과는 초기 대상과의 불안정한 애착관계로 인해 공격성을 가진 아동들이 자신의 감정을 표출하고 자기 치유력이 활성화되며 초기 대상과의 안정적인 애착을 재경험하여 좋은 대상관계를 형성하기에 효과적인 치료기법이라고 할 수 있다.

(2) 미술치료

미술치료는 작품의 미적 가치에 대한 평가보다 개인의 상상력과 독특한 개성을 중요하게 평가함으로써 그들의 긍정적인 자아개념 형성을 도와주어 아동의 정서발달에 중요한 기초를 마련해준다(한국미술치료학회, 2000). 특히, 미술은 언어적 의사소통이 원활하지 않은 아동이나 청소년에게 적합한 치료적 매체가 될 수 있다. 언어발달지체 청소년들의 경우 상상력과 공상력이 있어서 창의적인 자기표현이 가능하지만, 그들이 무감각한 것 같이 보이는 것은 그들의 감각이 개발되지 않았기 때문이며, 그 이유는 표현방법과 적절한 치료 및 교육의 기회를 얻지 못한 데 있다(임지향, 조기현, 2005). 이 경우에 미술은 활력과 즐거움을 주는 흥미 있는 활동으로 미술이라는 매개를 사용하여 개인 내면의 갈등을 조정하고 작품을 만드는 과정에서 직·간접적으로 자기를 표현할 수 있도록 도움을 줄 수 있다. 장애아동 어머니에게 있어서도 미술활동은 자녀 양육과정에서 겪는 심리적·정신적 호소문제가 어떻게 변하였는지를 살펴보기에 매우 유용하다고 할 수 있다. 미술활동은 활기를 띠게 하고 활력과 즐거움을 주는 흥미 있는 활동으로 심한 스트레스 상황에 놓인 사람들이 내면적인 갈등을 표현하고 변형하는 방법의 하나로 미술작품을 만든다. 사람들은 대체로 미술작품을 제작하는 동안 더 활기차고 즐거워하며 작업이 끝난 후에도 다른 사람들과 많은 대화를 나누게 된다.

아동들은 성인에 비해 자신의 감정을 스스로 인지하는 힘은 약하지만, 자신의 감정이나 무의식을 감추려는 방어적 태도가 적기 때문에 미술활동과 같이 본능적이고 자연스러운 놀이 속에서 자신을 표현하는 것에 대한 부담감이 적어 그림에 대한 감정이나 생각이 용이하다(최재영, 2002). 또한 미술치료는 치료적 차원에서 불안, 우울, 대인기피증 등 정신적 문제가 있는 학생들을 대상으로 그 증상을 완화, 치료하려는 목적으로 이루어질 수도 있으나, 최근에는 언어소통의 차단과 심리적 억압 사이에서 자기감정표현이 미숙한 아동들을 대상으로 미술치료와 같은 비언어적 기법들을 이용한 연구들이 많이 시도되고 있으며, 그 일환으로 미술활동과 상담의 특성이 결합된 형태인 미술치료에 대한 연구가 많이 이루어지고 있다. 또한 미술교육시간을 활용하여 미술치료를 활용하는 연구도 지속되고 있다(신세례, 2008).

집단미술활동은 미술매체를 통해 내면의 감정을 표현하게 해주며, 그림의 개입은 언어적 표현을 용이하게 하고 잠재적 긴장이나 불안을 완화시켜주므로 집단구성원들은 미술활동 중 작품을 완성해가며 자연스럽게 자신감을 회복하고 성취감을 느낄 수 있다. 이와 더불어 타인과 자연스럽게 의사소통을 할 수 있도록 유도하여 생활문제 해결에 필요한 태도와 자기관리능력을 습득하고 사회적 기술을 향상시켜줄 수 있다(김경순, 이근매, 2004). 연구에 의하면 집단미술치료는 정서적 발달을 목적으로 이루어졌을 때 가장 효과가 큰 것으로 나타났으며(오민경, 2004), 일반아동보다 부적응 아동에게 큰 효과가 있었다(홍성란, 유형근, 김현경, 2010). 아동들은 미술치료 프로그램을 통해 집단구성원으로부터 긍정적인 피드백을 받고 자신과 비슷한 행동을 하는 또래 친구들과 집단 작업을 하며 소속감과 안정감을 경험하게 된다. 또 자신과 비슷한 행동을 하는 또래 친구를 관찰하게 되며, 미술활동을 통해 자연스럽게 자신의 감정을 표현하기도 한다. 이를 통해 아동들은 미술치료 중 카타르시스를 경험하게 되며 이해와 수용, 지지는 아동들로 하여금 의식적 사고와 행동에 초점을 두고 깊은 자기이해와 자기 수용을 보다 효과적으로 경험할 수 있게 한다(홍성란 등, 2010).

(3) 음악치료

음악치료가 특수아동에게 긍정적인 영향을 미친다는 것은 임상과 연구를 통해서 계속적으로 보고되고 있으며, 실제로 음악의 치료적 기능과 특성으로 인하여 치료를 거부하거나 저항하는 아동에게도 음악치료 세션은 안전하고 긍정적인 치료환경을 제공함으로써 치료적 목적을 달성할 수 있다(최병철, 2006). 음악치료는 언어발달장애아동에게 효과적이며(김지현, 2006), 특히 노래는 자폐아동의 언어표현력을 증진시켜주고(한성은, 2006), 학습장애아동의 자기 표현력에 있어 긍정적인 효과가 있는 것으로 보고되고 있다(김진애, 2008). 신체발달과 관련해 김수지 등(2010)은 리듬청각자극이 장애아동의 보행에 효과적이었음을 주장하였고, 한송이(2011)는 치료적 악기연주가 경직성 뇌성마비 아동의 우세 손 기능에 긍정적 영향을 주었다고 하는 등 연구를 통해 음악치료가 장애아동의 신체발달을 돕는 것으로 나타났다(양은아. 2013). 이와 같은 연구결과와 함께 음악치료는 현재 장애아동을 대상으로 활발하게 시행되고 있는데, 주로 특수학교 방과 후 프로그램이나 복지관, 대학 부설기관 또는 사설센터 등을 중심으로 시행되고 있다. 특히, 방과 후 음악치료 프로그램은 특수교육 관련 서비스의 하나로서 언어치료, 감각운동 지각훈련, 작업치료, 물리치료, 심리행동 적응훈련 등과 함께 실시되고 있으며, 공교육 내에서 실시된다는 점에서 그 의의를 들 수 있다(양은아, 2013).

음악치료는 일반적으로 개인치료와 집단치료로 나눌 수 있는데, 개인치료는 치료자와 아동과의 관계, 아동과 음악과의 관계를 통해 문제를 해결하는 데 초점을 두고 있는 반면, 집단치료는 개인치료에서는 경험할 수 없는 사회의 구성원으로서 기능하는 경험을 가능하게 한다. 특수아동들은 개인의 장애와 문제행동으로 인하여 집단 속의 한 일원으로서 역할 경험과 집단과 자신이 하나되는 경험이 결여되어 있는 편이다. 이때 아동들은 음악을 매체로 하는 집단활동을 통해 자신이 집단에서 필요한 존재이며 기여할 수 있고, 환영받는 구성원이라는 것을 알 수 있게 된다. 집단에서 활용하는 음악치료 프로그램 중에 반영적 음악치료 프로그램을 소개하면 다음과 같다(양은아, 2013). 음악치료에서 반영적 기법은 내담자의 감정, 행동, 태도 등을 치료자가 음악적으로 수용하여 표현하는 것을 말하는데, 첫째, 아동의 행동이나 소리, 연주 등을 반영하여 치료에 적용하는 것이다. 노래 부르기 활동 중에 치료자가 지정한 단어 외에 아동이 단어를 선택하도록 하거나 무의미하게 내뱉은 말을 노래 가사로 선택하는 것을 말한다. 또한 동작 모방활동에서 특정아동에게 모방할 동작을 선택할 수 있는 기회를 제공하는 것이다. 둘째, 대상아동의 장애특성별로 역할을 제공하는 것이다. 정신지체아동에게는 솔로의 기회를 제공하여 자긍심을 갖도록 하고 활동에 대한 동기유발을 줄 수 있으며, 자폐아동은 자신의 행동에 대한 반영적인 경험으로서 타인을 인식하고 상호작용하도록 할 수 있다. 신체장애아동에게는 동작선택의 기회를 제공하여 활동참여를 촉진시킬 수 있다. 셋째, 부모나 교사에게 음악치료 프로그램의 내용을 전달하여 연계가 될 수 있도록 하는 것이다. 예를 들면, 음악 프로그램의 활동 내용을 부모에게 알리고 가정에서 활용할 수 있는 체크리스트를 제공하여 부모와도 연계할 수 있는 것이다.

장애아동이 집단음악치료를 통해 어떤 경험을 하는지에 대한 질적 연구(진소영, 2009)에 의하면 교류적 경험, 하나 됨의 경험, 분산의 경험, 역할관계의 경험의 네 가지 경험을 발견할 수 있었다.

첫째, '교류적 경험'은 집단음악치료에서 아동들이 타인들과 상호 교류를 하며 역동적인 사회적 관계를 맺는 것이다. 흥미로운 것은 음악적 교류과정이 대인관계의 교류과정으로 진전되는 모습을 보이는가 하면, 역으로 대인관계의 교류과정이 음악적 교류과정으로 확장되어 가는 모습을 보인다. 이것은 음악은 관계로, 관계는 음악으로 나타나는 것을 보여 주는 것으로, 음악이 개인과 개인 사이의 효과적인 교류적 수단임을 보여 주는 것이다.

둘째, '하나 됨의 경험'은 음악활동 전반에 걸쳐 두루 나타는 것으로 내담자들은 서로가 하나라는 느낌과 음악 속에 함께 존재한다는 경험을 갖게 된다. 집단 안에서 음악을 함께 만들고 노래를 통해 전체의 흐름에 자연스럽게 적응하고, 모두 하나가 되어 노래를 완성해가는 경험을 할 수 있는 것이다.

셋째, '분산의 경험'은 내담자가 자신 속에 몰입하거나 관심을 부적절한 곳에 둠으로서 집단에서 이탈되고 소외되는 경험을 가지는 것을 의미한다. 관심이 분산될 때

이어지는 음악을 통해 아동들은 거부감 없이 집단의 흐름에 다시 참여하여 긍정적인 경험으로 귀결될 수 있으며, 분산 이후의 경험을 통해 이전보다 더 자발적인 경험을 가질 수 있게 된다.

넷째, '역할관계 경험'은 집단치료 세션에서 개인적 역할과 지지원의 한 사람으로서의 역할, 수행하는 역할과 기다리는 역할과 같이 다양한 역할관계를 습득하는 경험을 의미한다. 이는 사회적 구조 속에서 기능하는 모든 구성원들에게 요구되는 기술이기도 한데, 집단음악치료의 환경에서 장애아동은 효과적으로 역할관계를 경험하면서, 타인과 음악으로 맺어지는 상호 역할관계 속에서 자신의 역할을 감지하고 적절하게 수행할 수 있게 되는 것이다.

2. 장애인과 상담

1) 장애인상담의 이해

장애를 가지고 태어나는 선천성 장애인의 경우에는 자신의 상황에 대한 적응이 출생과 함께 시작되기 때문에 장애에 대한 가치관 확립에 있어 자신의 상황을 상당부분 고려하고 적응해야 하는 것으로 인정하지만(간우선, 조성제, 조주현, 2012), 중도 장애인의 경우에는 장애 발생 이전과 현저하게 다른 어려움에 직면하게 됨으로써 자신의 신체상의 변화와 같은 외부 요인뿐만 아니라 가치관을 포함하는 내적 요인에 대한 새로운 적응을 요하게 된다(이상준, 안수영, 2011). 이처럼 중도에 장애를 입은 대부분의 사람들은 장애를 새롭게 이해하고 받아들이는 것에 상당한 어려움이 있다.

장애인상담과 관련하여 전문화된 상담서비스를 제공하는 상담자를 재활상담사(rehabilitation counselor)라고 한다. 재활상담사의 일차적인 목표는 장애인이 회복하여 생활환경에 적응할 수 있도록 돕는 것이다. 이 목표달성을 위해 상담자는 내담자의 현재 기능과 환경을 평가하여 환경이 그의 기능을 고양시키는지 오히려 방해하는지를 파악하는 일을 해야 한다. 미국이나 캐나다 같은 선진국의 재활상담사들은 교통

사고 또는 직장 근무 중에 사고를 당해 장애를 입은 장애인의 기능을 평가하여 직장, 가정, 재활치료, 심리상담 등의 전반적인 계획을 수립하여 그의 기능이 회복될 수 있도록 심리적으로 조력할 뿐만 아니라 다양한 분야의 재활 전문가와 소통한다.

재활상담사가 아니더라도 상담자들은 현장에서 장애인을 상담할 수 있는 기회가 많이 있다. 장애인상담을 위해서는 상담자는 정서, 행동, 인지 등과 관련된 다양한 상담이론과 기법을 효과적으로 사용할 수 있어야 하고, 장애인의 유형과 심리적 특성 및 장애의 회복을 위해 의뢰할 수 있는 다양한 전문기관에 대한 정보와 경험 및 훈련이 있어야 한다. 장애를 가진 내담자가 성적 욕구 충족을 원하는 경우 심리적인 교육을 통해 그들의 욕구를 다루는 방법을 교육해야 할 것이고, 우울증이 심한 내담자에게는 항우울제의 복용 여부에 대한 자문과 내담자의 인지적·행동적 중재가 필요할 것이다.

중도척수장애인들의 경우, 척수손상으로 장애를 갖게 된 후 자신이 장애인이라는 사실을 수용하기 어려워하며, 갑작스러운 신체기능의 상실로 인한 좌절과 더불어 새로운 환경에 대한 생활적응에 많은 곤란을 경험하게 된다. 중도척수장애의 경우 감각마비, 운동성 및 성기능 상실, 그리고 대소변 조절불능과 같은 신체적 장애와 함께 정서적 혼란, 미래와 현재의 목표수정, 자아존중감의 저하, 소외감, 불안감, 수치심, 분노, 우울, 위축 같은 심리적 어려움도 동시에 일어난다. 새로운 신체조건에서 가능한 무엇인가를 찾는 노력을 하기보다는 장애에 대한 부정을 지속하려는 경향을 보일 수 있다(이향숙, 최은영, 공마리아, 2016).

중도장애는 청·장년의 시기에 가장 많이 발생하며 장애를 수용하는 과정은 정신적 외상, 충격과 부정, 슬픔과 퇴행, 굴복과 우울, 재평가와 재확인, 대처와 동원, 자아수용의 단계를 거친다. 중도장애인은 예전의 건강했던 자신의 모습을 기억하기 때문에 장애에 대한 현실적인 적응이 어렵고, 지금 무엇인가를 해야 한다는 의무감과 아무 것도 하지 못하는 것에 대한 심리적 압박감과 불편감에 시달린다. 이러한 중도장애인의 경우 재활의 욕구를 향상시켜주고 재활의 저해요인을 제거하여 새로운 가능성을 찾도록 하는 것이 상담자의 중요한 역할이 될 수 있을 것이다(김선주, 염동문, 2013).

일반 상담자가 장애인에게 상담서비스를 제공하기 어려운 이유는 장애인이 겪는 어려움을 제대로 인식하기 어렵다는 점과 비장애인상담에서 사용하는 원리와 기술을 장애인에게는 쉽게 적용할 수 없기 때문이다. 이것을 좀 더 구체적으로 살펴보면 다음과 같다(국립재활원, 2010).

- 부정확한 지각: 장애로 인해 내담자의 개인적 특성을 정확하게 지각하는 능력이 저하된다. 결과적으로 장애인 내담자를 과소평가하여 과잉보호를 하거나 적극적인 상담과정을 추구하기 어렵게 된다.
- 소극적 상담태도: 장애로 인해 문제가 충분히 해결될 수 없다는 믿음으로 모든 상담기술을 활용하지 않는다.
- 정신병리적 부분의 과장: 장애인의 심리적 적응력을 과소평가하여 부적응행동을 적응을 위한 노력 혹은 대응 기제로 이해하지 못한다. 심리적 요인보다는 환경적 요인을 주의 깊게 검토하면 장애인의 부적응행동을 더 정확히 이해할 수 있다.
- 심리적 거리: 장애인을 상담할 때 비장애인들보다 심리적 거리를 더 많이 둠으로써 효과적인 상담을 하지 못하는 경우가 있다. 장애인도 일반인과 마찬가지로 효과적인 상담에 필요한 만큼의 적절한 심리적 거리를 유지하는 것이 필요하다.
- 장애 자체에 지나친 초점을 둔다. 장애인들은 비장애인들과 다른 점보다는 같은 점을 더 많이 가지고 있다. 그들도 삶의 여러 단계에서 어려움을 겪고 상담을 필요로 한다는 것은 너무나 당연한 사실이다. 장애인들은 흔히 직업을 구하거나 유지하는 데 관련된 갈등, 편견과 실패에 자주 시달리며, 건강하고 현실적인 자아개념을 발달시키는 데 방해가 되는 타인들의 태도, 양식 있는 가족이나 부모의 과잉보호와 그로부터 조장되는 의존성이나 학습된 무력감으로 어려움을 겪는다.

2) 장애인상담의 방향

(1) 외상 후 성장

과거에는 장애와 같은 외상이 개인의 부적응적 반응을 유발하고 이러한 부적응적 반응이 더 심각한 문제를 야기한다는 병리적 관점에 근거한 연구들이 중점적으로 수행되었지만, 최근에는 외상 경험이 반드시 부정적인 반응을 야기하는 것만은 아니며 외상 경험에 대하여 새로운 대처기술과 기대로 맞서 긍정적인 변화를 이루거나, 심각한 손상으로 인한 장애 발생 이후에도 삶에 대해 보다 더 긍정적으로 바라보고 의미있는 사회적 관계와 삶에 대한 감사를 경험하며 적극적인 삶의 의지를 나타내는 것과 같은 변화를 보인다는 긍정적인 관점이 등장하고 있다(Chun and Lee, 2008).

외상 후 성장(Posttraumatic Growth; Tedeschi and Calhoun, 1996)은 외상을 경험한 후에 긍정적인 심리적 변화를 경험하는 과정으로서 삶에 닥친 중대한 위험을 받는 상황에서 손상을 받지 않거나 그 상황에 대항하는 능력을 넘어서 외상 전 수준의 적응단계를 초월하는 변화를 의미한다(김희정, 2011). 이러한 외상 후 성장의 개념은 중도장애인과 관련이 깊은 개념이라고 볼 수 있다. 장애라는 고위험에 직면한 개인이 어떻게 성공적인 적응을 해나가는지를 탐색하고, 장애 이전의 기능회복을 넘어서서 끊임없이 성장하고 변화하도록 중도장애인의 적응과 행복을 지원하는 전략을 세우는 것은 장애 상담자에게 의미가 있는 개념이다.

(2) 장애의 수용

장애를 극복하기 위해서는 자신의 장애를 인정하고, 과도한 두려움을 갖지 않으면서 다른 사람에게 의지하고, 신체적 능력과 개인의 기대치 간의 결점을 찾는 등의 방향으로 신체상과 자아상을 변화시키는 노력을 기울일 필요가 있다(Geis, 1972). 브라이트(Wright, 1983)는 신체적 상실에 따른 심리적 적응은 자신의 상태를 받아들이고 새로운 정향을 통하여 일련의 가치 변화를 일으키고, 자신의 장애를 감추기 위한 긴장과 수치심을 겪지 않으며, 자신을 비판적으로 생각하지 않아야 장래를 더 잘 수용할 수 있다고 가정하였다. 그리고 이를 통해 '새로운 관심 분야 개발 및 가치영역의 확대', '외모 중시태도 지양', '장애로 인해 야기된 일부 기능적 제약을 이유로 자신이 모든 면에서 부족하다는 식의 부정적 경향 차단', '자신 내부에 있는 잔존능력과 강점 중시 등의 가치 변화' 등 네 가지 요인을 장애에 대해 성공적인 수용조건으로 제시하였다.

이와 같이 장애의 수용은 상실감은 남아 있더라도 상실을 인정하고 장애를 가진 자신을 있는 그대로 받아들여 자신에 대한 가치를 인정하는 것이며, 현재 남아 있는 강점과 능력에 초점을 두면서 향후의 삶에 이를 활용하려 노력하는 것이다. 자기 수용의 향상은 타인 수용에 이르게 되기 때문에 장애수용이 증가하면서 대인관계 예민성과 부정적 정서는 감소한다. 장애수용은 개인의 가치와 정체성을 재확립하고 심리사회적 적응과 대인관계에도 긍정적인 영향을 미쳐 자신의 삶에 대한 인식 및 만족이나 적응에 매우 중요한 역할을 한다(이향숙 외, 2016). 장애수용이 잘 된 사람일수록 주관적 삶의 질이 높고(노승연, 2007), 생활만족도가 높게 나타났으며(김선주 외, 2013), 장애인 근로자의 경우에는 장애 수용이 직무만족도와 생활만족도에 긍정적인 영향을 미치며(김종일, 2014), 성공적인 직업복귀와 사회복귀에도 영향을 주는 요인이었다(박수경 외, 2011). 뿐만 아니라 장애수용과 자아존중감 사이에도 유의미한 정적 상관이 있으며, 이러한 상관관계는 단순 상관을 넘어 이전 시점의 장애수용 정도가 높으면 차후 시점에서도 자아존중감이 높아지는 것으로 나타났다(정승원, 2014). 이러한 결과는 장애 이후의 삶에 대해 보다 긍정적으로 바라보는 적극적인 삶의 의지를 반영하고 있는 결과들로, 장애수용은 객관적인 장애 정도의 심각성보다는 장애에 대한 주관적 인식에서 오는 것이며, 동일한 장애를 가지고 있는 사람이라 할지라도 장애 수용 정도에 따라서 장애 이후의 성장과 적응에 유의미한 영향을 미칠 수 있는 것으로 생각할 수 있다(윤명숙, 이은실, 2014).

(3) 사회적 지지

사회적 지지와 외상 후 성장과의 관계에 관한 연구를 살펴보면, 사회적 지지가 외상에 대한 새로운 관점을 제시해주어 외상에 대한 의미를 재구조화하고 성장을 이루는 데 도움을 주는 요인으로 설명되고 있다(김연정, 2013). 사회적 지지를 안정적이고 지속적으로 받고 이러한 사회적 지지에 대한 만족도가 높을 때 외상 후 성장으로 발전할 가능성이 높은 것으로 나타난다(Park, Cohen, and Murch, 1996). 외상 경험에도 불구하고 사회적 지지를 받는 경우에는 성장을 경험할 가능성이 있다는 것이다. 장애인을 대상으로 한 사회적 지지 연구들을 살펴보면 장애인이 지각한 사회적 지지가 재활동기, 삶의 만족도, 임파워먼트에 긍정적인 영향을 미치는 것으로 보고되고 있다. 황령희(2003)의 연구에 의하면, 사회적 지지가 여성장애인의 임파워먼트에 정적 상관관계가 있는 것으로 보고되었으며, 김미옥(2005)의 연구에서도 자아탄력성과 사회적 지지가 장애대학생의 임파워먼트에 정적인 영향을 미치고 있으며, 사회적 지지의 영향력이 더 높게 나타났다(윤명숙, 이명실, 2014, 재인용).

중도장애 발생 이후 경험한 부정적 경험 및 어려움에 대해 사회적 지지체계로부터 지지를 받는 과정을 통해 외상 후 성장이 높아질 수 있기 때문에 장애 상담자는 내담자의 사회적 자원을 상담에서 적절하게 활용할 수 있어야 한다. 내담자의 직장동료, 가족, 내담자가 소속된 종교단체의 사람들, 취미 동호회 등 내담자 주변에 내담자에게 긍정적 영향을 미칠 수 있는 자원들을 찾아서 그들을 내담자를 지지할 수 있는 사회적 지지시스템으로 구축하는 것이 필요한 것이다.

3) 장애인상담에서 유념해야 할 사항

일반상담의 원리를 장애인상담에 적용할 때 다음의 사항들에 유념해야 할 필요가 있다(이정근, 1988).

- 너무 지나치게 장애인을 이해하려고 애쓰지 말아야 한다. 장애인이 호소하는 문제를 해결하는 데 도움이 될 만한 정보 이외에는 지나치게 알려고 해서는 안 된다. 만일 그렇게 되면 장애인은 자신에 대해서 위협감을 느껴 방어적으로 변할 수 있다.
- 상담과정에서 장애인이 보이는 작은 반응이라도 놓치지 말고 관찰하여 그 의미를 찾아야 한다. 경우에 따라서는 아주 작은 반응이라도 중요한 의미를 가질 수 있으며, 때로는 침묵도 그 속에 여러 가지 의미를 내포하고 있다는 점을 명심해야 한다.
- 서두르지 말고 내담자의 보조에 맞추어 상담을 진행시켜야 한다. 내담자가 자기 문제의 해결을 위해서 필요하다고 생각될 때 상담자에게서 필요한 정보를 얻을

수 있도록 배려하는 것이 바람직하다. 내담자가 정보를 문제해결에 이용할 준비가 되어 있지 않은 상태에서 정보를 제공하게 되면 오히려 혼란에 빠질 수도 있다.

- 내담자의 욕구가 상담자의 상담과정을 결정하도록 조치해야 한다. 상담자가 일방적으로 내담자의 문제를 인지하고 그 문제를 해결하려는 행동을 보이기보다는 내담자 스스로 자기문제를 인식하고 그 문제를 해결하고자 하는 의욕을 보일 때 상담에 임하도록 한다.
- 상담자는 자기 자신을 인지하고 있는 그대로 내담자에게 드러내 놓을 수 있어야 한다. 상담자가 자신의 한계를 솔직히 시인하고 그가 원하는 정보를 다른 전문가로부터 받을 수 있도록 조치를 해야 한다.

연습문제

01_ 특수아를 상담할 때 특수아상담 교과목을 이수했거나 특수아상담을 실시하는 기관에서 활동 경험이 있는 상담자와 전혀 그렇지 않은 상담자와는 어떤 차이가 있는지 설명하시오.

02_ 특수아상담에 활용할 수 있는 매체치료에는 어떤 것들이 있는지 설명하시오.

03_ 정서적 장애를 가진 아동에게 모래 놀이치료를 실시한다면 다른 치료방법에 비해서 어떤 강점이 있는지 설명하시오.

04_ 미술치료가 언어적 의사소통이 원활하지 않은 아동에게 도움이 되는 이유는 무엇인지 설명하시오.

05_ 음악치료를 특수아집단을 대상으로 실시할 때 어떤 유익을 얻을 수 있을지 설명하시오.

06_ 일반상담자가 장애인에게 상담서비스를 제공하기 어려운 이유들을 설명하시오.

07_ 장애인상담에 있어서 외상 후 성장의 개념을 설명하시오.

08_ 장애인의 외상 후 성장에 영향을 미치는 요인을 설명하시오.

11
Chapter

학교상담이론 및 실제

1. 학교상담의 정의
2. 학교상담과 생활지도 모델
3. 학교상담의 문제 유형별 접근

Chapter 11

학교상담이론 및 실제

흔히 학교교육의 두 가지 기능은 교과지도와 생활지도에 있다고 한다. 학업과 지식습득은 교육의 중요한 기능이다. 그러나 인지적·정의적·신체적인 측면에서 급격한 변화를 경험하는 아동·청소년기 학생은 학업문제 이외에도 발달상의 적응문제를 호소한다. 획일적인 진학 및 진로지도로는 더 이상 다양해진 아동·청소년기 학생들의 관심과 욕구를 충족시켜줄 수 없으며, 가정문제와 교우문제로 인해 심리적 갈등을 겪고 있는 학생들에게서 높은 학업성취를 기대하기는 어렵다. 학생들의 문제해결과 성장발달을 도모하기 위한 학교상담의 중요성은 결코 소홀히 할 수 없으며, 상담활동을 포함한 보다 포괄적인 생활지도방안이 요구되는 시점이다. 본 장에서는 인간행동에 대한 폭넓은 이해를 바탕으로 효율적이고 효과적인 학생상담이 이루어질 수 있도록 학교상담과 생활지도의 기본 개념 및 실제적인 접근 전략을 소개하고자 한다.

학습목표

1. 학교상담과 생활지도의 개념을 설명할 수 있다
2. 학교상담과 생활지도의 다양한 모델을 설명할 수 있다.
3. 학교상담의 발달적 모델의 구체적인 활동을 설명할 수 있다.
4. 문제영역별 학교상담 접근방법을 설명할 수 있다.

1. 학교상담의 정의

1) 학교상담과 생활지도의 의미

학교상담(school counseling)은 상담이 이루어지는 장소를 기준으로 분류했을 때 붙여진 용어로 학교, 특히 초·중등학교에서 이루어지는 상담이라고 할 수 있다. 학교상담은 전문상담교사뿐만 아니라 일반교사에 의해서도 실시될 수 있다. 학생이 고민을 호소할 때, 전문상담교사이든 일반교사이든 일단 학생의 문제를 들어주고 해결점을 찾도록 도와주는 것은 교육자로서의 기본자세다. 일반교사는 일단 최선을 다해 학생의 문제해결을 상담해주어야 하며, 만약 자신의 역량에 한계를 느끼는 경우에는 전문상담교사에게 자문을 구하거나 혹은 그 학생을 전문상담교사에게 의뢰할 수 있다. 전문상담교사는 일반교사보다 상담에 대한 전문적인 훈련을 더 많이 받았으며 따라서 학생을 상담하는 데 있어서 다양한 상담이론과 기법들을 적용하여 효율적으로 문제해결을 조력할 수 있다.

학교상담과 유사한 맥락에서 사용되는 용어로 생활지도(guidance)개념이 있다. 생활지도는 지난 반세기 동안 교육현장에서 '상담(counseling)'이라는 용어와 혼용되어 왔다. 생활지도로 번역되는 영어 guidance는 동사 guide의 명사형으로 안내하다, 이끌다, 감독하다 등의 의미를 지니고 있다. 생활지도는 학생 각 개인의 고유성을 존중하고 그들을 바람직한 방향으로 이끌며 지도하기 위한 모든 학교 교과과정 및 수업활동의 기저에 깔려 있는 기본 교육이념이라고 할 수 있다. 생활지도는 학생의 개인적 성장과 진로발달을 도모하고 학교생활에의 적응을 돕는 일련의 모든 조력활동을 의미하는 포괄적인 개념으로 이해될 수 있다. 학교현장에서 강조되는 기본생활습관지도, 청결과 위생지도, 예의범절지도, 학습지도, 인간관계지도, 정서적 문제상담 등의 조력활동은 학교 내 모든 교육자들이 관여하고 수행해야 하는 인성지도의 한 영역이다. 이러한 관점에서 본다면, 생활지도는 전문상담교사뿐만 아니라 모든 교사들이 참여해야 하는 교육활동이다. 이와 달리, 생활지도를 보다 협의의 개념으로 이해하려는 관점이 있다. 생활지도가 학교 프로그램을 지칭하는 용어로 사용될 때에는 전문상담교사가 학생, 교과교사, 학부모 및 학교행정가들을 조력하는 활동을 의미한다. 일선 학교에서 실시하고 있는 생활지도 프로그램은 구체적인 목표와 활동, 실시담당이 명시되어 있어 일종의 형식적인 교과과정처럼 체계적으로 운영되고 있으며 평가활동이 수반된다.

한편, 심리치료(psychotherapy)와 비교하여 상담과 생활지도 의미를 살펴보면, 주로 상담학이나 심리학 및 정신의학 분야에서는 상담과 생활지도를 별개의 영역을 다루는 각각의 방법으로 본다. 이 관점에서는 정보 제공, 조언, 의사결정 등의 활동과 관련된 영역을 생활지도로 보고, 행동이나 태도 변화 혹은 갈등해결과 관련된 영역을 상담으로 보며, 심각한 정신장애와 관련된 영역을 심리치료로 구분한다. 심리치료나 상담은 생활지도보다 더 심각한 문제를 다루며 전문성을 필요로 하는 영역임을 강조하려는 의도이다.

반면, 교육 분야에서는 상담을 생활지도를 구현하기 위한 구체적인 방법으로 간주한다. '아동생활지도와 상담', '학교상담과 생활지도', '학교상담과 생활지도의 발달적 모형', '생활지도와 상담' 등 상담과 생활지도는 거의 항상 붙어 다니는 용어들이다. 교육의 한 영역인 생활지도에는 학생조사, 정보 제공, 상담, 진로지도, 심리교육, 생활습관지도 등이 포함되는데, 상담은 이러한 다양한 생활지도활동 중의 하나이다. 일반적으로 상담과 생활지도를 함께 묶어서 지칭하는 이유는 생활지도에 있어서 상담이 차지하는 상대적 중요성을 강조하기 위해서이다.

생활지도에서 의미하는 상담은 심리치료와는 그 성격이 다르다. 심리치료는 심각한 정신행동장애 증상을 장기간에 걸쳐 교정하고 치료하는 영역이라고 한다면, 생활지도에서의 상담은 보다 덜 심각한 심리적 갈등이나 적응상의 문제행동을 비교적 단기간에 해결할 수 있도록 도와주는 활동이라고 할 수 있다. 예를 들어, 학업에 대한 흥미나 능력에 대한 문제, 적성탐색과 진로선택의 문제, 학교생활 적응문제, 교우관계와 교사와의 관계에 대한 문제, 성격 혹은 인성계발에 관한 문제 등 학교장면에서 발생할 수 있는 문제나 상황을 다룬다.

2) 학교상담의 역사

해방 이전의 학생지도는 주로 훈육 위주의 강압적인 방식이 지배적이었으며, 수업을 위해서는 학생들에게 물리적인 체벌이 가해지기도 했다. 교사는 학생에게 지식만을 전달하는 것이 아니라 올바른 인간으로 길러내야 하는 책임이 있다고 보았기 때문에 이러한 훈육과 처벌의 교육방식이 정당화되고 허용되는 분위기였다. 그러나 해방과 더불어 서구의 아동 중심 교육사상에 영향을 받고 또한 6·25전쟁 이후 심각해진 학생지도의 새로운 방향을 모색하는 가운데 학교현장에서는 현대적인 개념의 생활지도가 대안적인 교육방법으로 도입되었다. 학교상담활동을 담당할 교사를 양성하기 위해 서울시교육위원회가 1957년 최초로 40여 명의 교사들에게 상담교사교육을 실시하였다. 이어서 전국적으로 시·도교육위원회, 문교부, 중앙교육연구소 등에서 상담교사 양성 프로그램을 마련하여 일선교사들을 교육하였다. 이를 계기로, 중등학교의 기존 훈육실이 생활지도실로 명칭을 바꾸었으며 각 대학에 학생생활연구소가 설치되었다.

이후 본격적인 상담교사 양성을 위해 1964년부터 '교도교사' 자격증제도가 시행되어 현직교사들 가운데 학생상담에 관심이 있는 교사들을 대상으로 일정 시간 자격연수를 실시하고 교도교사 자격증을 부여했다. 1990년대 초부터 전개된 진로교육 및 진로지도 교육정책의 영향으로 '교도교사' 명칭은 '진로상담교사'로 바뀌게 되었다. 그러나 외형적인 명칭만 변경되었을 뿐 실질적인 학교 상담교사의 역할이나 기능에 있어서는 큰 변화가 없었다. 교도교사와 진로상담교사는 각 시·도교육청의 의뢰를 받은 대학교 혹은 교원연수원에서 교직, 교양 및 상담 관련 과목을 중심으로 180시간 내외의 연수를 통해 자격을 부여받았다. 1999년에 접어들어 '진로상담교사' 명칭은 다시 '전문상담교사'라는 명칭으로 바뀌었다. 초·중등교육법(1997)이 개정되고 그에 수반한 교원자격증 검정령(1998)과 시행규칙(1999)이 각각 개정됨에 따라 새로운 형태의 전문상담교사 양성제도가 실시되었다. 전문상담교사 양성과정은 기존의 교도교사나 진로상담교사 양성과정에 비해 이수시간이나 실습교육을 더 강조했다는 측면에서 양적·질적인 면에 있어 차이가 있다.

2. 학교상담과 생활지도 모델

1) 위기적 모델과 발달적 모델

우리 교육현장에 학교상담의 개념이 소개된지 어느덧 반세기가 넘었지만, 그 동안 거듭된 교육개혁에도 불구하고 학교상담의 형식과 내용 면에 있어서는 긍정적인 변화를 기대하기가 어려웠다. 1950년대 후반 서울시 교육청 산하의 일선학교에서 학생상담 프로그램을 시작한 이후, 상담교사의 과중한 수업시수 부담, 상담실 환경 미비, 과다한 행정업무, 상담자질에 대한 자신감 결여, 상담기법에 대한 훈련 부족 등으로 인해 효과적인 학교상담이 이루어지지 못했다. 그 동안 단기연수 형태로 상담교사를 양성하고 배치해 왔지만 상담교사 양성과정이 본질과는 동떨어진 목적으로 이용되어 온 것이 사실이다. 학교상담과 생활지도의 올바른 정착을 위해서는 행·재정적 지원뿐만 아니라 우리 학교현장에 실제적으로 접목될 수 있는 학교상담 모델이 정립되어야 한다.

일반적으로 학교상담과 생활지도 모델은 프로그램의 내용과 상담교사의 시간활용에 따라 크게 네 가지 접근으로 분류된다. 첫째, 학생에게 돌발적인 위기 상황이 발생했을 때 즉각적으로 개입해서 문제를 해결하는 위기적 접근(crisis approach)이 있다. 둘째, 발달과제를 습득하지 못한 학생을 대상으로 보충적인 지도와 문제행동을 수정하는 데 초점을 두는 교정적 접근(remedial approach)을 들 수 있다. 셋째, 예방적 접근(preventive approach)은 발생 가능한 문제 상황을 미리 예측하여 그러한 문제가 차후에 발생하지 않도록 사전에 문제 상황에 노출될 수 있는 학생을 상담하고 지도하는 것이다. 마지막으로 이러한 세 가지 접근을 통합하면서 동시에 단순한 치료와 예방 차원을 넘어 많은 학생들의 긍정적인 발달과 성장을 도모하는 적극적인 방법으로 발달적 접근(developmental approach)을 들 수 있다(Myrick, 1993). 발달적 모델에서 요구되는 상담교사의 역할은 학부모 및 담임교사 자문, 진로상담 프로그램 개발 및 실행, 개인상담, 집단상담, 또래상담자 훈련, 생활지도계획 수립 및 추진 등을 들 수 있다.

2) 발달적 모델에 의한 학교상담활동

학생의 개인심리적 발달, 사회성발달, 진로발달을 조력하기 위해서는 보다 종합적이고 발달 지향적인 학교상담 및 생활지도 서비스가 제공되어야 한다. 발달적 모델에 근거한 학교상담과 생활지도의 구체적인 활동은 다음과 같다(Myrick, 1993).

- 개인상담: 개인상담(individual counseling)이란 한 명의 상담자와 한 명의 내담자가 직접적으로 대면하든지 혹은 매체를 통해 간접적으로 만나서 상담관계를 형성하고, 내담자가 자기 자신과 환경에 대해 의미 있는 이해를 증진하도록 함으로써 내담자의 당면문제를 해결하고 성장과 발달을 촉진하는 조력과정을 의미한다. 교사는 개인상담의 촉진적인 관계 속에서 학생들의 특별한 욕구에 초점을 맞추고 그들이 성취하고자 하는 목표, 관계, 자아발달에 관련된 문제해결과 효율적인 의사결정을 할 수 있도록 도와준다.
- 소집단상담: 소집단상담(small group counseling)이란 한 명 혹은 그 이상의 상담자와 여러 명의 집단원이 일정 기간 동안 정기적으로 만나 일상생활에서 부딪히는 문제에 대한 자신들의 태도와 행동을 점검하고 변화시키기 위해 노력하는 역동적 인간관계과정이다. 집단 경험을 통해, 학생은 인지적 자아중심성에서 벗어나 자신의 감정과 경험을 다른 사람들과 나눌 수 있으며 문제해결을 위한 힘을 얻을 수 있게 된다. 학생은 함께 참가한 집단원이 또래 연령층이라는 사실에서 집단 참여에 따른 불안감을 감소시킬 수 있다. 또한 집단 경험은 의존성과 독립성을 연습하고 대인관계기술을 습득할 수 있는 계기가 된다.
- 대집단 생활지도: 대집단 생활지도(large group guidance)는 학급단위, 학년단위, 혹은 전체 학교 차원에서 학생들의 특별한 욕구를 수용하고 대처기술을 가르치거나 정보를 제공해주기 위해 단일모임 혹은 지속적인 모임을 지도하는 형태이다. 소집단상담은 정서적 경향을 띠고 과정 중심이며 다소 비구조화된 활동도 포함하는 반면, 대집단 생활지도는 인지적이고 과업 중심적이며 비교적 구조화된 형태로 진행된다.

- 또래상담자 훈련: 또래상담자 훈련(peer counselor training)은 학생들 중에서 또래상담자를 선발하여 의사소통기술과 조력기술을 훈련시킨 후 학급생활지도를 담당하는 담임교사를 보조하도록 하고, 도움을 필요로 하는 교내 학생들을 개인적으로 조력할 수 있게 하는 서비스이다. 또래상담자 프로그램을 활용함으로써 학생들에 대한 직접적인 서비스뿐만 아니라 보다 많은 학생들에게 간접적인 생활지도 서비스가 확대될 수 있다.
- 자문: 자문(consultation)활동은 학교상담 서비스에 있어서 최근 주목을 받고 있는 분야이다. 자문은 전문가로서의 자문가와 당면문제에 관해 자문가의 조력을 필요로 하는 피자문가 사이의 상호작용과정이다. 자문관계에는 자문가, 피자문가, 그리고 상황으로 구성된 3자 간의 관련성이 내재되어 있다. 상담교사는 궁극적으로 학생의 성장과 발달을 돕기 위해 학부모, 교사, 학교행정가 및 지역사회 성원들이 요청할 경우 학생지도와 관련된 정보를 제공하거나 협력할 수 있으며, 교육적 서비스를 계획하고 실시하거나 혹은 갈등해결을 위한 중재 역할을 수행할 수 있다.
- 조정: 학교상담 및 생활지도 프로그램 기획 및 조정(coordination)은 상담교사가 전반적인 학교상담 및 생활지도 프로그램을 기획・실시・평가하는 과정과 관련된 다양한 활동들이 학교의 전체 교육 프로그램 내에서 원만하게 진행될 수 있도록 관리하는 활동이다. 정보수집, 자료배치, 회의일정 조정, 프로그램 개발, 교내 생활지도위원회 운영, 학생 심리검사 실시 및 보고, 생활지도팀 운영, 학생의뢰, 교원연수, 학생자원봉사자 관리 등이 이러한 조정활동에 속한다.

3. 학교상담의 문제 유형별 접근

1) 학교폭력상담

학교폭력개념은 1970년대 노르웨이의 심리학자인 Olweus에 의해 괴롭힘(bullying)

이라는 용어가 사용되면서 알려지기 시작했으며, 국내에서는 1990년대부터 왕따, 이지메 등으로 불리는 집단따돌림으로 인해 자살하는 학생들이 증가하면서 본격적인 사회문제로 대두되었다. Olweus(1993)는 괴롭힘(bullying)을 '한 학생이 한 명의 학생이나 혹은 여러 명의 학생에 의해 부정적인 행위에 반복적이고 지속적으로 노출되어 괴롭힘을 당하거나 피해를 겪게 되는 것'이라고 정의한다. 우리나라 「학교폭력 예방 및 대책에 관한 법률」에서는 학교폭력을 '학교 내외에서 학생을 대상으로 발생한 상해, 폭행, 감금, 협박, 약취유인, 명예훼손, 모욕, 공갈, 강요, 강제적인 심부름 및 성폭력, 따돌림, 사이버 따돌림, 정보통신망을 이용한 음란폭력 정보 등에 의하여 신체·정신 또는 재산상의 피해를 수반하는 행위'로 규정하고 있다. 이렇듯이 국내에서는 학교폭력이 괴롭힘과 더불어 폭력도 포함하는 보다 포괄적인 개념으로 인식되고 있다(김혜원, 2013; Farrington, 1993).

학교폭력행동의 범주는 학자들마다 다양하게 제시하고 있는데, 일반적으로 신체적·언어적·관계적 폭력으로 분류하고 있으며 최근에는 사이버 폭력과 성폭력의 범주를 포함시키는 추세이다. 각 유형에 해당하는 특징은 다음과 같다(이규미 외, 2014).

- 신체적 폭력: 때리기, 발로 차기, 지나가면서 충돌하기, 침 뱉기, 뾰족한 도구로 찌르기, 밀치기 등은 직접적인 신체적 폭력행동에 해당된다. 한편, 간접적인 신체적 폭력행동에는 위협하기, 물건 빼앗기, 개인물건 훼손하기, 심부름 등 원치 않는 행동시키기 등이 포함된다.
- 언어적 폭력: 원치 않는 별명 부르기, 욕설이나 모욕적인 말하기, 외모나 인종을 비하하고 조롱하기, 고함지르며 위협하기 등이 포함된다.
- 관계적 폭력: 대표적으로 따돌림이 이에 해당된다. 다수의 학생이 특정 학생을 대상으로 지속적이거나 반복적으로 신체적·심리적 공격을 가해 고통을 느끼도록 하는 일체의 행동을 일컫는다.
- 사이버 폭력: 이메일, 사이버 공간의 게시판 혹은 문자메시지 등을 통해 특정 학생을 공격하거나 명예를 훼손하는 사진, 악담, 소문, 별명 등을 유포하는 행위를 포함한다. 단체 모바일 메신저에서의 따돌림도 사이버 공간에서 발생하는 관계

적 폭력이라고 할 수 있다.

- 성폭력: 폭행이나 협박에 의한 강제 성행위나 성매매를 통한 착취, 강제추행, 이러한 과정에서 발생하는 상해, 치상, 치사 등이 해당된다.

학교폭력은 다양한 원인에 의해 발생할 수 있는데, 일반적으로 개인적 요인, 가정적 요인, 학교 및 또래요인, 사회문화적 요인으로 구분된다(강진령, 2015; 이규미 외, 2014).

- 개인적 요인: 주로 가해학생과 피해학생의 기질이나 성격적 요인에 초점을 둔다. 가해학생은 주로 신체적으로 강하고 공격적 성향이 높으며 또래들을 지배하려는 경향이 있다. 유전, 임신 및 출산과정에서 생물학적 배경이 영향을 미치게 되면 공격성이 높아진다는 주장이 있다(Boulter, 2004). 전두엽 손상 및 실행기능 저하가 폭력적인 성격 및 행동과 관련 있다는 연구결과가 제시되고 있다. 전두엽의 이상이나 실행기능에 문제가 있는 경우 계획성 부족, 정서 둔화, 충동성 증가, 인지적 결함 등의 문제를 나타내는 것으로 알려져 있다(Bufkin & Luttrell, 2005). 반면, 피해학생은 예민하고 상처받기 쉬운 성향으로 불안과 우울수준이 높다.
- 가정적 요인: 부모의 양육태도와 역할 모델에 초점을 둔다. 폭력적이고 비민주적인 양육태도를 지닌 부모, 통제적이고 냉담한 부모, 부모와의 심리적 유대감 및 대화 단절, 가정의 낮은 사회경제적 지위, 부모 간의 불화 및 이혼 등의 요인은 가해학생의 폭력행동에 영향을 미치는 위험요인으로 확인되었다(김준호, 박정선, 김은경, 1996; Baldry, 2003; Berger, 2007).
- 학교 및 또래요인: 학교 및 학급 규모, 학교규칙 적용의 일관성, 학교 행정가 및 교사의 폭력에 대한 인식 및 관여, 학교 풍토 등은 안전하고 편안한 학교 분위기를 조성하는 데 영향을 미칠 수 있는 요인이다(Klein & Cornell, 2010; Klein, Cornell, & Konold, 2012; Kyriakides & Creemers, 2012). 또한 또래관계, 또래폭력 허용도, 또래동조성 및 또래집단의 소속 여부, 친구의 피해 경험 등은 학교폭력과 관련이 있는 것으로 나타났다(최운선, 2005).

- 사회문화적 요인: 사회 전체의 폭력문화, 지역사회 환경요인, TV나 인터넷과 같은 대중매체 등이 포함된다. 지역사회에서 발생하는 싸움, 절도, 총기사건 등의 폭력사건에 대한 경험빈도가 높을수록, 폭력을 상업화하여 제작하는 TV나 영화 등의 프로그램에 노출되는 빈도가 높을수록 모방에 의해 폭력행동을 학습하는 경향성이 높아지는 것으로 나타났다(이규미, 이대식, 김영혜, 2003; Bradshaw, Rodgers, Ghandour, & Garbarino, 2009).

학교폭력이 발생했을 때의 대응절차는 크게 사안 조사, 자치위원회 소집 및 진행, 가해 및 피해학생에 대한 조치 결정, 조치의 실행 및 결과 보고 등 네 단계로 진행된다(이규미 외, 2014).

- 사안 조사: 학교폭력이 발생했음을 인지한 때부터 자치위원회가 개최되기 전까지 가해학생과 피해학생에 대한 즉각적인 조치를 취하고 발생한 사안에 대한 구체적인 조사를 실시한다. 구체적으로 신고 및 접수, 즉각적인 조치 실행, 사안 조사 실시, 사안 조사결과 보고 및 통보, 자치위원회 개최 요구의 순서로 진행된다.
- 자치위원회 소집 및 진행: 학교폭력 전담기구의 조사결과를 바탕으로 학교장이 자치위원회 위원장에게 자치위원회의 개최를 요구한다. 자치위원회 회의는 사안 경과 보고, 관련 학생 및 학부모의 소견 청취, 자치위원회의 협의 조정 및 조치 결정, 결과 통보 등의 단계로 진행된다.
- 가해 및 피해학생에 대한 조치 결정: 자치위원회의 조치 결정사항을 토대로 학교장이 피해학생과 가해학생 및 가해학생의 보호자에 대한 조치를 실행하고 그 결과를 교육(지원)청에 보고한다. 가해학생에 대한 조치의 종류에는 피해 학생에 대한 서면 사과, 피해학생 및 신고 고발한 학생에 대한 접촉 협박 및 보복행위 금지, 학교에서의 봉사, 사회봉사, 학교 내외 전문가의 특별교육 이수 또는 심리치료, 출석정지, 학급교체, 전학, 퇴학처분 등이 있다.
- 조치의 실행 및 결과 보고: 학교장은 자치위원회의 조치 결정에 따라 피해학생에 대해서는 피해학생의 보호자의 동의를 받아 해당조치를 취하고, 가해학생에

대해서도 해당 조치를 취한다. 가해학생과 그 보호자가 조치를 거부하거나 회피하는 경우 관련 법령에 따라 징계 또는 재조치를 취할 수 있으며, 학교장은 조치 및 그 결과를 교육청에 보고한다.

2) 인터넷중독 상담

오늘날 인터넷은 사이버 공간에서 정보를 수집하고, 상품을 구입하고, 자기만의 개성을 표출하며, 다른 사람들과의 네트워크를 형성하게 해주는 등 일상의 중요한 매체가 되었다. 특히, 아동·청소년기는 또래문화의 영향에 대해 민감한 시기인데, 이러한 시기에 시공간을 초월하여 또래집단과 교류하고 그들만의 문화를 공유함으로써 자기 정체성을 탐색할 수 있는 사이버 공간은 매력적인 소통의 수단으로 받아들여진다. 그러나 사이버 공간을 현실문제로부터 도피하기 위한 일종의 안식처로 생각하고 과도하게 몰입하는 경우 다양한 부적응문제를 초래하는 인터넷중독에 이르게 된다.

인터넷 사용의 심각성 정도는 정상 사용(use), 남용(abuse) 및 의존(dependence)으로 구분된다. 남용은 일상생활의 부작용과 역할기능 손상이 있음에도 불구하고 사용 행위를 계속하는 상태이며, 의존은 내성(tolerance)과 금단(withdrawal)현상이 나타나는 상태다. 인터넷중독 과정을 설명하는 모델은 관점에 따라 다음과 같이 다양하다(김교헌, 최훈석, 2008; 박승민, 조영미, 김동민, 2011; 이영식, 2015; 채규만, 박중규, 고유진, 송은희, 2001; Di Chiara, 2000).

- 인지행동적 모델: 인지행동적 관점에 의하면, 사건을 해석하는 독특한 인지 양식이 감정과 행동에 영향을 미친다. 인터넷중독은 중독적 신념체계와 관련이 있다. 인터넷중독자는 자기 자신에 대해서나 자신이 처한 상황을 부정적으로 해석하는 경향이 있는데, '나는 무능하다', '나는 실패자다', '다른 사람들은 나를 좋아하지 않는다', '내 인생은 엉망이다' 등과 같은 핵심신념을 가지고 있다. 이렇게 부정적으로 해석한 상황에 대한 일종의 도피 수단으로 인터넷을 선택하게 되며, 인터넷에 대한 내적 가치체계나 신념체계로 인해 인터넷을 습관적으로 사용하게

된다.

- 신경심리학적 모델: 신경화학적 작용이 중독 기전에서 중요한 역할을 한다고 본다. 중추신경계에 존재하는 신경전달물질의 하나인 도파민은 기분과 정서를 조절하고 동기와 보상체계 작동에 중요한 역할을 한다. 뇌의 보상체계 순환 모델에 의하면, 뇌의 특정 영역이 자극을 받으면 도파민이 증가하고 이에 따라 그 특정 영역에서 보상과 동기를 매개하는 경로가 작동한다. 도박이나 인터넷중독 등과 같이 행위중독의 경우 신경화학물질의 연결망이 아직 명확하게 확인되지는 않았지만, 물질중독과 마찬가지로 행위중독에 있어서도 신경화학적 작용이 중독 기전에 중요한 역할을 하는 것으로 추정된다.
- 자기조절 모델: 중독의 핵심 속성을 자기조절의 실패라고 본다. 중독의 핵심 증상은 3C, 즉 강박적 집착(Compulsion), 조절 실패(loss of Control), 부작용에도 불구하고 지속하기(Continuation)로 표현될 수 있는데, 인터넷을 사용하는 데 있어서 부작용이 발생하고 이러한 문제를 자기 자신이나 주위 사람들이 조절 통제하려 하지만 지속적으로 실패하게 된다. 인터넷중독의 발달단계를 실험적 접촉, 충동적 추구, 강박적 집착단계로 구분한다.
- 재발과정 인지모델: 인터넷을 사용하게 되는 '위험한 상황'에 직면했을 때 어떤 대처기술을 사용하느냐에 따라 인터넷중독의 재발 여부가 결정된다고 본다. '위험한 상황'에 대해 효과적인 대처기술을 가지고 있는 경우에는 상황을 통제하는 자기효능감이 증가하고 그 결과 인터넷중독 재발 가능성이 낮아진다. 그러나 효과적인 대처기술을 가지고 있지 못할 경우에는 자기효능감이 감소하고 인터넷중독이 재발될 가능성이 높아진다. 인터넷 사용의 재발과정에는 자기효능감, 결과에 대한 기대감, 원인에 대한 귀인 양식, 그리고 의사결정과정이라고 하는 네 가지 인지적 과정이 작용한다.

인터넷중독의 증상과 진단기준에 관해 명확하게 설정된 기준이 부족하지만, Young(1998)은 병리적 인터넷 사용(Pathological Internet Use: PIU) 관점에 근거하여 인터넷중독의 주요 증상으로 8개 항목을 제시했다. 다음 8개 항목 중 5개 항목을 충족하는 경우 인터넷중독으로 분류된다.

- 장시간 온라인에 접속해야 직성이 풀림
- 인터넷 사용을 못할 경우 우울증 증가, 기분 저하, 초조, 짜증, 불안 등의 금단 증상을 느끼며 학업과 사회생활에 지장을 초래함
- 의도했던 것보다 더 자주 오랫동안 인터넷을 사용함
- 인터넷 접속을 줄이고자 했지만 실패함
- 인터넷 사용시간을 늘리기 위해 학교 수업을 빠진다거나 취침시간이 늦어짐
- 사회생활, 직장생활, 여가생활 등에 대한 흥미를 상실함
- 인터넷 사용으로 인해 생활상의 여러 갈등적인 문제가 발생했음에도 불구하고 여전히 인터넷 사용을 중단하지 못함
- 인터넷을 사용할 수 없는 상황에서 초조해지며 빨리 접속하고 싶은 마음에 사로잡힘

국내에서는 김청택, 김동일, 박중규와 이수진(2002)이 제시한 다음의 인터넷중독 진단기준이 널리 적용되고 있다.

- 강박적 사용과 집착
  - 인터넷을 사용하지 않는 동안에도 인터넷을 할 생각만 함
  - 인터넷에서 무언가 새로운 일이 일어나고 있을 것만 같은 생각에 사로잡힘
  - 인터넷을 사용하느라 대부분의 시간을 보냄
  - 처음 의도했던 시간보다 더 오랫동안 인터넷을 사용하게 됨
- 내성과 금단
  - 만족하기 위해 인터넷 사용에 점점 더 많은 시간을 보냄
  - 만족하기 위해 점점 더 자극적인 것을 추구함
  - 인터넷을 사용하지 않으면 불안, 우울, 초조감을 느낌
  - 인터넷을 사용하면 마음이 편안해짐

  - 수업 중에도 게임 소리가 귓전에 들림
  - 잠자리에 들어서도 눈이 말똥해지며 다음에 인터넷을 할 생각에 빠져듦
  - 잠자리에 누우면 천장이 컴퓨터 화면으로 보이고 그 속에 장면이 어지럽게 펼쳐짐
  - 인터넷을 하지 않는 동안 자신도 모르게 컴퓨터 자판을 두드리는 행동을 함
- 일상생활의 기능장애
  - 인터넷에 한번 접속하면 중단하기 어려움
  - 인터넷 사용을 줄이거나 조절하려는 욕구가 있지만 매번 실패함
  - 인터넷을 하기 위해 다른 일을 미루거나 포기함
  - 인터넷을 하기 위해 수면시간을 현저하게 감소시킴
  - 인터넷을 하기 위해 종종 거짓말을 함
  - 인터넷 사용을 방해받으면 몹시 화를 내거나 부모에게 반항함
  - 인터넷을 하느라 중요한 약속을 어기거나 학업 및 직장 일을 소홀히 함
  - 업무 능률이나 생산성이 현저하게 감소하고 직장에서 해고당하기도 함
  - 인터넷 사용으로 인해 학업 성적이 떨어지고 학교를 그만두기도 함
  - 친구를 만나지 않고 여가활동에도 관심이 없음
  - 가족과 함께 보내는 시간이 줄어들며 가족원들과도 소원해짐
  - 부모에게 반항하며, 심한 경우 가출함
  - 배우자와 갈등이 유발되어 별거나 이혼으로 이어지기도 함
- 일탈행동과 현실구분장애
  - 인터넷을 사용하지 않을 때에도 마치 하고 있는 듯한 환상에 빠짐
  - 인터넷을 사용하지 않을 때에도 인터넷 소리가 들리고 인터넷을 하는 꿈을 꿈
  - 인터넷 사용으로 인해 비도덕적인 행위를 저지르게 됨

한편, 인터넷중독의 심각성이 제기되고 관련 요인을 규명하는 연구가 진행되면서 인터넷중독치료에 활용될 수 있는 상담 모델이 제시되었다. 학교장면에서 인터넷중독 아동과 청소년을 상담하는 데 있어서 상담자는 다음 사항들을 고려하고 준비해야

한다. 첫째, 상담자는 채팅 언어, 인기 사이트와 카페, 게임 등 아동·청소년들이 주로 사용하는 인터넷 서비스에 대해 익숙해야 한다. 사이버 공간에서의 아동·청소년 문화에 대한 이해를 토대로 내담자의 입장을 이해하고 촉진적 상담관계를 형성할 수 있다. 둘째, 상담자는 아동·청소년의 인터넷 사용에 대해 중립적이고 일관된 태도를 유지해야 한다. 아동이나 청소년의 경우 대개 부모나 교사에 의해 비자발적으로 상담에 의뢰된 경우가 많기 때문에 상담과정에 저항하며 소극적으로 참여하는 경향이 있다. 따라서 상담자는 내담자의 부모나 교사의 의견을 참조하되 내담자의 입장도 이해하고 공감하는 태도를 갖는 것이 중요하다. 셋째, 상담자는 내담자와의 면대면 상담뿐만 아니라 인터넷을 통해서도 상담을 진행할 수 있는 능력과 융통성을 갖추어야 한다. 인터넷 문화에 익숙한 아동·청소년 내담자와의 의사소통을 촉진할 수 있는 계기가 된다. 넷째, 상담자는 인터넷중독 상담 역시 다른 유형의 중독 상담과 유사한 상담 절차와 과정이 필요하다는 인식을 가져야 한다. 알코올이나 약물 등 다른 물질중독의 경우와 마찬가지로 인터넷중독 역시 유사한 준비와 상담과정이 요구된다. 인터넷중독 상담은 다음 여섯 단계로 진행될 수 있다(박승민, 조영미, 김동민, 2011).

- 1단계: 문제행동 탐색하기
  - 내담자와의 촉진적 상담관계를 형성하고 상담을 구조화함
  - 내담자의 문제에 대한 사례개념화를 위해 내담자에 대한 정보를 탐색함
  - 인터넷중독 문제가 발생한 시기, 중독 수준, 동반된 문제, 탈중독을 위한 시도 여부, 주변인에 의한 개입 여부 등을 확인함
  - 인터넷 사용일지 작성하기
- 2단계: 인터넷사용에 대한 자기인식 갖기
  - 내담자가 자신과 주변에 대해 새로운 관점을 획득하고 자신에게 변화가 필요함을 인식하도록 조력함
  - 상담에 대한 동기를 증진시킴
  - 내담자 자신의 욕구와 흥미, 꿈과 비전 등을 탐색하게 하고, 이러한 꿈과 비

전을 추구하는 데 있어서 인터넷이 어떤 기여를 했는지 생각하게 함

- 3단계: 인터넷중독 관련 요인 탐색하기
  - 내담자의 인터넷중독에 기여한 요인들을 탐색함
  - 내담자의 심리적 환경, 가족관계, 사회적 환경, 물리적 환경 등을 구체적으로 탐색하여 인터넷중독과의 관련성을 확인시킴
- 4단계: 행동목표 설정하기
  - 인터넷 사용일지 내용을 근거로 내담자의 일상적 시간활용 패턴을 확인하고 새로운 시간활용계획을 수립함
  - 현실적으로 성취 가능한 목표를 수립함
- 5단계: 지금 실천 가능한 대안 탐색 및 협상하기
  - 목표실현 및 감소한 인터넷 사용시간을 보상할 수 있는 대체활동을 발굴함
  - 내담자가 인터넷만큼 좋아하고 잘할 수 있는 활동을 충분히 생각한 후 결정함
  - 주변의 물적·인적 자원을 적극 탐색하여 대안활동을 결정하고, 이러한 자원으로부터 지지와 조력을 얻을 수 있도록 연계함
- 6단계: 목표달성에 대한 점검 및 변화된 행동 유지하기
  - 목표달성 정도를 확인하고, 목표성취를 위해 지속적으로 노력하는 데 있어 방해요소를 확인함
  - 재발 유혹요인들을 고려하고 어떻게 대처할 것인지 논의함
  - 변화된 행동에 대한 자기확인 및 자기보상, 또는 주변으로부터 받는 보상을 지속적으로 유지할 수 있도록 격려함

3) 비행 및 일탈행동상담

비행(delinquency)이라는 용어는 매우 광범위하게 사용되고 있다. 현재 실정법을 위반한 행위뿐만 아니라 여러 가지 사회적 규범을 위반하여 장차 실정법인 형법을 위반할 우려가 있는 모든 행위를 비행이라고 할 수 있다. 즉, 비행은 절도, 강간, 약물 사용 등과 같은 심각한 소년범죄와 더불어 음주 및 흡연과 같은 비교적 가벼운

일탈행동을 포함하는 넓은 개념으로 이해된다. 인간의 행동 가운데 어느 정도까지를 비행으로 규정할 것이냐 하는 것은 그 사회의 전통, 도덕, 관습, 교육풍토, 법률에 따라 다르며 또한 한 사회 내에서도 하위집단이나 개인에 따라 다른 관점을 제시할 수 있다(한국카운슬링연구회, 1987). 한편, 성인이 했을 때에는 범죄로 규정되지 않지만, 청소년이 했을 때에는 청소년이라는 사회적 지위 때문에 일탈행동으로 간주될 수 있는 것을 지위비행(status offense)이라고 한다. 심각한 비행청소년은 어느 한 유형의 비행에만 연루되는 것이 아니라 오히려 다양한 범죄와 지위비행에 관여되는 경우가 많다(Farrington, 1992; Gottfredson & Hirschi, 1990).

비행의 원인을 설명하는 이론은 다양하지만, 주로 비행을 저지른 개인이나 개인을 둘러싼 주변 환경 안에서 그 원인을 찾고자 한다. 비행의 원인은 크게 다음의 세 가지 관점으로 정리해 볼 수 있다.

- 생물학적 접근: 신체적 특성 및 체격, 질병, 염색체, 생리적 특징 등을 비행의 원인으로 본다. Sheldon과 Stevens(1942)는 신체 유형에 따른 체질을 내배엽형, 중배엽형, 외배엽형으로 분류하였는데, 일부 연구에서는 일반청소년 집단에 비해 비행청소년 집단에서 근육이 잘 발달되어 있고 활동적이며 공격적인 중배엽형이 더 많이 발견되었다. 그러나 비행청소년은 일반청소년에 비해 사춘기가 더 늦게 시작되고 체격이 더 작으며 체중이 가벼운 경향이 있는 것으로 나타나거나 비행과 체격 간의 상관성이 없다는 주장이 제기되면서 비행과 신체적 특징 간의 연관성에 대한 결론은 명확하지 않다. 비행청소년은 유아기와 아동기 동안 사고, 부상, 질병 등으로 인해 병원에 입원한 경험이 많으며, 일반청소년에 비해 운동기능이 더 저하되는 것으로 나타나기도 한다. 성장기 동안 사고로 인한 신체적 부상이 뇌의 기능적 손상을 유발하고, 그 결과 뇌의 비정상적인 기능이 공격적인 행동을 유발하는 원인으로 작용했을 가능성이 추정되고 있다. 그 외 XYY염색체가 반사회적 행동과 관련된 유전적 요인으로 추정되기도 했다. XY를 가진 남성에 비해 XYY를 가진 남성이 더 공격적이고 적극적인 성향을 나타내며 그 결과 비행행동으로 발전할 가능성이 높다고 주장되지만, 연구방법상의 오류로

인해 이러한 수치가 과장되었다는 지적도 있다(West, 1973).

- 심리학적 접근: 비행의 원인이 행위자에게 있음을 전제로 한다. 비행의 원인을 개인의 욕구불만에 따른 정서불안과 긴장, 부정적 자아개념, 충동성이나 공격성과 같은 성격적 요인, 신경증이나 정신질환과 같은 심리 내적 특성 등에서 찾고자 한다. 정신분석적 관점에서는 초자아, 원초아 및 현실 간에 중재 역할을 하는 자아의 기능이 약화된 결과 비행행동이 나타난다고 본다. 비행은 초자아가 덜 발달되었기 때문에 혹은 지나치게 억압된 원초아적 본능이 비정상적이고 위험한 방법으로 한꺼번에 표현되기 때문이다. 욕구좌절-공격 가설에서는 목표달성을 위한 노력이 방해받게 되면 욕구좌절이 나타나고 이는 공격적인 행동으로 표출된다고 주장한다(Dollard, Doob, Miller, Mowrer, & Sears, 1939). 행동주의적 관점에서는 인간행동은 학습의 결과라고 주장한다. 비행은 환경조건에 전적으로 그 원인이 있으므로 비행청소년이 처한 환경을 처벌과 보상으로 새롭게 조작하게 되면 건강한 행동으로 변화될 수 있다고 본다. Bandura(1977)의 사회학습이론에서는 공격적 행동은 본능이나 욕구좌절에 의해 나타나는 것이 아니라 모방이나 역할모형학습을 통해 획득되는 것으로 본다. 만일 개인의 역할모형이 바람직하지 못한 반사회적 행동이었을 경우에는 이러한 행동패턴이 비행적으로 나타나게 된다. 특히, 비행의 결과로 어떤 지위나 경제적 이익, 또래집단의 인정 등을 얻게 되면 장차 그러한 비행을 반복할 가능성이 높아진다. 한편, 정신병리이론에서는 개인의 성격이 비행과 관련이 있다고 주장한다. 싸움에 말려 들기 쉬우며, 쉽게 화를 내고, 부모나 교사의 꾸중에 반항적인 태도를 취하는 청소년은 후일 비행이나 범죄에 가담하게 될 가능성이 높다고 본다(이춘재, 이옥경, 서봉연, 윤진, 이재창, 김충기, 오경자, 심응철, 이명숙, 1994).
- 사회학적 접근: 비행의 원인을 비행하위문화, 상반된 가치관과 이해관계에 의한 갈등, 무규범 상황, 계층 및 빈부격차, 사회적 통제의 결여, 기회구조 차이, 범죄행동과의 접촉 등 사회구조적 요인에서 찾고자 한다. 문화전달이론은 비행의 토대로 일탈적 하위문화를 전제로 한다. 비행이나 범죄 등 일탈행동이 빈번하게 발생하는 빈민가나 우범지대와 같은 사회해체지역에서는 비행이나 범죄성을 띤

전통과 가치가 사회적으로 허용되어 하나의 보편화된 문화로 존재하고 전달되기 때문에 그러한 환경에서 성장하는 청소년은 비행행동을 쉽게 배우게 된다. 아노미이론에 의하면, 소속된 사회문화권이 규정한 성공과 행복의 목표를 성취하는데 필요한 제도화된 수단에 접근할 수 없거나 갈등을 일으킬 때 일탈행동이 나타난다. 자신이 처한 사회적 여건 때문에 다른 사람이 얻을 수 있는 동일한 사회경제적 목표를 사회 내에서 정당한 방법으로 달성할 수 없을 때 비행을 일으키게 된다. 한편, 낙인이론에 따르면, 사회집단이 개인이 어떤 규칙이나 규범을 위반하면 일탈자가 된다는 것을 정해두고 이를 위반할 경우 일탈자라는 낙인을 붙인다. 가벼운 비행행동을 한 후 일단 비행청소년이라는 낙인이 찍히게 되면, 이 낙인의 꼬리표를 자신이 스스로 수용하면서 동일시하여 이후 비행을 상습적으로 반복하게 되고 그 결과 심각한 범죄인이 될 수도 있다.

청소년비행에 관련된 연구들은 비행을 유발하는 요인으로 개인적 요인, 가정적 요인, 지역사회적 요인 등을 제시한다. 청소년비행과 관련이 있다고 주장된 많은 요인들 가운데 위험요인을 정리하면 다음과 같다.

- 낮은 자기통제감: 반항, 충동조절 결핍, 공격성 등의 성격적 특질을 포함한다. 자기통제감이 낮은 개인은 후일 비행을 포함한 문제행동을 유발할 가능성이 높은 것으로 알려져 있는데, 특히 유아기나 아동기에 측정된 이러한 특질은 청소년기 문제행동의 예측 변인으로 확인된다. 낮은 자기통제감과 관련된 성격 특성은 약물 사용, 비행, 학업중퇴, 낮은 학업성취도, 정신질환 등과 같은 광범위한 문제행동을 예측한다(Block, Block, & Keyes, 1988).
- 가족기능: 부모의 양육태도와 가족구성원 간의 상호작용이 비행과 관련이 있다. 무관심하거나, 일관성이 없거나 혹은 지나치게 엄격한 부모의 양육태도는 자녀의 비행과 관련 있는 것으로 나타났다. 또한 가족원 간의 친밀하지 못한 관계, 자녀와 함께 하는 활동의 부재, 가족구조의 해체, 수동성과 방치, 가족여가시간의 부족, 자녀의 또래친구들에 대한 관심 부족, 자녀의 소재에 대한 무관심, 가

정폭력 등은 비행에 관련된 가족 상호작용 요인이다. 부모 간에 발생하는 가정폭력에 지속적으로 노출될 경우 자녀는 공격자와 동일시하게 되고, 도덕성발달에 부정적 영향을 받으며, 스스로 병리적 공격행동을 표출하게 될 가능성이 높아져 비행행동으로 연결될 수 있다(Dishion & Kavanagh, 2002; McWhirter, McWhirter, McWhirter, & McWhirter, 2004).

- 학업성취도와 학교에 대한 태도: 학업 실패는 후일 약물 사용, 음주, 십대 미혼모, 학교 중도탈락의 가장 강력한 예측요인이다. 과제물 수행에 할애하는 시간이 적거나 진학과 진로에 대한 관심이 낮은 경우 학교생활에 소극적임을 알 수 있다. 또한 학교를 싫어하거나 교사나 학교친구들을 싫어하는 태도를 보이는 것은 학교에 대한 애착이 결핍되어 있음을 알려주는 신호다. 이러한 요인은 일탈적인 행동에 연루될 경우 보호적인 역할을 해주는 사회적 연결망을 약화시키는 작용을 한다. 성공에 대한 동기가 결핍된 청소년은 더 이상 잃을 것이 없다고 생각하기 때문에 사회적으로 수용되는 방식으로 행동할 이유를 찾지 못한다(Stormshak, Bierman, & the Conduct Problems Prevention Research Group, 1998).
- 비행 또래집단과의 교류: 비행에 관여하는 또래친구와 접촉할 때 그 개인도 결국 일탈행동에 관여하게 될 가능성이 높다. 사회학습이론에서는 연합학습(associative learning)과정을 통해 주위 또래집단 구성원들로부터 영향을 받게 된다고 설명한다. 비행청소년들은 주위 또래집단에게 보상과 처벌을 통해 특정 행동을 모방하도록 강요하고 그 행동을 강화시킨다. 비행청소년 중 일부는 과거 또래친구로부터 따돌림을 당한 경험이 있는 것으로 조사되었다. 초기 사회화 과정에서 집단따돌림을 당하는 것은 건강한 적응행동 양식을 배울 수 있는 또래와의 상호작용 경험을 박탈당하는 것이며, 이들 사회적 기술이 부족한 개인은 집단따돌림을 당한 다른 또래들과의 연합을 통해 부적응적인 행동을 강화시켜 나가게 된다(Dishion, McCord, & Poulin, 1999).
- 환경적 억제요인: 환경 내의 요인들이 비행행동을 조장하기도 하고 억제하기도 한다. 특정 행동에 대한 규범이 분명하고 또한 바람직하지 못한 행동에 관여하는 것을 제지하는 환경 안에서 성장할 때 비행 가능성이 낮아진다. 그러나 자신

이 속한 지역사회나 학교환경 안에서 언제든지 약물을 볼 수 있고 쉽게 구할 수 있다면 약물을 사용할 가능성이 높아진다. 시간적 · 공간적으로 가장 근접한 환경이 청소년 행동에 가장 직접적으로 영향을 미칠 수 있다. 학업성적 강조, 행동 규범에 대한 명료성, 행동처벌에 대한 일관성과 공정성, 정서적 지지, 공격적 분위기 등과 같은 학교 및 교실환경은 비행 및 일탈행동에 영향을 미칠 수 있 다(Aber, Jones, Brown, Chandry, & Samples, 1998).

비행 및 일탈행동 개입 전략은 비행을 범할 기회와 소지를 사전에 막는 예방적 측면과 가벼운 비행을 저지른 경우 재범화를 방지하기 위한 교정적 측면을 동시에 고려해야 하는데, 가정, 학교, 그리고 지역사회 차원에서 이루어질 수 있다. 첫째, 가정을 대상으로 한 부모교육은 효과적인 전략에 속한다. 자녀가 청소년기에 접어들기 전에 부모가 미리 비행의 조짐을 인지하고 대처하는 방법을 알고 있다면 효과적이다. 어린 자녀에게 미리 행동수정, 강화기법, 의사소통기술 등을 가르치는 것도 이들 아동이 비행청소년으로 전이하지 못하도록 예방하는 효과가 있다(Kumpfer & Tait, 2000). 또한 사회생태학적 발달 모델에 근거하고 있는 다체계적 치료(Multisystemic Therapy: MST)는 부모집단을 대상으로 자녀를 효율적으로 훈육하면서 가족응집력을 높일 수 있는 기술을 교육시키며, 비행청소년으로 하여금 비행 또래집단과의 접촉을 끊고 친사회적 성향의 또래들과 어울릴 수 있도록 조력하는 내용으로 구성되어 있다(Huey, Henggeler, Brondino, & Pickrel, 2000).

둘째, 학교장면에서는 학생에게 학교 교칙과 행동 규칙을 잘 숙지시키는 것이 비행행동을 예방하는 데 매우 효과적이다. 이를 통해 학생들은 보다 책임 있게 행동하는 법을 배우게 된다. 교내 차원에서 집단따돌림 근절(anti-bullying) 캠페인을 개최하거나 모범적인 행동을 한 학생들에게 보상을 주는 등 다양한 프로그램을 적용할 수 있다. 또한 학생들에게 자기통제감 향상, 스트레스 관리, 문제해결기술, 책임 있는 의사결정방법 등을 가르치는 것도 일탈과 비행을 예방하는 데 도움이 된다. 일탈행동에 대해 일관되고, 명료하고, 누진적인 결과를 적용하는 한편 바람직한 행동에 대해서는 긍정적인 보상을 제공하는 학교에서는 학생들의 반사회적 행동이나 행동장애와 같은 문제를 감소시킬 수 있다(Sugai & Horner, 2001).

셋째, 학교는 지역사회 조직이나 정부기관과 긴밀한 협조체계를 구축해야 한다. 청소년들의 욕구를 충족시켜 주는 지역사회단체는 이들 청소년들이 비행집단에 가담하는 것을 예방할 수 있다. 지역사회 내 청소년센터, 레크리에이션 센터, 종교단체 등은 이러한 역할을 담당할 수 있으며 청소년들이 비행집단의 유혹을 물리치는 데 도움을 준다. 지역사회 내 단체는 거리순회방범을 하거나, 사회행사활동을 지도하거나, 혹은 학교와 지역사회 내의 학생활동을 모니터링할 수 있다. 또한 지역사회에 근거한 치료(community-based treatment)는 지역사회 내에서 제공되는 프로그램이다. 비수용시설에서 제공되는 day program이나 지역사회 내 시설에서 제공되는 프로그램 등이 이에 속하는데, 예를 들면 청소년상담실, 아동상담소, 지역 복지관 상담실, 청소년쉼터 상담실 등에서 상담전문가와 자원봉사자들에 의해 이루어진다.

연습문제

01_ 학교상담, 생활지도, 심리치료의 의미를 비교 설명하시오.

02_ 학교상담과 생활지도의 주요 접근들을 비교 설명하시오.

03_ 발달적 모델에서 강조하는 학교상담과 생활지도의 구체적인 활동을 설명하시오.

04_ 학교폭력의 유형과 그 특징을 설명하시오.

05_ 학교폭력 발생에 영향을 미치는 요인을 설명하시오.

06_ 학교폭력 발생 시 대응절차를 설명하시오.

07_ 인터넷중독과정을 설명하는 다양한 모델을 설명하시오.

08_ 인터넷중독 진단기준을 기술하시오.

09_ 인터넷중독 상담과정 및 전략을 설명하시오.

10_ 비행의 원인을 설명하는 다양한 관점을 기술하시오.

11_ 비행과 관련된 주요 요인을 설명하시오.

12_ 가정, 학교 및 지역사회 차원에서의 비행 및 일탈행동 개입 전략을 설명하시오.

12
Chapter

심리검사이론 및 실제

1. 심리검사 개념
2. 심리검사 역사와 활용
3. 심리검사의 목적
4. 심리검사 분류와 주요 검사도구
5. 심리검사 양호도
6. 심리검사 개발과정

Chapter 12

심리검사이론 및 실제

최근 다양한 상담장면에서 내담자를 전문적으로 이해하고 조력하기 위해 심리검사 도구가 다양하게 사용되고 있다. 심리검사는 상담장면뿐만 아니라 학교현장의 학습 전략 검사 및 컨설팅, 실직자의 직업흥미와 진로탐색, 각종 단체에서 실시하는 상담 교육장면, 기업교육, 교양문화센터 강좌 등에까지 활용되고 있다. 이러한 심리검사들은 나름의 공통적인 특징을 가지고 있는데, 우선 대상자를 정확하게 이해하기 위한 도구로서 행동표본을 측정하고 행동표본은 전체 행동을 최대한 대표하도록 측정하는 것이다. 또한 신뢰로운 검사결과를 얻기 위해 검사의 조건이나 지시사항이 모든 사람에게 동일하게 적용되어야 한다. 그리고 검사를 채점하는 데 있어서도 명확한 규칙이 있어야 하는데, 동일한 반응을 했음에도 규칙부재에 따른 평가 점수의 차이가 발생한다면 올바른 심리검사라 할 수 없기 때문이다.

상담자는 사용목적에 따라 적합한 심리검사들을 상담활동에 적용하여야 한다. 다양한 목적을 가진 심리검사 도구들을 정확하게 인식하고 상담자의 전문적 판단에 근거하여 검사를 선택하여 활용할 때 좋은 상담성과를 기대할 수 있는 것이다.

본 장에서는 심리검사의 개념과 심리검사 역사와 활용, 심리검사의 목적, 심리검사 분류와 주요 검사도구, 심리검사 양호도, 심리검사 개발과정 등을 살펴봄으로써 상담장면에서 내담자를 객관적으로 정확하게 이해하는 심리검사의 기본 개념과 절차를 정리하고자 한다.

학습목표

1. 상담과정에서 심리검사의 개념을 설명할 수 있다.
2. 심리검사의 목적을 설명할 수 있다.
3. 심리검사의 종류를 설명할 수 있다.
4. MBTI 성격 유형의 일반적 특성과 역기능을 설명할 수 있다.
5. 심리검사의 양호도 중 신뢰도를 설명할 수 있다.
6. 심리검사의 양호도 중 타당도를 설명할 수 있다.

1. 심리검사 개념

상담과정에서 한 개인과 집단의 현재 상태를 정확하게 진단하고 검사하는 것은 상담의 많은 활동 중에서 중요한 영역이다. 내담자와 집단의 인지적·정서적·행동적 문제 또는 인간적 성장, 학업문제, 우울, 불안 등 다양한 문제를 다루기 위해 심리검사는 필요하다. 또한 인간의 심리적 경향성을 객관적이고 표준화된 방법으로 이해하고 측정하기 위하여 개인의 정신적 특성과 행동 양상에 대해 판단하게 된다. 아울러 심리적 진단을 목적으로 하는 심리검사는 개인차를 측정할 수 있어야 하고, 원인을 진단하여 진단된 영역의 능력을 개발할 수 있도록 도움을 주어야 한다. 이러한 관점에서 심리검사는 인간의 특성을 측정하는 것이며, 심리측정은 인간이 가지고 있는 어떤 심리적 속성을 관찰과 분석 등을 통해 수량화하는 것으로 심리평가는 검사 및 측정 결과를 가지고 가치를 판단하는 행위라고 할 수 있다.

한 개인과 타인의 내적인 특성의 비교 측면에서 Anastasi(1993)는 한 인간의 행동표본을 객관적이며 표준화된 절차로서 측정하고 진단하는 방법을 심리검사라 하였다. 또한 과학적이고 객관적이며 자기에 대한 이해를 높이고자 하는 측면에서 자신에 대한 이해야말로 개인의 문제해결에 중요한 출발점으로 보는 Cronbach(1994)는 타인과 비교되는 개인의 행동을 관찰하고 분석하며, 정량화된 척도로 나타내기 위한 절차로서 개인과 타인 등 두 사람 이상의 행동을 비교하는 조직적 절차와 과정을 심리검사라고 하였다. 이와 함께 개인의 심리적·행동적 속성을 측정한다는 것은 개인에 대한 심층적 이해뿐만 아니라 개인 간 혹은 개인 내 비교를 하기 위한 목적으로 접근하는 박영숙 (1994)은 심리적 현상에서의 개인차를 비교하고 개인의 정서적·인격적·행동적 측면을 이해하기 위한 심리학적 측정과정으로 심리검사를 정의하였다. 따라서 심리검사는 각 개인의 성격, 흥미, 동기, 적성, 지능, 학력, 태도 등을 포함하고 있다는 것이다. 강봉규(1999)는 인간의 성격, 능력 및 그 밖에 그 사람이 가지고 있는 심리적 특성의 내용과 그 정도를 밝힐 목적으로 일정한 조건하에 문제나 혹은 작업을 제시한 다음 그 사람의 행동 또는 행동의 결과를 어떤 가정의 표준적 관점에 비추어 질적 혹은 양적으로 기술하는 조직적 절차를 심리검사라 하였다.

이와 같이 심리검사는 학자들의 수만큼 다양한 관점에 따라 다양한 정의를 내리고 있으며, 실제로 수많은 영역에서 분류되어 실시되고 있고 일반검사에서부터 특수한 검사까지 이용되고 있다. 심리검사가 인간행동의 모든 것을 완전하게 설명해 주는 도구는 아니지만 인간의 행동을 이해하는 보조도구로서 많이 활용되고 있다.

이상을 종합해보면 심리검사는 어떤 행동표본에 대한 객관적이고도 표준화된 측정도구이며, 각 개인과 집단의 능력, 성격, 흥미, 태도, 지능 등의 심리적 속성들을 객관적이고 수량화된 방식으로 측정하는 것을 말한다. 다시 말해, 인간의 성향, 능력 등 대상자가 가진 심리적 특성의 내용과 그 정도를 관찰하고 해석할 목적으로 일정한 조건에 따라 표준화된 과정의 관점으로 질적 혹은 양적으로 기술하는 조직적 절차를 의미한다.

2. 심리검사의 역사와 활용

오늘날의 심리측정의 기반과 모태가 된 것은 19세기 이후의 일이며, 심리검사의 시작은 Galton, Cattell, Binet 중의 하나라고 보는 견해가 많다. 19세기 영국의 실험

심리학자인 Galton(1822~1911)은 『종의 기원(The Origin of Species)』을 서술한 Darwin의 영향으로 인간의 정신적 특성의 유전에 관심을 가지게 되었다. Galton은 종내 변이를 심리적 특성의 개인차에 따른 유전에 의한 것으로 설명하였다. 심리적 개인차는 인간의 정신적 특성과 관련 있음에 깊은 관심을 갖고 1869년에 『천재의 유전(Hereditary Genius)』이란 책을 발간하였다. 그 후 『인간의 능력과 그 발달에 관한 탐구(Inquiries into Human faculty and Its Development)』란 책을 저술하였는데, 이것을 인간의 개인차에 관한 과학적인 연구와 심리진단검사의 시초라고 보는 사람도 있다.

미국의 심리학자 Cattell(1860~1944)은 독일 실험심리학의 창시자인 Wundt가 강조한 실험적 통제와 미국의 전통적인 실용주의 영향을 종합해 미국 풍토에 맞는 심리측정과 검사활동을 위한 기반을 세웠다. 그는 엄격한 실험적 통제에도 불구하고 개인 간에는 차이가 있다는 것을 인정하였으며, 행동에 있어서 개인 간에 차이가 있다는 것은 과학적 연구에 중요한 대상이 된다고 주장하였다. 나중에 Cattell은 반응시간에 있어서의 개인차 연구로 박사학위 논문을 완성하였고, 또한 펜실베이니아 대학과 콜럼비아 대학에 심리학 연구소를 설치하였으며 1890년에 감각과 운동반응능력에 대한 정신검사(mental tests)라는 말을 처음으로 사용하였다. 개인차에 대한 Cattell의 연구는 과학과 직업면에서도 심리학 발전의 기반을 제공하였고, 이와 함께 성격의 특질이론을 통하여 인간행동을 예언하려고 하였다.

프랑스의 심리학자 Binet(1857~1911)은 1903년에 자기의 두 딸을 대상으로 기억, 상상, 의지 등에 대해 연구한 「지능의 실험적 연구」를 발표하고, 1905년 Simon과 검사법을 제안하였는데 초등학교 입학 시에 있어서 정신박약아의 식별을 목적으로 한 30문항의 검사법 제안이 그것이다. 이 검사가 바로 Binet-Simon Test로서, 정신지체에 관한 아동의 학습능력을 지원할 수 있었고, 1908년 개정되어 3~13세까지의 일반아동을 검사할 수 있게 하였으며, 문제의 난이도에 합치되는 정신연령(Mental Age: MA)의 척도를 고안하였다. 그 후 1911년 제2차 개정이 이루어졌고, 15세부터 성인까지의 문제를 재정비한 Binet-simon Scale를 개발하여 체계화된 최초의 지능검사를 제작하였다. Terman은 1916년 이 검사를 발전시켜 Stanford-Binet 지능검사를 만들었고, 1937년과 1960년에 개정하여 오늘에 이르고 있다.

그 후 1939년에 WBIS(Wechsler-Bellevue Intelligence Scale)라는 성인용 지능검사가 나왔는데, 1955년 WAIS(Wechsler Adult Intelligence Scale)로 개정되었고, 1949년에 5~15세 아동을 위한 WISC(Wechsler Intelligence Scale for Children)가 나왔다. 1967년에는 4~6세 반의 취학 전 아동을 위한 WPPSI(Wechsler Pre-School and Primary Scale Intelligence)가 나왔다.

한편 미국의 심리학자인 Yerkes(1876~1956) 등은 1917년에 미국 정부의 재정적 지원을 받아 병사들의 적절한 배치를 위한 최초의 집단 지능검사인 Army-Alpha(α)를 만들었고, 후에 영어를 잘 읽지 못하는 사람들에게도 실시할 수 있도록 그림을 많이 추가한 Army-Beta(β) 집단검사를 제작하였다.

Army-Alpha(α)는 주로 군인들을 선발하는 데 사용되었으며, 장교훈련에 적합한 지원자들을 가려내거나 정신적 능력이 떨어지는 군인들을 가려내어 제대시키는 데도 사용되었다. 이러한 집단검사의 개발은 적성검사, 성격검사, 흥미검사 등의 등장으로 집단 내 개인의 적성, 성격, 흥미 등을 측정하는 데 도움을 주고 있다.

한편, 군인들에게 실시해서 성공을 거둔 집단검사 개발 후에 심리학자들은 일반인들에게도 실시할 수 있는 다양한 검사를 개발하여 내담자들이 호소하고 있는 여러 분야에서 자신과 타인의 이해 및 수용을 통해 현재보다 더 잘 적응하도록 의사결정에 많은 도움을 주고 있다.

현재 교육 분야, 산업체 및 정부기관 등에서는 성취검사, 흥미 및 적성검사, 학습 관련 검사, 인성검사 등을 많이 응용하고 있으며 인사 선발용으로 검사의 활용이 높다. 또한 심리검사는 상담 및 임상장면에서도 많이 사용되고 있는데, 다양한 상담기관에서 여러 종류의 성격검사를 실시해서 심리적으로 안정을 이루지 못하는 사람들을 상담하거나 정신병원과 같은 임상장면에서 정신적으로 문제가 있는 심각한 환자를 가려내어 치료를 하는 데에도 많은 도움을 주고 있다.

3. 심리검사의 목적

심리검사는 심리적 장애 해결을 위한 상담의 개입과 전략계획 및 활동을 위한 기초과정으로서 대상의 다양한 정보를 제공해 주어야 한다. 개인이나 집단 등 대상의 행동이나 성격을 이해하고 이를 바탕으로 대상의 문제해결에 도움을 주고자 하는 것이다. 무엇을 측정하는지에 대한 대표적 특성이 명확해야 하고, 객관적인 절차와 체계에 따라 실시 및 해석이 이루어져야 하며, 심리진단도구로서 신뢰롭고 타당해야 하기 때문에 다음과 같이 목적을 구분해 볼 수 있다.

첫째, 대상의 미래행동을 예측하는 것이다. 학업성취도의 예측이나 특정 활동에서의 개인행동을 예측하기에 유용한데, 심리검사의 결과는 개인 간의 상호비교에 그 근거를 두어 앞으로 한 개인이 수행할 행동을 상대적으로 확률적으로 예측할 수 있도록 한다.

둘째, 대상의 행동 원인적 요인을 진단하는 것이다. 적절한 심리검사의 사용을 통해 행동에서 나타나는 결함이나 결점뿐만 아니라 그 원인을 찾을 수가 있다.

셋째, 검사를 통하여 대상의 일반적인 경향을 조사 또는 연구하여 기술하거나 규명하는 것이다.

넷째, 대상의 적성과 능력을 발견하고 인력의 적합한 배치를 위해 사용하기도 한다.

이와 같이 심리검사는 목적에 따라 상담과 생활지도, 교육, 임상의학, 산업장면, 범죄의 분류심사, 교정 등의 다양한 분야에서 사용되고 있다. 특히, 최근의 상담 장면에서는 과거 중요시되었던 정신 역동적 진단보다는 지금-현재의 상담 개입과 치료적 방향이 우선시되는 현상적 접근방식에 초점을 두고 있다.

4. 심리검사 분류와 주요 검사도구

학교 혹은 상담실에서 사용하고 있는 심리검사의 종류는 매우 다양하다. 심리검사는 크게 검사 내용과 검사 형태에 따라 분류한다. 검사 내용에 의한 분류는 지능, 적성, 학력 등과 같이 개인의 능력적인 면을 측정하는 성능검사와 인성, 성격, 흥미, 태도 등을 알아내는 성향검사로 분류된다. 검사 형태에 따른 분류는 첫째, 표준화 절차에 따라 제작된 표준화 검사와 표준화 절차를 거치지 않은 비표준화 검사가 있다. 둘째, 검사대상자의 인원에 따라 일대일로 검사를 받는 개인검사와 검사자가 집단을 대상으로 실시하는 집단검사가 있다. 셋째, 검사도구와 관련해 검사지와 필기도구만을 가지고 하는 지필검사와 특정한 기계나 도구를 가지고 하는 도구검사가 있다. 넷째, 측정방법에 따라 검사시간을 엄격히 제한하는 속도검사와 제한하지 않는 역량검사가 있다. 이 외에도 정신적 이상 유무를 진단하는 진단검사와 비진단검사로 나눌 수 있다. 심리검사의 종류는 다음과 같이 정리할 수 있으며, 다양한 심리검사의 예들 중 몇가지를 제시하여 살펴본다.

〈표 12-1〉 심리검사의 종류

구분	내용	
검사 내용	성능검사	지능검사, 적성검사, 학력검사, 등
	성향검사	인성검사, 성격유형검사, 흥미검사, 태도검사, 진로탐색검사 등
검사 형태	표준화검사	표준화검사, 비표준화검사
	검사 대상 인원	개인검사, 집단검사 / 아동, 청소년 및 성인, 부부 심리검사
	검사도구	지필검사, 도구검사
	측정방법	속도검사, 역량검사

1) 지능검사

학교상담이나 진로 직업상담을 할 경우에는 지능검사결과를 많이 이용하게 되는데, 학부모 및 교사들에게 가장 관심이 있는 영역으로 지능을 들 수 있다. 한편, 지능을 어떻게 정의할 것인가는 많은 논란이 있는 부분이다. 일반적으로 지능의 정의는 여러 가지의 형태로 나타날 수 있으며, 하나의 특별한 능력이 아니라 통합적이고 전반적인 속성을 말하며, 목적을 가지고 행동하고, 합리적으로 생각하며, 자신의 환경을 효율적으로 다룰 수 있는 개인의 능력을 말한다. 즉, 개인이 생존하고 환경에 적응하도록 해주는 능력의 조합이라고 할 수 있는데, 지능의 성질에 대하여 다양한 이론들이 많지만 일반적으로 첫째는 지능이 일반적이고 근본적인 특징이라고 보는 것이다. 여러 검사가 서로 다른 능력을 측정한다고 하더라도 어느 한 분야에서 높은 점수를 받은 아동은 다른 분야 모두에서도 높은 점수를 받는 경향이 있다는 것이다. 둘째는 지능이 하나의 일반적인 요인이 아니라 여러 독립된 능력으로 구성된다고 보는 것인데, 이러한 측면에서 보면 사람들은 각자의 큰 능력을 가진 영역이 있다는 것이다.

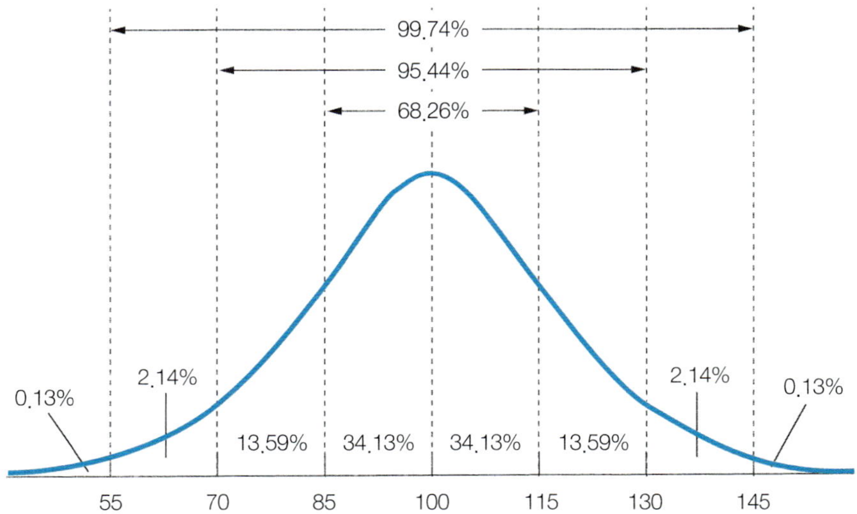

[그림 12-1] IQ 점수의 정상분포곡선

IQ(Intelligence Quotient)란 용어는 비네 지능검사로 측정한 한 아동의 점수를 동일한 연령의 아동집단의 평균 점수와 비교하는 방법으로 사용되기 시작하였다. IQ의 개념은 문제점을 보완하여 각 연령의 평균이 100, 표준편차가 15의 표준점수로 나타내게 되었는데, 개인의 IQ는 그의 점수와 그와 동일한 연령집단의 평균점수를 비교함으로써 그 사람의 지능수준을 상대적으로 나타내게 된다. 또한 지능검사는 지적 영역의 포함이나 개인과 집단, 검사의 구성에 따라 검사의 종류가 나누어진다.

(1) 웩슬러 지능검사

Wechsler(1939)가 제작한 개인용 지능검사로 전 세계적으로 가장 널리 사용되는 것 중 하나인 웩슬러 지능검사는 성인용(Wechsler Adult Intelligence Scale: WAIS), 아동용(Wechsler Intelligence Scale for Children: WISC), 유아용(Wechsler Preschool and Primary Scale of Intelligence: WPPSI) 등으로 크게 3가지가 있다. 영역별 소검사로 이루어져 있고 편차 지능을 사용하고 있는데, 이러한 특성은 임상적으로 매우 유용한 정보를 제공해 준다. 웩슬러 지능검사는 한 개인의 전체적·인격적·행동적 측면을 종합적으로 이해할 수 있게 해주며, 한 벌의(Full battery) 평가에서 기본검사 도구로 사용되고 있다.

- 성인용 웩슬러 지능검사(WAIS): 성인용 웩슬러 지능검사는 16세 이상의 피검자를 대상으로 실시하는 지능검사이다. WAIS를 바탕으로 표준화한 K-WAIS는 WAIS-R을 한국판으로 표준화한 것으로 현재까지 사용되고 있다. K-WAIS는 전체 검사의 목적 및 기본절차, 각 검사별 목표 및 채점 원칙 등 WAIS-R의 기준에 따르는 한편 실제 문항은 가능한 한 한국인에게 적절하고 일상생활에서 쉽게 접할 수 있는 친숙한 문항으로 선정하였다. K-WAIS는 원점수와 11개 소검사의 척도 점수, 언어성 IQ, 동작성 IQ, 전체 IQ가 제공된다. 11개의 소검사 각각의 평균은 10이고 표준편차는 3이다. 각각의 IQ의 평균은 100이고 표준편차는 15이다.
- 아동용 웩슬러 지능검사(WISC): 아동용 웩슬러 지능검사는 6~16세 연령을 대상으로 하는 지능검사이다. Wechsler는 아동용 지능검사인 WISC-Ⅲ(3판)을 개발하였는데, 두 부분으로 구성되어 있다. 언어의 의존하는 능력을 검사하기 위한 언어능력검사와 단어와 특정한 문제해결 능력에 의존하지 않고 사고에만 의존하는 수행능력 검사가 그것이다. 한국에서는 K-WISC(1974)가 WISC를 바탕으로 표준화되었으며 한국교육개발원에서 KEDI-WISC(1991)를 개발하여 사용하다가 최근에 WISC-Ⅲ을 바탕으로 K-WISC-Ⅲ(2001)가 한국판으로 제작되었다. 지능을 측정하기 위해 피검자의 지적 능력에 따라 타당한 검사도구를 사용해야 한다.
- 유아용 웩슬러 지능검사(WPPSI-R): 유아용 웩슬러 지능검사는 4~6세 정도의 아

동을 위해 WISC를 확장하였는데, 이것이 유아용 웩슬러 지능검사(WPPSI, 1967)이며, 1989년에 개정되어 WPPSI-R이 된다. 11개의 하위검사를 포함하며 이 중 10개가 IQ점수에 포함된다. 하위검사 중 8개는 WISC로부터 확장, 3개의 고유 하위검사가 추가되었다. 1989년에 개정된 WPPSI-R을 1996년에 한국판 K-WPPSI로 표준화하였다. K-WPPSI는 동작성 소검사(모양 맞추기, 도형, 토막 짜기, 미로 빠진 곳 찾기, 동물 짝짓기)들과 언어성 소검사(상식, 이해, 산수, 어휘, 공통성, 문장)들로 구성되어 있다.

검사실시상의 유의점으로 검사자의 실시방법에 따라 검사 결과가 크게 달라질 수 있는 지능검사에서 검사자는 전문적인 소양과 경험을 갖춘 사람이어야 한다. 훈련받은 검사자가 실시하고 점수를 낸다고 하더라도 정확한 해석은 심리측정 분야의 졸업자나 전문적 훈련과 경험을 지닌 사람이 해야만 한다. 검사 장소는 조명과 환풍이 잘 되어야 하며, 조용해야 하고 다른 사람들의 출입을 통제하여 아동이 지능검사에 최대한 집중할 수 있는 최적의 환경을 만들어 주는 것이 중요하다. 그러나 아동이 피로하다거나 정서적으로 불안한 상태라고 판단될 때는 되도록 검사를 피하는 것이 좋다.

(2) 카우프만 아동용 개별지능검사 (Kaufman Assessment Battery for Children: K-ABC)

아동의 지능과 습득능력도를 측정하는 검사로서 아동의 문제해결과 사실에 대한 지식을 명확하게 구분하여 측정한다. 한국판 카우프만 아동용 개별지능검사는 측정영역이 총 16개의 하위검사로 이루어지고 있는데, 그러나 실제로 아동에게 실시되는 하위검사의 수는 연령에 따라 달라지고 최대 13개 하위검사가 실시된다. 하위검사 중 어떤 것은 대상 연령이 만 2세 6개월부터 12세 5개월까지와 또 전 연령에 걸쳐 실시되기도 한다. 연령에 따라 선택되는 검사의 종류도 다르고 검사의 수도 달라지며 주로 아동의 관심, 행동, 취학 전 아동과 취학 아동의 인지발달수준 등을 감안하여 실시할 하위검사가 선정되고 적용 연령이 정해진다. 아동의 발달적 요구를 감안하여 나이가 어린 아동일수록 실시되는 검사의 수도 적게 하고 실제 검사 실시시간도 짧게 한 것이 특징이다. 검사시간은 평균적으로 취학 전 아동의 경우 약 30분 정도 소요된다.

K-ABC 검사를 실시하고자 하는 사람은 반드시 개인 심리검사나 심리교육용 측정 도구의 실시 및 채점방법에 대해 충분한 훈련을 받았거나 경험이 있는 심리학자나 검사와 관련된 전문적 지식을 가지고 있는 사람이어야 한다.

〈표 12-2〉 K-ABC의 특징

구분	내용	
척도 구성	동시처리 척도	부분적으로 주어진 과제를 통합하는 능력
	순차처리 척도	과제의 순서적·계열적 처리능력
	인지처리과정 척도	문제해결 및 정보처리과정 수준
	습득도 척도	후천적으로 습득한 사실적 지식수준
	비언어성 척도	언어요인이 배제된 상태에서의 지능수준

2) MBTI 성격검사

성격검사는 성격에 대한 다양한 정의와 같이 종류도 다양하게 존재한다. 가장 보편적으로 사용되는 성격유형검사 중 하나인 MBTI(Myers-Briggs Type Indicator) 성격유형검사는 Myers-Briggs(1976)에 의해 개발된 것으로 Jung의 성격유형이론에 기초하고 있다. MBTI 성격유형검사에서는 에너지의 방향이 어느 쪽으로 향하는가에 따라 외향성과 내향성으로 구분하고, 무엇을 인식하는가에 따라 감각형과 직관형으로 구분한다. 또한 어떻게 결정하는가에 따라 사고형과 감정형으로 구분하며, 채택하는 생활양식(행동양식)은 무엇인가에 따라 판단형과 인식형으로 구분한다.

에너지의 방향에 따라 외향성은 관심을 외부세계의 사람이나 사물에 두며, 행동지향적인 것과 달리 내향성은 자기 자신에 대해 몰입하고 사려가 깊으며 자기만의 시간과 공간을 지향하는 특성을 갖는다. 무엇을 인식하는가에 따라 감각형은 주로 우리의 감각기관을 통한 직접적인 경험을 구체적이고 실제적인 것으로 받아들이는 반면 직관형은 육감, 예감, 직관, 통찰에 의한 인식과 관련된다. 어떻게 결정하는가에 따라 사고형은 분석적이고 논리적이며 정의와 공정성을 중시하는 반면 감정형은 인간적인 관계의 측면을 중시하고, 친화와 조화를 추구한다. 채택하는 생활 양식에 따라 판단형은 체계적이고 계획적으로 일을 추진하는 반면 인식형은 상황에 따른 융통성과 개방성을 추구한다. MBTI 성격유형검사는 열등기능을 수면으로 끌어 올려 충분히 기능하는 사람으로 전환시키는 데에도 크게 기여한다. 개인의 성격유형에 따라 감각, 직관, 사고, 감정 가운데 어떤 기능을 더 많이 사용하거나 적게 사용하는데, 그 사용 정도에 따라 주기능, 부기능, 삼차기능, 열등기능으로 구분한다. 열등기능은 가장 잘 사용하지 않는 기능으로서 주기능의 반대유형이다.

〈표 12-3〉 MBTI 성격유형의 일반적 특성

외향성(Extraversion)		내향성(Introversion)
• 자기 외부에 주의집중 • 폭넓은 대인관계 • 외부활동 • 말을 통한 의사소통 • 사교적, 활동적, 열정적	에너지의 방향 (주의초점)	• 자기 내부에 주의 집중 • 깊이 있는 대인관계 • 내부활동 • 글을 통한 의사소통 • 조용하고 신중함
감각형(Sensing)		**직관형(iNtuition)**
• 오감에 의존 • 지금 – 현재에 초점 • 실제 경험 • 나무를 보려는 경향 • 정확하고 철저한 일처리	인식기능 (정보수집)	• 육감, 영감, 직관에 의존 • 미래 가능성에 초점 • 아이디어 • 숲을 보려는 경향 • 신속하고 비약적인 일처리
사고형(Thinking)		**감정형(Feeling)**
• 진실, 사실에 관심 • 분석적, 논리적 • 원리와 원칙 중시 • 규범, 기준, 규칙 • 지적 논쟁	판단기능 (판단/결정)	• 사람, 관계에 관심 • 상황적, 조화적 • 의미와 영향 중시 • 나에게 주는 의미 중시 • 우호적 협조
판단형(Judging)		**인식형(Perceiving)**
• 분명한 목적과 방향 • 계획성 • 통제와 조정 • 체계적, 단계적 • 신속한 결론	생활 양식 (이행 양식)	• 변화 가능한 목적과 방향 • 상황에 따른 개방성 • 융통과 적응 • 상황적, 자율적 • 유유자적한 과정

3) Holland 직업흥미검사

흥미란 어떤 현상이나 대상에 대하여 특별히 관심을 갖고자 하는 감정, 경향 혹은 태도를 말한다. Holland의 직업흥미검사는 사람들의 성격과 직업생활의 유형을 분석하여 6개의 유형, 즉 현실형(R: Realistic), 탐구형(I: Investigative), 예술형(A: Artistic), 사회형(S: Social), 진취형(E: Enterprising), 관습형(C: Conventional)으로 분류하여 개인의 성격, 흥미, 가치의 유형이 직업적 생활 유형과 일치할 때 그러한 직업을 선택하는 것이 바람직하다는 직업적 성격유형론에 바탕을 두는 검사이며, 기본가정은 다음과 같다.

첫째, 대부분의 사람들은 6가지 성격 유형(R: 현실적, I: 탐구적, A: 예술적, S: 사회적, E: 진취적, C: 관습적) 중의 한 가지로 분류될 수 있다. 둘째, 우리 생활환경에는 6가지 환경(현실적, 탐구적, 예술적, 사회적, 진취적, 관습적)이 있다. 셋째, 개인의 행동은 자신의 성격과 환경특성 간의 상호작용에 의해 결정된다.

현실형(R)의 사람들은 손이나 도구를 사용하여 일하는 것을 선호한다. 실제적이고 안정되어 있으며, 기계를 사용하거나 신체활동을 하는 일을 좋아한다. 현실형 사람들은 자신에 대해서나 자신의 감정을 다른 사람에게 말로 표현하기 어려워하는 성향을 가지고 있기도 하다.

탐구형(I)의 사람들은 수학, 물리학, 생물학, 사회과학과 같은 학문적 분야에서 연구하는 것을 좋아한다. 분석적이고 논리적이며, 독립적으로 일하기 좋아하지만 때로는 연구팀과 함께 일하기도 한다. 흔히 이러한 업무는 오랜 시간 동안 머리를 써야 하는 일이며 이런 직업을 가진 사람들은 자기가 맡은 분야에 굉장히 몰입하는 모습을 보이기도 한다.

예술형(A)의 사람들은 창의성을 지향하며, 아이디어와 재료를 사용해서 자신을 새로운 방식으로 표현하는 활동을 선호한다. 직관적이고 상상력이 풍부하며 창조적이고, 예술적인 재능과 심미적 성향을 발휘하는 일을 선호한다.

사회형(S)은 다른 사람과 함께 일하는 것을 선호한다. 사회형은 기본적으로 자선가적인 유형으로, 다른 사람을 도와주고 지도하는 것을 좋아한다. 이 유형의 사람들은 다른 사람들과 상호작용하는 것이 필요한 환경, 즉 사람들을 교육하거나 치료하는 일 또는 사람들을 돕는 일에 관심이 있다.

진취형(E)은 사회형과 마찬가지로 사물이나 아이디어보다는 사람에 관심을 가지고 있다. 그러나 진취형의 기질이 강한 사람들은 다른 사람들을 도와주고 육성하기보다는 특정 목표를 달성하기 위해 타인을 통제하고 지배하는 데 관심이 있다. 즉, 개인이나 조직의 목적을 위해 다른 사람들을 지도, 통제 및 설득하는 곳에서 활동하기를 좋아한다. 권력이나 지위에 관심이 많으며, 성취 의욕이 강하다. 또한 상황을 잘 통제할 수 있으며 리더십을 발휘할 수 있는 환경을 선호한다.

관습형(C)은 일반적으로 잘 짜여진 구조에서 일을 잘하고, 세밀하고 꼼꼼한 일에 능숙하여, 구조화된 직업과 활동을 즐기는 경향이 있다. 즉, 자신에게 기대되는 것이 무엇인지, 자신에게 정해진 일이 무엇인지 정확히 알고 싶어 한다. 안정적인 상황을 선호하며 체계적이고 구조적이며 인내심이 있다. 정확하고 수리적인 과제를 잘 처리해낼 수 있으며, 사무직처럼 세부적이고 질서 정연하며, 자료의 체계적인 정리 같은 업무에 소질을 보이기도 한다. 이 유형은 때론 진취형처럼 물질적인 소유와 지위에 가치를 두기도 하지만, 그들과는 달리 순응적이고 지시에 따라 일하기를 좋아하는 편이다.

〈표 12-4〉 Holland의 직업흥미 유형의 일반적 특성

유형	성격특징	직업활동 선호	적성
R (현실형)	• 솔직담백함 • 적은 말수 • 검소함 • 남성적임	• 분명하고 질서정연한 활동 • 체계적인 조작 및 기술활동 • 사교적 활동 비선호	• 기계능력 우수 • 대인관계능력 부족
I (탐구형)	• 많은 지적 호기심 • 비판적, 분석적 • 신중함	현상 탐구하는 활동에 흥미	• 학구적 능력 우수 • 설득력 부족
A (예술형)	상상력, 개성 풍부	• 변화와 다양성 선호 • 체계적이고 구조화된 활동 비선호	• 창의적 능력 우수 • 사무능력 부족
S (사회형)	사람을 좋아함	타인의 문제를 듣고 이해하는 활동에 흥미 있음	• 사회적·교육적 지도력과 대인관계능력 우수 • 기계적 능력 부족

유형	성격특징	직업활동 선호	적성
E (진취형)	• 지배적, 통솔력 • 외향적, 열성적	• 조직의 목적과 이익을 위해 타인을 이끌고 통제하는 일 선호 • 타인으로 하여금 인정받는 활동 선호	적극적, 사회적, 언어능력 우수하나 과학적이고 체계적인 능력 부족
C (관습형)	• 빈틈없고 정확함 • 신중하고 세밀함	• 정해진 원칙과 계획에 따라 자료를 정리, 조직하는 일 선호 • 창의적이고 자율적인 활동 비선호	• 사무능력 우수 • 독창적 능력 부족

4) 미네소타 다면적 성격검사(MMPI)

임상연구를 위하여 가장 널리 사용되고 있는 객관적 검사도구인 MMPI(Minnesota Multiphasic Personality Inventory)는 미네소타 대학의 심리학자 Hathaway와 정신과 의사 Mckinley에 의해 비정상적인 행동을 객관적으로 측정하기 위한 수단으로 처음 제작되었다. MMPI검사는 타당성척도와 임상척도에 나타난 결과를 기초로 개인의 사회적 및 정서적 적응에 관한 성격특징과 성격장애, 신경증적 장애 및 정신병적 장애 여부와 특징을 파악해서 도움을 준다.

임상척도로서 심기증척도, 우울증척도, 히스테리 척도, 정신병질 척도, 남향성-여향성 흥미 척도, 편집증 척도, 정신쇠약증 척도, 정신분열증 척도, 경조증 척도, 사회적 내향성 척도 등이 있다. 타당성척도로는 허위 척도, 무반응점수, 신뢰성점수, 교정척도가 있다. 검사를 통하여 정신적으로 잘 적응하여 건강한 생활을 영위하고 있는가를 판단할 수 있으며, 각종 심리적 부적응 및 이상상태를 알아내고, 그에 따른 부정적인 결과들을 예방, 교정, 치료하는 데 도움을 준다.

MMPI의 일차적인 목적은 정신과적 진단분류를 위한 측정으로, 일반적 성격특성을 측정하기 위한 것은 아니다. 그러나 병리적 분류의 개념이 정상인의 행동과 비교될 수 있다는 전제하에서 정상인의 행동설명 및 일반적 성격특성에 관한 유추도 어느 정도 가능할 수 있다. 다시 말하면, 개인의 인성특징의 비정상성 혹은 징후를 평가하여 상담 및 정신치료에 기여하기 위함은 물론, 비정상적이고 불건전한 방향으로 진전될 가능성을 미리 찾아내어 예방 및 지도책을 도모하기 위한 검사이다.

검사를 실시할 때에는 검사요강을 숙독하도록 하고, 검사실시 전 피검자의 상태(독해력, 연령, 지능수준 등)를 파악하도록 한다. 또한 검사에 적당한 장소를 선택하도록 하여 피검자로 하여금 검사에 집중할 수 있도록 하고, 소요시간이 약 90분 정도로 부담이 됨에 따라 건강상태도 체크할 필요가 있다. 검사실시과정에서는 검사의 목적, 비밀보장, 답지 작성 등에 따른 설명을 충분히 하여 검사에 착오가 없도록 실시한다.

채점 및 프로파일 작성을 위해서 빠뜨린 문항이나 이중 응답한 곳이 없는지 확인하고, 채점판을 사용하여 채점하며 K 교정점수를 구하고 T점수로 환산하여 척도별로 T점수를 기재하고 결과표에 프로파일 그림을 완성한다.

검사의 해석에서는 검사 태도, 적응수준, 성격특징이나 특징적인 행동, 역동적 관계 및 원인, 진단, 치료 등에 관련하여 해석한다. MMPI의 해석과정은 각 척도점수 검토와 척도별 연관성에 대한 분석, 척도 간 응집 혹은 분산 발견하여 해석적 가설 형성, 낮은 임상척도 검토, 타당도 및 임상척도에 대한 형태적 분석, 전체 프로파일에 대한 형태적 분석(임상척도)이 필요하다.

5) 투사법 검사

투사적 검사란 애매모호한 자극을 제시하여 피검자의 심리를 체계화하고 기술하는 독특한 방법이며, 다양한 반응을 이끌어 내어 무의식적 성격특성 탐색에 유용하다. 개인이 인식하지 못하는 성격구조 및 요소에 관한 정보(태도, 동기, 욕구, 갈등 등) 등의 상담에 유용한 정보를 제공받을 수 있다. 추론을 통한 해석을 함에 따라 신뢰도 및 타당도가 낮음에도 불구하고, 신경학적 관점에서 반응분석, 정신분석에 기초한 경험적 반응분석, 역동적 성격 평가를 위한 반응분석 등이 가능하다. 또한 애매한 자극은 방어를 없애거나 경감시켜서 검사결과를 왜곡하는 의식적 노력을 감소시킨다고 가정한다. 이는 자신의 내면을 투사하고 검사자극에 주었던 의미와 반응, 당시의 감정 모두에 반응한다고 본다는 것이다.

- 로샤검사(Rorschach Test): 검사의 시행을 위해 카드와 기록지를 준비하고 좌석은 검사자의 영향이 대단히 크므로, 검사자가 직접영향을 미치지 않도록 '직각'의

위치로 검사를 실시하는 것이 바람직하다. 로샤검사의 구성은 10개의 대칭적인 잉크반점 카드로 구성되며, 흑백(5개), 빨강, 회색, 색채(3개)를 사용한다. 인격적 특성인 사고, 정서, 현실지각, 대인관계방식을 탐색하며, 특정반응군인 신경증 내담자, 정신병 내담자, 뇌손상 내담자를 진단하는 데 도움이 된다. 검사의 순서는 먼저 반응을 시키고 질문을 해서 위치와 결정인을 파악하여 검증한다. 로샤검사의 역동적 해석지침과 관련하여 색깔반응(정서와 관련), 운동반응(상상력), 전체반응수, 인간운동반응수의 비율(과다성취, 성취부족), 반응시간(불안) 등을 체크하도록 한다.

- 주제통각검사(Thematic Apperception Test): 주제통각검사는 1935년 하버드(Harvard) 대학교 심리학연구소에서 머레이(Murray)와 모건(Morgan)이 발표한 것으로 로샤검사와 함께 피험자의 욕구, 동기, 기본적 태도, 성격 구조에 관한 통찰을 하는 방법의 검사이다. 이 검사의 방법은 피험자 자신이 자각하지 못하거나 다른 방법으로 관찰자에게 제시된 그림장면에 대하여 과거, 현재, 미래에 대한 행동과 감정을 자유롭게 공상하는 것이다. 이 방법의 이론적 배경은 Freud의 정신분석에 있다. 검사의 구성은 30매의 애매모호한 그림으로 된 카드와 1매의 백지로 된 카드로 구성되어 있다. 이것을 소년용(B), 소녀용(G), 성인남자용(M), 성인여자용(F)으로 나누며, 20매씩 조합이 되도록 기호가 정해져 있다. 이 20매의 카드를 10매씩 나누어 두 번에 실시한다. TAT 검사의 주요 특징으로는 개인의 내적 욕구, 동기, 심리적 갈등 및 방어기제를 파악하며, 사람은 모호한 상황을 과거 경험과 현재의 소망에 따라 해석하는 경향이 있으며(투사), 개인의 선행 경험 및 내적 욕구가 지각과정을 왜곡(통각)한다는 기본가정을 가지고 있다.

TAT검사준비를 위해 카드와 기록지를 준비하고, 신뢰 형성을 통해 피검자를 자유롭고 편안하게 이끌어 주어야 한다. 검사의 시행을 위해 성별, 연령, 시행시간, 검사지시문, 2회 시행, 백지 카드 지시문, 반응기록 등이 고려되어야 한다. TAT 검사의 해석시에는 피검자에 관한 기본 정보를 갖고 해석하도록 하고 정신분석 및 역동에 대한 기본지식 필요하다. 또한 검사자 자신의 욕구와 성격을 투사하지 않도록 주의하여야 하고, 피검자의 반응에서 반복되는 주제나 이슈에 주의하고 피검자의 반응을 문자 그대로 해석하지 말도록 한다.

5. 심리검사 양호도

심리검사 도구는 타당하고 일관되게 평가하고 있음을 확인하는 과정이 필요하다. 특히 상담장면에서 평가활동을 수행할 때, 어떠한 심리검사 도구를 사용할 것인가의 문제는 매우 중요하며, 사용하는 심리검사 도구가 좋은 것이 아니라면 그것으로 측정한 검사결과는 의미가 없기 때문이다. 좋은 심리검사 도구의 요건을 확인하는 필수적인 요건이 신뢰도, 타당도, 객관도이다.

1) 신뢰도

검사의 신뢰도는 검사가 제대로 만들어졌는지를 판단하는 데 가장 기본이 되는 분석이다. 만약 검사의 신뢰도가 매우 낮다면 검사의 타당도를 분석할 필요 없이 그 검사를 사용하지 않는 것이 바람직하다. 때문에 신뢰도는 '얼마나 정확하게', '얼마나 오차 없이', '얼마나 일관되게' 측정하고 있느냐의 문제에 관계한다. 즉, 신뢰도(reliability)란 측정하려는 것을 안정적이고 일관성 있게 그리고 오차 없이 측정하는가의 문제이다. 검사도구가 대상의 어떤 행동특성을 측정할 때마다 같은 점수를 얻는다면, 이 검사도구는 신뢰할 만한 검사이다. 다시 말해, 대상들에게 동일한 검사를 반복적으로 실시하였을 때, 측정결과나 순위가 거의 변하지 않는다면 그 검사는 매우 신뢰도가 높다고 말할 수 있다. 상담자나 기타 검사 사용자의 의사결정을 돕기 위해 사용되는 검사결과는 신뢰할 수 있어야 한다. 결국 검사-재검사 신뢰도란 하나의 검사를 동일한 대상에게 일정한 시간 간격을 두고 두 번 실시하여 그 결과가 얼마나 일관되게 나오는지를 살펴보는 방법이다.

신뢰도의 추정방법은 두 검사 점수의 상관계수로 추정하는 관점과 측정의 오차개념으로 추정하는 방법이 있는데, 상관계수로 추정하는 방법은 동일한 검사를 두 번 실시하거나 하나의 검사와 동형검사 점수와의 상관계수를 사용하는 방법이다. 또 측정의 오차개념으로 추정하는 방법은 진점수와 관찰 점수의 비율을 사용하는 것으로 관찰 점수의 분산에서 진점수 분산이 차지하는 비율이 높고 오차 점수의 분산이 작다면 신뢰도가 높아지게 된다. 신뢰도 검증방법에는 다음과 같이 검사-재검사 신뢰도, 동형검사 신뢰도, 반분검사 신뢰도, 문항내적 합치도 등을 들 수 있다.

- 검사-재검사 신뢰도(test-retest reliability): 검사를 동일 대상에게 두 번 실시한 다음 첫 번째와 두 번째 점수 간의 상관계수를 산출하여 얻는 신뢰도이다. 이때 오차의 근원은 시간간격이며, 측정하는 시기를 다르게 했을 때 점수가 달라지는 정도가 검사-재검사 신뢰도에서 다루는 오차라고 할 수 있다. 일반적으로 전후 검사의 실시 간격은 기억, 연습효과 등을 고려할 때 실시간격을 명시해야 하며, 검사의 목적에 따라 달라야 하겠지만 대개 2~4주가 적당하다.

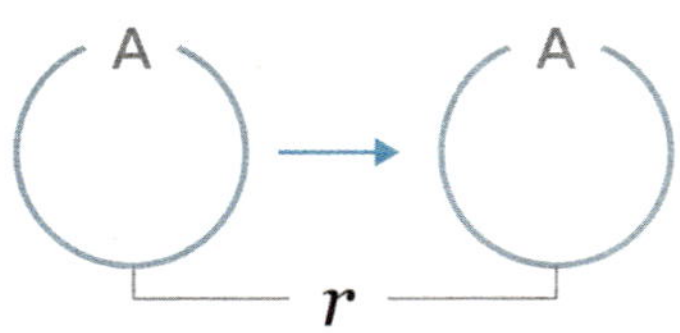

  검사-재검사 신뢰도의 장점은 추정방법이 간단하다는 점이며, 단점은 검사를 두 번 실시해야 한다는 번거로운 점과 두 번 실시에 따른 연습효과나 기억효과가 있다는 점이고, 실시간격에 따라 신뢰도계수가 다르게 추정된다는 점이다.

- 동형검사 신뢰도(equivalent-form reliability): 두 개의 동형검사를 제작하여 동일한 대상자에게 거의 연속적으로 실시했을 때 두 검사에서 받은 점수들이 일치되는 정도를 상관계수로 추정하는 방법의 신뢰도이다. 표면적 내용은 다르지만 두 검사가 측정이론에서 동질적이며 동일하다고 추정할 수 있는 문항으로 구성된 검사이며, 문항의 난이도 및 변별도가 같거나 비슷하고 문항 내용도 유사한 것으로 구성된 검사이다. 동형검사 신뢰도는 검사 내용, 즉 문항의 차이 또는 문항표집에서 생기는 검사도구의 신뢰도에 관심을 두고 있다. 이때 오차변인은 검사

내용의 차이에서 일어날 수 있다.

검사-재검사 신뢰도의 연습효과 및 시간 간격 설정의 문제점을 해결할 수 있지만, 검사를 두 번 제작하고 시행하는 어려움이 있으며, 동일한 내용을 측정하면서도 동일한 난이도와 변별도를 지닌 동형검사 제작이 쉽지 않다는 것이다.

- 반분검사 신뢰도(split-half reliability): 한 개의 검사를 한 대상자에게 실시한 다음 그것을 적절한 방법에 의하여 두 부분의 점수로 분할하고 이 분할된 두 부분을 독립된 검사로 생각해서 그 사이의 상관을 내는 방법의 신뢰도이다. 반분검사 신뢰도에서 두 부분으로 분할하는 방법은 앞뒤로 정확히 반이 되게 하는 전후 반분법과 짝수 문항과 홀수 문항으로 나누는 방법의 기우 반분법이 많이 사용된다.

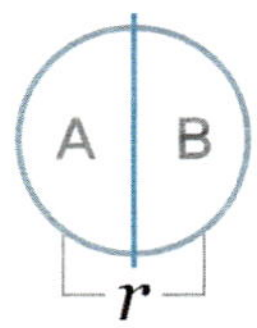

검사의 문항 내용과 수성 면에서 양분된 두 부분이 서로 비슷하고 동질적이 되도록 계획하여야 하고, 동형검사 제작에 따르는 비용과 시간의 어려움 때문에 하나의 검사를 두 쪽으로 나누어 신뢰도를 구하는 방법을 많이 사용하고 있다. 두 번 검사를 실시하지 않고, 하나의 검사를 가지고 추정해 낸 동형검사 신뢰도라는 점에서 아주 간편하고 경제적이지만 검사를 양분하는 방법에 따라 신뢰도계수가 달리 추정된다는 단점이 있다.

- 문항내적 합치도(inter-item consistency): 검사-재검사 신뢰도와 동형검사 신뢰도는 동일한 대상자에게 검사를 두 번 실시해야 하는 번거로움과 검사의 실시 간격 및 동형성 정도에 따라 신뢰도계수가 변한다는 문제가 있다. 문항내적 합치

도는 검사를 두 번 실시하지 않고 검사의 신뢰도를 추정하는 장점이 있으며, 검사 속의 한 문항 한 문항을 모두 독립된 하나의 검사도구로 생각하고 그 합치도, 동질성, 일치성을 종합하는 신뢰도이다.

이때 검사는 단일 특성을 재는 문항으로 구성되어 있어야 하며, 단일 특성을 재지 않거나 문항의 곤란도가 일정하지 않을 때 신뢰도는 과소평가될 우려가 있다.

검사의 신뢰도를 계산하고 이를 적절히 해석하기 위해서는 어떠한 요인들이 신뢰도에 영향을 주는지 이해할 필요가 있다. 앞서 언급한대로 신뢰도란 검사결과의 일관성을 의미한다. 즉, 신뢰도가 높은 검사일수록 일관되게 검사결과를 유지시켜 줄 수 있다. 신뢰도에는 검사의 길이, 즉 문항이 많을수록 검사의 신뢰도도 높아지게 된다. 몇 개의 문항으로 대상의 행동특성을 측정하는 것보다 많은 수의 문항으로 구성된 검사를 사용할 때 그 결과는 보다 신뢰로울 수 있다는 것이다. 적은 수의 문항을 사용한다면 검사결과에 상당한 영향을 미치게 되므로 일관된 점수 산출이 어려워질 수 있다. 검사의 길이가 길수록, 즉 문항의 수가 늘어날수록 검사의 신뢰도가 점점 높아질 수 있다. 또한 검사 신뢰도는 해당 검사가 대상자들에게 너무 어렵거나 혹은 너무 쉬운 문항들로 구성되어 있을 때 낮아지는 경향이 있다. 검사를 구성하는 문항들이 대상자 모두가 거의 모든 문항에 대해 정답을 맞힐 만큼 쉽거나 혹은 거의 모든 문항에 오답할 만큼 어렵다면, 대상자 간의 상대적 순위를 일관되게 파악하는 것이 어려워지기 때문에 신뢰도는 낮아질 수밖에 없다. 또한 선다형 문항으로 이루어진 매우 어려운 검사의 경우 대상자들의 추측에 의한 응답으로 인해 검사결과가 우연성에 의존하는 정도가 커지기 때문에, 매우 쉬운 검사에 비하여 신뢰도가 더 낮아질 수 있다. 따라서 한 검사를 보다 일관되게 만들기 위해서는 대상자의 능력을 고려하여 적절한 난이도를 가진 문항들을 사용하는 것이 바람직하다.

아울러 하나의 검사가 측정하는 내용영역이 다양할수록 검사 신뢰도는 낮아지는 경향이 있다. 즉, 한 검사가 측정하는 내용범위가 좁을수록 다양한 내용영역을 다룰 경우에 비하여 피대상자의 점수 순위가 일관되게 나타나기 쉬울 것이다. 이와 같이 검사 문항 수, 문항 난이도, 문항 내용범위 등은 신뢰도에 영향을 미칠 수 있다.

2) 타당도

한 검사를 실시하고 나서 그 결과가 타당하다는 말은 본래 그 검사가 측정하고자 했던 바를 잘 측정하고 있다는 의미이고, 이는 검사도구가 본래 측정하고자 하였던 것을 충실히 측정하고 있는가의 문제와 관련된다. 예를 들어, 신뢰도가 매우 높은 잘 만들어진 전문대학생용 학습전략검사가 있다고 할 때, 이 검사가 전문대학생들의 학습전략을 측정하기 위해 사용된다면 우리는 매우 타당한 결과를 얻을 것이라고 기대할 수 있을 것이다. 그러나 만약 이 검사가 대상자들의 대학생활 적응을 측정하기 위하여 사용된다면 검사결과는 대학생활 적응이라는 구인을 측정하기 위하여 그 결과가 타당할지는 확신하기 어렵다.

한 검사가 타당하려면 앞서 언급한 대로 본래의 목적 혹은 측정하고자 했던 구인을 그 검사가 제대로 측정할 수 있는지가 관건이 된다. 타당도는 내용타당도, 준거관련 타당도, 예언타당도, 구인타당도로 구분할 수 있다.

- 내용타당도(content validity): 검사 내용에 기초한 근거라고 불리는 타당도로서 논리적 사고에 입각하여 판단하는 주관적인 타당도를 의미한다. 다시 말해서, 검사가 측정하고자 하는 속성을 제대로 측정하였는지를 검사 전문가가 주관적으로 판단하는 것이다. 검사전문가의 전문지식에 의해 검증되므로 객관적 자료보다 주관적 판단에 따르며, 검사 내용에 대해 다른 정의를 가지고 있는 전문가들은 각자 다르게 내용타당도를 판단할 수 있기 때문에 내용타당도에 의한 검사도구의 타당성 입증은 다소 논란의 여지가 있을 수도 있다.

  그러나 내용타당도는 검사 개발에서 중요한 것이 사실이며, 전문가의 전문적 판단이 측정 내용의 기획, 내용의 구성, 문항 유형 선택, 점수화 등의 의사결정에 중요한 역할을 하므로 계량화되지 않는다는 단점이 있다 하더라도 과학성이 상실되었다고 볼 수는 없다.

  한편, 전문가가 판단한 내용타당도 결과를 해석할 때 주의할 점은, 검사 문항들이 원하는 구인을 측정하는 데에 있어서 타당해 보인다는 말이 실제 검사결과가 타당할지에 대해서는 보장해주지는 못한다는 점이다. 때문에 내용타당도에 대한 전문가 판정은 검사결과의 타당성을 확보하기 위해 요구되는 최소한의 요건일 수 있고, 검사타당도에 대한 다른 접근들이 항상 같이 고려되어야 한다.

- 준거 관련 타당도(criterion validity): 한 검사의 점수와 하나의 준거 간의 상관계수로 검사도구의 타당도를 나타내는 방법이다. 즉, 검사결과와 외적 준거 간의 상관관계를 살펴보는 것이며, 준거 관련 타당도는 한 검사가 측정하고자 하는 바를 제대로 측정하고 있다면 관련된 준거와 높은 상관을 보일 것이라는 논리에 기반한다. 준거는 검사를 사용하는 사람들이 관심을 가지는 속성이나 결과를 말하는 것으로, 상담현장에서 가지는 준거는 상담목표 및 내용이기 때문에 목표지향 타당도라고도 한다. 준거의 시간적 속성에 따라 준거타당도는 공인타당도와 예언타당도의 두 유형으로 구분할 수 있다.
  - 공인타당도(concurrent validity): 새로운 검사의 타당도를 기존의 타당성을 인정받고 있는 검사와의 유사성 혹은 연관성에 의하여 검증하는 방법으로 예언타당도와 달리 검사 그 자체와 준거가 동시에 측정되면서 검증되는 타당도이다. 예를 들어, 전문대학생용 학습 전략검사를 새로 개발하였다면 동일집단에 새로 개발된 검사와 거의 동시에 기존의 유사검사를 실시하여 두 검사의 상관을 계산함으로써 새로 개발된 검사의 타당성을 검증할 수 있다.
  - 예언타당도(predictive validity): 어떤 평가도구가 목적하는 준거를 얼마나 정확하게 예언하고 있는지를 의미한다. 이때의 준거는 미래의 행동특성이 되며, 검사점수가 미래의 행동을 얼마나 잘 예측하느냐의 문제이다.

    한 검사의 예언타당도를 살펴본다는 것은 한 검사의 점수가 해당 대상자의 미래 행동이나 성과를 얼마나 잘 예측하는가의 증거를 찾는다는 의미이고, 이러한 형태의 타당도는 검사 자체의 목적 중에서 미래의 행동을 예측하는 것이 포함되는 경우에 매우 유용하다고 볼 수 있다. 예를 들어, 대학기초학습능력진단시험이라는 평가도구가 대학 입학 후 학습자의 수학능력을 예언하는 타당도가 있다고 할 때, 여기서 사용된 준거는 대학 입학 후의 기초학습능력이 된다. 따라서 대학기초학습능력진단시험에서 높은 점수를 얻은 학습자가 대학에서 성공적으로 학업을 수행할 때 대학기초학습능력진단시험의 예언타당도는 높다고 할 수 있다.

- 구인타당도(construct validity): 어떤 심리검사든지 검사 제작목적은 특정 구인과 관련된 피험자의 특성 및 능력을 외현화 내지는 점수화하는 데에 있다. 대개의 경우 해당 구인에 대한 관련 심리학적 이론들이 존재하므로, 한 검사의 구인타당도란 이러한 이론적 측면이 검사에서 얼마나 잘 구현되고 있는지의 정도를 의미한다. 다시 말해서 구인(construct)이란 지능, 동기, 태도, 학력 등과 같이 즉, 직접 관찰하거나 측정할 수 없는 특성 또는 현상을 조작적 정의를 토대로 이론적으로 개념화한 일종의 구성 개념이다. 따라서 조작적으로 정의되지 않은 인간의 심리적 특성이나 성질을 심리적 구인으로 분석하여 조작적 정의를 부여한 후, 검사점수가 조작적 정의에서 규명한 심리적 구인들을 제대로 측정하였는가를 평가하는 것이다. 이렇듯 한 검사가 측정하고자 하는 구인에 대한 이론에 얼마나 잘 부합하느냐 하는 사실은 우리가 사용하는 검사도구가 기대한 바대로 작용할 것인가를 결정한다고 말할 수 있기 때문에, 구인타당도를 확인하는 것은 검사의 제작과정 및 결과 활용에 있어서 매우 중요한 일이라고 할 수 있다.

3) 객관도

신뢰도가 평가도구 또는 검사결과의 일관성에 대한 문제라면 객관도는 검사의 채점자가 주관적 편견없이 얼마나 공정하게 채점하느냐의 문제이다. 즉, 객관도 혹은 평가자 신뢰도는 평가자가 얼마나 신뢰성 있고 일관성이 있느냐로 결정되는 신뢰도이다. 엄밀하게 말하면 객관도는 신뢰의 일부분이며 채점자의 신뢰도라고 할 수 있다. 따라서 타당도와 신뢰도가 측정도구의 문제라면 객관도는 채점자의 문제라고 할 수 있는 것이다. 객관도는 2가지로 구분하는데 채점자간 신뢰도로서 동일한 대상에 대하여 한 채점자가 다른 채점자와 유사하게 점수를 부여하였느냐의 관점과, 채점자 내 신뢰도로서 한 채점자가 평가 대상에 대하여 일관되게 채점하였느냐의 관점이다.

- 채점자내 신뢰도: 동일한 채점자가 모든 측정 대상을 계속해서 일관성 있게 측정하였는지 또는 시간의 흐름에 따라서도 평가기준이 변하지 않고 동일하게 측정하는지를 의미한다. 채점자내 신뢰도는 개인의 일관성이 전제되어야 추정이 가능하다.
- 채점자간 신뢰도: 평가결과가 채점자 사이에서 얼마나 유사한가를 의미하는 것으로, 상담장면에서 채점자간 신뢰도가 언급되는 경우는 집단을 대상으로 검사를 진행하는 경우 등이다. 예를 들어 집단별 유형검사를 진행할 때 채점자들이 동일한 검사결과를 두고 서로 다른 해석을 하거나 전혀 다른 평가를 한다면 이는 객관도가 낮은 경우이다. 채점자간 신뢰도를 추정하려면 평가의 대상자가 동일한 행위를 하거나 같은 문항에 같은 성향을 응답해야 하며, 채점자들은 상호 독립적으로 동일한 평가대상자들을 평가해야 한다.

신뢰도가 평가대상자들이 평가도구의 각 문항에 보인 반응이라면 객관도는 채점자가 평가 대상에 보인 반응이라 할 수 있다. 객관도란 검사의 공정성과 채점의 일관성을 나타내는 척도이며, 채점자가 심리검사를 진행할 때 주관성을 얼마나 배제했는가를 측정하는 도구로써 객관도는 채점자 신뢰도라고 볼 수 있다. 객관도를 높이기 위해서는 심리검사 도구 및 평가기준을 객관화하거나 채점자의 평가에 대한 소양을 높이고 가능한 여러 사람이 공동으로 평가하여 결과를 종합하는 것이 필요하다.

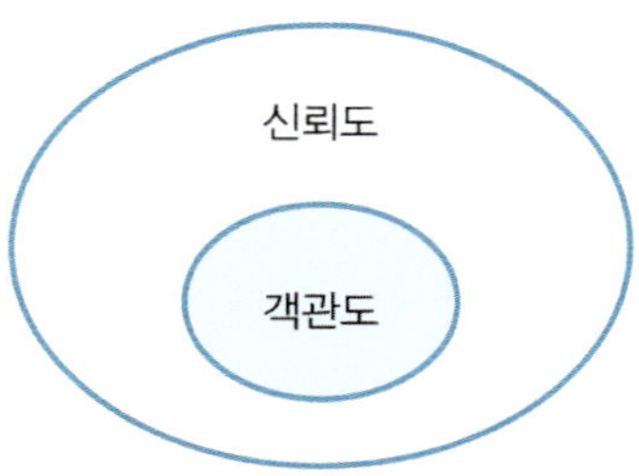

6. 심리검사 개발과정

문항 개발에서부터 시작하여 최종적으로 검사가 완성되는 단계까지 어떠한 과정을 거치는지에 대한 대략적인 윤곽을 이해하는 것은 피검자에 대한 이해와 함께 상담이나 프로그램의 처치효과를 가늠하는 기준에 대한 이해도를 올릴 수 있다. 검사를 개발할 경우 가장 먼저 생각해야 할 점은 검사의 사용목적이 무엇이냐의 여부이다.

1) 검사 개발의 계획

검사를 개발하고자 할 때는 사전에 검사 개발에 관한 계획을 세우고, 계획에 따라 검사를 체계적으로 개발해야 한다. 검사의 목적을 명확히 하여야 하며, 측정하고자 하는 속성, 대상, 결과의 사용 등의 내용이 충분히 계획되어야 한다.

2) 개념 규정과 조작적 정의

조작적 정의단계에서는 관련 문헌과 선행연구를 토대로 검사도구 개발을 위한 이론적인 탐색을 한다. 이론적 배경에서는 국외와 국내의 측면에서 충분히 살펴보아야 하며, 기 개발된 검사도구 등을 면밀히 분석한다.

3) 검사문항의 작성

구성요소에 관한 이론적 근거를 토대로 문항을 구성하고, 구성요인은 이론적 탐색과 선행연구결과를 바탕으로 탐구한다. 문항을 작성하는 데 검사의 목적이 확실해야 하므로 선행연구가 풍부히 이루어져야 하는데, 문항 작성을 위한 알고리즘을 적용하여 문항을 수집하고 작성한다. 아무리 문항을 잘 만든다 해도 한계가 있게 마련인데, 구체적인 문항 작성에서 고려해야 할 점들을 살펴보고 분석하여 문항을 작성하는 것이 필요하다.

4) 예비검사도구 제작

검사의 문항들이 그 검사가 측정하고자 하는 내용영역을 얼마나 잘 반영하고 있는지를 말하는 것이 내용타당도이다. 대개의 경우 해당 분야의 전문가들의 주관적 판단을 토대로 결정되며, 내용타당도 검증을 통해 추출된 문항을 이용하여 피검자를 대상으로 간이검사를 실시하여 응답자들이 검사에 어떠한 반응을 보이는지, 어떤 문항에 이해가 부족한지 등을 관찰하여 예비검사도구를 제작한다.

5) 예비검사 실시, 문항분석, 문항 수정, 문항 선정

문항 개발을 한 후 문항의 내용 및 형식에 대한 검토가 끝났으면 예비검사를 편집하여 실제로 이 검사를 사용할 대상과 유사한 소규모 집단에게 실시해 본다. 예비검사(Pilot test)를 실시하는 이유는 문항에 어떤 결함은 없는지, 지시사항은 적절한지, 검사에 소요되는 시간은 어느 정도 되는지 등 여러 가지를 사전에 확인하고 점검하여 좀 더 정교하고 세련된 검사를 만들기 위함이다. 즉, 예비검사를 통하여 부적절한 문항, 모호한 문항, 변별력이 낮은 문항 등을 발견할 수 있다. 아울러 예비검사의 각 문항이 본래의 기능을 제대로 수행하고 있는지 확인하고 검토해 보는 작업을 문항분석(item analysis)이라고 한다. 검사제작과정에서 문항분석을 하여 적절한 수준의 양호도를 보이는 문항은 그대로 사용하게 되나, 그렇지 못한 문항은 수정보완해야 한다.

예비검사의 대상을 표집할 때는 그 검사가 실제로 사용될 모집단의 성질을 잘 대표할 수 있도록 뽑아야 한다. 예비검사 인원수는 대략 50명 정도면 무난하지만, 모집단의 크기가 전국적으로 매우 크거나 다양한 규준을 만들고자 할 경우에는 그에 비례해서 좀 더 많은 인원수가 필요하다. 또한 예비검사의 횟수는 상황에 따라 다를 수 있으나, 표준화 심리검사를 개발하기 위해서는 적어도 2~3회의 예비검사를 실시하면서 검사 전반에 걸친 문제점을 면밀히 살펴보고 이를 보완하는 것이 바람직하다. 수정된 문항은 피검자에게 실시하고 예비검사에 대해 요인분석을 실시한다. 이때 요인부하량이 낮고 요인구조에 속하지 않는 문항은 제거한다.

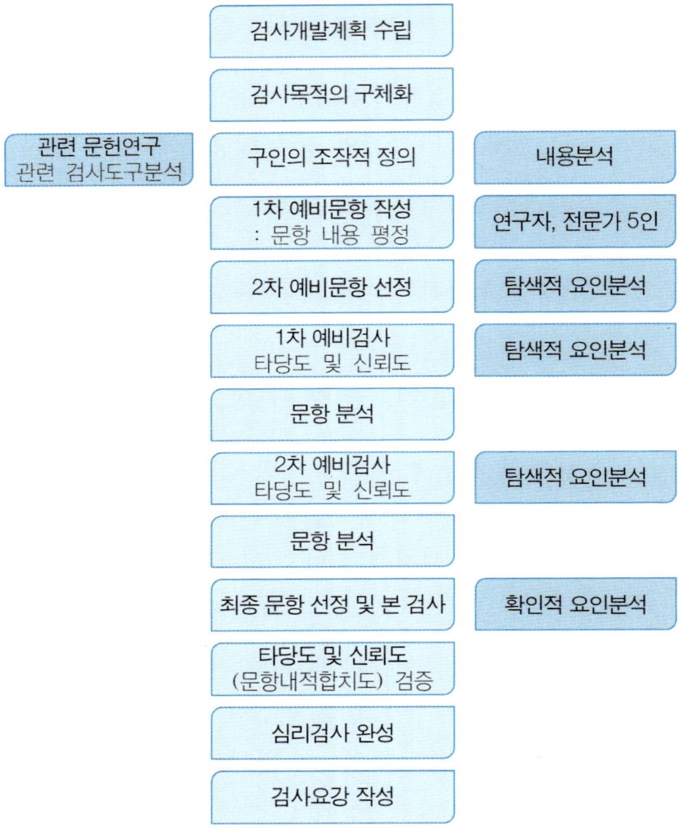

[그림 12-2] 심리검사 개발과정 알고리즘

6) 2차 예비검사 및 문항분석

수정된 문항에 대해서 다시 한 번 실험해 보는 것이 2차 예비검사이며, 검토의 내용은 1차 예비실험 때에 준한다. 본검사의 문항 작성, 즉 최종문항을 결정해야 하는 단계이므로 문항의 선정뿐만 아니라 문항의 배열, 채점방법, 검사시간, 실시방법, 지시까지도 검토되어야 한다.

7) 최종 문항 선정 및 본 검사

문항분석을 통해 부적절한 문항은 제외하고 일부 문항은 수정보완하고, 또 일부 문항은 새로 개발하여 2차 예비검사를 실시한 후 재 문항분석을 실시하여 최종적으로 양호한 문항들로 구성된 본 검사를 제작하여 본 검사를 실시한다. 이 단계에서는 검사의 길이, 즉 최종문항의 숫자가 확정되어야 한다. 이것은 검사시간과 밀접한 관계가 있다. 검사문항의 배열 시에는 쉬운 문항들을 앞에 놓고 어려운 문항은 뒤에 나오도록 하며, 본 검사 제작 시에는 검사 실시 순서를 확정하고 검사에서의 주의사항과 응답요령에 관한 안내문을 완벽하게 작성해야 한다. 본 검사 실시를 위해서는 규준집단을 선정해야 하며, 모집단의 성질을 잘 대표할 수 있는 규준집단을 표집하도록 노력해야 한다. 규준집단이 선정된 후 본 검사를 실시하며 이때 중요한 것은 표준화된 조건하에서 검사가 실시될 수 있도록 해야 한다는 점이다. 이 단계에서 검사시간, 검사실시의 순서와 방법, 검사 실시 장소의 물리적 환경조건, 검사 시에는 유의사항 등 검사 실시와 관련된 제반사항을 일정하게 표준화시키고 구체적으로 명시해야 한다.

8) 본 검사 실시 및 최종 문항 추출

최종 선정된 문항을 토대로 구성된 검사를 예비검사와 동일한 방식으로 피검자들에게 검사를 실시하고, 이때 공인 타당도를 측정하기 위한 검사도 동시에 실시한다.

9) 검사의 양호도(타당도, 신뢰도, 객관도) 분석

본 검사를 통해 얻은 자료를 기초로 검사의 신뢰도와 타당도, 객관도를 산출하고, 하위검사 상호 간 상관관계나 검사척도의 평균과 표준편차를 계산하는 등 필요한 통계분석을 한다. 이와 같은 분석결과는 검사요강에 제시한다. 검사의 양호도는 크게 타당도와 신뢰도, 객관도 측면에서 분석되어야 하며, 타당도는 준거 관련 타당도와 요인타당도 등을 알아볼 수 있으며, 신뢰도는 알파계수를 비롯하여 검사-재검사 신뢰도, 반분신뢰도 등을 산출할 수 있다. 객관도는 채점자 신뢰도라고도 할 수 있는데 검사의 채점자가 주관적 편견 없이 얼마나 공정하게 채점하느냐의 문제이다. 객관도 또는 채점자의 신뢰도는 채점자의 채점이 얼마나 신뢰성 있고 일관성이 있느냐로 평정자에 따라 결정되는 신뢰도이다.

10) 검사요강 작성

검사요강(test manual)은 검사에 대한 안내서이며 사용설명서이다. 검사를 사용할 사람들에게는 검사가 어떤 목적과 어떤 용도에 적합한 검사인지, 사용상 유의해야 할 사항은 무엇인가 등에 대한 정보가 필요하다. 그리고 검사를 실시할 사람들에게는 검사실시의 절차와 방법, 검사시간, 검사실시상 주의사항 등에 관한 정보가 필요하다. 따라서 검사요강에는 검사의 개요(검사의 성격과 목적, 검사 내용, 검사 대상 등), 검사의 이론적 배경(해당 검사에서 취급하고 있는 심리적 구인의 개념 정의, 관련 이론과 연구 등), 검사의 실시방법(검사실시를 위한 일반적인 주의사항, 검사실시의 절차와 방법, 검사시간, 응답요령 또는 답안지 작성요령, 지시사항 등), 검사의 채점방법(채점절차와 채점방법, 환산점수 산출방법, 규준 읽기 등에 관한 상세한 설명), 검사의 규준(규준의 종류와 각종 규준표), 검사의 기술보고(검사제작 및 표준화 과정, 규준집단의 표집방법과 특성 등을 밝히고, 척도별 평균과 표준편차, 하위요인 간 상호 상관계수 등 각종 통계분석 결과) 등이 제시되어야 한다.

연습문제

01_ 심리검사의 정의를 제시하시오.

02_ 심리검사의 목적을 제시하시오.

03_ 투사법 검사 중 주제통각검사(TAT)를 설명하시오.

04_ 심리검사의 양호도 중 신뢰도와 타당도를 설명하시오.

05_ 심리검사의 개발과정을 제시하시오.

Chapter 13

프로그램 개발이론 및 실제

1. 프로그램의 정의
2. 프로그램 개발의 정의
3. 프로그램 개발 모형요소
4. 프로그램 모형 개발 절차

Chapter 13

프로그램 개발이론 및 실제

프로그램은 특정 목적과 목표, 문제, 필요, 요구 등을 달성하기 위한 일련의 조직되고 체계화된 활동 내용이다. 성장과 발달이라는 변화에 초점을 두는 상담 및 심리교육에 도움을 주는 프로그램은 좀 더 체계적이고 구조화될 필요가 있으며, 표준적 과정과 절차에 따라 개발되어야 하고 개발에 사용되는 기법과 방법이 프로그램의 의도와 목적에 부합되어야 한다.

프로그램의 사전적 의미는 진행계획, 순서, 진행 목록 등이다. 이것은 의미 없는 단순한 활동의 나열이 아니라 일련의 활동과 순서를 통해 긍정적으로 달성하고자 하는 목표가 담겨 있는 것을 말한다. 따라서 좋은 프로그램은 목표나 목적을 설정하여 체계적인 과정과 절차에 따라 내용 및 활동이 구성되도록 해야 한다. 특히, 상담 및 심리교육 프로그램은 대상의 문제 예방, 해결, 성장, 발달 등이 고려되어야 하는데, 프로그램의 계획, 개발, 실행, 관리, 평가 등의 과정은 구체적인 목적에 따라 누구나 쉽게 이해하고 진행할 수 있도록 하고 구조적으로 잘 조직되어 있도록 하는 것이 필요하다.

이러한 접근으로서 본 장에서는 프로그램의 정의, 프로그램 개발의 정의, 프로그램 개발모형요소, 프로그램 모형 개발 절차 등을 살펴봄으로써 대상자의 성장과 발달을 위한 특정 목적과 목표, 문제, 필요, 요구 등을 달성하기 위한 일련의 조직되고 체계화된 활동 내용의 기본 개념과 절차를 정리하고자 한다.

학습목표

1. 프로그램의 정의를 설명할 수 있다.
2. 커리큘럼과 프로그램을 비교하여 말할 수 있다.
3. 프로그램 개발의 정의를 설명할 수 있다.
4. 프로그램 개발모형요소를 설명할 수 있다.
5. 관심영역 프로그램 모형 개발의 방향과 원칙을 설명할 수 있다.
6. 프로그램 개발을 위한 단계별 절차와 주요 내용을 설명할 수 있다.

1. 프로그램의 정의

상담 및 심리교육은 개인의 성장과 발달을 위하여 다양한 문제들을 해결하는 과정이다. 최근 들어 현실생활을 좀 더 잘 적응하기 위한 과정에서 직면하게 되는 문제들은 자신과 타인과의 격차에서 발생하게 되었다. 상담과 심리교육의 과정은 대인관계와 의사소통을 통해 자신과 타인과의 격차를 줄이거나 해소하고, 심리사회적인 문제를 해결하는 것을 목적으로 한다. 이러한 측면에서 성장과 발달을 위한 문제해결의 방법으로서 프로그램이란 용어는 그 사용처가 매우 다양하다. 단순한 항목의 나열인 취업박람회 프로그램에서부터 복잡하고 구조적인 상담 프로그램까지 그 정의가 다양한데, 프로그램의 정의는 상담 차원, 평생교육, 사회복지, 교육 등 정의하는 학자에 따라 다양하게 사용되고 있다.

평생교육 차원에서의 프로그램은 행동과정, 교육과정, 코스 혹은 목적 등을 포함하는 학습과정이다. 정해진 기간에 특정한 학습목적을 달성하도록 고안된 학습 경험이고, 다양한 기관들의 모든 활동을 총칭하며, 조직적, 의도적인 학습활동의 설계이며 환경, 조직, 프로그램, 학습자 간의 상호작용을 의미한다.

사회복지 차원에서 프로그램은 조직의 목적달성을 위한 활동의 체계이다. 조직의 설립이념 또는 사명을 충족시키기 위해서 서비스 기술이 클라이언트 집단에 적용되는 활동이 이루어지는 체계이고, 하나의 목적달성을 위한 여러 활동의 집합체로서 사람을 돕는 방법과 관련되어 있다. 또한 해야 할 일에 관한 계획과 지침이며, 특정한 목표달성을 위한 조직화된 활동의 체계를 통해 프로그램의 대상이나 참여자에게 영향을 주기 위한 개입이나 서비스를 의미한다. 하나의 계획단위로서 자체적으로 다소간에 목적, 목표, 정책, 절차, 규칙 그리고 예산을 갖춘 조직의 한 구성요소인 프로그램은 조직적, 체계적, 시스템적인 요소가 강조된다. 여기에서는 학습의 과정으로 보기보다는 목적, 목표를 달성하기 위한 체계적 접근으로 강조된다.

교육에서는 프로그램을 교육과정, 수업, 단원 설계 등이 포함된 체계적이고 조직화된 활동이나 서비스로 정의한다. 커리큘럼(Curriculum)과 비슷한 개념 혹은 동의어로 사용되고 있으며, 커리큘럼이 프로그램과 비슷하지만 차이점을 강조하는 학자들도 있다. 커리큘럼은 교과목에 관심을 두고 학습결과가 점수로 평가되며 학점으로 취득되고, 커리큘럼 설계가 전문가에 의해 이루어짐으로써 학습자의 참여가 배제되지만, 프로그램은 학습자의 요구와 문제를 중심으로 전체 교육과정 설계에 학습자의 참여가 중시되고, 학습자의 경험을 학습활동에 최대한 활용하며 학습자의 요구에 부응하는 것이다. 즉, 커리큘럼은 공교육제도권 내의 학습활동을 위한 계획을 의미한다면, 프로그램은 제도권 외의 모든 학습활동까지 포함하는 광범위한 의미이다.

〈표 13-1〉 **커리큘럼과 프로그램의 비교**

구분영역	커리큘럼	프로그램
주요 관심	교과목	개인의 요구와 문제
점수인정	점수인정	점수 없음
개발자	전문가와 자문가	학습자와 교육자
주제	전문가가 선정한 지식, 기술, 태도, 가치 등	학습자의 바람, 문제해결에 도움되는 것
강조점	내용 중심	문제 중심
강점	학습 내용의 체계성, 계열성	학자의 요구에 부응

상담에서의 프로그램은 개인과 집단의 인지적·정서적·행동적·태도적·심리적 변화를 추구하는 일련의 계획되고 조직화된 과정이다. 요구사정과 문제분석을 통하여 상담체제와 관련된 요구와 문제를 밝혀내고, 이를 토대로 하여 목표, 내용, 조직, 평가에 이르는 상담체제의 전 과정을 체계적이고 합리적으로 구성하는 것이다. 상담 프로그램은 특정한 목적을 달성하기 위해 고안된 활동의 조직된 집합체로서 목표와 내용, 조직, 평가의 각 요소가 체계적으로 설계되어 있다. 이에 따라 학습자의 학습 경험을 조력할 수 있는 다양한 환경적 자원과 지도 및 평가 전략이 구체적으로 제시되어 있는 계획된 일련의 활동과 순서를 통해 궁극적으로 달성하고자 하는 목표에 도달하는 것이다.

또한 프로그램을 광의의 프로그램과 협의의 프로그램으로 나누어 정의한 경우도 있으며, 광의의 관점에서 프로그램은 '인간의 모든 학습활동'으로 정의하고, 협의의 관점에서는 프로그램을 '특정 내용을 학습하기 위한 각각의 개별 학습과정의 설계'로 정의한다.

따라서 프로그램의 개념은 영역이나 상황에 따라서 다양하게 쓰이고 있음을 확인해 볼 수 있으며, 현재의 문제점을 집중적, 즉각적으로 해결하고 학습자의 요구를 적극적으로 반영한다는 측면에서 교육과정과는 분명히 차이가 있다. 또한 상담이나 심리교육에서의 프로그램은 사회복지 분야에서 다루는 인적, 물적, 조직적 차원의 모든 자원을 총망라한 프로그램과도 차별된다. 현실적으로 제도적, 조직적 차원을 동원한 프로그램을 구상하는 일은 기존 제도권의 교육청, 교육부 단위에서 할 수 있는 일일 것이다. 결국 프로그램은 참여자, 학습자 혹은 내담자의 학습과정에 초점을 맞추어 정의하는 것이 현실적이며, 상담 장면에서는 상담자 혹은 지도자가 활용 가능해야 한다.

이상을 종합해보면 프로그램의 정의는 특정 목적과 목표, 문제, 필요, 요구 등을 달성하기 위한 일련의 조직되고 체계화된 활동 내용이라고 정의할 수 있다.

2. 프로그램 개발의 정의

프로그램 개발의 개념도 프로그램의 정의만큼이나 다양하다. 이형득(1998)은 프로그램 개발이란 '요구사정과 문제분석을 토대로 목표, 내용, 방법, 평가에 이르는 상담 체제를 조직적, 합리적, 체계적으로 구성하는 과정'이라고 하였다. 이는 계획과 실행 및 평가를 아우르는 상담의 과정이 포함되며, 그 구성을 체계적으로 기술한다는 측면이다. 기영화(2001)는 프로그램 개발을 '계획, 설계, 실행, 평가 등이 상호 관련되어 있는 체제'라고 정의하였다. 즉, 목표 설정, 요구분석, 자원 파악, 목표의 우선순위 결정, 대안선택, 실행, 평가, 변화된 결과 파악 등 프로그램 구성을 위한 일련의 절차로 보고 있다. 목표에 따르는 과정과 평가의 과정이며, 시기에 따른 변화를 측정할 수 있는 절차를 말한다.

김진화(2001)는 프로그램 개발을 프로그래밍(programming), 프로그램 계획(program planning), 프로그램 구안(program building) 등과 같은 의미로 보고 프로그램 개발의 개념을 구조적・절차적・행위적・현상적 측면으로 정의하였다. 구조적 측면은 프로그램의 개발개념을 프로그램 계획과 운영을 포함하는 협의의 의미로 볼 것이냐, 프로그램의 계획, 설계, 마케팅, 실행, 평가를 포함하는 광의의 의미로 볼 것이냐 하는 문제이다. 일반적으로는 광의의 의미로 본다. 절차적 측면은 프로그램이 기획(planning), 시행(implementation), 평가(evaluation)를 포함하는 과정으로 일련의 절차, 단계, 기법이 있음을 강조하는 개념이다. 행위적 측면은 프로그램 개발자의 역할과 행위에 초점 맞추어 정의된 것으로 개발자가 프로그램을 개발해내는 협동적, 실천적 연구행위로 정의한다. 즉 프로그램 개발자의 권력, 관심사, 협상, 책임성이 강조되고 있다. 마지막으로 현상적 측면은 프로그램을 받는 학습자의 필요, 성장, 발달에 도움이 되도록 프로그램을 창출, 선정, 조직, 개발하는 것을 말한다.

황성철(2005)은 프로그램 개발을 '새로운 프로그램을 창출하거나 기존의 프로그램을 수정 또는 보완해서 더욱 효과적인 프로그램으로 개선시키는 노력과 과정'으로 정의하면서 협의의 개념과 광의의 개념으로 나누었다. 협의의 개념은 새로운 프로그램의 기획, 설계를 의미하고, 광의의 개념은 프로그램의 기획, 설계를 포함해서 실행,

평가 등 전 단계를 망라하여 프로그램을 개선시키는 작업이라고 정의하고 있다.

이상의 내용을 종합해보면 프로그램 개발의 개념은 그 용어의 차이가 있을 뿐 거의 비슷하고 공통된 요소를 추출할 수 있다. 즉, 프로그램 개발은 상담과 심리교육을 위한 계획, 실행, 평가가 그것이다. 이를 바탕으로 프로그램 개발을 정의하면 프로그램의 계획, 실행, 평가를 포함하는 과정으로서, 프로그램의 목적과 목표를 달성하기 위한 일련의 조직적·체계적 활동과정이다.

3. 프로그램 개발 모형 요소

개발해야 할 프로그램에 접근하는 방법에는 통합적 접근과 비통합적 접근, 선형적 접근과 비선형적 접근(Kowalski, 1988)이 있다. 개발모형 접근들에 대하여 구체적으로 알아볼 필요가 있으며, 평생교육, 교육과정, 교수체계설계, 상담 그리고 맞춤형 등의 영역에 따른 프로그램 개발모형은 다음과 같다.

- 통합적 접근(integrated approaches)은 체제분석 접근(system analysis approach)이라고도 한다. 프로그램 개발을 위하여 정확한 정보를 이용함으로써 위험부담이나 오류를 최소화하며, 프로그램 개발자는 프로그램 개발을 위해 환경, 조직 및 개인의 요구와 가치 등을 종합적으로 수렴, 분석, 정리할 수 있는 능력이 요구된다. 따라서 개발자의 자질과 능력이 중요하며 개발자가 초보자이거나 자질이 부족할 때에는 효율적인 프로그램 개발의 어려운 측면이 있다.
- 비통합적 접근(non-integrated approaches)은 가장 손쉽게 활용되는 방법으로 유사한 다른 프로그램을 그대로 모방답습하거나 프로그램 개발과정에 수요자, 학습자, 내담자 등을 참여시키지 않고 개발자가 일방적으로 프로그램을 개발하는 방식이다. 이 접근방법은 손쉽게 유사한 프로그램을 가져와 활용할 수 있다는 편의성과 시간, 비용을 절감할 수 있다는 장점이 있는 반면, 프로그램 참여자의 요구, 필요를 적극적으로 반영할 수 없고, 목적과 필요에 적합한 프로그램을 개발

할 수 없어 프로그램의 효과를 기대하기가 어렵다는 단점을 가지고 있다.

- 선형적 접근(linear approaches)은 프로그램 개발을 단선적으로 일어나는 현상으로 간주하고 개발과정을 단계별로 세분화하여 그 절차를 도식화한다. 즉, 순서와 절차가 세분화되어 있어서 순서대로 개발 절차를 따라하면 된다. 선형적 접근은 프로그램 개발의 논리적 경로를 제공함으로써 프로그램 개발의 경험이 없는 사람들도 유용하게 사용할 수 있고 프로그램 개발의 오류를 최소화할 수 있다. 프로그램의 선형적 접근은 요구조사, 목표설정, 교수과정 설계, 자원 확보, 홍보, 실시 등의 절차이다.

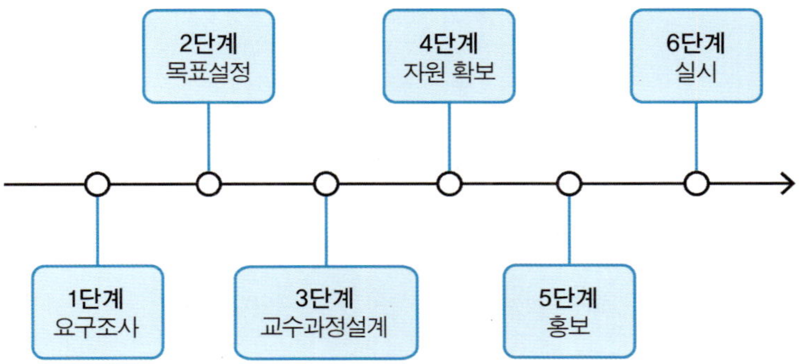

[그림 13-1] 프로그램 개발의 선형적 접근

그러나 이 접근방법은 프로그램을 정적인 것으로 가정하고 있어 조직, 환경, 요구, 필요에 대하여 유연하게 대처할 수 없는 단점이 있기도 하다. 즉 선형적 접근은 논리적, 획일적 프로그램 설계로 인해 프로그램 개발과정상 혹은 개발 후의 환경 변화에 능동적으로 대처하지 못하는 경향이 있다.

- 비선형적 접근(non-linear approaches)은 프로그램 개발 절차가 획일적으로 주어진 것이 아니라, 단계나 절차의 제약을 받지 않고 개발자가 동시에 몇 개의 절차나 단계를 수행할 수 있다. 이 접근방법은 개발자의 재량과 능력, 자율성을 최대한 발휘할 수 있게 하여 창조적인 프로그램을 개발할 수 있도록 한다. 비선형적

접근은 각 단계가 고립되거나 분리된 것이 아니라 순환적, 계속적 특징을 가지고 있으며, 개발자의 적극적 피드백을 통해 상황 변화에 능동적으로 대처할 수 있다. 따라서 개발자의 상당한 능력과 전문성이 요구된다.

구체적인 프로그램을 개발하기 위해서는 프로그램 개발 절차, 단계들을 명확히 하고 구체적으로 해야 할 일을 세분화하는 것이 중요하다. 프로그램 개발 모형의 문헌 및 선행연구를 살펴보면, 프로그램 개발의 모형, 절차는 프로그램의 개발 목적과 목표, 상황, 대상 등에 따라서 달라진다.

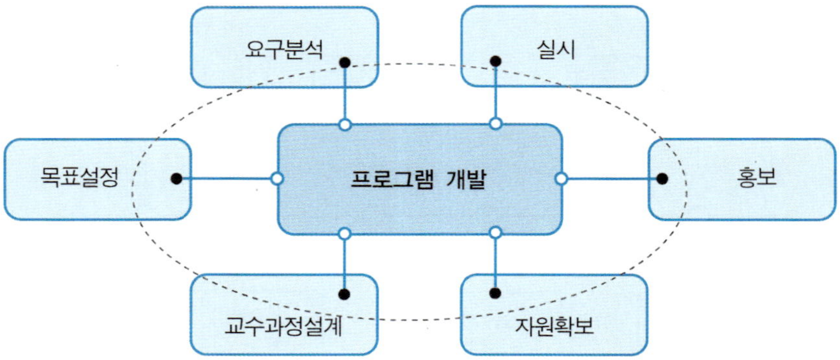

[그림 13-2] 프로그램 개발의 비선형적 접근

• 평생교육 관련 프로그램들은 처음에는 Tyler(1949)의 교육과정 개발모형에 기반을 두었다. 모형에서는 교육과정과 수업은 하나의 과정이며, 합리적 모형, 목표 중심 모형, 평가 중심 모형 등으로 불렸다. 목표달성에 가장 도움이 될 만한 활동과 조직의 종류를 선택한 후 선정되고 조직된 학습 경험을 통해 어떤 결과를 낳는가를 평가함으로써 효과적인 학습을 위한 단계를 제시한 것이 그것이다.

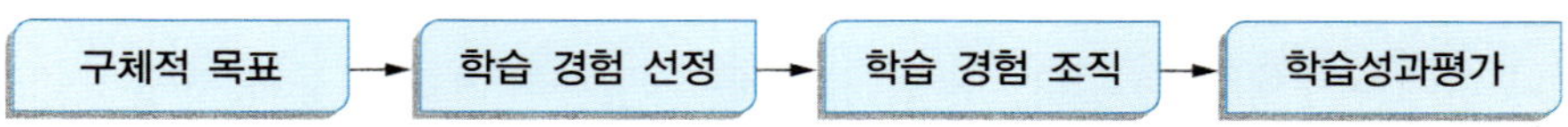

[그림 13-3] Tyler 교육과정 개발모형

일반적으로 Tyler 모형을 따른 프로그램들은 프로그램 개발의 절차를 중요시한다. 따라서 평생교육 관련 프로그램은 학교의 교육과정과는 차별성을 두어야 한다는 전제 아래 교육목적, 교육방법, 교육 경험, 평가 등이 포함되는 구체적인 절차를 제시한다. 프로그램 개발을 지역사회 및 환경과의 상호작용에 초점을 두고 조직의 목적, 고객의 요구분석, 평가를 실제처럼 명료화하는 것을 중시한다. 프로그램 개발의 과학적·조직적 절차와 과정을 중시한다고 하여 이러한 모형을 고전적 이론이라고 한다.

한편, 프로그램 개발의 절차, 순서, 과정의 고정적 틀을 강조하는 고전적 이론과 달리, 프로그램 개발은 단계적·직선적 과정이 아니라 여러 요소들 간의 상호작용의 산물로 규정하는 입장이 상호작용이론 혹은 자연주의적 이론이다. 자연주의 모형에서 프로그램 개발자는 표준화된 순서대로 수행해 나가는 것이 아니라, 여러 가지 요소들을 동시에 수행하는 것으로 비선형적 접근이라고 할 수 있다. 즉, 프로그램 개발자는 자신이 무엇을 해야 하는가에 초점을 두고, 구체적인 상황에서 프로그램 개발자가 어떤 판단을 하는가를 중요하게 생각한다. 프로그램에서는 목적달성에 필요한 수행을 위한 각 요소들 간의 상호작용이 강조되어야 하고, 프로그램 개발자는 프로그램 계획에 앞서 달성에 따른 프로그램 요소의 형태를 고려해야 한다. 이러한 프로그램 개발자는 고정된 개발모형을 갖기보다는 프로그램 개발의 원리를 가지고 상황에 맞게 프로그램을 개발해야 한다. 자연주의 입장은 프로그램 개발자의 역량, 능력 등을 중요하게 생각하고 상황, 여건에 맞는 프로그램 개발을 강조한다.

- 교육과정 개발의 입장에서 프로그램 개발모형은 교육과정 개발모형의 틀과 준거를 따른다. Tyler(1949)는 교육과정을 체계적이고 논리적으로 구성되어야 한다고 주장하였다. 교육과정뿐만 아니라 프로그램 개발, 교육 내용 조직 등 체계적, 조직적 교육과정의 개발에서 Tyler가 공헌한 바는 지대하다. 모형은 목표 설정, 학습 경험의 선정, 학습 경험의 조직, 평가의 4단계로 구성된다. 목표 설정은 교육목적을 달성하기 위하여 어떤 노력을 해야 하는가에 초점을 맞추고, 학습 경험의 선정은 목표를 달성하는 데 있어 어떠한 경험을 제공해야 하는가에 중심을

둔다. 학습 경험의 조직은 경험을 어떻게 효과적으로 조직할 것인가의 문제이고, 평가는 교육목적이 달성되고 있는지를 어떻게 결정할 수 있는가를 판단하는 것이다. Tyler의 모형은 체계적·논리적 모형의 시초라는 데 의의가 있다. 하지만 학습자의 요구, 필요, 환경적 상황, 여건 등을 즉시적으로 반영하지 못하는 측면이 있다.

Taba(1962)는 교육과정 개발과정에서 보다 많은 정보들이 투입되어야 한다고 주장하면서 합리적이고 계열적인 교육과정 개발을 강조하였다. 학습자의 요구를 교육과정 개발에 반영했다는 점이 특징이며, 교육과정이 학생들에게 유용한 학습 경험의 장이 되어야 한다면, 학습자의 요구를 진단하는 것이 중요하다고 보고 있다. 교육과정 개발단계는 요구의 진단, 목표의 설정, 내용의 선정, 내용의 조직, 학습 경험의 선정, 학습 경험의 조직, 평가의 7단계이며, 다른 모형보다 상세하고 세부적이다.

Wheeler(1967)는 교육과정 개발과정이 직선적이기보다 순환적이며 상호의존적이라는 관점을 취한다. Wheeler(1967)의 모형단계는 목적·목표·명세목표 설정, 학습 경험의 선정, 내용선정, 학습 경험과 내용의 조직과 통합, 평가의 순을 따르지만 이들 단계들은 각각 독립적으로 존재하는 것이 아니라 상호 영향을 주며 순환적으로 작용한다는 것을 강조한다.

마찬가지로 Audrey와 Howard Nicholls(1978)은 교육과정 개발의 순환적 성질을 강조하면서 더욱 세련되었는데, 상황분석, 목표 설정, 내용의 선정과 조직, 방법의 선정과 조직, 평가의 단계를 순환적으로 거치도록 하였다. Skilbeck(1976)도 교육과정 개발의 순환성, 역동성, 상호성을 강조하면서 상황분석, 목표 설정, 프로그램 구성, 해석과 실행, 모니터링·피드백·사정·재구성의 단계를 순환적 모형으로 제시하였다.

Tyler(1949)와 Taba(1962)의 모형이 선형적이고 계열적인 데 반해, 이러한 순환적 모형들은 학습자의 요구를 반영할 수 있고, 상황·여건·환경의 변화와 요구에 즉각적으로 반영할 수 있다는 장점이 있다.

- 교수설계(Instructional design)는 교수 개발(Instructional development), 교수체계 개

발(Instructional system development) 등과 호환적으로 쓰인다. 일반적으로 교수설계는 거시적 수준과 미시적 수준으로 구분할 수 있다. 거시적 수준의 교수설계는 인간의 교육과 학습의 문제를 해결하기 위하여 체계적 과정을 통하여 교육훈련 프로그램을 개발하는 것으로 보고, 미시적 수준의 교수설계는 특성의 학습내용과 학습자가 주어졌을 때 기대하는 학습자의 변화를 일으킬 수 있는 최적의 교수방법이 무엇인가를 결정해 나가는 과정이라고 본다. 대개 교수체계 개발이라고 하면 미시적 수준을 포함하는 거시적 수준을 말하는데, Dick과 Carey(1996)의 모형은 교수체계 개발의 한 모형이다. 모형에서는 여러 가지 중요한 개념들과 절차들을 반영시켜서 자신들의 교수체계개발 모형을 개발하였는데, 수행공학, 상황 또는 맥락분석, 수준별 평가 모형, 그리고 총체적 품질경영 등을 보강하였다. 그러나 이러한 보강에도 불구하고 Dick과 Carey(1996)의 모형은 전반적인 수행분석을 다루지 않고, 수업을 실행하며 유지하는 중요한 절차를 포함하지 않고 있다는 결점이 있다. 또한 실제로 실천가들은 모형에 제시된 단계들을 순서대로 하지 않고 건너뛰는 경우가 많다는 약점이 있다.

- 프로그램을 집단상담과 관련하여 체계적으로 개발한 선행연구들도 많다. 설기문(1989)은 대학생 생활지도 프로그램 개발과 관련하여 집단프로그램을 개발하였다. 설기문의 프로그램 개발 절차는 사전평정, 목적과 목표의 설정, 프로그램의 구성, 프로그램 실시, 평가의 5단계로 이루어져 있다. 사전평정은 학생욕구의 평정, 가용한 자원의 평정 그리고 캠퍼스의 풍토에 대한 평정으로 나누어진다. 사전평정에 의해 프로그램 목적과 목표를 정하는 것이 2단계이며, 목적은 개인적 차원, 사회적 차원, 교육적 차원, 진로 차원으로 진술될 수 있다. 프로그램의 구성에서는 생활지도 커리큐럼과 생활지도 활동 내용으로 구성된다. 프로그램 실시에는 선전(홍보), 실시준비, 실시, 사후통의가 순환적으로 이루어진다. 마지막으로 평가에는 문제설정, 측정도구의 선정/개발, 자료수집과 분석, 프로그램의 수정이 포함된다.
  변창진(1994)은 프로그램의 개발절차를 요구과정, 계획수립, 목표 확인, 내용선정, 내용조직, 도구제작, 전략선정, 평가, 관리 등의 9단계로 세분하였으며 이러한 단계들은 순환적인 루프 속에서 그 기능들을 발휘한다고 가정했다.

박인우(1996)는 집단상담이 보다 과학적인 절차에 의해 개발되려면 교육공학에서 사용되는 체제적 개발방식을 도입할 것을 제안하고 있다. 체제적 집단상담 프로그램 개발모형은 조사, 분석, 설계, 개발, 실시, 총괄평가의 6단계이다. 각 단계별 과제는 다음과 같다. 조사에서는 문제를 진술하고, 대상자의 범위를 정하며, 문제에 대한 요구조사를 실시한다. 분석단계에서는 프로그램 목표를 진술하고, 과제와 내용을 분석하며, 하위목표를 진술한다. 설계단계에서는 평가문항을 작성하고, 동기유발 전략을 수립하며, 프로그램 제시 전략을 수립한다. 개발단계에서는 전략에 따라 프로그램과 프로그램 지침서를 개발하고, 형성평가를 실시한다. 실시단계에서는 프로그램을 대상자에게 실시한다. 마지막으로 총괄평가단계에서는 반응평가, 성취도 평가, 적용도 평가를 실시한다.

김창대(2002)는 4단계로 구성된 프로그램 개발과 평가모형을 제시하였다. 1단계는 목표수립을 하는 단계로 기획, 요구사정, 수정계획안 수립, 프로그램 목표 정립 등의 세부과정을 거친다. 이 단계는 프로그램 수요자들의 직접적인 요구를 반영한 프로그램을 제작하기 위한 절차라고 볼 수 있다. 2단계는 프로그램을 구성하는 단계이다. 세부과정으로는 목적 및 내용에 대한 이론적 검토, 활동의 수집, 지각된 효용성 평가, 활동 내용·전략의 선정, 요소연구, 프로그램 구성 등이다. 이 절차에 따라 일차적으로 프로그램이 구성된다. 3단계는 예비연구와 장기적 효과를 제고하는 방안을 마련하는 단계로서 일차 구성된 프로그램을 소수에게 실시하고 다양한 측면에서 평가하여 필요한 경우 프로그램의 활동, 내용, 전략 등을 수정할 자료를 수집하며 프로그램에 반영한다. 4단계는 예비연구를 통해 수정, 완성된 프로그램을 실시하는 단계이다. 프로그램을 실시하고, 다양한 평가를 하며, 매개변인의 계속적 수정과 활동·내용·전략의 수정이 이루어진다.

한국청소년상담원(2008)에선 다문화가정 부모를 위한 집단상담 프로그램을 개발하면서 8단계의 프로그램 개발과정을 제시하였다. 1단계는 문헌연구 및 관련 자료조사이다. 이 단계에서는 기존의 프로그램을 분석하고 국내·외 문헌을 검토하는 단계이다. 2단계는 기초요구조사 실시이다. 다문화가정 부모를 위한 집단상담 프로그램 내용을 선정할 때 필요한 내용이 무엇인지 설문조사를 통해 자료를 수집하고 확인하는 단계이다. 3단계에서는 설문조사를 기반으로 프로그램을 어떻게 기획하고 구조화할 것인가에 대하여 결정하는 프로그램 구조 추출단계이다. 4단계에서는 전문가와 협의하여 프로그램 전반에 대하여 협의하고 수정하는 단계이다. 5단계는 문헌연구와 기초요구조사를 기반으로 다문화가정 부모교육 집단상담 프로그램의 취지, 목적, 목표에 맞는 1차 프로그램을 구성하는 단계이다. 6단계는 1차 개발된 프로그램을 시범적으로 운영・실시하는 단계이다. 7단계는 시범적으로 운영・실시된 프로그램을 전문가들과 협의를 거쳐 수정・보완하는 단계로 프로그램에 대한 효과를 평가한다. 마지막으로 최종 프로그램을 확정하고 지침서를 제작한 후 보급한다.

신효선(2009)은 전문상담교사를 위한 협력적 자문기술 향상 프로그램을 개발하였다. 신효선은 체제적 모형에 준해서 조사, 분석 및 설계, 구안, 적용의 4단계를 제시하였다. 조사단계에서는 선행연구 및 문헌분석, 협력적 자문기술 추출, 요구조사 등의 세부 내용이 있다. 이 단계는 프로그램을 개발하기 위한 선행연구를 고찰하고, 프로그램의 구성 내용과 절차의 이론적 근거를 마련하며, 하위구성요소에 대한 요구 정도 및 필요성을 알아보는 요구조사를 실시하는 것이 주요 내용이다. 분석 및 설계단계에서는 프로그램 목표선정, 전체 프로그램 기본설계를 하는 단계이다. 구안단계는 회기별 프로그램 세부 내용 및 활동지 구성, 프로그램 시안 완성, 전문가에게 타당성 검증, 수정・보완하여 최종 프로그램 구안하기 등으로 구성된다. 적용단계는 사전검사 실시, 프로그램 실시, 사후검사 및 결과분석 등이 주요 내용이다.

프로그램을 집단상담과 관련하여 체계적으로 개발한 선행연구들을 요약해보면 목표수립이나 조사에서부터 프로그램 실시와 적용까지의 4단계로 모형을 설정한 연구와 사전평정, 사전조사, 문헌연구 및 관련 자료조사에서부터 평가, 총괄평가, 최종 프로그램 개발 및 지침서 제작 등의 5단계, 6단계, 8단계의 프로그램 개발모형으로 제시한 연구를 볼 수 있는데, 이는 프로그램 개발에 있어서 상황, 여건의 변화 등에 즉각적으로 대응하고 대상자의 요구, 필요를 반영하며 개발과정에서의 정보를 피드백하여 프로그램 개발에 반영하는 관리모형이 필요함을 뒷받침해 준다.

〈표 13-2〉 상담 관련 프로그램 개발의 절차 분석표

개발자 / 단계	설기문 (1989)	변창진 (1994)	박인우 (1996)	김창대 (2002)	한국청소년상담원 (2008)	신효선 (2009)
1	사전평정	요구사정	조사	목표수립	문헌연구 및 관련 자료 조사	조사
2	목적과 목표의 설정	계획수립	분석	프로그램 구성	기초요구조사 실시	분석 및 설계
3	프로그램 구성	목표설정	설계	예비연구/ 장기효과 제고 노력 및 수정	프로그램 구조 추출	구안
4	프로그램 실시	내용 선정	개발	프로그램 실시	전문가 협의	적용
5	평가	내용 구성	실시		프로그램 초안 개발	
6		도구 작성	총괄평가		시범운영 실시	
7		전략설정			프로그램 수정 보완	
8		평가단계			최종 프로그램 개발 및 지침서 제작	
9		관리단계				

4. 프로그램 모형 개발 절차

전술한 바와 같이 상담 및 심리교육 프로그램은 개인이나 조직의 심리적 성장과 발달에 초점을 두고 있으며, 이를 위한 활동의 구성원리는 개인의 자기성찰, 대인관계의 상호작용, 집단의 역동 등이다. 물론 상담 및 심리교육 프로그램은 여러 회기로 구성되어 있고 각 회기는 일련의 교육목표와 교육 내용이 포함되어 있으므로, 교육과정과 유사한 측면과 체계적이고 과정과 절차가 원칙적인 면을 가지고 있는 것도 사실이다. 따라서 프로그램 모형의 타당한 개발을 위해서는 방향과 원칙에 따른 단계별 구체적 절차가 필요하다. 물론 프로그램과 관련된 여러 모형들은 각기 나름의

특징과 장점 및 한계성을 가지고 있다. 관심영역의 프로그램 모형 개발의 방향과 원칙을 요약하면 다음과 같다.

첫째, 프로그램의 수요자나 학습자의 요구, 필요, 능력, 상황, 여건 등을 충분히 반영하는 모형이어야 한다. 아무리 좋은 프로그램이라도 프로그램 수요자의 상황, 흥미 등을 무시하고서 효율적인 프로그램을 개발할 수 없다.

둘째, 프로그램 개발의 효과와 효율을 고려해야 한다. 일단 프로그램이 효과가 없다면 아무 소용이 없다. 그러나 효과가 아무리 좋아도 경제적, 현실적으로 부담이 크다면 활용가치가 떨어진다. 최소한의 경제적, 현실적 부담으로 최대한 효과를 가져다 주는 모형이어야 한다. 따라서 가능한 프로그램 개발의 절차가 간단하고 명료해야 하며, 세부 내용이 명확해야 한다.

셋째, 프로그램 개발의 융통성이 확보되어야 한다. 즉, 프로그램 개발자가 프로그램을 개발함에 있어서 그 절차와 과정이 상세하고 세분화되어 있어서 무엇을 해야 할지를 잘 알려 주는 것과 동시에 열린 모형이어서 언제든지 프로그램을 수정하거나 상황, 여건의 요구를 즉시 반영할 수 있어야 하고, 초보자로부터 전문가에 이르기까지 모두 활용할 수 있는 모형이라 한다. 즉, 체계적 순서에 따른 선형적 접근과 현실의 요구, 필요를 즉각적으로 반영하고 피드백할 수 있는 비선형적 접근이 적절하게 활용·통합된 모형이어야 할 것이다.

프로그램 모형은 가능한 간결하고 명확해야 한다. 프로그램 개발관리모형은 계획, 개발, 실행, 평가라는 아주 단순하고 명확한 단계와 절차를 가지고 있다. 기본이 되고 기준이 되는 단계가 단순하고 명확한 것은 프로그램 개발자나 활용자에게 편리할 뿐만 아니라 효과적이고 경제적이다. 그러면서도 각 단계에서 세부 절차와 내용을 선택, 선별, 조정할 수 있기 때문에 융통성 있는 프로그램을 구성할 수 있다. 또한 프로그램 개발관리모형은 계획, 개발, 실행, 평가라는 단계를 따라 프로그램을 개발하기 때문에 순차적, 계열적이면서도 상황의 변화에 민감하고 즉각적으로 대처할 수 있는 관리체제를 갖추고 있어 전체 프로그램을 관리하는 비선형적, 순환적 모형이다. 그렇기 때문에 프로그램 개발에서 즉각적인 필요, 요구, 여건 등을 반영할 수 있어 프로그램 개발의 방향과 원칙에 부합하는 모형이라고 할 수 있다. 실제적 프로그램 개발단계는 계획, 개발, 실행, 평가의 4단계로 구성된다.

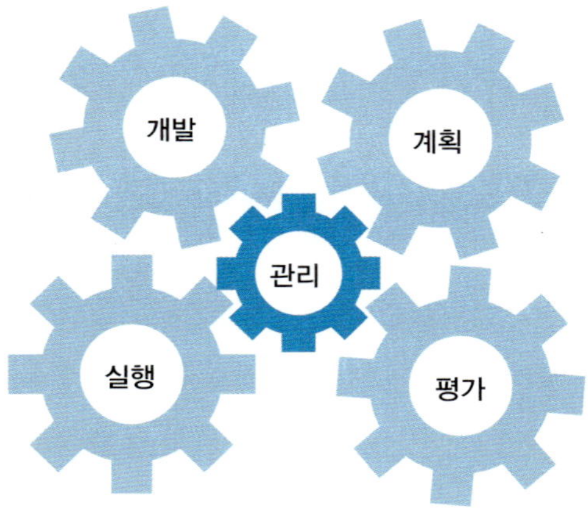

[그림 13-4] 실제적 프로그램 개발관리모형

프로그램 개발관리는 프로그램 개발에 있어서 상황, 여건의 변화에 즉각적으로 대응하고 대상자의 요구, 필요를 반영하며 개발과정에서의 정보를 끊임없이 피드백 하여 프로그램 개발에 반영하는 역할을 하지만 프로그램 개발의 단계는 아니다. 관리는 프로그램 개발관리모형에서 각 단계들이 분리되어 별개로 역할하도록 하는 것이 아니라 역동적으로 살아 있는 유기체처럼 상호작용하면서 작동하도록 하는 역할을 한다. 또한 프로그램 개발의 전체를 조율하고 모니터링을 통해 프로그램이 효과적이고 효율적으로 개발될 수 있도록 하는 역할을 한다. 즉, 각 단계별 구체적 절차를 결정하며, 절차에 따른 주요 과제와 내용을 분류, 선택, 조직한다. 필요한 절차를 더 삽입하거나 불필요한 절차는 생략하고 해야 할 일을 결정하는 것이다.

관리는 프로그램 개발에서 선형적 접근이 안고 있는 한계를 최대한 극복하도록 하는 핵심역할을 한다. 각 단계별 절차는 고정된 것이 아니라 개발자의 판단, 상황과 여건, 학습자의 필요와 요구 등에 맞게 적절하게 선별, 조직될 수 있는 유동적인 것이다. 그렇게 함으로써 개발 의도에 가장 적합한 프로그램을 개발할 수 있을 것이다.

프로그램 개발관리

단계	절차	주요 내용
계획	1) 개발방향 설정	• 대상자의 특성과 현장 실태 파악 • 대상자 프로그램 요구조사 및 분석
	2) 목적과 목표설정	• 프로그램의 목적과 목표설정
개발	3) 선행연구분석	• 목적과 관련된 선행연구 및 문헌연구 조사
	4) 내용 선정	• 프로그램 내용선정의 원리 • 투입 전략 수립 및 선정
	5) 프로그램 조직	• 내용의 계열화, 구조화 • 회기별 활동 및 내용선정
	6) 평가계획	• 평가모형 설정 • 내용과 방법 설정 • 평가도구 제작 또는 선정
실행	7) 프로그램 실행	• 예비 프로그램 조직 • 예비 프로그램 실행 • 수정 · 보완 프로그램 실행
평가	8) 프로그램 평가	• 프로그램 효과 검증 • 최종 프로그램 확정 • 프로그램 관리

[그림 13-5] 프로그램 개발을 위한 단계별 절차와 주요 내용

• 개발 방향 설정은 대상자의 특성과 현장 실태 파악과 요구조사 및 분석을 통해 프로그램의 기본 방향을 설정하는 것을 의미한다. 대상자의 특성과 현장 실태 파악은 프로그램 연구의 필요성과 관계된다. 대상자의 특성을 이해함으로써 수

요자 맞춤형 프로그램을 개발할 수 있고, 요구조사 및 분석은 개발목적에 대한 인식과 프로그램 구성, 내용선정 및 조직에 기본 원리와 방향을 제시할 것이다. 즉, 요구조사 및 분석은 설문지를 통해 프로그램의 필요성, 포함될 내용과 활동, 선호도를 분석하는 것을 포함한다.

- 목적과 목표설정은 개발 방향 설정에 근거하여 이루어진다. 프로그램의 목적은 프로그램을 통해 달성해야 할 포괄적·종합적 도달점이라고 한다면, 목표는 프로그램을 통해 달성되어야 할 구체적 행동 변화로서 확인 가능한 행동 진술이다. 따라서 프로그램을 위한 포괄적 목표와 확인 가능한 구체적 목표를 설정해야 한다.
- 선행연구분석은 프로그램의 이론적 배경과 근거를 제시하는 것이다. 프로그램의 필요성과 목적 및 목표가 정해졌다면 선행연구를 조사하고 자료를 수집하여 프로그램에 대한 이론적 배경과 근거를 제시해야 한다. 특히, 내용적 측면에서는 프로그램과 관련 연구들을, 대상적 측면에서는 대상자의 특성들을 분석해야 한다.
- 내용선정은 프로그램의 목적과 목표를 달성하기 위하여 포함되어야 할 구체적인 활동과정과 내용을 정하는 것을 말한다. 이 과정에서는 프로그램 내용선정의 기본적 원리, 투입 전략과 기법 그리고 내용과 활동의 선정을 포함한다.
- 프로그램 조직은 프로그램의 목적과 목표를 효율적으로 달성하기 위하여 선정된 내용과 활동을 조직적, 구조적으로 잘 연결하고 배치하는 것을 말한다. 프로그램 조직의 원리와 근거 제시하기, 프로그램의 내용과 활동을 조직하기, 총 프로그램 회기 수 및 회기별 시간을 결정하는 것이 주요 과업이며, 프로그램의 활동과정을 문서화하는 것도 포함한다.
- 평가계획은 프로그램의 효과를 검증하기 위하여 평가계획을 수립하는 것이다. 평가 계획에는 평가를 위한 효과적인 모형 결정, 평가 내용과 방법 선정, 평가도구의 선정 또는 제작과정을 포함한다.
- 프로그램 실행은 예비로 만들어진 프로그램을 실제로 실행하고 수정, 보완하는 것을 말한다. 예비 프로그램을 순서에 따라서 실행하고 문제점이나 보완, 수정할 사항이 있으면 계열적으로 조직된 프로그램 내용을 수정, 보완하며 다시 실

행하는 것을 반복한다.

- 프로그램 평가는 조직된 프로그램의 효과를 검증하고 최종 프로그램을 확정하며 지속적으로 관리하는 과정을 말한다. 완벽한 프로그램은 없다고 할 수 있다. 따라서 최종적으로 확정된 프로그램이라도 이후 과정에서 수정이 가능한 열린 프로그램으로 남아 있어야 한다.

이상을 종합해보면 프로그램을 개발함에 있어서 계획, 개발, 실행, 평가의 기본 단계에 따라 논리적, 조직적, 구조적으로 프로그램을 개발하면서도 대상자의 특성과 대상에 대한 교육 상황 및 여건과 대상자의 요구와 필요를 반영하여야 하고, 개발자의 의도와 목적을 최대한 달성할 수 있는 절차를 구성하는 것이 필요하다. 프로그램 개발은 개발자가 편리하고 경제적으로 프로그램을 개발할 수 있도록 해야 하고, 프로그램 개발관리모형을 채택함으로써 개발자의 의도, 상황, 여건, 대상 등에 따라 유연하게 프로그램을 수정, 보완할 수 있어야 한다.

연습문제

01_ 인간의 성장과 발달을 위한 상담 및 심리교육에 있어서 프로그램의 정의를 설명하시오.

02_ 커리큘럼과 프로그램을 구체적으로 구분하여 설명하시오.

03_ 프로그램 개발의 정의를 설명하시오.

04_ 프로그램 개발모형요소 중 비선형적 접근을 설명하시오.

05_ 프로그램 개발을 위한 단계별 절차와 주요 내용을 설명하시오.

참고문헌

간우선, 조성재, 조주현 (2012). 장애발생시기에 따른 삶의 만족도와 장애수용도와의 관계, **재활심리연구**, 19(1), 149-173.

강문희, 신현옥, 정옥환, 정정옥 (2005). **아동발달**. 파주: 교문사.

강봉규 (1994). **발달심리학**. 서울: 정훈출판사.

______ (1999). **심리검사의 이론과 기법**. 서울: 동문사.

강진령 (2005). **집단상담의 실제**. 서울: 학지사.

______ (2008). **상담심리 용어사전**. 파주: 양서원.

______ (2010). **상담과 심리치료**. 서울: 양서원.

______ (2011). **집단상담의 실제** (2판). 서울: 학지사.

______ (2012). **집단상담과 치료**. 서울: 학지사.

______ (2015). **학교상담과 생활지도: 이론과 실제**. 서울: 학지사.

강진령, 이종연, 유형근, 손현동 (2009). **상담자 윤리**. 서울: 학지사.

고재성, 김선호, 노경란, 변정현, 김은영 (2008). 진로교육 실태조사 보고서. 한국고용정보원.

고진경 (2013). DSM-5의 변화와 문제에 대한 개관. **한국심리치료학회지**, 5(2), 1-11.

권두승 (2005). 청소년 프로그램 실행 및 운영. 한국청소년개발원 편, 청소년프로그램 개발 및 평가론(179-217). 서울: 교육과학사.

권석만 (2000). **우울증**. 서울: 학지사.

______ (2012). **현대 심리치료와 상담 이론**. 서울: 학지사.

권정혜, 안현의, 최윤경, 주혜선 (2014). **재난과 외상의 심리적 응급처치** (2판). 서울: 학지사.

권정혜, 이재우 (2001). 우울증의 인지행동 치료. **인지행동치료**, 1(1), 1-22.

권중돈, 김동배 (2005). **인간행동과 사회환경**. 서울: 학지사.

기영화 (2001). **평생교육 프로그램개발**. 서울: 학지사.

김경중, 유왕효, 류인숙, 박은준, 신화식, 유구종, 정갑순, 조경미, 조희숙, 주리분, 최인숙, 최재숙(1999). **아동발달심리**. 서울: 학지사.

김계현 (1997). **상담심리학: 적용영역별 접근(개정증보판)**. 서울: 학지사.

_____ (2011). 예방학 개념을 통한 상담학의 새 지평 탐색. **2011년 한국상담학회 연차학술대회 기조강연.**

김계현, 김창대, 권경인, 황매향, 이상민, 최한나, 서영석, 이윤주, 손은령, 김용태, 김봉환, 김인규, 김동민, 임은미 (2011). **상담학개론**. 서울: 학지사.

김교헌, 최훈석 (2008). 인터넷 게임 중독: 자기조절 모형. **한국심리학회지: 건강, 13**(3), 551-569.

김규식, 고기홍, 김계현, 김성회, 김인규, 박상규, 최숙경 (2013). **상담학개론**. 서울: 학지사.

김동배, 안인경 (2004). 한국인의 정신건강 개념에 관한 연구. **한국사회복지학, 56**(1), 203-233.

김동일 (2005). **학업상담을 위한 학습전략 프로그램**. 서울: 학지사.

김모곤, 김미호, 우종선(2013). **새로운 만남! 힘찬 출발! 대학생활설계**. 서울: 공동체.

김미숙 (1999). **사회교육 프로그램 평가론**. 서울: 원미사.

김미옥 (2005). 장애인의 임파워먼트에 영향을 미치는 요인에 관한 연구. **사회복지정책, 22**, 351-381.

김보애 (2003). **모래놀이치료의 이론과 실제**. 서울: 학지사.

김봉환 (2010). **진로상담의 실제**. 서울: 학지사.

김봉환, 김병석, 정철영 (2011). **학교진로상담**. 서울: 학지사.

김봉환, 이제경, 유현실, 황매향, 공윤정, 손진희, 강혜영, 김지현, 유정이, 임은미, 손은령 (2012). **진로상담이론: 한국 내담자에 대한 적용**. 서울: 학지사.

김선주, 염동문 (2013). 장애인의 장애수용이 생활만족도에 미치는 효과분석. **사회과학연구, 29**, 361-385.

김성곤 (2000). **심리검사의 이론과 실제**. 서울: 한국가이던스.

김성회 (2009). **자기계발을 위한 주장훈련의 이론과 실제**. 서울: 학지사.

김수연 (2010). 가족치료와 모래놀이치료. **상담과지도, 45**, 261-281.

김수지, 조성래, 오수진, 곽은미 (2010). 리듬청각자극(RAS)을 사용한 소뇌별아교세포종(CA) 환아의 보행훈련 사례 연구. **음악치료교육연구, 7**(2), 65-81.

김연정 (2013). 여성 암환자의 외상 후 성장구조 모형 구축. 박사학위논문, 이화여자대학교 대학원간호학과.

김영숙, 윤여홍 (2014). **특수아 상담의 이해**. 서울: 교육과학사.

김용태 (2008). **가족치료 이론**. 서울: 학지사.

김유숙, 박정희, 천희선 역 (2011). **가족치료의 기술-첫 면접에서 종결까지-**. 서울: 학지사.

김은수 (2006). **사회복지프로그램 개발론**. 서울: 홍익재.

김은정, 김향구, 황순택 (2002). **이상심리학**. 서울: 학지사.

김정섭 외 (2010). **스턴버그의 교육심리학** (제2판). 서울: 시그마프레스.

김정택, 심혜숙 (2013). **16가지 성격유형의 특성** (개정판). 서울: ㈜어세스타.

김종일 (2013). 장애인근로자의 장애수용, 차별경험, 사회경제적 지위가 직무만족와 생활만족에 미치는 영향. **장애와 고용**, 23(4), 59-84.

김준호, 박정선, 김은경 (1996). **학교주변 폭력의 실태와 대책**. 서울: 한국형사정책연구원.

김중술 (1988). **다면적 인성검사: MMPI의 임상적 해석**. 서울: 서울대 출판부.

김지현 (2006). 언어발달장애아동을 위한 음악치료. **발달장애아동치료교육연구**, 8, 113-118.

김진규 (2002). **프로그램 평가방법**. 서울: 학지사.

김진숙, 김창대, 이지연 (2007). **대상관계 이론과 실제 자기와 타자**. 서울: 학지사.

김진애 (2008). 음악치료가 학습장애아동의 자기표현력 및 사회성에 미치는 영향. 석사학위논문, 대전대 보건스포츠대학원.

김진화 (2001). **평생교육 프로그램개발론**. 서울: 교육과학사.

김진화, 정지웅 (1997). **사회교육 프로그램 개발의 이론과 실제**. 서울: 교육과학사.

김창대, 김형수, 신을진, 이상희, 최한나 (2011). **상담 및 심리교육 프로그램 개발과 평가**. 서울: 학지사.

김청택, 김동일, 박중규, 이수진 (2002). **인터넷중독 상담 및 예방 프로그램 개발 연구**. 서울: 한국정보문화센터.

김춘경, 이수연, 이윤주, 정종진, 최웅용 (2016). **상담의 이론과 실제(제2판)**. 서울: 학지사.

김춘경, 이수연, 최웅용 (2006). **청소년상담**. 서울: 학지사.

김충기 (1995). **미래사회의 진로교육**. 서울: 양서원.

김충기 (2002). **진로교육의 이론과 실제**. 한국학술정보.

김충기, 황인호, 장성화, 김순자, 윤향숙 (2012). **진로상담과 진로교육**. 서울: 동문사.

김형식 (1999). **사회복지 프로그램 평가**. 서울: 아시아미디어리서치.

김형태 (2009). 21세기를 위한 상담의 이론과 실제. 서울: 동문사.

김혜숙, 박주현, 이영주, 임상묵 (2012). 가족상담 및 치료. 서울: 신정.

김혜원 (2013). 청소년 학교폭력: 이해 · 예방 · 개입을 위한 지침서. 서울: 학지사.

김환, 이장호 (2010). 상담면접의 기초. 서울: 학지사.

김희정 (2011). 유방암 생존자의 외상 후 성장 관련요인 탐색. 석사학위논문, 고려대학교 대학원.

나항진, 강갑원, 권회완, 김경미, 박성희, 송선희 (2012). 성인학습 및 상담. 파주: 양서원.

남정걸, 권이종 (1995). 사회교육 및 청소년 프로그램 편람. 서울: 교육과학사.

노경란, 고재성, 김선호, 김한준, 정명진, 정시원, 최동선 (2008). 직업진로지도의 현황과 발전 방향 연구. 한국고용정보원.

노승연 (2007). 노령 지체장애인의 장애수용에 영향을 미치는 요인에 관한 연구. 재활복지, 18, 1-26.

노안영 (2005). 상담심리학의 이론과 실제. 서울: 학지사.

______ (2009). 상담심리학의 이론과 실제. 서울: 학지사.

______ (2011). 집단상담 이론과 실제. 서울: 학지사.

노안영, 강영신 (2003). 성격심리학. 서울: 학지사.

박경숙, 현주 (1990). 학습전략 훈련 프로그램 개발 연구(III). 서울: 한국교육개발원.

박경애 (2013). 상담심리학. 고양: 공동체.

박성수 (1998). 생활지도. 파주: 정민사.

박수경, 곽지영 (2011). 산재장애인의 장애수용과 관련요인. 재활복지, 15(4), 261-281.

박순길, 박현옥, 조정연 (2014). 특수아동의 이해와 교육. 서울: 학지사.

박승민, 조영미, 김동민 (2011). 청소년 인터넷 중독의 이해와 상담. 서울: 학지사.

박연환, 현혜진 (2002). 암환자 가족원의 부담감과 가족기능. 성인간호학회지, 12, 384-395.

박영숙 (1999). 심리평가의 이론과 실제. 서울: 하나의학사.

박재황 (2015). 정신건강과 행복증진을 위한 현실치료상담의 접근. 현실치료연구, 4(1), 13-25.

박태수 (1991). 청소년 상담프로그램 개발모형. 학생생활연구, 13, 55-69. 제주대학교 학생생활연구소.

박현순 (2000). 공황장애. 서울: 학지사.

배정규, 김중술, 안창일 (1986). MMPI에서의 부정왜곡에 대한 탐지 전략. 서울의대 정신의학,

11(1), 48-59.

배호순 (1994). **프로그램평가론**. 서울: 원미사.

백사인, 윤경희, 하수경, 김홍숙, 이임숙, 박병훈 (2013). **상담심리학 입문**. 고양: 공동체.

변창진 (1994). **프로그램개발**. 대구: 홍익출판사.

변창진, 최승진, 문수백, 김진규, 권대훈 (1996). **교육평가**. 서울: 학지사.

서울교육연구원 (2004). **함께 가꾸어 가는 우리의 꿈**. 서울: 서울교육연구원.

성태제 (1995b). 고등정신능력 신장을 위한 교육평가 방안 탐색. 구립교육평가원 전국교육평가 심포지엄 보고서 제12집.

성태제 (2004). **교육연구방법의 이해**. 서울: 학지사.

송명자 (2009). **발달심리학**. 서울: 학지사.

송미정, 최윤희 (2007). **특수아상담**. 서울: 시그마프레스.

송원영, 김지영 (2010). **커리어 포트폴리오를 통한 대학생의 진로 설계**. 서울: 학지사.

신세례 (2008). 초등미술교육에서의 미술치료 활용 방안에 관한 연구. 석사학위논문, 숙명여자대학교.

신효정, 송미경, 오인수, 이은경, 이상민, 천성문 (2016). **생활지도와 상담**. 서울: 박영story.

안소이, 김은경 (2016). 심리치료사의 특수아상담에 대한 태도 및 의사. **특수교육논총**, 32(1), 71-91.

양은아 (2013). 반영적 그룹 음악치료 프로그램이 장애아동의 사회 · 의사소통 발달에 미치는 효과. **발달장애연구**, 17(3), 27-45.

오민경 (2004). 미술치료 효과에 대한 메타분석-아동 및 청소년 집단프로그램 중심으로. 석사학위논문, 원광대학교.

오승민(2011). ADHD 아동의 놀이 및 모래놀이치료 사례연구. **모래놀이치료연구**, 7(1), 27-54.

원호택, 이훈진 (2000). **정신분열증**. 서울: 학지사.

유은희 (2004). 이혼가정 적응 자녀의 상담적 요소와 접근적 선택: 상담사례 분석을 중심으로. **2004 한국상담학회 연차대회 논문자료집**, 115-123.

윤명숙, 이은실 (2014). 장애수용이 중도장애인의 외상 후 성장에 미치는 영향. **한국장애인복지학**, 26, 55-74.

이규미, 이대식, 김영혜 (2003). 심각한 폭력(살인) 가해학생에 대한 사례분석: 폭력유발요인과 예방안. **한국심리학회지: 상담 및 심리치료, 15**(2), 367-382.

이규미, 지승희, 오인수, 송미경, 장재홍, 정제영, 조용선, 이정윤, 유형근, 이은경, 고경희, 오혜영, 이유미, 김승혜, 최희영 (2014). **학교폭력 예방의 이론과 실제**. 서울: 학지사.

이무석 (2006). **정신분석에로의 초대**. 서울: 도서출판 이유.

이상준, 안수영 (2011). 자아존중감과 우울이 중도지체장애인의 장애수용에 미치는 영향. **장애와고용, 21**(3), 239-266.

이영식 (2015). 신경생물학적 관점에서 본 인터넷중독. 디지털중독연구회 편저. **인터넷 중독의 특성과 쟁점**(pp. 173-186). 서울: 시그마프레스.

이장호 (2000). **상담면접의 기초**. 서울: 중앙적성출판사.

_____ (2005). **상담심리학**. 서울: 박영사.

이장호, 금명자 (1992). **상담연습 교본**. 서울: 법문사.

이장호, 정남운, 조성호 (2005). **상담심리학의 기초**. 서울: 학지사.

이재규 (2005). **학교에서의 집단상담 실제와 연구**. 서울: 교육과학사.

이정근 (1978). **진로지도와 진로상담**. 서울: 중앙적성연구소.

_____ (1988). **진로지도의 실제**. 서울: 성원사.

이종범 (2005). 초등진로교육의 연구동향. **실과교육연구, 11**(2), 121-139.

이주희, 최은정, 최명선, 박희현, 진혜경(2013). **인간관계론**. 서울: 공동체.

이지선, 유안진(1999). 분노 및 슬픔 상황에서 아동의 정서조절 동기와 정서조절 전략. **아동학회지, 20**(3), 123-138.

이지연 (2001). 고등교육단계에서의 효율적인 진로지도 방안 연구. 한국직업능력개발원.

_____ (2002). OECD 진로정보 · 지도 및 진로상담 정책 협력사업(Ⅱ). 한국직업능력개발원.

이춘재, 이옥경, 서봉연, 윤진, 이재창, 김충기, 오경자, 심응철, 이명숙 (1994). **청년심리학**. 서울: 중앙적성출판사.

이향숙, 최은영, 공마리아 (2016) · 중도척수장애인의 장애수용 증진을 위한 미술치료 사례. **미술치료연구, 23**(3), 839-861.

이형국, 권오관, 강기원(2013). **진로탐색과 미래설계**. 서울: 한올출판사.

이형득 (1993). 한국상담의 전문화와 대중화. **상담과 지도, 28**, 9-22.

이형득, 김성회, 설기문, 김창대, 김정희 (2006). **집단상담**. 서울: 중앙적성출판사.

이화정, 양병찬, 변종임 (2003). 평생교육프로그램 개발의 실제. 서울: 학지사.

임은미 (2001). 청소년상담 프로그램의 특수성과 과제. 청소년상담 프로그램 개발론. 서울: 한국청소년상담원.

임인재 (1980). 심리측정의 원리: 교육과학신서 제5권. 서울: 교육출판사.

장석민 (2001). 진로교육 목표 및 내용 체계화 연구. 서울: 한국직업능력개발원.

정남운, 이기련 (2008). 정신분석적 진단 성격구조의 이해. 서울: 학지사.

정무성, 정진모 (2001). 사회복지 프로그램 개발과 평가. 파주: 양서원.

정문자, 정현숙, 정혜정, 전영주, 정유진 (2016). 다세대 발달관점의 가족관계. 서울: 학지사.

정문자, 정혜정, 이선혜, 전영주 (2012). 가족치료의 이해. 서울: 학지사.

정선영 (2013). 대학생을 위한 진로탐색과 경력개발 프로그램 워크북. 서울: 공동체.

정성란 (2005). 가족기능증진 프로그램이 가족기능에 미치는 효과. 박사학위논문: 경북대학교.

______ (2006). 가족기능 평가 척도 개발. 상담학연구. 7(4).

______ (2006). 가족기능증진 프로그램의 효과. 상담학연구. 7(1), 165-182.

______ (2011). 가족상담 및 치료. 파주: 양서원.

정성란, 고기홍, 김정희, 권경인, 이윤주, 이지연, 천성문 (2013). 한국상담학회 상담학총서 4: 집단상담. 서울: 학지사.

정순복, 김수진 (2001). 일 도시 중학생의 가족기능과 정신건강과의 관계연구. 정신간호학회지, 10, 352-367.

정승원 (2014). 청각장애인의 장애수용이 자아존중감에 미치는 전망적 효과에 관한 연구. 장애와고용, 24(1), 167-197.

정옥분 (2004). 발달심리학: 전생애 인간발달. 서울: 학지사.

______ (2013). 성인·노인심리학 (2판). 서울: 학지사.

정혜정 역 (2016). 가족치료 사례개념화. 서울: 학지사.

조성재 (2007). 장애인의 심리, 사회적 적응을 위한 재활상담 기법 및 중재방안. 특수교육저널, 8, 493-508.

조현춘 외 (2010). 심리상담과 치료의 이론과 실제. 서울: 시그마프레스.

주은선, 주은지 역 (2009). 15가지 집단상담기술. 서울: 시그마프레스.

지용근 외 (2009). 진로상담의 이해. 서울: 동문사.

진소영 (2009). 음악 속의 너와 나, 그리고 우리: 장애아동 집단의 음악치료 경험에 관한 질적연구. **음악치료학회지**, 11(1), 86-102.

채규만, 박중규, 고유진, 송은희 (2001). **인터넷중독상담사 양성 프로그램개발연구**. 서울: 한국정보문화진흥원.

천성문, 이영순, 박명숙, 이동훈, 함경애 (2015). **상담심리학의 이론과 실제** (3판). 서울: 학지사.

최경숙 (2005). **발달심리학: 아동청소년기**. 파주: 교문사.

최병철 (2006). **음악치료학**. 서울: 학지사.

최영희 (2006). 공황장애 인지행동치료의 최근 동향. **인지행동치료**, 6(2), 101-115.

최운선 (2005). 학교폭력 관련변인에 관한 메타분석. **한국가족복지학**, 10(2), 95-111.

최원호 (2008). **상담윤리의 이론과 실제**. 서울: 학지사.

최재영 (2002). 부적응 아동을 대상으로 한 치료적 미술교육 접근에 대한 연구. **미술교육논총**, 15, 165-186.

최정윤 (2002). **심리검사의 이해**, 서울: 시그마프레스.

최하영, 서유진 (2012). 특수아상담 수업을 통한 일반교사들의 장애학생 상담에 대한 인식 변화 분석. **특수아동교육연구**, 14(4), 207-222.

하혜숙, 조남정 (2012). 개인상담 사전동의에 관한 연구. **상담학연구**, 13(3), 1101-1118.

한경희, 김중술, 임지영, 이정흠, 민병배, 문경주 (2011). **다면적 인성검사 II 매뉴얼** (개정판). 서울: (주)마음사랑.

한국미술치료학회 (2000). **미술치료연구**. 대구: 동아문화사.

한국청소년개발원 (1970). **프로그램 개발 및 평가론**. 서울: 인간과 복지.

____________ (2004). **청소년상담론**. 서울: 교육과학사.

한국카운슬링연구회 (1987). **비행청소년의 이해와 지도**. 서울: 성화사.

한미연 (2011). 자아발달적 관점에서 본 5세 유아의 모래놀이치료 사례 연구. **노래놀이치료연구**, 7(1), 1-26.

한상철, 이수연, 임순선, 류수현, 김우철 (2012). **청소년심리 및 상담**. 파주: 정민사.

한성은 (2006). 사회적 상황 중심의 노래활동을 통한 자폐아동의 언어표현 증진에 관한 사례연구. **음악치료교육연구**, 3(1), 13-28.

한송이 (2011). 치료적 악기 연주 적용이 경직형 뇌성마비 아동의 우세손기능에 미치는 효과. 음악치료교육연구, 8(1), 1-16.

한재희 역 (2009). **상담과정의 통합적 모델** (6판). 서울: 시그마프레스.

한재희, 김영희, 김용태, 서진숙, 송정아, 신혜종, 양유성, 임윤희, 장진경, 최규련, 최은영 (2013). **한국상담학회 상담학총서 5: 부부 및 가족상담**. 서울: 학지사.

홍경자 (2001). **상담의 과정**. 서울: 학지사.

홍대식 역 (1983). **심리학개론**. 서울: 박영사.

홍성란, 유형근, 김현경 (2010). 초등학생 미술치료 효과에 대한 메타분석. **교육방법연구**, 22(2), 71-90.

황령희 (2003). 정보접근과 사회적 지지가 여성장애인의 역량강화에 미치는 영향에 관한 연구: 여성 시각 장애인을 대상으로. **장애와고용**, 13(2), 21-43.

황매향 역 (2005). **사례로 배우는 진로 및 직업상담**. 서울: 학지사.

황매향, 김연진, 이승구, 전방연(2011). **진로탐색과 생애설계; 꿈을 찾아가는 포트폴리오**. 서울: 학지사.

황성철 (2005). **사회복지프로그램 개발과 평가**. 고양: 공동체.

황은숙 (2007). **한부모가정 이해 교육 프로그램 개발**. 파주: 한국학술정보.

황정규 (1998). **학교학습과 교육평가**. 서울: 교육과학사

Aber, J. L., Jones, S. M., Brown, J. L., Chandry, N., & Samples, E. (1998). Resolving conflict creatively: Evaluating the developmental effects of a school-based violence prevention program in neighborhood and classroom context. *Development and Psychopathology, 10*(2), 187-213.

Abraham, Maslow. H. (1968). *Toward a Psychology of Being*. Van Nostrand Reinhold.

Alfred, S. (1991). An interview study analysis of the skills and independent learning strategies of selected secondary home students in a country school system in east tennessee. Published Doctoral Dissertation, The University of Tennessee.

Allsopp, A. & Prosen, S. (1988). Teacher reactions to child sexual abuse training program. *Elementary School Guidance and Counseling, 22*(4), 299-305.

Antholz, M. B. (1972). Conceptulization of a Model Career Development Program, K-12.

Unpublished Research Paper. University of Minnesota.

Arlin, P. K. (1984). Adolescent and adult thought: A structural interpretation. In M. L. Commons, F. A. Richards, & C. Armon (Eds.), *Beyond formal operations: Late adolescent adult cognitive development* (pp. 258-271). New York: Praeger.

Atchley, R. C. (2000). *Social forces and aging: An introduction to social gerontology* (9th ed.). Belmont, CA: Wadsworth.

Augoustinos, M. (1987). Developmental effects of child abuse: Recent findings. *Child Abuse and Neglect, 11*(1), 15-27.

Baldry, A. C. (2003). Bullying in school and exposure to domestic violence. *Child Abuse & Neglect, 27*(7), 713-732.

Bandura, A. (1977). *Social learning theory* (2nd ed.). Englewood Cliffs, NJ: Prentice Hall.

Belkin, G. S. (1984). *Introduction to counseling* (2nd ed.). Dubuque, IA: William C. Brown.

Berger, K. S. (2007). Update on bullying at school: Science forgotten? *Developmental Review, 27*(1), 90-126.

Berndt, T. J. & Perry, T. B. (1990). Distinctive features and effects of early adolescent friendships. In R. Montemayer, G. R. Adams, & T. P. Gullotta (Eds.), *From childhood to adolescence: A transitional period?* (pp. 269-287). Newbury Park, CA: Sage.

Block, J., Block, J. H., & Keyes, S. (1988). Longitudinally foretelling drug usage in adolescence: Early childhood personality and environmental precursors. *Child Development, 59*, 336-355.

Boulter, L. (2004). Family school connection and school violence prevention. *School Violence Prevention, 55*(1), 27-40.

Bradshaw, C. P., Rodgers, C. R., Ghandour, L. A., & Garbarino, J. (2009). Social-cognitive medeators of the association between community violence exposure and aggressive behavior. *School Psychology Quarterly, 24*(3), 199-210.

Brammer, L. M. (1985). *The helping relationship: Process and skills* (3rd ed.). Upper Saddle River, NJ: Prentice Hall.

Bronfenbrenner, U. (1989). Ecological systems theory. *Annals of Child Development, 6,*

187-249.

Bufkin, J. L. & Luttrell, V. R. (2005). Neuroimaging studies of aggressive and violent behavior: Current findings and implications for criminology and criminal justice. *Trauma, Violence, & Abuse, 6*(2), 176-191.

Caplan, G. (1964). *Principles of preventive psychiatry.* New York: Basic Books.

Cattell, R. B. (1967). The theory of fluid and crystallized general intelligence checked at 5-6 year old level. *British Journal of Educational Psychology, 37*(2), 209-224.

Chun, S, & Lee, Y. (2008). The experience of posttraumatic growth for people with spinal cord injury. *Qualitative Health Research, 18*(7), 877-890.

Conger, R. D. & Chao, W. (1996). Adolescent depressed mood. In R. L. Simons & Associates (Eds.), *Understanding differences between divorced and intact families: Stress, interaction, and child outcome* (pp. 157-175). Thousand Oaks, CA: Sage.

Corey, G. (2009). *Theory and practice of counseling and psychotherapy* (8th ed.). Belmont, CA: Thomson/Brooks Cole.

Corey, G., Corey, M. S., & Callanan, P. (2007). *Issues and ethics in the helping professions* (7th ed.). Pacific Grove, CA: Brooks/Cole.

Cormier, W. H. & Cormier, L. S. (1985). *Interviewing strategies for helpers* (2nd ed.). Monterey, CA: Brooks/Cole.

Corsini, R. J. & Wedding, D. (2005). *Current psychotherapies* (7th ed.). Pacific Grove, CA: Brooks/Cole.

Cross, T. L., Bazron, A., Dennis, K. W., & Isaacs, M. R. (1989). *Toward a culturally competent system of care.* Washington, DC: Georgetown University Child Development Center.

Cumming, E. & Henry, W. E. (1961). *Growing old: The process of disengagement.* New York: Basic Books.

Cunningham, W. R. & Owens, W. A. (1983). The Iowa State study of the adult development of intellectual abilities. In K. W. Schaie (Ed.), *Longitudinal studies of adult psychological development* (pp. 20-39). New York: Guilford.

David, C., Douglas, R. G. (2007). *Counseling And Psychotherapy: Theories and Interventions.* Fourth Edition. Pearson Education, Inc.

Delworth, Ursula & Hanson, Gary R. (1986). *Career Choice and Development.* San Francisc o, : Gossey-Bass Publishers.

Di Chiara, G. (2000). Role of dopamine in the behavioural actions of nicotine related to addiction. *European Journal of Pharmacology, 393*(1-2), 295-314.

Dishion, T. J. & Kavanagh, K. (2002). The adolescent transitions program: A family-centered approach. In J. B. Reid, J. J. Snyder, & G. R. Patterson (Eds.), *Antisocial behavior in children and adolescents: A developmental analysis and the Oregon Model for intervention* (pp. 257-272). Washington, DC: American Psychologicla Association.

Dishion, T. J., McCord, J., & Poulin, F. (1999). When interventions harm: Peer groups and problem behavior. *American Psychologist, 54*(9), 755-764.

Dollard, J., Doob, L., Miller, N. E., Mowrer, O. H., & Sears, R. (1939). *Frustration and aggression.* New Haven, CT: Yale University Press.

Earley, J. (2000). *Interactive group therapy: Integrating interpersonal, action-oriented, psychodynamic approaches.* Taylor & Francis Group.

Edwards, D. M. & Zander, T. A. (1985). Children of alcoholics: Background and strategies for the counselor. *Elementary School Guidance and Counseling, 20*, 124-125.

Elkind, D. (1967). Egocentrism in adolescence. *Child Development, 38*(4), 1025-1034.

Erikson, E. (1963). *Childhood and society* (2nd ed.). New York: Norton.

Farrington, D. P. (1992). Explaining the beginning, progress, and ending of antisocial behavior from birth to adulthood. In J. McCord (Ed.), *Advances in criminological theory: Vol. 3. Facts, frameworks, and forecasts.* New Brunswick: Transaction Publishers.

Farrington, D. P. (1993). Understanding and preventing bullying. In M. Tonry & N. Morris (Eds.), *Crime and Justice: An Annual Review of Research, 17,* 381-458. Chicago: University of Chicago Press.

France, K. (2007). *Crisis interventions: A Handbook of immediate person-to-person help* (5th ed.). Springfield, IL: Charles C. Thomas

Fromm, Erich (1963). The Sane Society. London: Routhledge and Kegan Paul.

Geis, H. J. (1972). The Problem of personal worth in the physically disabled patient. *Rehabilitation Literature, 33,* 34-39.

Gerler, E., Jr. (1988). Recent research on child abuse: A brief review. *Elementary School Guidance and Counseling, 22,* 325-327.

Gever, J. (2012). DSM-5: What's in, What's out. Retrived from http://www.medpagetoday.com/meetingcoverage/apa/32619.

Gibson, R. L., Mitchell, I. H., & Basile, S. K. (1993). *Counseling in the elementary school: A comprehensive approach.* Needham Heights, MA: Allyn & Bacon.

Gillespie, D. F. & Danso, K. (2015). 재난의 개념과 이슈 *(Disaster concepts and issues: A guide for social work education and practice).* (최송식, 박병현, 이기영, 이성은, 김진현 외 역). 서울: 박영사. (원저 2010 출판)

Goodyear, R. K., Coleman, T., & Brunson, B. I. (1986). *Informed consent for clients: Effects in two counseling settings.* Paper presented at the annual meeting for the American Psychological Association, Washington, DC.

Gottfredson, M. R. & Hirschi, T. (1990). *A general theory of crime.* Stanford: Stanford University Press.

Greenstone, J. L. & Leviton, S. C. (2002). *Elements of crisis intervention: Crisis and how to respond to them* (2nd ed.). Pacific Grove, CA: Brooks/Cole.

Guy, J. D. (1987). *The personal life of the psychotherapist.* New York: Wiley.

Handler, J. F. (1990). *Law and the search for community.* Philadelphia, PA: University of Pennsylvania Press

Hartup, W. W. (1983). Peer relations. In P. H. Mussen (Ed.), *Handbook of child psychology: Vol. 4, Socialization, personality, and social development* (pp. 103-196). New York: Wiley.

Havighurst, R. J., Neugarten, B. L., & Tobin, S. S. (1968). Disengagement and patterns of aging. In B. L. Neugarten (Ed.), *Middle age and aging* (pp. 161-172). Chicago, IL:

University of Chicago Press.

Hendirx, Mary W. (1990). *Career Investigation Opportunities, Choices, Decision, Albary.* New york : Delma Publishing Company.

Herlihy, B. & Corey, G. (2006a). *ACA ethical standards casebook* (6th ed.). Alexandria, VA: American Counseling Association.

____________________. (2006b). *Boundary issues in counseling: Multiple roles and esponsibilities* (2nd ed.). Alexandria, VA: American Counseling Association.

Holden, G. W. (1997). *Parents and the dynamics of child rearing.* Austin, TX: Westview Press.

Horn, J. L. (1982). The theory of fluid and crystallized intelligence in relation to concepts of cognitive psychology and aging in adulthood. In F. I. M. Craik & S. Trehub (Eds.), *Aging and cognitive processes* (pp. 237-278). New York: Plenum.

Huey, S. J., Henggeler, S. W., Brondino, M. J., & Pickrel, S. G. (2000). Mechanisms of change in multisystemic therapy: Reducing delinquent behavior throug therapist adherence and impoved family and peer functioning. *Journal of Consulting and Clinical Psychology, 68*(3), 451-467.

Iasscson, Lee E. Brown, Duane (1993). *Career Information, Career Counseling, and Career Development.* Boston : Allyn & Bacon.

Irwin, D. B. & Simons, J. A. (1994). *Lifespan developmental psychology*. Dubuque, IA: Brown & Benchmark.

Ivey, A. E. & D'Andrea, M. J. (2015). 상담이론과 실제: 다문화 관점의 통합적 접근 (*Theories of counseling and psychotherapy* (7th ed.)). (김병석, 김지현, 최희철, 선혜연 역). 서울: 학지사. (원저 2012 출판).

Jahoda, Marie (1958). *Current Concept of Mental Health.* New York: Arono Press.

James, R. K. & Gilliland, B. E. (2013). *Crisis intervention strategies* (7th ed.). Belmont, CA: Thomson Brooks/Cole.

Janda, Louis (1996). *Career Tests Handbook.* Massachusetts : Adams Media Corporation.

Jeynes, W. H. (2001). The effects of recent parental divorce on their children's consumption of alcohol. *Journal of Youth and Adolescence, 30*(3), 305-319.

Kalff, C. G. (1980). *Sandplay: A Psychotherapeutic approach to the Psyche. Cloverdale,* CA: Temenos Press. (Korean trablation, 2009).

Kandel, D. B. (1986). Processes of peer influences in adolescence. In R. K. Silbereisen, K. Eyferth, & G. Rudinger (Eds.), *Development as action in context* (pp. 203-227). New York: Springer-Verlag.

Kitchener, K. S. (1984). Intuition, critical evaluation and ethical principles: The foundation for ethical decisions in counseling psychology. *Counseling Psychologist, 12*(3), 43-55.

__________. (1988). Dual role relationships: What makes them so problematic? *Journal of Counseling and Development, 67*(4), 217-221.

Kleemeier, R. W. (1962). Intellectual change in the senium. *Proceedings of the Social Statistics Section of the American Statistical Association, 1,* 290-295.

Klein, J. & Cornell, D. (2010). Is the link between large high school and student victimization an illusion? *Journal of Education Psychology, 102*(4), 933-946.

Klein, J., Cornell, D., & Konold, T. (2012). Relationships between bullying, school climate, and student risk behaviors. *School Psychology Quarterly, 27*(3), 154-169.

Kohlberg, L. (1984). *The psychology of moral development: The nature and validity of moral stages.* San Francisco: Harper & Row.

Krumboltz, J. D. (1979). A Social Learning Theory of Career Decision Making. In A. M. Mitchell, G. B. Jones, and Krumboltz, J. D.(Eds.), Social Learning and Career Decision Making. Cranston, RI: Carroll Press.

Kumpfer, K. L. & Tait, C. M. (2000). Family skills training for parents and children. Washington, DC: U.S. Department of Justice, *Bulletin of the Office of Justice Programs, Office of Juvenile Justice and Delinquency Prevention,* 1-11.

Kyriakides, L. & Creemers, B. (2012). Characteristics of effective schools in facing and reducing bullying. *School Psychology International, 34*(3), 346-368.

Labouvie-Vief, G. (1985). Intelligence and cognition. In J. E. Birren & K. W. Schaie (Eds.), *Handbook of the psychology of aging* (2nd ed.) (pp. 500-530). New York: Van Nostrand Reinhold.

Levinson, D. J. (1986). A conception of adult development. *American Psychologist, 41*(1), 3-13.

Mahon, N. E., Yarcheski, A., & Yarcheski, T. (2003). Anger, anxiety, and depression in early adolescents from intact and divorced families. *Journal of Pediatric Nursing, 18*(4), 267-273.

Marcia, J. E. (1980). Identity in adolescence. In J. Adelson (Ed.), *Handbook of adolescent psychology* (pp.159-187). New York: Wiley.

Marino, T. W. (1995). Crisis counseling: Helping normal people cope with abnormal situations. *Counseling Today, 38*(3), 25-40.

McWhirter, J. J., McWhirter, B. T., McWhirter, E. H., & McWhirter, R. J. (2004). *At risk youth: A comprehensive response* (3rd ed.). Belmont, CA: Brooks/Cole.

Moleski, S. M. & Kiselica, M. S. (2005). Dual relationships: A continuum ranging from the destructive to the therapeutic. *Journal of Counseling and Development, 83*(1), 3-11.

Morrill, E. , Oetting, E., & Hurst, J. (1974). Dimensions of counselor functioning. *Personnel and Guidance Journal, 52*(6), 354-359.

Mussen, H., Honzik, M., & Eichorn, D. (1982). Early adult antecedents of life satisfaction at age 70. *Journal of Gerontology, 37*(3), 316-322.

Myer, R. A. & James, R. K. (2005). *CD-ROM and workbook for crisis intervention.* Belmont, CA: Brooks/Cole.

Myrick, R. (1993). *Developmental guidance and counseling: A practical approach* (3rd ed.). Minneapolis, MN: Educational Media.

Neugarten, B. L. & Neugarten, D. A. (1987). The changing meanings of age. *Psychology Today, 21*(5), 29-33.

Neugarten, B. L. (1973). Personality change in late life: A developmental perspective. In C. Eisdorfer & M. P. Lawton (Eds.), *The psychology of adult development and aging* (pp. 311-335). Washington, DC: American Psychological Association.

Neumann, E. (1973). *The Child.* MA: Shambhala Publications.

OECD (2004). *Career Guidance and Public Policy.*

Olweus, D. (1993). *Bullying at school: What we know and what we can do.* Oxford, UK: Blackwell Publishers.

Omizon, M. M. & Omizo, S. A. (1987). Group counseling with children of divorce: New findings. *Journal of Elementary School Guidance and Counseling, 22*(1), 46-52.

Parad, H. & Parad, L. (1990). Crisis intervention: An introductory overview. In H. Parad & L. Parad (Eds.), *Crisis intervention book 2: The practitioner's sourcebook for brief therapy* (pp. 3-66). Milwaukee, WI: Family Service Association of America.

Patti, R. J. (1983). *Social welfare administration: Managing social programs in a development context.* Englewood Cliffs, NJ: Prentice-Hall.

Peck, R. C. (1968). Psychological developments in the second half of life. In B. L. Neugarten (Ed.), *Middle age and aging* (pp. 44-49). Chicago, IL: University of Chicago Press.

Piaget, J. (1983). Piaget's theory. In P. Mussen (Ed.), *Handbook of child psychology: Vol. 4, History, theory, and methods* (4th ed.) (pp.103-128). New York: John Wiley & Sons.

Polansky, N. A., Chalmers, M. A., Buttenweiser, E., & Williams, D. F. (1981). *An anatomy of child neglect*. Chicago, IL: University of Chicago Press.

Poon, L. W. (1985). Differences in human memory with aging: Nature causes and clinical implications. In J. E. Birren & K. W. Schaie (Eds.), *Handbook of the psychology of aging* (2nd ed.) (pp. 427-462). New York: Van Nostrand Reinhold.

Reese, H. W. & Rodeheaver, D. (1985). Problem solving and complex decision making. In J. E. Birren & K. W. Schaie (Eds.), *Handbook of the psychology of aging* (2nd ed.) (pp. 474-499). New York: Van Nostrand Reinhold.

Richard, S. S. (2004). *Theories of Psychotherapy and Counseling: Concepts and Cases.* Brooks/Cole. Thomson Learning.

Riegel, K. F. (1973). Dialectic operations: The final period of cognitive development. *Human Development, 16,* 346-370.

Rogers, C. (1942). *Counseling and psychotherapy*. Boston, MA: Houghton Mifflin.

________. (1961). *On becoming a person*. Boston, MA: Houghton Mifflin.

Rybash, J. M., Roodin, P. A., & Hoyer, W. J. (1995). *Adult development and aging*(3rd ed.).

Madison, WI: Brown & Benchmark.

Samuel, T. G. (2005). *Counseling Theories: Essential Concepts and Applications.* Pearson Education, Inc.

Sax, G. N., Ellis, B. H., & Kaplow, J. B. (2011). 아동・청소년 위기상담: 트라우마 체계 치료 *(Collaborative treatment of traumatized children and teens: The Trauma Systems Therapy approach)*. (김동일 역). 서울: 학지사. (원저 2007 출판).

Schaie, K. W. (1989). Individual differences in rate of cognitive change in adulthood. In V. L. Bengtson & K. W. Schaie (Eds.), *The course of later life: Research and reflections* (pp. 65-85). New York: Springer-Verlag.

Seligman, L. (2006). *Theories of counseling and psychotherapy: Systems, strategies, and skill s*(2nd ed.). Upper Saddle River, NJ: Person Education.

Selman, R. L. & Selman, A. P. (1979). Children's ideas about friendship: A new theory. *Psychology Today, 12*(4), 71-80.

Sheldon, W. H. & Stevens, S. S. (1942). *The varieties of temperament.* New York: Harper & Row.

Sonne, J. L. (1994). Multiple relationships: Does the new ethics code answer the right questions? *Professional Psychology: Research and Practice, 25*(4), 336-343.

Sternberg, R. J. (1988). *The triangle of love*. New York: Basic Books.

Stormshak, E. A., Bierman, K. L., & the Conduct Problems Prevention Research Group (1998). The implications of different developmental patterns of disruptive behavior problems for school adjustment. *Development and Psychopathology, 10,* 451-468.

Sue, D. W., Ivey, A. E., & Perdersen, P. B. (1996). *Theory of multicultural counseling and therapy.* Pacific Grove, CA: Books/Cole.

Sugai, G. & Horner, R. H. (2001). Features of an effective behavior support at the school district level. *Beyond Behavior, 11*(1), 6-19.

Sullivan, T., Martin, W. L., & Handelsman, M. M. (1993). Practical benefits of an informed-consent procedure: An empirical investigation. *Professional Psychology: Research and Practice, 24*(2), 160-163.

Tedeschi, R. G. & Calhoun, L. G. (2004). Posttraumatic growth: conceptual foundations and emprical evidence. *Psychological Inquiry, 15,* 1-18.

Thompson, C. L. & Rudolph, L. B. (1992). *Counseling children* (3rd ed.). Pacific Grove, CA: Brooks/Cole.

Turner, B. A. (2005). *The Handbook of sandplay therapy.* CA: Temenos Press.(Korean translation, 2009).

Vaillant, G. E. (2002). *Aging well.* Boston, MA: Little Brown.

Vondracek, F. E., Lerner, R. M., & Schulenberg, J. E. (1986). *Career development: A life-span developmental approach.* Hillsdale, NJ: Erlbaum.

Wallerstein, J. S., Lewis, J., & Blakeslee, S. (2000). *The unexpected legacy of divorce: A twenty-five year landmark study*. New York: Hyperion.

Wanberg, C. R., & Muchinsky, P. M. (1992). A typology of career decision status: Validity extension of the vocational decision status model. *Journal of Counseling Psychology, 39*(1), 71-80.

West, D. J. (1973). *Who becomes delinquent?* London: Heinemann Educational Books.

White, K. M., Speisman, J. C., Costos, D., & Smith, A. (1987). Relationship maturity: A conceptual and empirical approach. In J. A. Meacham (Ed.), *Interpersonal relations: Family, peers, friends, Vol. 18: Contributions to human development* (pp. 81-101). Basel, Switzerland: Karger.

Williamson, E. G. & Foley, J. D. (1949). *Counseling and discipline*. New York: McGraw-Hill.

World Health Organization(WHO) (2014). What is mental health?http://www.who.int/features/factfiles/mental_health/en/에서 2017년 1월 30일 검색.

Worzbtyt, J. C. & O'Rourke, K. (1989). *Elementary school counseling: A blueprint for today and tomorrow.* Muncie, IN: Accelerated Development Inc.

Wright, B. A. (1983). *Physical disability: a psychosocial approach.* New York: Haper & Row.

Yalom, I. D. (1995). *The Theory and Practice of Group Psychotherapy* (4th ed.). New York: Basic Books.

Young, K. (1998) Internet addiction: The emergence of a new clinical disorder.

CyberPsychology & Behavior, 1(2), 237-244.

Zimmerman, B. J., & Martinez-Pons, M. (1986). Development of a structured interview for assessing student use of self-regulated learning strategies. *American Educational Reseach Journal, 23,* 614-628.

Zunker. V. G. (1990). *Career counseling: Applied concepts of life planning.* Pacific Grove, CA: Brooks/Cole.

찾아보기

저 / 자 / 약 / 력

이수연

미국 University of Florida 철학박사(상담자교육 전공)

현) 대구한의대학교 청소년교육상담학과 교수

〈저·역서〉『청소년상담』(공저, 2006),『상담의 이론과 실제』(공저, 2010),
『성격의 이해와 상담』(공저, 2013),『상담학사전 1~5』(공저, 2016) 등 다수

김규식

경북대학교 교육학박사(상담심리 전공)

현) 영남신학대학교 상담심리학과 교수

〈저서〉 상담학개론(공저)
트라우마 회복탄력성과 상담실제(공역)

정성란

경북대학교 교육학박사(교육심리 및 상담심리 전공)

현) 계명문화대학교 사회복지상담과 조교수

〈저서〉 한국상담학회 상담학총서 4. 집단상담, 학지사
NCS 능력단위를 활용한 가족상담. 양서원

황재규

경북대학교 교육학박사(교육심리 및 상담심리 전공)

현) 영남이공대학교 간호대학 간호학과 교수

〈저서〉 현대사회와 인간(황재규, 2014). 공동체
상담연구방법론(황재규 외 공저, 2013). 학지사

[개정판]
상담심리학

1판 1쇄 발행 — 2017년 7월 10일
2판 1쇄 발행 — 2021년 8월 30일

저　　자 - 이수연 · 김규식 · 정성란 · 황재규
발 행 인 - 강철원
발 행 처 - 양성원
주　　소 - 경기도 파주시 검산로 173번길 29-20
전　　화 - 031-946-3861(代)
팩　　스 - 031-946-3864
이 메 일 - tnwpub@naver.com
홈페이지 - tnwpub.co.kr
출판등록 - 2015년 8월 31일 제 2015-000211 호

ISBN 979-11-6126-396-0

정가 20,000원